何忠礼 著

中国古代史史料学（增订本）

上海古籍出版社

史籍了。

听了他的这番话,我既为现在的年轻学子感到高兴,又有点担忧。

高兴的是他们研究中国古代史的条件,确实要大大地好于我们做研究生的那个年代。记得1978年秋天,我与其他4位同学一起考取原杭州大学历史系攻读宋史研究生后,我们的导师陈乐素、徐规两位教授给大家布置了课外作业,就是要求在今后一年时间里,每人通读一遍南宋人李焘所撰的《续资治通鉴长编》,同时做些史料卡片。当时书店里并没有《续资治通鉴长编》可买,整个学校也只有一部,还是已故著名学者张荫麟教授在老浙江大学任教时的遗物。该书是线装的清光绪七年(1881年)浙江书局本,共520卷,120册,可谓珍贵异常。于是我们5个人,每人先各分3册进行阅读,读完后再相互交换。其间,两位导师还不时地对我们读书的进度和质量进行检查、督促,可以说一点马虎不得。一年后,我们终于如期地读完了这部史籍,每人还做了上千张卡片,中间又根据需要,穿插地阅读了《宋史》、《建炎以来系年要录》、《三朝北盟会编》的部分内容和一些重要的笔记、小说。因为阅读量大,大家每天都要读到深夜,星期日和寒暑假都用上了,确实十分辛苦。等到二年级开始做毕业论文时,如果遇到学校所藏史籍不足,就要跑到数公里以外的浙江图书馆去查找。那里虽有一部补抄而成的文澜阁《四库全书》,但必须有介绍信,事先做好预约(因为该书不是每天开放),才能看到。翻书时,也是诚惶诚恐,惟恐玷污或翻破了书本。往往是时间化去半天,查到的资料只有一点点。

现在可好了,不仅大量珍贵的古籍已经陆续出版,无论借阅或购买都十分方便,就是包括像《四库全书》、《宋会要辑稿》这样以前很难看到的大型古籍也可以在电脑上随时翻阅,实在方便极了。这对于史学研究无疑提供了很大的便利。

然而我心底里随之也产生了一丝隐忧:虽然现在的年轻学子知识面比较广,信息量比较大,多媒体应用技术普遍比较熟练,但他们中的某些人,由于过分地依赖电脑来检索史料,而不能坐下来认真读史,因此学到的知识往往不够系统和完整,对考据、训诂、文字等国学基本知识更是知之甚少。他们虽然也有一些论著发表,有时还能做到旁征博引,图文并茂,但究其内容,却呈现出空洞化和片面化的倾向,往往是新名词一大堆,却缺少实质性的内容。长此以往,他们就很难会在史学上有出色的建树,更不要说将自己培养成为大家。有人说:"拷贝嗜好,阻碍人们创新。"这话同样需要引起我们治史者的警惕。

为什么多媒体技术只能是一种做学问的工具,而不能代替读史和研究呢？我想恐怕主要有这样一些原因。

第一,电脑上的东西,特别是动辄数百万言的典籍,只适宜于检索而不适宜于阅读。如果单纯依赖电脑文本和检索技术,就不能全面了解某一历史人物所处的社会环境,不能明白某一历史事件的前因后果,不能掌握某一制度的历史沿革,更不能洞察人物与人物、人物与事件、人物与制度相互间的内在联系。总之,由于缺少对这些历史"经络和血肉"的了解,任凭你如何检索,也不可能写出有深刻见解的论著来。

第二,一种史籍可能有多种版本,它们的优劣各不相同,而制成电子文本往往只是其中的某一种,从它那里检索到的史料,就存在着一个是否可靠和完整的问题。以人们常常引用的《四库全书》为例,在它所收的3 457种书中,对宋代以后的史书,多有抽毁或窜改。即使没有被抽毁或窜改,有些版本也比不上《四部备要》、《四部丛刊》、《知不足斋丛书》、《学津讨源》、《粤雅堂丛书》等其他丛书所收录的为优,至于失收和缺卷的情况也不在少数(详见后述),因此,许多内容如果只依赖于检索某一文本,便会落空,或产生讹误。

第三,即使电脑文本中确实存在着的史料,或因为原文是异体字,或因内容表达不一(以人物为例,他可能是字,是号,是官名,是谥号,是亲属,是地名等称呼),都会检索不到。

对于史学研究者而言,为什么读史是最重要的基本功呢？大凡学问做得好的人,都有体会:所谓研究就是发现问题和解决问题的过程,也是将有关知识有机联系和融会贯通,从中找出内在关系和原因的过程。可是，问题只能通过读史才能发现，也只有通过读史才能得到解决。不认真读史，不能全面地掌握基本专业知识的人，他们写出来的东西，要么是史料的堆砌，要么只是前人论述的诠释，不可能获得有价值的研究成果。

说到这里，不禁使我想起中国社会科学院美国研究所前所长资中筠先生在不久前所写的一篇文章，题目是《冯友兰先生的"反刍"》，文中说到这样一件事：晚年的冯友兰双目失明，仍以口授的方式，说出其所学，完成了《中国哲学史新编》一书。他戏称自己这种做学问为"反刍"。对此，资中筠先生深有感触地说："如果我现在双目失明，不能再阅读，肚里能有多少东西可供反刍呢？不觉为之悚然和惶然。因为我觉得真是腹中空空，真正属于自己的学问太少了。离开了那些可以随时翻阅的大厚本书和大量的资料文件，烂熟于心，可以源源不断如蚕吐丝般地贡献出来的东西能够有多少呢？"①实际上，以往的史学大家，冯友兰是如此，陈垣、陈寅恪、范文澜等先生何尝不是有如此"反刍"的本领呢？此无他，就是因为他们在青少年时代都熟读史书，故能做到这一点。

著名美籍华裔学者何炳棣先生（1917年—2012年）在他的《读史阅世六十年》一书里，说到自己治史的短处时说：

> 所学东鳞西爪没有系统，长篇背诵功夫太少，完全不涉及文字、训诂、音韵等国学基本工具，以致我一生治学最大的憾事是不能像前辈学人那样熟诵一部又一部经史古籍；以致我一生自幼到老的中文写作几乎都是质胜于文、理胜于文，自恨从来没有下笔万言流畅自如的才气。

何炳棣先生还认为，不仅读史对治史有益，就是手抄一遍史料，也比用电脑打印要强许多，他说："当时虽没有复印和电脑的便利，一切靠手

---

① 载2011年8月14日《今晚报》。

增订本出版说明

抄,但抄写之前必须先作一番消化与联想的工作,积久对我的撰写和讲课都大有裨益。盛年正值大量多样使用图书的黄金时代,实是今生一大幸事。"①

虽然,资中筠和何炳棣两位做学问的大家,他们年轻时候所读的书,比我们今天的研究生要多得多,可是他们还如此自责,认为比不上前辈学者读的书多,再三强调读史的重要性,这对于那些认为读史已经不重要的年轻人来说,实在是一个很深刻的教育。

既然对年轻学子来说,认真阅读史书、掌握一定的研究方法和研究技能如此重要,那么我觉得本书的修订和出版,还有其一定意义。有感于此,我在基本上完成了以前所承担的科研任务以后,遂决定腾出时间,着手对《中国古代史史料学》一书作些修订,并在上海古籍出版社的大力支持下予以出版,以供年轻学子特别是研究生在读什么书,如何读书,怎样从事史学研究等方面有所参考和借鉴。

今承上海古籍出版社有关领导的厚意,欣然同意出版本书的增订本,在此谨深表感谢。

2012 年 3 月 3 日

---

① 何炳棣:《读史阅世六十年》,广西师范大学出版社 2003 年出版,第 8 页、第 476 页。

目 录

增订本出版说明 ……………………………………………………… 1
绪论 …………………………………………………………………… 1

第一编　中国古代史主要史料介绍

第一章　先秦史史料 …………………………………………… 19
一、先秦史学概况和史料特点 ………………………………… 20
（一）史学概况 ……………………………………………… 20
（二）史料特点 ……………………………………………… 21
二、先秦史料介绍 ……………………………………………… 23
（一）甲骨文与金文中的史料 ……………………………… 23
（二）历史著作与官方用书中的史料 ……………………… 29
（三）诸子之书和其他私家著作中的史料 ………………… 38
（四）汉代以后著作中有关先秦的史料 …………………… 43
（五）主要文物考古著作 …………………………………… 47

第二章　秦汉史史料 …………………………………………… 49
一、秦汉史学概况和史料特点 ………………………………… 50
二、秦汉史料介绍 ……………………………………………… 53
（一）基本史料 ……………………………………………… 53
（二）其他史料 ……………………………………………… 55
（三）考古史料 ……………………………………………… 60

第三章　三国两晋南北朝史史料 ……………………………… 64
一、三国两晋南北朝史学发展的原因和史料特点 …………… 65

（一）史学发展概况⋯⋯⋯⋯⋯⋯⋯⋯⋯⋯⋯⋯⋯⋯⋯⋯ 65
　　（二）史学发展的原因⋯⋯⋯⋯⋯⋯⋯⋯⋯⋯⋯⋯⋯⋯⋯ 66
　　（三）史料特点⋯⋯⋯⋯⋯⋯⋯⋯⋯⋯⋯⋯⋯⋯⋯⋯⋯⋯ 67
　二、三国两晋南北朝史史料介绍⋯⋯⋯⋯⋯⋯⋯⋯⋯⋯⋯⋯ 68
　　（一）基本史料⋯⋯⋯⋯⋯⋯⋯⋯⋯⋯⋯⋯⋯⋯⋯⋯⋯⋯ 68
　　（二）其他史料⋯⋯⋯⋯⋯⋯⋯⋯⋯⋯⋯⋯⋯⋯⋯⋯⋯⋯ 72
　　（三）文集中的史料⋯⋯⋯⋯⋯⋯⋯⋯⋯⋯⋯⋯⋯⋯⋯⋯ 75

第四章　隋唐五代十国史史料⋯⋯⋯⋯⋯⋯⋯⋯⋯⋯⋯⋯⋯⋯ 77
　一、隋唐五代十国史学发展的原因和史料特点⋯⋯⋯⋯⋯⋯ 78
　　（一）史学发展的原因⋯⋯⋯⋯⋯⋯⋯⋯⋯⋯⋯⋯⋯⋯⋯ 78
　　（二）史料特点⋯⋯⋯⋯⋯⋯⋯⋯⋯⋯⋯⋯⋯⋯⋯⋯⋯⋯ 79
　二、隋唐五代十国史史料介绍⋯⋯⋯⋯⋯⋯⋯⋯⋯⋯⋯⋯⋯ 82
　　（一）基本史料⋯⋯⋯⋯⋯⋯⋯⋯⋯⋯⋯⋯⋯⋯⋯⋯⋯⋯ 82
　　（二）其他史料⋯⋯⋯⋯⋯⋯⋯⋯⋯⋯⋯⋯⋯⋯⋯⋯⋯⋯ 89
　　（三）文集和笔记小说中的史料⋯⋯⋯⋯⋯⋯⋯⋯⋯⋯⋯ 93

第五章　宋史史料⋯⋯⋯⋯⋯⋯⋯⋯⋯⋯⋯⋯⋯⋯⋯⋯⋯⋯⋯ 103
　一、两宋史学发展的原因和史料特点⋯⋯⋯⋯⋯⋯⋯⋯⋯⋯ 104
　　（一）史学发展的原因⋯⋯⋯⋯⋯⋯⋯⋯⋯⋯⋯⋯⋯⋯⋯ 104
　　（二）史料特点⋯⋯⋯⋯⋯⋯⋯⋯⋯⋯⋯⋯⋯⋯⋯⋯⋯⋯ 107
　二、宋史史料介绍⋯⋯⋯⋯⋯⋯⋯⋯⋯⋯⋯⋯⋯⋯⋯⋯⋯⋯ 109
　　（一）基本史料⋯⋯⋯⋯⋯⋯⋯⋯⋯⋯⋯⋯⋯⋯⋯⋯⋯⋯ 109
　　（二）其他史料⋯⋯⋯⋯⋯⋯⋯⋯⋯⋯⋯⋯⋯⋯⋯⋯⋯⋯ 117
　　（三）文集和笔记小说中的史料⋯⋯⋯⋯⋯⋯⋯⋯⋯⋯⋯ 127

第六章　辽金西夏史史料⋯⋯⋯⋯⋯⋯⋯⋯⋯⋯⋯⋯⋯⋯⋯⋯ 153
　一、辽史史料⋯⋯⋯⋯⋯⋯⋯⋯⋯⋯⋯⋯⋯⋯⋯⋯⋯⋯⋯⋯ 153
　　（一）基本史料和辽人杂作⋯⋯⋯⋯⋯⋯⋯⋯⋯⋯⋯⋯⋯ 154
　　（二）正史和会要中的史料⋯⋯⋯⋯⋯⋯⋯⋯⋯⋯⋯⋯⋯ 155
　　（三）宋人使辽报告⋯⋯⋯⋯⋯⋯⋯⋯⋯⋯⋯⋯⋯⋯⋯⋯ 155

目　录

　　（四）后人辑佚的辽史史料 …………………… 157
　　（五）外国史料 …………………………………… 157
　　（六）考古资料 …………………………………… 158
　二、金史史料 ……………………………………… 158
　　（一）基本史料 …………………………………… 159
　　（二）其他史料 …………………………………… 160
　　（三）宋人著作 …………………………………… 161
　　（四）文集 ………………………………………… 162
　　（五）外国史料和考古资料 ……………………… 163
　三、西夏史史料 …………………………………… 163
　　（一）西夏文史料（包括汉文译本）…………… 164
　　（二）正史中的史料 ……………………………… 165
　　（三）宋人著作中的史料 ………………………… 165
　　（四）金、元人著作中的史料 …………………… 166
　　（五）清以来所辑撰的史书 ……………………… 166
　　（六）其他考古资料 ……………………………… 167

第七章　元史史料 …………………………………… 168
　一、元史史料特点 ………………………………… 169
　二、元史史料介绍 ………………………………… 171
　　（一）基本史料 …………………………………… 171
　　（二）其他史料 …………………………………… 174
　　（三）各类行记 …………………………………… 177
　　（四）文集和笔记小说中的史料 ………………… 179
　　（五）外国史料 …………………………………… 187

第八章　明史史料 …………………………………… 190
　一、明史史料特点 ………………………………… 191
　二、明史史料介绍 ………………………………… 194
　　（一）基本史料 …………………………………… 194

（二）重要史料 ·· 200
　　（三）档案和外国史料 ·································· 207
　　（四）文集和笔记小说中的史料 ························ 208

第九章　清史史料 ·· 225
　一、清史史料特点 ·· 226
　二、清史史料介绍 ·· 230
　　（一）基本史料 ·· 230
　　（二）重要史料 ·· 235
　　（三）文集和笔记小说中的史料 ························ 240

第十章　各类地方志书中的史料 ···························· 252
　一、方志的起源、性质和种类 ···························· 252
　　（一）方志的起源和性质 ······························ 252
　　（二）方志的种类 ····································· 253
　二、方志的史料价值 ····································· 255
　三、各类方志和地方杂记 ································· 257
　　（一）全国性的总志 ··································· 257
　　（二）各省通志 ······································· 260
　　（三）府州县志 ······································· 263
　　（四）地方杂记 ······································· 267

第十一章　类书和《十通》中的史料 ························ 273
　一、类书 ·· 273
　　（一）古类书及其史料价值 ···························· 273
　　（二）宋代类书大盛的原因 ···························· 276
　　（三）重要类书介绍 ··································· 277
　二、《十通》 ·· 289
　　（一）《十通》的形成及其史料价值 ··················· 289
　　（二）《十通》介绍 ··································· 290

目　录

第二编　史料的鉴别和利用

第一章　鉴别史料，正其讹误 …………………………………… 297
一、史料错误的普遍性 ………………………………………… 297
二、史料引用致误的几种主要原因 …………………………… 304
　（一）史料本身无误，由于没有正确理解原意或者标点不正确而
　　　造成错误 ……………………………………………… 304
　（二）史料本身无误，由于引用者推断不准确而造成失误……… 308
　（三）史料内容比较含蓄，由于引用者缺乏深入辨析而造成
　　　失误 …………………………………………………… 308
　（四）没有直接引用原书，造成以讹传讹 ……………………… 310
　（五）因版本不善而造成史料的错误或脱漏 ………………… 310
　（六）史料本身就有错误 ……………………………………… 311
三、如何正确引用史料和鉴别史料 …………………………… 314
　（一）搞清史料的确切含义，尊重史料的客观性 ……………… 316
　（二）引用他书所录史料，要核对原文，并尽可能引用第一手
　　　史料 …………………………………………………… 317
　（三）要尽可能使用好的版本 ………………………………… 317
　（四）要详细占有史料，才能去伪存真 ………………………… 318
　（五）要全面客观地运用事涉历史人物和历史事件功过好坏的
　　　史料 …………………………………………………… 319
　（六）本证、旁证是鉴别史料的基本方法 ……………………… 321
　（七）正误与辨伪，贵在反证 …………………………………… 322
　（八）正确采用理证的方法 …………………………………… 323
　（九）借助考古发掘来核实史料 ……………………………… 325
　（十）应用目录学、版本学、校勘学、训诂学、音韵学、年代学、避讳
　　　学等各种知识进行鉴别 ……………………………… 326

第二章　应用版本学知识以正误···327

一、雕版印刷术的发明和版本学的产生·····························327
　　（一）雕版印刷术的发明和发展·································327
　　（二）版本和版本学的萌芽·······································331
　　（三）版本学的形成···333
　　（四）版本学的发展和鼎盛·······································335

二、古籍装订的演变··338
　　（一）卷轴制度··338
　　（二）折叠制度··339
　　（三）册叶（页）制度···341

三、古籍的版式、结构和字体··344
　　（一）版式···344
　　（二）结构···346
　　（三）字体···348

四、版本的时代和地区特征··349
　　（一）宋版本（附辽、金版本）·································349
　　（二）元版本··351
　　（三）明版本··352
　　（四）清版本··353

五、刻本分类··353
　　（一）按刻主分类···354
　　（二）按刻印先后分类···355
　　（三）按刻印情况分类···356
　　（四）按流传情况分类···358

六、版本的鉴别··358
　　（一）版本作伪的原因···358
　　（二）版本作伪的手段···359
　　（三）鉴别版本的方法···360

目 录

第三章 应用校勘学知识以正误 …………………………………… 364
　一、什么是校勘和校勘学 ………………………………………… 364
　二、校勘学的基本任务 …………………………………………… 367
　　（一）整理错乱 ………………………………………………… 367
　　（二）删去衍羡 ………………………………………………… 369
　　（三）补上脱漏 ………………………………………………… 369
　　（四）改正讹误 ………………………………………………… 370
　三、搞好校勘工作的基本条件 …………………………………… 372
　　（一）要尽可能多地收储各种版本 …………………………… 372
　　（二）要广泛搜集与校勘内容有关的各种著述 ……………… 372
　　（三）校勘者本人必须具备的条件 …………………………… 373
　四、校勘古籍的几种方法 ………………………………………… 376
　　（一）对校法 …………………………………………………… 377
　　（二）本校法 …………………………………………………… 378
　　（三）他校法 …………………………………………………… 379
　　（四）理校法 …………………………………………………… 379
　五、校勘结果的处理和校记常规 ………………………………… 381
　　（一）校勘结果的处理 ………………………………………… 381
　　（二）校记常规 ………………………………………………… 382
　　（三）校记出处 ………………………………………………… 382

第四章 应用训诂学、年代学知识以正误 ………………………… 384
　一、训诂学和它在鉴别史料中的作用 …………………………… 384
　　（一）什么是训诂学 …………………………………………… 384
　　（二）应用声韵通借以正误 …………………………………… 385
　　（三）应用音韵学知识以正误 ………………………………… 386
　二、年代学和它在鉴别史料中的作用 …………………………… 387
　　（一）年代学知识概述 ………………………………………… 387
　　（二）应用年代学知识以正误 ………………………………… 389

第五章　应用避讳学知识以正误 ……………………………… 391
一、避讳和避讳学 ……………………………………………… 391
二、避讳的产生和变化 ………………………………………… 392
　（一）先秦避讳及其规定 …………………………………… 392
　（二）秦汉以降避讳的逐渐严格化 ………………………… 395
　（三）常用的几种避讳方法 ………………………………… 398
　（四）避讳的复杂性 ………………………………………… 401
三、避讳学知识的应用 ………………………………………… 405
　（一）鉴别成书年代 ………………………………………… 405
　（二）鉴别伪撰伪作 ………………………………………… 406
　（三）鉴别史料讹误 ………………………………………… 406
　（四）鉴别史书有否后人增补改动 ………………………… 407
　（五）鉴别文物制作年代及真伪 …………………………… 408

第六章　史料的检索和利用 …………………………………… 409
一、认真阅读史书，掌握寻找史料的方法 …………………… 410
　（一）阅读史书是寻找史料的基础 ………………………… 410
　（二）介绍寻找史料的几种方法 …………………………… 412
二、充分利用工具书检索史书寻找史料 ……………………… 414
　（一）书目工具书（包括数字化工具书） …………………… 417
　（二）各种辞典和索引 ……………………………………… 423
三、如何引用史料 ……………………………………………… 439
　（一）史料引用规范 ………………………………………… 439
　（二）注释规范 ……………………………………………… 442

附录：
一、历代帝王世系名讳表 ……………………………………… 449
二、书名索引 …………………………………………………… 461
三、主要参考书目 ……………………………………………… 492

后记 ……………………………………………………………… 493

绪　论

（一）

1981年10月，笔者从原杭州大学历史系中国古代史专业研究生毕业后，留系从事教学和科研工作。不久，我的导师——宋史研究室主任徐规教授要我给本专业的研究生开设一门中国古代史史料学的课程，先生语重心长地对我说："这门课程很重要，它不仅能帮助学生了解中国古代史的基本史料，掌握寻找史料、鉴别史料的本领，而且还可以向他们介绍一些研究中国古代史的基本方法，可惜现在已长期没有人讲授了，希望你能将它开设起来。"当时，笔者对中国古代史的研究刚刚起步，有关史料学的知识更是肤浅，鉴别和利用史料的基本功也不够扎实，觉得要胜任这门课程的教学任务，恐怕有负重托，心里颇为踌躇不安，但在先生的一再鼓励之下，还是硬着头皮接受了下来。

我所以勉力承担起讲授中国古代史史料学这门难度不小的课程，师长的嘱托固然是一个重要原因，另一方面从自己指导研究生撰写论文的切身体会中，确实也深深地认识到这门课程的重要性。笔者经常看到，周围许多学生面对浩如烟海的史籍，不知怎样才能找到自己所需的史料，他们不太了解各种史料的性质和类别，甚至不会使用像《四库全书总目》、《中国丛书综录》这类检索书目的大型工具书，于是不免发出"论文好写，史料难找"的慨叹。有人花费了大量精力,终于找到一大堆与课题相关的史料,可是因为内容形形色色,甚至相互抵牾,竟不知道怎样去鉴别和取舍才好。有人因为对史料领会不深,消化不透,又不熟悉一般的引用方法,在论文中要么大段大段地照抄,要么生搬硬套地截取,缺乏与自己所持观点的有机联系和与文章的融会贯通,总给人隔靴搔痒和辞不达意的感觉。如此种种,都给刚刚开始步入史学殿堂的研究生带来困惑。

事实证明,只有较好地掌握史料学知识的人,才能在浩如烟海的史籍中比较容易地找到自己所需的史料,才能出色地驾驭史料,不致迷失方向,取得事半功倍的功效,这对于论著的撰写,特别是对于培养史学研究和古籍整理的人才来说,确实具有十分重要的意义。为此,笔者不揣谫昧,一方面吸取有关学者的研究成果并结合自己做学问的体会,另一方面针对学生的实际情况和中国古代典籍非常繁杂的特点,在讲授史料学这门课程时,努力做到因材施教,删繁就简,突出重点,注重系统性和实用性,尤其在如何鉴别史料和运用史料方面颇费了一番功夫。这样边研究边教学,经过十余年的努力和探索,终于撰写出了一部自认为稍有特色,较为系统,具有一定针对性和实用意义的《中国古代史史料学》初稿。近几年来,笔者在听取部分学生和教师意见的基础上,又对初稿作了一些修改和补充,今天终于定稿付梓,将它奉献于广大读者的面前。本书的出版,如能对从事中国古代史研究的年轻学子特别是研究生们有所帮助,幸莫大焉。

(二)

众所周知,研究历史必须具备两个基本条件:一是正确的理论,一是足够的史料。理论的重要性毋庸置疑,如果一个人辛辛苦苦地搜集了大量的史料,殚精竭虑地获得一个研究成果,可是由于缺乏正确理论的指导,其基本观点却是错误的,这一研究成果也就毫无学术价值可言。史料则是历史研究的基础,它同样十分重要。史料犹如筑成史学大厦的原材料,要建筑大厦,没有设计图纸不行,没有水泥、钢筋、木料、砖块也不行;

绪　论

要研究历史、撰述论著，光有理论观点而没有史料，就成为无源之水，无本之木，在研究的道路上将会寸步难行。过去，人们曾围绕"以论带史"和"论从史出"两种不同的观点争论不休，实际上这两者的是非是明摆着的：既然理论来源于实践，"论从史出"当然是不争的事实。

历史上，史料对于史学研究的重要性，从未有人表示怀疑。二千多年前的孔子对他的弟子说："夏礼吾能言之，杞不足徵也；殷礼吾能言之，宋不足徵也。文献不足故也，足则吾能徵之矣。"（《论语·八佾篇》）意思是说，孔子能讲夏礼和商礼（这主要是经过口耳相传得到的知识），可惜夏、商的后代没有将文献资料留下来，否则的话，可以将它们拿来作为根据。直至近代，有些著名学者甚至提出了"史学本是史料学"（蔡元培：《明清史料·序言》，中央研究院历史语言研究所1930年出版）的口号。傅斯年先生进而认为："史学便是史料学。"史家的责任是"上穷碧落下黄泉，动手动脚找东西"。"只要把材料整理好，则事实自然显明了。一分材料出一分货，十分材料出十分货，没有材料便不出货。"（《史学方法导论》，收入《傅斯年全集》第二册，台北联经出版事业公司1980年出版）他们对史料的这种推崇，尽管也受到另一些学者的批评，但批评者并无半点轻视史料的意思，如批评者之一的周谷城先生说："史料是历史之片段，从片段的史料中可以发现完整的历史；但完整的历史之自身，决非即等于片段的史料。"他又说："'史学本是史料学'这话于史学界有益，但不正确。治史的人往往轻视史料，其实离开史料，历史简直无从研究起。历史自身虽不是史料，但只能从史料中寻找而发见出来。"（周谷城：《中国通史》上册，上海开明书店1939年出版，第2页）由此可见，言"史学便是史料学"的话，虽然看起来强调得似乎有点过头，但史料的重要性却是公认的，对那些尽兜理论圈子而不顾史实的海派学者来说，无疑也是一贴清醒剂。人们常说："搜集好史料，便是完成了史学研究的一半任务。"这话确实一点不假。

史料学研究的对象是史料，那么，什么是史料呢？所谓史料，就是研究历史所需要的各种资料。史料又有广义和狭义之分：广义的史料包括了宇宙世界所存在的一切事物,若按性质可分为三大类:一类是实物史料,一类是口传史料,再一类是文字史料。

实物史料是指存在于世界上的一切与人类历史发展有关的实物和遗迹,从一块经过初步加工的石头、一枚古人类的牙齿化石、一个古遗址、一幢古建筑到以往人们所使用过的、制作成的甚至接触过的一切物品、器具,都可以作为实物史料。今天陈列于博物馆中的展品,绝大多数都是实物史料。年代越久远,实物史料就越显得重要。如原始社会的历史,因为没有文字依据,基本上就只能依靠实物史料。在上个世纪五十年代,中国的历史还是以生活在四十余万年以前的北京猿人的时代作为开端,进入六十年代,当人们发现了元谋猿人的化石后,我国历史的开端就被推进到了170万年以前。如果今后发现比元谋猿人更早的人类化石,这个时间将再一次被改写。以往史学界一致认为,黄河流域是中华文明的发源地,但是随着长江流域、珠江流域、辽河流域、四川盆地等地新石器的发现,人们逐渐改变了这个看法,知道中华民族的文明应是多种文化的融合,而不是单向性的传播和扩散。以前,研究农业史的人有一种传统说法,认为小麦原产于西亚,进入文明时代甚至直到张骞通西域以后才传入中国。有人从古代中国北方的自然条件不适合小麦种植,有人以汉字中很多谷物名是以"禾"字为偏旁部首,而"麦"字却是从"来"字派生出来的等理由,来解释小麦是从国外传入的。但是,上个世纪八十年代人们在甘肃民乐东灰山史前遗址收集到5 000年前的大麦、小麦、高粱、黍的炭化籽粒,雄辩地证明了我国也是小麦的原产国,使以前的种种猜测不攻自破(参见李璠等《甘肃省民乐县东灰山新石器遗址古农业遗存新发现》,载《农业考古》1989年第1期)。即使是先秦和先秦以后的历史,实物史料也起着重要的补充和佐证的作用。如秦朝修筑万里长城,这在《史记》中虽有明确记载,但对其形制、质料和构筑方法,特别是它的具体位置,还得通过对长城遗址的实地考察发掘才能得知。再如秦汉时代的度量衡,折合今天应该是多少,人们主要是通过从地下发掘出来的战国铜尺、西汉建初尺、新莽货布尺、晋前尺、秦始皇二十六年方升、汉量、汉锤、秦权、新莽嘉量等实物中获得了解。以上都足以说明实物史料之重要。

口传史料主要是指传说和民歌。远古人类没有文字，或文字很简单，或很不普及，他们的历史，大多借助于传说和民歌得以保存。《说文解字》对"古"字的解释是："从十口，识前言者也。"它形象地告诉人们，历史乃是经过许多人的口传而成的。作为证据之一，司马迁在《报任少卿书》中讲到他撰写《史记》一书时说："网罗天下放失旧闻，考之行事，稽其成败兴坏之理，凡百三十篇。"（《汉书·司马迁传》）这里所说的"放失旧闻"，主要是指司马迁从田父野老中所听到的传说，这说明《史记》有很大一部分史料来源于口传史料。再以《史记·淮阴侯列传》来说，司马迁如果仅据文献资料，决不能将韩信此人写得如此栩栩如生，而非得采用大量的口传史料不可。对此，在传后赞语中有"吾如淮阴，淮阴人为余言"的话可以作为佐证。口传史料不仅对先秦史关系重大，对以后的历史也有重要意义。今天人们研究蒙古族的兴起和蒙古汗国早期的历史，《蒙古秘史》一书是重要的史料来源，而该书就是在成吉思汗命人创制蒙古文以后，用它追记流传在蒙古大草原上的传说故事和谚语而成。再如我国著名的三大英雄诗史——藏族的《格萨尔王传》，蒙古族的《江格尔王传》，柯尔克孜的《玛纳斯王传》，都是长期流传在这些民族中的诗歌，它们不仅代表了某一民族在古代特定历史时期的文学艺术成就，也为研究这一民族的历史提供了重要的史料。以《格萨尔王传》为例，就有120多部，100多万诗行，2 000多万字，它部分地反映了11世纪到19世纪时期藏族的一些历史和生活状况。

文字史料，在三种史料中占有最重要的地位，今人研究古代史，尤其是秦汉以后的历史，基本上要依靠文字史料。所谓狭义的史料，就是指文字史料而言，本书所介绍的史料，基本上也限于文字史料。文字史料又可根据其依附于不同的器物或材料（即载体）而分为若干种。

一种是甲骨文史料。这是依附于龟甲或兽骨上的文字史料。甲骨义最早发现在殷墟（今河南安阳西北五里的小屯村），是我国三千多年前商王盘庚迁殷至帝辛（纣王）亡国273年间的遗物，所以人称殷墟甲骨文。

又因为甲骨上所刻写的内容基本上都是殷王室贵族占卜用的卜辞,所以又称殷墟卜辞。殷墟甲骨文是研究殷商历史的重要史料来源。后来,在殷墟以外的山西、陕西、河北等地都陆续有甲骨文出土,这又为史料较缺的西周史提供了珍贵的研究资料。到目前为止,共发现带字甲骨20余万片,计4 500余个单字,但今天能够释读的尚不足一半,其作为史料的局限性是显而易见的。

一种是金文史料。这是铸刻在金属器物上的文字史料。先秦时期,金文多铸刻于贵族们作为礼器制造的钟和鼎等大型青铜器上,所以又称钟鼎文。虽然金文盛行于西周到战国时期,但从最新的考古发掘来看,尚有比殷墟甲骨文更早的金文存在,因此,金文和甲骨文同属于最古老的文字体系。《墨子·鲁问》说:"攻其邻国,杀其民人,取其牛马粟米货财,则书之于竹帛,镂之于金石,以为铭于钟鼎,传遗后世子孙。"说明金文与甲骨文不同,它是一种有意识的对历史事件所作的记载。金文史料是研究商周至战国历史的重要史料来源,但是简短、零碎,难以释读则是它的缺点。

一种是帛书史料。这是写在薄薄的丝织品也就是缣帛上的文字史料。传说中的黄帝正妻缧祖已开始养蚕的故事,虽不甚可靠,但我国到夏、商时候已生产缣帛却是事实,故帛书的历史当与甲骨文一样悠久。除了上引墨子所说的话以外,《齐民要术》卷三记越王勾践将范蠡之言"以丹书帛,致之枕中,以为国宝"。说明至少从春秋战国开始,缣帛与竹、木一样,已成为主要的书写材料,并用红色的丹石调水为墨。由于缣帛轻薄柔软,可以舒卷,便于截断和携带,所以直到纸张发明以后,还流行了相当长的一段时间,据文献记载,唐代还有人用它来书写、作画的。流传至今的帛书所以非常稀少,主要是因为缣帛比较贵重,只有官僚、贵族才用得起,数量毕竟有限,加上缣帛容易霉烂蛀蚀,不能长期保存,能够传至后世的就更少了。1973年到1974年,考古工作者在长沙马王堆3号汉墓出土了大量帛书,其中有《易经》《老子》《战国纵横家书》以及关于天文、历法、五行、杂占、医药等方面的内容,另外还有地图2幅,共计28种。上述

绪　论

帛书大多为古代佚书,这是二十世纪帛书史料的一次最为重大的发现,对古史研究具有重要意义。

一种是简牍史料。这是写在竹简、木牍上的文字史料。简牍流行于战国至魏晋时期,简用竹片制成,宽约0.5—1厘米,一般长约23厘米,最长的可达70余厘米。每简书写一行字,也有宽至2厘米左右的简,每简书写二行字,每行一至数十字不等。牍用木片制成,又称札,比简要稍宽一些,有的宽至6厘米,呈板状,长度与普通的竹简相同,字数多的达百字以上。竹简、木牍也统称为简,若干简牍编缀在一起叫做策(册)。最早的竹简,多以漆书写,木牍多用铅画,"故有刀笔铅椠之说"(赵彦卫:《云麓漫钞》卷七)。大约到春秋、战国时,才开始用墨书写,但为了刮去竹青和误字,仍要用刀。历史上,秦以前的简牍大规模出土有4次:第一次是在西晋太康二年(281年),当时有一个叫不準的人盗河南汲县战国古墓,他爬入死于公元前296年的魏襄王的墓穴,寻找随葬品,见到墓内有大量竹简,就点燃用作照明。不準对竹简并无兴趣,盗后弃之而去,后来官府收点,得数十车,有包括《竹书纪年》在内的书简多部,皆用先秦文字书写,人称"汲冢书",这恐怕是古代最多的一次竹简出土。第二次是1975年底到1976年初,考古工作者在湖北云梦睡虎地12座战国末年至秦代的墓葬中,出土了大批秦简(详见第一章)。第三次是1993年,考古工作者在荆门纪山镇郭店村一号楚墓发掘出了一大批秦简和战国楚简(详见第一章)。第四次是2002年6月,考古工作者在湖南湘西龙山县里耶镇的三座古井中的一座,发掘出了36 000余枚秦代竹简和木牍,它被考古学界喻为经兵马俑之后,秦代考古最为重大的发现,目前正在逐渐清理解读之中。里耶秦简是一套日志式实录,已清洗出的秦简年代,从秦王嬴政二十五年(公元前222年)到秦二世元年(公元前209年),按年、月、日记事,十几年连续不断,从中可以了解秦代的地方建置、邮政、军事、法律、科学文化、社会生活等方面的内容。其中特别值得一提的是,在里耶秦简中已有用篆文书写的九九乘法表,以及关于秦代设有洞庭郡的记载。这些新发现,将改写秦的历史,史料价值可与甲骨文、敦煌文书等媲美。里耶秦简的大部分文字属于秦隶,从小篆演化而来,和睡虎地秦简的字体相类似。

汉代的简牍也很多,迄今已发现4万枚左右,其中主要出于边塞屯戍地、属于屯戍遗物的有敦煌汉简、居延汉简、罗布泊汉简等,出于汉代墓葬的则有湖南马王堆汉简、山东临沂银雀山汉墓竹简、甘肃武威汉代医简、湖北江陵凤凰山汉简、青海大通县上孙寨汉简等。此外,在河南、河北、安徽、四川等省区也都陆续有汉简发现。由于汉简数量多,内容丰富,所以成为今人研究汉朝历史的重要史料来源。即使在造纸术发明以后,简牍在相当长的时期里仍然没有完全退出历史舞台。1996年7月至12月,湖南长沙市文物工作队配合城市基础建设,对市中心走马楼街西侧街区的50余口古井进行了抢救性发掘,在其中一口井里出土了一大批三国孙吴纪年简牍,包括竹简、木牍、封检和签牌等,共有14万枚,是上个世纪我国继甲骨文和敦煌遗书以后最为重大的文献资料发现。全部简牍经清洗后,保存在长沙市博物馆。出土简牍呈灰棕色或褐黄色,长短宽窄各异,字体工整有序,隶中带楷。每片字数多少不等。木牍每枚有80至120字,竹简每枚有30至40字。内容有东汉末年特别是三国东吴时期的大量地方文书档案,大致包括嘉禾吏民田家莂司法文书、黄簿民籍、名刺、签牌、缴纳各种赋税和出入仓库的簿籍等,这对于研究史料十分缺乏的东吴历史,具有极其重要的价值。

简牍的优点是书写材料比较容易获得,缺点是作为书籍十分笨重,保管也不方便。据说秦始皇规定自己一天要看奏章120斤(约合今60斤),他所看的就是简牍,如将那些奏章写在纸上,恐怕也不过几十页的光景。

一种是石刻文字史料。这是镌刻在石板、岩壁上的文字史料。石刻文字史料又有石鼓文、石经、墓碑铭、摩崖石刻和石碑等多种。从前面所引《墨子·鲁问》的记载来看,石刻文字出现的历史与金文、简牍、帛书一样久远,但由于石头容易风化,所以先秦时期遗留下来的石刻文字很少。据目前所知,我国现存最早的石刻文字,是用秦国的大篆即籀文刻在10面石鼓上的文字,所以人称石鼓文。每面石鼓上刻有一首四言诗,共10

首,内容为歌颂秦国国君的游猎活动。这些秦石鼓后来经过辗转搬迁,损毁已十分严重,今天被陈列在北京故宫博物院内。在古代,人们为了普及儒家经典,或为了统一儒家经典的内容,平息因师承不同而引起的争议,将经文镌刻在大的石碑上,作为定本,人称石经。我国古代的石经,以熹平石经、正始石经和开成石经最为有名。熹平石经是熹平四年(175年)汉灵帝命文学家蔡邕等人用隶书一体写成后,镌刻于46块石碑上,故称一体石经。这个石经原立于洛阳太学的前面,有《鲁诗》、《尚书》、《周易》、《春秋》、《公羊传》、《仪礼》、《论语》等七经,成为我国历史上最早的官定儒家经本。正始石经镌刻于曹魏明帝正始年间(240年—249年),由嵇康等人将《周易》、《尚书》、《毛诗》、《春秋》等儒家经典的部分内容,以古文、篆文、隶书三种字体,镌刻在35块石碑上,故称三体石经。可惜由于石碑的自然风化,加上拓印者的人为破坏,以上两种石经早已不存。唐文宗大和七年(833年),郑覃等人奉命用楷书将《周易》、《尚书》、《毛诗》、《周礼》、《仪礼》、《礼记》、《左传》、《公羊传》、《穀梁传》、《孝经》、《论语》、《尔雅》等十二经的内容刻成石碑,另附有《五经文字》、《九经字样》等,共227块石碑。字体为正书,标题为隶书。历时4年,至开成二年(837年)完成,人称开成石经。一千余年来,经过后人多次修改、补刻和添注,今天仍然较好地被保存在西安碑林。

墓碑铭是指墓碑、神道碑和墓志铭。墓碑竖于坟墓前面,上面镌刻的文字不多,一般只有墓主的姓名、安葬时间和子孙或亲族的名字。神道碑是竖立于墓前神道上的石碑,它比较高大,上面镌刻墓主的生平和功德。神道碑只有统治阶级中的上层人物才有,并依照官品大小,规定神道碑的高低。墓志铭始于何时,已无从查考,但从考古发掘来看,它至迟出现于东汉后期。究其出现原因,恐怕与曹操在建安十年(205年)下令禁止树碑立传有关。当时,人们为了防备墓穴遭遇变迁后,不知道是谁人之墓,就将墓主的姓名、爵里及生平事迹刻于一块石板上,在上面再覆盖上一块石板,以作保护,然后将它们平放在棺椁之前一起埋入圹穴之中,使日后发现者有所稽考,镌刻于石板上面的文字就是墓志铭。墓志铭是一种特殊的文体，包括墓志和墓铭两个部分，墓志为传，多以散文形式记载墓主的生平履历；墓铭似诗，主要是对墓主的颂扬和悼念之辞，通常是以四字一句的韵文组成，也有五言、七言不等。墓碑铭对于研究死者的生平具有十分重要的史料价值。

摩崖石刻的内容十分复杂，有骚人墨客的诗文和书法，也有旅游者的题辞，以及商人、水手的航海资料和气象记录等。此外，尚有各种石碑，有些记载皇帝的诏令、政府的禁令和乡规民约，有些记载某一工程建筑、水利设施的建造经过，有些镌刻地图乃至城防工事，有些是表彰孝子、节妇和先烈，唐宋以后更有大量的进士题名石碑和功名碑，等等。石刻史料虽受材料限制，不能成为典籍，也容易销蚀，但与帛书和简牍相比，只要不受人为的破坏，保存时间还是比较长。

与石刻文字史料相类似的，还有一种玉刻文字史料。这是刻写在玉片上的文字史料，故又称玉册。《韩非子·喻老》说："周有玉版，纣令胶鬲索之，文王不予。费仲来求，因予之。"《史记·太史公自序》说："秦拨去古文，焚灭《诗》《书》，故明堂石室金匮玉版，图籍散乱。"近人在殷墟发现了商代玉版甲子表残片（参见陈邦怀《商玉版甲子表跋》，载《文物》1978年第2期），说明在商周时代，确有玉册存在。1965年底，考古工作者又在山西侯马晋国遗址发现春秋晚期的玉版《侯马盟书》，这是晋国世卿赵鞅和卿大夫间签订盟约的辞文。书写盟书的玉石片，绝大多数呈圭形，最大的长32厘米，宽近4厘米，小的长18厘米，宽不到2厘米。已出土盟书计5 000余片，每片最少10余字，最多达200余字（参见山西省文物工作委员会编《侯马盟书》，文物出版社1976年出版）。由于玉版多为贵族所用，书写甚不普遍，且有些所谓"玉"者，实与石质无异，故本书将其附入石刻文字史料一并予以介绍。

一种是典籍史料。这是写在纸张上的文字史料。纸是我国的四大发明之一，它究竟发明于何时，40多年来学术界一直争论不息。以往，人们根据《后汉书·蔡伦传》的记载，明确认为是东汉和帝时候的宦官蔡伦（？—121年）发明的。但自从1957年在陕西西安出土了西汉晚期的灞桥纸,1974年在甘肃居延西汉亭燧故址出土了金关纸,1978年在陕西扶风西汉窖藏出土了中顺纸,1986年在甘肃天水发现了西汉时期的放马滩纸,特别是近年来考古工作者在甘肃敦煌发掘出了大批西汉古纸以后,有人以为早在西汉时期,中国就有了真正意义上的纸。但我们认为:上述地区发现的纸张,其材料来源、加工方法和书写性能是否与蔡伦纸相仿佛,这是需要进一步加以探讨的。如果这些纸的质量低劣,也就难以推广使用,只能看作是一种原始的纸张,尚不能说此时已经发明了造纸术。而蔡伦所发明的纸,与现代意义上的纸已不相上下,由于它制造方便,价廉物美,易于书写,易于保管而很快取代竹、木、缣帛等,成为主要的书写材料,书籍也就成了各种文字史料中最主要的史料来源。

此外,还有以陶器、泥版、羊皮、树叶等为书写材料而形成的文字史料,但这类文字史料在我国的数量十分稀少,意义不大,故不赘述。由此可见,史料之多真是无可估量,仅书籍记载的文字史料,已是汗牛充栋,不可遍举。

史料的种类尽管繁多,却有其自身的特点,归纳起来大致有以下五个方面:

一是非有意而存在者占了绝大多数。今天的史料,就是前人活动的记录,有些记录是有意传至后世的,如《二十四史》和国史、实录之类,但更多的史料却是无意遗留下来的,后人命名为某种史料而已。广义的史料固然不用说,就是狭义的文字史料大多也是这样。如甲骨文史料,全是无意留下来的,金文、简牍、帛书中的文字史料,有相当一部分也是无意留下来的。即使书写在纸张上的文字史料,多数也不是为了传之后世,而只是供一时之需而已。如古代某个商人所记之长年流水账,某个地主所记之历年收租簿,在今天就成了研究古代经济史和阶级关系史的宝贵史料。

二是史料无处不在,无时不在。宇宙世界存在的一切事物,都可以作为史料,今天出现的事物,到明天就成了史料。在典籍中,国史、实录、会要等固然是史料的渊薮,即使是策论、诗赋之作,也保存着大量史料。

三是史料之有无价值和价值大小,主要看人们的需要和远见卓识。

如甲骨文,殷商人视之为垃圾,清末人视之为中药,金石学家王懿荣视之为古董,刘鹗、罗振玉视之为古文字,王国维、郭沫若等学者视之为殷商史料。同样一件史料,放在不同的研究者手中,得出的结论和获得的研究成果也不完全相同。

四是残破而永无完整,失去的远多于保存的。仅以典籍论,宋末元初人刘埙就以为:"自汉以来,书籍至今百不存一。"(刘埙:《隐居通议》卷二六《秦不绝儒学》)隋唐以后,随着雕版印刷的发明和逐渐推广,典籍失传的速度虽然大为减缓,但失去的仍比保存的为多。如南宋灭亡距今不过700余年,但《宋史·艺文志》所载录的史籍大部分也已经不存。究其散失原因,途径甚多,正如梁启超所说:或有意隐匿(如清朝之自改实录);或有意蹂躏(如秦国烧列国史记);或一新书出而所据之旧资料全被遗弃(如唐修《晋书》成,而旧史十八家俱废);或经一次丧乱,致使大部史籍毁灭(如牛弘所论"书有五厄");或孤本孤证散在人间,偶不注意,即便散亡等(参见梁启超《中国历史研究法》,东方出版社1996年出版,第44页)。至于无意遗留的文字史料,不出若干年,绝大部分就会丧失。因此,保存与失去的相比,只是一鳞半爪而已。

五是散乱糅杂、真伪并存。史料和某些矿藏一样,不同性质的史料、有用无用的史料往往共生在一起,研究者找到一个史料矿藏以后,就需要作一番认真的整理和发掘工作。既然大多数史料是无意留下来的,其年代、地域、人物、用途、真伪往往不能确定,即使有意留下来的史料,同样会存在上述一些问题,这就需要人们对史料作出认真的考证和鉴别,学会去粗取精、去伪存真的本领。(参见王尔敏《史学方法》,台北东华书局1977年出版,第139至144页)

认识史料的这些特点,对于人们寻找、鉴别和利用史料都有一定意义。

(三)

那么,什么是中国古代史史料学呢?中国古代史史料学就是研究中

绪　论

国古代史史料源流、真伪、价值和利用方法的科学,它是中国古代史的一门重要辅助学科。中国古代史史料学的研究对象不是人类历史的发展过程,而是研究史料的本身和利用史料的方法,虽然它只是历史学的辅助学科,内容又比较枯燥和单调,但对于史学研究来说,却十分重要。

中国古代史史料学的基本任务有三个:一是介绍中国古代史的重要史料,追溯其史源,掌握寻找和发掘史料的方法。二是论述对史料进行鉴别的本领,以确定史料的真伪及价值的大小。三是阐明正确地、科学地利用史料的方法。

本书第一编是《中国古代史主要史料介绍》,其范围上起夏商周三代,下迄鸦片战争前的清代(根据情况,有些略作延伸)。原始社会因基本上没有文字记载,其史料介绍只能从略。因为本编的重点是介绍文字史料,而极大部分文字史料都被包含在史书之中,所以在介绍史书的同时也就介绍了史料。每个历史时期的史料和史书,都有其自身的特点,而这种特点又与当时的时代和史学发展有着密不可分的联系。因此,本书在介绍每一历史时期的史料和史书时,一般先要对该时代的基本情况作一简要回顾,以此为基础,论述当时史学发展的概况和史料特点,以使读者对这一历史时期的史料有一个总体的认识。

所谓中国古代史的主要史料,实际上并无绝对的标准,它往往随着每个人的研究重点的不同而有所不同。中国古代史籍繁多,尤其在唐宋以后更是不可遍举,所以在介绍时,只能采取点面结合的方法,即对重要史籍的史料价值作出介绍和评述,对一般史籍则仅列其书名或大致内容而已。因为殷商以前的文字史料主要保存于甲骨文之中,而甲骨文不仅实物难以见到,见到了也难以释读,故在介绍拓片的同时,也介绍了主要的甲骨文字典和前人应用甲骨文从事商史研究的一些著作,以方便读者参考应用。地方志书虽形成于不同历史时期,但性质相类似,类书和《十通》同样也是如此,故本编将它们集中起来放在最后分两章进行介绍。

史书的版本十分复杂,有同书异名者,如王安石文集,就有《临川集》、《王文公文集》、《王安石全集》、《王安石文集》等各种名称;有名同而卷数实不同者,如同样是《王文公文集》,就有 70 卷本(日本宫内省图书寮摄影本)和 100 卷本(中华书局 1962 年影印江安傅氏原藏杭州本)两种。此外,史书版本尚有排印本、标点本、影印本、重印本、重刻本、点校本、笺注本、增补本、丛书本、石印本、(木、铜)活字本等的区别。同为《四库全书》本,又有文渊阁本、文津阁本、文溯阁本、文澜阁本的不同。如果一部史书有多种版本,为使介绍时不致过于枝蔓和容易寻找,以选择实用和易见者为主,凡是经过点校和整理过的本子以及新近出版的本子,当是首选目标。同一史籍或有不同版本,各版本的卷数不尽相同,本书原则上以最后著录的版本卷数为准。对于所列版本的异同和优劣,一般不作说明,以免喧宾夺主。凡成书于《四库全书》以前却为其收录者,一律不予注明;成书于《四库全书》以前而不为其收录者,或仅入存目者,则尽可能予以注明。至于所注《四库全书》的版本,一律以台湾商务印书馆 1983 年影印的文渊阁本为准,以后不再一一注明文渊阁本等字样。对于类似《资治通鉴》、《历代名臣奏议》、《金石萃编》等所记内容不限于一朝代者,则将其归入最有史料价值的朝代作介绍。

本书第二编是《史料的鉴别和利用》,共分三个方面的内容。

首先,比较全面和具体地论述史料错误的普遍性和引用史料致误的几种主要原因。接着介绍史料的鉴别方法。众所周知,无论是史籍或史料,都有真伪精粗之分,在研究时必须使用内容靠得住、价值又高的史料,才能得出正确的结论,取得较高的研究成果。但要考订史料的真伪和精粗,并非一件容易的事情,这是有关考据学和史源学的问题。乾嘉学派的大师段玉裁、王念孙、钱大昕、赵翼、王鸣盛诸人,他们考据的本领所以大,成绩所以显著,与他们娴熟于作为历史学辅助学科的目录学、版本学、校勘学、训诂学、年代学、避讳学等知识密切相关。为此,本书分章扼要地介绍了有关这方面最基础的知识,以及运用这些知识来鉴别史料的方法。

其次,通过各种举例,论述了史料的利用方法。同样一条史料,有人能从中发现其价值,有人却视而不见,轻易地让它们从自己的眼皮底下溜掉;面对相同的史料,各人所获研究成果的大小也不一样。造成这些情况

绪　论

的原因,主要不在于古文水平的好坏和写作水平的高低,而在于各人对史料的认识和利用能力不同所致,包括对史料的领会、分析、推理和提炼深化上存在着差异。虽然,培养利用史料的能力,主要依赖于实践,但别人的经验也有一定借鉴作用,故本书以有关学者成功利用史料的实例,结合笔者个人的体会,对如何利用史料方面的问题也作了一些介绍和论述。当然,史料的利用方法可以有多种多样,本书所提到的只是其中的一部分而已。

第三,系统地论述和介绍了对史料的搜集和检索。千百年来,除了部分石刻文字和新发现的考古资料以外,各种文字史料经过人们的整理或利用,大都蕴藏在冠以某种书名的书籍之中,例如甲骨文史料基本上收集在《甲骨文合集》等书中,金文史料基本上收集在《殷周金文集成》等书中。秦汉史料基本上收集在《史记》、两《汉书》等书中。因此搜集史料的第一步就是要找到这种书籍。历代编撰的书目著作和今人编撰的某些索引、综录、考录,则收集了当时或今天所能见到的各种书目。历史人物和制度等方面某些专门性的史书,往往还有各种索引或辞典可以提供查找线索。因此,本书对有关中国古代史的重要书目、索引、辞典及其使用方法,都进行了必要的介绍,使研究者能够熟练地掌握检索所需史籍和史料的本领,以达到事半功倍的效果。

史学刊物少,投稿难度大,这是当前史学界共同面临的问题。如何使经过辛勤研究而撰成的论著得以顺利发表,提高质量固然是关键,但对引用史料的方法也不可掉以轻心。编辑部每天都要处理大量来稿,由于受人力所限,很难做到对每篇文章都作仔细审阅(包括外审),因而在审稿时,他们往往不是先看内容,而是先看引用史料的水平和规范化程度。如果所引史料冗杂,不能紧扣主题,或注释混乱,无从查检,那么即使写得再好,恐怕也难逃退稿的厄运。为此,本书在最后章节中对如何正确引用史料和进行规范的注释,都作了必要的提示。看起来这是一种技术性的工作,但对写好论著应当会有一些帮助。

第一编
中国古代史主要史料介绍

第一章　先秦史史料
（约公元前 2070 年—公元前 221 年）

　　通常所说的先秦时期,是指夏、商、周三个朝代。大约在公元前 2070 年,禹将王位传给了自己的儿子启,于是作为中国历史上第一个奴隶制朝代的夏朝正式确立。夏朝从禹到桀灭亡,一共传了 14 代,17 王。夏朝末年,在它东边的小国商的力量日益壮大,并在大约公元前 1600 年推翻了夏的统治,建立了商朝。商朝是奴隶制度得到进一步发展的时期。大约到公元前 1300 年,商王盘庚迁殷(今河南安阳),从此我国有了相对可考的文字记载的历史。商朝从汤到纣灭亡,一共传了 17 代,30 王(若加上早死的商汤之子、太甲之父太丁,共有 31 王)。商朝末年,在它西边的小国周的力量崛起,经过公元前 1046 年的牧野之战,推翻了商朝,建立了周朝。周分西周和东周。西周从武王克殷到幽王被杀(公元前 1046 年—公元前 771 年),前后共历 12 王；东周的前期称春秋(公元前 770 年—公元前 476 年),其历史特点是王室衰落,大国争霸,奴隶制度开始向封建制度过渡；东周的后期称战国(公元前 475 年—公元前 221 年),此时各国通过一系列的变法运动,相继确立了封建制度,并通过长期的兼并战争,逐步由分裂割据走向统一。公元前 221 年秦统一六国,标志着战国时代的结束,也标志了秦朝历史的开端。

一、先秦史学概况和史料特点

（一）史学概况

先秦奴隶主贵族为了维护自己的统治,既十分重视等级名分和血缘关系,又非常信仰鬼神,这样就产生了掌记事之官史和掌祭祀、占卜之官巫。《国语》卷一八《观射父论绝地天通》谓:"及少皞之衰也,九黎乱德,民神杂糅,不可方物。夫人作享,家为巫、史,无有要质。"说明史官一职的历史非常悠久,其名见于传说的有黄帝时的仓颉、沮诵,夏代的终古,商代的迟任、向挚,至于周代史官更是不计其数。三代史官,皆以父子相传为世业,这对史书的编纂和保管虽然有利,但因为记事只是少数人的事业,史学发展便受到了极大的限制。

史官记事离不开文字,而我国文字发明和使用的历史可谓源远流长。早在原始社会后期,人们已进入结绳记事和原始文字并用的时期,故《周易·系辞下》说:"古者包牺氏之王天下也,仰则观象于天,俯则观法于地。观鸟兽之文,与地之宜,近取诸身,远取诸物。"这种"鸟兽之文",也可从大汶口遗址和河姆渡遗址所出土的陶器中刻写有极为简单的原始文字获得证明。有关黄帝史官仓颉造字的传说,似乎表明到原始社会末期,汉字已经有了较为固定的形态。在殷墟等处发现的甲骨文和金文,从其结构来看,已具备了象形、指事、会意、形声、假借等各种基本形式,是一种相当进步的文字。春秋以后,汉字的应用已推广到全国广大地区。从中可知,在长达1800年左右的先秦时期,正是我国汉字从萌芽走向成熟的阶段。

用汉字记载的历史,从无到有,逐渐增加;内容也从简单到复杂。在春秋、战国时候形成的一些著作,如《尚书》、《左传》、《国语》等书中,经常引证的《夏书》、《夏训》,就是当时还能见到的有关夏代的典籍。周公所谓"惟殷先人,有典有册"(《尚书·多士》),说明殷商时已形成了一套比较固定的修史制度。顾颉刚先生在校释《尚书·甘誓》后作评论说："其较稳定地写成文字,大概就在殷代。"同时他又指出："肯定夏代当时应有文献资料。"(顾颉刚:《〈尚书·甘誓〉校释译论》,载《中国史研究》1979年第1期)到了春秋、战国时期,随着"学在官府"的局面被打破,文化知识开始向民间传播,士的队伍扩大,使史书显著增加,不仅周王室和各诸侯国都有国史,而且还出现了政论性、礼仪性和文艺性的著作,长期口传下来的野史杂说得到记载,一些著名理论家和思想家的言论也被记录了下来。

（二）史 料 特 点

从先秦史学发展的情况来看,这时期的史料具有以下一些特点。

首先,大部分史书记事简单,内容晦涩,利用比较困难。梁启超说："古代史官所作史,盖为文句极简之编年体。晋代从汲冢所得之《竹书纪年》,经学者考定为战国时魏史官所记者,即其代表。惜原书今复散佚,不能全睹其真面目。惟孔子所修《春秋》,体裁似悉依鲁史官之旧。"(《中国历史研究法》,第12页)而《春秋》一书,今天仍保存完好,考其全书内容,文句极其简短,每条只记一事,前后条之间又皆不相联系,使人很难理解其中的意思,如果没有《左传》,《春秋》就读不懂,此书可以作为当时其他国史的代表。

其次,由于先秦史书散佚十分严重,造成史料的极端匮乏。夏商至西周长达1 400年左右,当时的历史记载只掌握在少数史官手中,古文字又极为难写和难认,所以史书的数量甚少,流传困难,加之年代久远,保管不善等原因,传之后世的极少。无论是夏代的《夏书》、《夏训》,或是《左传》所称的《三坟》、《五典》、《八索》、《九丘》,或是《庄子》所称的《金版六韬》等书,都早已不传于世。春秋、战国时期,文献史料虽然有显著增加,但大部分也已散佚,如与鲁国《春秋》同时代的其他国家的国史——晋《乘》、郑《志》、楚《梼杌》、秦《秦记》和周、燕、宋等国的《春秋》,都无一传至后世。究其原因,据说是各国国君将他们认为"害己"的史籍销毁所致(参见《孟子·万章下》)。到秦始皇统一全国后,又把《秦记》以外的各国历史典籍烧毁。因此,先秦史料比后来的任何时代都要缺少。

第三,有相当一部分史料来源于对口传史料的追记,因此真实性较差。据《国语》卷一《邵公谏厉王止谤》载:周天子听政,"使公卿至于列士献诗,瞽献典,史献书"。又载:"瞽、史教诲,耆艾修之,而后王斟酌焉。"在《国语》卷三《单襄公论晋有乱》里,也有"吾非瞽、史,焉知天道"这样的记载。说明在春秋、战国或者是更早的时候,瞽(瞎子)与史一起,共同承担着传播历史,为统治者提供鉴戒的职责,只是史用文字,瞽用说唱而已。"左丘失明,厥有《国语》"的传说,也证明了这一点。形成于战国至西汉前期的《国语》、《左传》、《战国策》、《史记》诸书,其内容肯定也有一部分来自瞽的说唱故事。而口传史料的可靠性一般比文字史料为差,这就是先秦史籍的真实性所以较差,有的还夹杂着不少神话故事的主要原因。

第四,许多史料被保存在儒家的经典中。为什么儒家经典也是先秦史料的重要来源?这里有必要阐述一下"六经皆史"说的由来和依据。清代史学家章学诚(1738年—1801年)在《文史通义》卷首开宗明义地提出:"六经皆史也。古人未尝离事而言理,六经皆先王之政典也。"在章氏之前,明代王阳明(1472年—1528年)已有"《春秋》亦经,五经亦史"(王阳明:《传习录》上)的说法。实际上,此说尚可追溯到宋元时期,元代学者郝经(1223年—1275年)说得更为具体,其云:"古无经史之分,孔子定《六经》而经之名始立,未始有史之分也。《六经》自有史耳,故《易》即史之理也;《书》史之辞也;《诗》史之政也;《春秋》史之断也;《礼》、《乐》经纬于其间矣,何有于异哉?至[司]马迁父子为《史记》,而经史始分矣。"(郝经:《陵川集》卷一九《经史》)与郝经同时代的南宋学者王应麟(1223年—1296年),在他所撰《困学纪闻》卷八里,也有类似的说法。这些都是"六经皆史"说的由来。"六经皆史"说的依据则有以下三点:一是正如章学诚所言,《六经》"皆先王之政典",孔子不过是将这些"政典"加以整理而已。既然《六经》是先秦"政典",当然也是先秦历史。二是正如郝经所言,古无经史之分,经即是史,史即是经,经史分家是从汉初才开始的。三是从《六经》的具体内容来看,它们确实具有重要的史料价值,关于这一点,我们将在后面再作论述。

二、先秦史料介绍

先秦史料,主要有四大类:即甲骨文与金文中的史料;历史著作与官方用书中的史料;诸子之书和其他私家著作中的史料;汉代以下著作中有关先秦的史料。

(一) 甲骨文与金文中的史料

第一,甲骨文中的史料

殷墟甲骨文自公元1899年发现至今已100多年了,它作为盘庚迁殷至纣灭亡273年间的殷王室遗物,史料价值主要有两个方面:一是所记史料内容丰富,包括了殷商的阶级、国家、社会生产和思想文化等多个方面的内容,是研究殷商历史的重要史料来源。由于殷商史料极端缺乏,以前多据传说记载,是否可靠毫无把握,有了甲骨文,就得到了当时确凿的历史记载。从某种意义上来说,今天研究殷商史,因为有了甲骨文,所以比司马迁时代的条件还好。二是甲骨文长期埋在地下,未经后人篡夺,属于第一手史料,其真实性和可靠性无可怀疑。但是,以甲骨文作为殷商史料,也有很大的局限性,主要是甲骨文的记事多是无意识的,零散的,简单的,加上年代久远,缀合、释读都十分困难,因此应用起来难度很大。

带字甲骨数量稀少,十分珍贵,一般学者没有机会直接接触实物,所以人们利用甲骨文研究殷商史,基本上只能依靠经过整理的甲骨文拓片著录书,其中最重要的有以下10部:

1.《铁云藏龟》 刘鹗(1857年—1909年)编,是我国第一部甲骨文字典。1903年,编者从他所藏的五千余片甲骨中精选1 058片,编成此书,共六册。有上海蟫隐庐1931年石印本、北京图书馆出版社2000年影印本。

2.《殷墟书契前编》8卷　罗振玉(1866年—1940年)编。著录了2 221片甲骨拓片。有1932年修订重版本、北京图书馆出版社2000年影印本。

3.《殷墟书契后编》2卷　罗振玉编。著录了1 105片甲骨拓片。有1916年《艺术丛编》影印本，并收入台北文华、大通两公司1973年合刊影印之《罗雪堂先生全集》。

4.《殷墟书契续编》6卷　罗振玉编。著录了2 018片甲骨拓片。有1933年影印本、北京图书馆出版社2000年影印本。

5.《殷墟书契菁华》　罗振玉编。著录了68片大型甲骨(包括4片巨大牛骨)和细字拓片。有1914年影印本、北京图书馆出版社2000年影印本。

6.《卜辞通纂》　郭沫若(1892年—1978年)编。著录了最有代表性的800片甲骨拓片，另有别录2，后半部分对相应的甲骨拓片分干支、数字、世系、天象、食货、征伐、畋游、杂纂等8方面作了释读。日本东京文求堂1933年出版，科学出版社1983年重印。又收入科学出版社2002年出版之《郭沫若全集·考古编》第1卷。

7.《殷墟文字甲编》　董作宾(1895年—1963年)主编。是书前半部分著录了3 942片甲骨拓片。商务印书馆1948年影印出版，又收入台北艺文印书馆1977年出版之《董作宾先生全集》。

8.《殷墟文字乙编》上、中、下三辑　董作宾主编。共著录了12 000余片甲骨拓片。科学出版社1956年影印出版，又收入台北艺文印书馆1977年出版之《董作宾先生全集》。

9.《小屯南地甲骨》　中国社会科学院考古研究所主编。著录了5 041片甲骨拓片。中华书局1980年影印出版。

10.《甲骨文合集》13册　郭沫若主编。是书共收录甲骨拓片、照片和摹本41 956片，除《小屯南地甲骨》一书所收和后出甲骨文以外，基本上已将当时国内外主要甲骨资料收录齐全，是研究殷商史最完整、最重要的著录书。中华书局1979年—1983年影印出版。

以甲骨文为史料,前提是要释读甲骨文字,懂得其意思,兹介绍以下6部甲骨文辞(字)典,以供参考。

1.《甲骨文编》 中国社会科学院考古研究所编。是书充分利用了甲骨出土后已经著录的资料,分正编、合文、附录3个部分收录甲骨文字。正编收录了1 723字,其中对941字作了辨识;附录2 949字,此为不能释读之字。共计4 672字,甲骨刻辞中所见的已释和未能释定的单字,基本上收录齐全。中华书局1965年影印出版。

2.《甲骨文字集释》14卷(集),加卷首1卷(集),补遗1卷(集),存疑1卷(集) 李孝定编述。是书共收录甲骨刻辞4 450字。台北"中央研究院"历史语言研究所1965年排印出版。

3.《甲骨文字释林》 于省吾(1896年—1984年)撰。这是一部专门释读甲骨文的论文集。中华书局1979年出版。

4.《甲骨文字典》 徐中舒(1898年—1991年)主编。是书在充分吸收了上个世纪三十年代以来出版的孙海波《甲骨文编》、金祥恒《续甲骨文编》和李孝定《甲骨文字集释》等书成果的基础上,增加了近年来的最新研究成果编纂而成的甲骨文字典,搜集已可释读的甲骨文近二千个,是一部研究甲骨文字和殷商史的重要工具书。四川辞书出版社1988年排印出版。

5.《甲骨文合集释文》 胡厚宣(1911年—1995年)主编。是书共分4册,依《甲骨文合集》片号顺序,逐片作出释文。释文采取前人较为公认的说法加以厘定,但不注明出处。中国社会科学出版社1999年出版。

6.《三千未释甲骨文集解》 潘岳编著。是书作者以为,"四堂"即罗振玉(雪堂)、王国维(观堂)、郭沫若(鼎堂)、董作宾(彦堂)等人全部加起来所能释读的甲骨文字,尚不足2 000字,而是书则将余下3 000甲骨文字,基本上都作了释读,对研究甲骨文似有一定参考价值。中州古籍出版社1999年排印出版。

近百年来,一些学者利用甲骨文研究殷商史,取得了许多成就,他们的研究方法和成果值得我们借鉴,现将比较重要的5部著作介绍于下,以供参考。

1.《观堂集林》第9、10卷　近人王国维(1877年—1927年)著。有《王静安先生遗书》本、中华书局1959年排印本。

2.《中国古代社会研究》　郭沫若著。上海新文艺出版社1952年出版,科学出版社1960年重版。

3.《甲骨学商史篇》上、下册　朱芳圃(1895年—1973年)著。上海中华书局1935年出版、香港书店1973年影印出版。

4.《甲骨文与殷商史》　胡厚宣主编。上海古籍出版社1983年手刻影印出版。

5.《甲骨学商史论丛初集》　胡厚宣著。河北教育出版社2002年出版。

第二,金文中的史料

金文是研究殷商尤其是研究西周和春秋、战国时期历史的重要史料来源之一,史料价值很高。金文的体裁,分记言和记事两种。以记言为主的有盂鼎、毛公鼎、大克鼎等为代表;以记事为主的有宗固鼎、散氏盘、舀鼎等为代表。金文内容,主要有祭祀典礼、征伐旌功、赏赐锡命、颂扬祖先等,它们与甲骨文一样,也是第一手史料。但是,金文史料也有简单、零碎、不易释读等缺点。由于将文字铸刻在金属器物上并不容易,所以一般金文的字数都很少,如司母戊大方鼎上只有"司母戊"3字,记载商王为祭祀其母戊而铸造此鼎。当然也有数百字的金文,如铸刻在大小两个盂鼎上的铭文,记录了公元前1024年西周成王策命其臣盂的一篇文告,全文共291字。毛公鼎上的金文更多达497个,记载了周宣王告诫、褒赏其臣子毛公厝的史事,并反映了西周统治不稳的情形,简直是一篇短文,可惜像这样长的金文并不多见(按此鼎现收藏于台北故宫博物院)。

用金文作为史料从事史学研究,离不开青铜器物和金文的(摹本、拓片)著录书以及金文字典,现将这方面比较重要的史籍介绍于下。

第一章　先秦史史料

1.《考古图》10卷　北宋吕大临撰。书成于元祐七年(1092年)，著录当时宫廷和私人所藏古代铜、玉器计224件，其中商周铜器148件、秦汉铜器63件，玉器13件。每器皆摹绘图形、款式，记录尺寸、容量和重量等，对出土地和收藏处可考的也加以说明。是书虽以图形为主，但对所附金文亦作摹写。撰者另著有《续考古图》5卷、《考古图识文》1卷可供参考。有台湾商务印书馆1983年影印文渊阁《四库全书》本。

2.《重修宣和博古图》30卷　一名《宣和博古图》、《博古图》。北宋王黼(1079年—1126年)撰。书成于宣和五年(1123年)之后。著录当时宫廷所藏的古代铜器，共20类839件，集宋代青铜器之大成。每类有总说，每器皆摹绘图形、款式，记录尺寸、容量、重量等。此书虽以图形为主，但对所附金文亦作摹写。有《四库全书》本。

3.《历代钟鼎彝器款识法帖》20卷　南宋薛尚功编。著录历代钟鼎511器，除摹录其文字外，并加考释，宋代所出青铜器有铭文者十分之八收入此书。有海城于氏影印本、中华书局1986年影印本。

4.《缀遗斋彝器款识考释》30卷，卷首1卷　清方濬益(？—1899年)编。著录商周青铜器铭文一千余器，摹写精善，其中重要铭文附有考释。有光绪二十年涵芬楼影印本、商务印书馆1935年影印本。

5.《攟古录金文》3卷　清吴式芬(1796年—1856年)编。著录商周青铜器铭文1 334器，按铭文字数多少排列，间有考证。有光绪二十一年刊本、北京中国书店1985年影印本。

6.《三代吉金文存》20卷　近人罗振玉编。著录了传世的殷、周铜器铭文拓片4 835器，从食器到兵器共20余类，分别按字数多少排列，但无图像和说明。有1937年拓印本、中华书局1983年影印本。

7.《两周金文辞大系图录考释》　郭沫若编。是书分图录和考释两部分。《图录》又分"图编"和"录编"。图编收263器；录编上卷收西周铜器铭文250件，按12王世系排列；录编下卷收东周铜器铭文261件，按国别排列，计32国。《考释》部分亦分两卷，与《录编》相对应。每器铭文以楷书录出，并加句读，均附详尽考释，是研究两周历史较有系统的编年史料,也为研究两周青铜器断代与区分国别奠定了基础。日本东京文求堂书店1932年影印出版,1957年科学出版社有增订本,又收入科学出版社2002年出版的《郭沫若全集·考古编》第七、八卷。

8.《殷周金文集成》20册　中国社会科学院考古研究所编。所收资料包括殷商、西周、春秋和战国时期的各类有铭文铜器。全书由铭文集、图像集、释文和索引组成。其中著录殷周铭文器约万件。是书是当前规模最大也最为完整的商周金文著录著作,自1984年至1990年已陆续由中华书局出版。

9.《金文编》　容庚(1894年—1983年)编著。是一部金文字典,共收录金文18 000字,可释读的约有2 000字。中华书局1991年出版。

10.《金文著录简目》　孙稚雏编。是书收录对象以《三代吉金文存》、《商周金文录遗》两书和《文物》、《考古》、《考古学报》三杂志及有关铜器图录中有铭文拓本者为主,对其他来源也有少量收入,计7 312字或字组,对金文出处尽可能作了注明,颇便研究和利用。中华书局1981年影印出版。

近人利用金文研究商、周史的学术著作不少,仅举有代表性的数部于下,以供参考。

1.《观堂集林》第6、18卷,别集第2卷　近人王国维撰。中华书局1959年出版。

2.《殷周青铜器通论》　容庚、张维持撰。科学出版社1958年出版。

3.《青铜时代》　郭沫若撰。重庆文治出版社1945年出版,科学出版社1965年重版。

4.《中国青铜器时代》　郭宝钧撰。三联书店1963年出版。

5.《甲骨金文与古史新探》　蔡运章撰。中国社会科学出版社1996年出版。

6.《中国青铜时代》　张光直撰。三联书店1983年出版。

（二）历史著作与官方用书中的史料

1.《尚书》《尚书》意为上古所传之书，今本全书共 25 700 字。它是夏商周三代一些历史文献和传说资料的汇编，其中还追述了原始社会晚期的某些史事。唐孔颖达、清孙星衍等作正义和注疏。据汉人传说，《尚书》原有 3 240 篇，孔子删纂成百篇，后亡于秦火。汉兴，由伏生口传 28 篇（一说 29 篇）。这部《尚书》到汉文帝时由晁错用汉代通行的隶书写定，人称《今文尚书》，汉武帝时被列入学官。人们又从孔子宅壁等处获得用先秦时期的大篆等古文字抄写的《尚书》，经孔安国整理，比《今文尚书》多出 16 篇，人称此书为《古文尚书》，但没有列于学官。西晋末年，天下大乱，《古文尚书》失传，只存其篇目。东晋时，豫章内史梅赜向朝廷奏上一部《尚书》，也是用古文写的，共 58 篇（另有书序一篇），其中的 25 篇经后人考证为伪作，故而人称《伪古文尚书》。还有 28 篇为《今文尚书》的内容，但已被离析为 33 篇。这就是今天通行的《十三经注疏》本中的《尚书》。《今文尚书》原有 28 篇的主要内容如下：

《尧典》——记载尧、舜两朝的事迹。

《皋陶谟》——记禹及皋陶之言，今本增加稷之言。（以上 2 篇为《虞书》）

《禹贡》——记禹治水后任土作贡之事。

《甘誓》——启伐有扈氏誓师词。（以上 2 篇为《夏书》）

《汤誓》——商汤伐夏桀誓师词。

《盘庚》——盘庚迁都告人民之词。

《高宗肜日》——记大臣祖己对商王武丁之训诫。

《西伯戡黎》——记大臣祖尹对商纣王的训诫。

《微子》——记微子告父师、少师之言。（以上 5 篇为《商书》）

《牧誓》——周武王伐纣誓师词。

《洪范》——记箕子答周武王访问之言。

《金縢》——记周公祈天求代周武王之事。

《大诰》——周公灭武庚、奄国前告天下之词。

《康诰》、《酒诰》、《梓材》——为成王封康叔的封命。

《召诰》——记召公相度洛邑的言及事。

《洛诰》——记周公营建成周的言及事。

《多士》——成周建成后,周公告殷遗民之词。

《无逸》——记周公戒周成王之言。

《君奭》——记周公对召公之言。

《多方》——周成王自奄归后告天下之词。

《立政》——记周公告周成王之言。

《顾命》——内兼周康王之诰,记成王将死命康王继位及康王即位之事。

《费誓》——伯禽伐徐戎誓师词。

《吕刑》——周穆王时有关刑罚的文告。(近人以为此篇成于战国时代)

《文侯之命》——赐晋文侯的封命。

《秦誓》——秦穆公在殽之战失败后的誓师词。(以上19篇为《周书》)

上述28篇,可分帝王事迹、典章制度、论政、誓师词、策命、诰等六个方面的内容,除《虞书》2篇外,其余26篇对于研究夏、商、西周到春秋的政治、军事、阶级关系和典章制度有一定史料价值。此外,在《伪古文尚书》中属于梅赜杂采一些散逸的《尚书》文字而写成的25篇,虽被认为是伪作,但不是完全没有依据,所以也有一定史料价值。有中华书局1957年《十三经注疏》本、北京大学出版社2000年《十三经注疏》整理本、上海古籍出版社2007年《十三经注疏》整理本。

2.《逸周书》10卷 这是一部体例与《尚书》基本相同的周代历史文献汇编,相传为儒家整理《尚书》的逸篇,故取此名。内容多出战国时人之手。原书71篇,今存60篇。记事上起西周文王、武王,下至春秋末年灵王、景王。其中《世俘》、《克殷》、《商誓》约成于周初,《度邑》、《皇门》、

《祭公》、《芮良夫》、《作雒》亦基本属西周文献,有与甲骨文、金文所载相合者,史料价值颇高。近于战国文献的,则有《度训》等20余篇。《武称》等10余篇是兵家之作,《谥法》、《明堂》等数篇与《仪礼》同。是书对研究周代历史有一定史料价值,惟书中多有脱漏难读之处,影响了对它的利用。有《四部备要》本、社会科学文献出版社2001年考释本、上海古籍出版社2007年《逸周书汇校集注》标点本、齐鲁书社2010年点校本。

3.《世本》辑本 清秦嘉谟等辑。这是先秦史官记录和保存的历史档案资料,记载了自三皇五帝到战国末年天子、诸侯、卿大夫的世系、族系、名号、谥法,兼及都邑居处、事物发明历史等,一般认为是谱牒类的著作,并兼有志的性质,对于研究先秦历史有重要史料价值。司马迁作《史记》时曾参考过此书,到南宋时已经失传,后世学者相继搜集佚文,编成各种辑本。有商务印书馆1957年《世本八种》本、上海古籍出版社2002年《续修四库全书》本、齐鲁书社2010年点校本。

4.《竹书纪年》 是古代最早的编年体史书之一,记载了自夏禹到战国的史事,约成于战国魏史官之手,至西汉前期已不传。西晋太康二年(281年),河南汲县魏襄王墓被盗,事后得竹简数十车,其文用蝌蚪古文书写,采用编年体裁,记事简短如同春秋,经荀勖等人整理,取名为《竹书纪年》,有人又称其为《汲冢书》。《竹书纪年》的史料价值很高:一是因系魏国史官所修,对战国史事记载较为可靠,即使是春秋以前的历史,有些材料与甲骨文、金文相合,有些材料可从《左传》得到印证;二是由于司马迁作《史记》时没有看到过这部书,所以还可以纠正《史记》中的某些错误;三是本书所载内容,与传统说法有很大出入,如舜放尧、启杀益、太甲杀伊尹、文丁杀季历、共和伯干王位等,发人深省,有利于人们对古史作更加深入的研究。南宋以后,《竹书纪年》亡佚,明嘉靖间所出的《今本竹书纪年》,系当时人的伪作。后人乃相继另作辑本十余种,其中以朱右曾《汲冢纪年存真》(古本)为佳,近人王国维据以撰《古本竹书纪年辑校》,颇为有名。今人范祥雍又在此基础上作《古本竹书纪年辑校订补》,由上海人民出版社1962年出版,另有上海古籍出版社1981年辑证本、齐鲁书社2010年点校本。

5.《穆天子传》6卷 又名《周穆王游行记》、《周王传》。作者不详。因与《竹书纪年》同时出土于汲冢,其成书年代当不晚于战国。西晋荀勖等校理为5卷,东晋郭璞作注,增《周穆王盛姬死事》1篇,编为6卷。南宋时全书有8514字,今天只剩下6662字。前5卷记穆王十三年至十七年(公元前935年—公元前931年)驾八骏会西王母及沿途见闻。所记途程皆有日月、里数,其中自宗周至河宗一段里程及道里风俗比较翔实,当有所本,对于研究周代与西北少数民族交往情况和地理状况,有一定史料价值。其体例含有后世起居注的性质。此书所载故事,对后来的小说有一定影响,故有学者以为,"其书近于小说","不足作史料观"(参见李宗侗《中国史学史》,台湾华冈出版有限公司1979年出版,第25页)。但言其毫无史料价值,恐抑之太甚。有《四部丛刊》本、上海古籍出版社1990年排印本、华东师范大学出版社1994年汇校集释本。

6.《山海经》18篇 是书为古地理类著作。原书有31篇,今存三万零八百余字,东晋郭璞作注。原书有图,久佚,今图系后人补画。各篇著作时间无定论,一般认为并不出于一人一时之手,其《山经》成书不迟于战国;《海经》有8篇杂有秦汉地名,当写定于秦汉之际;另有5篇杂入《水经》文字,恐系魏晋人增窜。记事以山海地理为纲,涉及上古迄周的历史、民族、宗教、神话、物产、医药、巫术等。记山5370座,河流300余条,矿物近80种(金、银、铜、铁、锡矿矿穴226处),动物260余种,植物一百三十余种,邦国95个,人物140余名。地域广及中国和中亚、东亚地区,时间一直上溯到原始社会。所记山水、物产、人物和氏族情况多非虚构,可与有关实物和记载相印证,有80余条为北魏郦道元《水经注》所引用。因此,是书不仅对研究古代历史、地理、文化、中外交通、民俗等具有重要史料价值,对矿物、动植物等自然科学史的研究也具一定史料价值。因为保存了不少远古神话传说,如夸父追日、后羿射日等,对一些人物的形状作了夸张性的描述,因此以前多将它视为神话故事,王国维取以证史,始发现其史料价值。有《四部丛刊》影印明成化郭璞注本、杭州大学出版社 1999 年校释本。

7.《春秋》和《左传》 《春秋》是鲁国的国史,它上起鲁隐公元年(公元前 722 年),下迄鲁哀公十四年(公元前 481 年)。其记事之法,以事系日,以日系月,以月系时,以时系年,是中国现存第一部有系统的编年体古史。相传孔子曾对《春秋》作了笔削和整理,里面包括了不少的"微言大义",故孟子说:"孔子作《春秋》而乱臣贼子惧。"但后人对此颇有怀疑,如顾颉刚、钱玄同、徐中舒等先生都认为《春秋》只是鲁史旧文而已,实与孔子无关。究竟有无关系,这里只能存疑。东晋杜预给《春秋》和《左传》都作了注。汉儒认为,今本《春秋》由于孔子作了加工,故与原来鲁国的国史《春秋》面貌已有所不同,其中有袭用旧史而删繁就简的,也有削而不用。笔法比较隐晦,以表示某种深远的意义,后人称其为"春秋笔法"。《春秋》所记内容,局限于统治阶级人物的言行,以鲁国历史为主,兼及列国间的朝聘、盟会、战争等,对经济、文化和社会生活则很少记及。按理说,《春秋》对于研究春秋时期各国的历史具有重要史料价值,但实际意义却不大,主要原因有二:一是内容过于简单,每条文字一般只有 10 字左右,最少的仅 1 字,如"雨"(僖公三年夏六月),最多的也只有 45 字(定公四年春三月)。一部包括 242 年历史的著作,总共只有一万八千余字,其中还包括一些无聊琐事的记载。二是由于文笔曲折,寄寓"微言大义",使意义隐晦,加上前后条内容缺少联系,缺文又多,使人很难读懂,故有"断烂朝报"之讥。这样就大大地影响了它的史料价值。有上海人民出版社 1977 年《春秋左传集解》标点本、上海古籍出版社 1978 年《春秋经传集解》标点本、北京大学出版社 2000 年《十三经注疏》整理本。

儒家称解释经的著作叫"传"。古代有许多为《春秋》作的传,流传至今的有三部,即《春秋左氏传》、《春秋公羊传》和《春秋榖梁传》。《公羊传》和《榖梁传》的内容都在于解释《春秋》的经文,也就是以自己的主观臆测来点破《春秋》的"微言大义",传中没有提供新的史料,所以算不上是历史著作。这两部书的内容冗长空洞,废话连篇,所述"大义"也未必符合《春秋》原意,因此基本上可以说没有史料价值。在《三传》中,只有

《春秋左氏传》才称得上是真正具有史料价值的一部史书。

《春秋左氏传》,简称《左传》,相传出于春秋末年鲁太史左丘明之手,近代学者根据书中所述史事,认为它成书于战国初年,且作者不止一人。西晋杜预作集解,唐孔颖达等作正义。《左传》共 30 卷,有 196 845 字,其编年起于鲁隐公元年(公元前 722 年),迄于鲁悼公四年(公元前 464 年),比《春秋》多出 17 年;所记史事则延至鲁悼公十四年(公元前 454 年),比《春秋》晚 27 年。此外,《左传》还以大量史实补充了《春秋》,有时也订正了《春秋》的某些失误,所以有很高的史料价值,主要表现在三个方面:一是它不仅提供了春秋时期鲁国的许多史料,也涉及其他一百余国的历史,其中又以晋、齐、楚、燕、秦等国的史料较多,所以是研究春秋历史的最主要史料来源。二是它不仅记载了春秋时期的历史,也记载了春秋以前的史事和传说。如昭公四年夏六月条:"商纣为黎之蒐,东夷叛之;周幽为大室之盟,戎狄叛之。"再如昭公十一年夏四月条:"桀克有缗以丧其国,纣克东夷而陨其身。"提供了夏桀、商纣和西周灭亡的另一方面原因。三是全书记录了 37 次日食,对恒星、彗星作了观察和记录,并记录了陨石的降落,地震的发生时间、地点及水旱虫灾等,这些记载都是宝贵的科技史史料。当然,《左传》作为史料也有不足之处,如言梦兆、徵候、神灵等迷信成分较多,这与有关内容杂采各国的传说有关。有上海人民出版社 1977 年《春秋左传集解》标点本、上海古籍出版社 1978 年《春秋经传集解》标点本。

8.《诗经》305 篇 这是中国古代最早的诗歌总集,编成于春秋时代。今本《诗经》共 39 234 字,清王先谦《诗三家义集疏》辑注较备。是书分《风》、《雅》、《颂》三部分:《风》有十五国风,《雅》有《大雅》、《小雅》,《颂》有《周颂》、《鲁颂》、《商颂》。基本上属于西周初期到春秋中期的作品。但从前些年有学者对与《诗经》内容直接有关的 31 枚战国竹简的研究来看,今本《诗经》的排列次序和篇数等问题,将待重新认识,特别是篇数,原书恐远远不止 305 篇(参见俞凯:《战国竹简开口说话——〈诗经〉将要重新认识》,载《杭州日报》2000 年 8 月 19 日第 8 版)。《国风》大都是民间诗歌,不少篇章描述了当时的政治状况,揭露了贵族集团对人民的剥削和压迫,反映了人民的劳动和爱情生活。《颂》为庙堂之歌,《小雅》、《大雅》也多出于贵族、官吏之手,大都是贵族们的宴会乐章和歌功颂德之词,其中也有不少描述西周兴衰和暴露时政的作品。是书虽然属于文艺作品,但多少反映了西周到春秋时代政治、经济、阶级关系、社会生活、民俗风情等状况,因此有较高的史料价值。有中华书局1957年《十三经注疏》本、北京大学出版社2000年《十三经注疏》整理本、上海古籍出版社2013年《十三经注疏》整理本。

9.《周易》 本书是一部流传于殷商到西周时期的占卜记录。相传伏羲作八卦,文王作辞,其萌芽大约在殷周之际,搜集、整理、编成时间则在春秋时代。共24107字。魏王弼、西晋韩康伯作注。书分图形(卦、爻形)、卦辞和爻辞、易传(十翼)三部分。64卦与384爻的图形,各附卦辞和爻辞,作占卜之用,内容包括占卜记录、诗歌、典故、谚语等。十传是解释卦辞与爻辞的10种文辞,有《彖辞》上、《彖辞》下、《象辞》上、《象辞》下、《系辞》上、《系辞》下、《文言》、《说卦》、《序卦》、《杂卦》等10篇,称为《十翼》,统称为《易传》。《周易》作为占卜用语,意义十分隐晦,很难直接作为史料应用。但是,如果考虑到卦辞、爻辞中有许多内容涉及殷商至西周的历史和传说,则多少可将其作为西周前期的史料进行研读和参考。如《既济·九三》爻辞:"高宗伐鬼方。"《明夷·六五》爻辞:"箕子之明夷。"就是记载了商代著名人物高宗和箕子的事迹。《易传》是战国至秦汉时候的儒生所作,亦可作为战国至秦汉时候的史料进行研读和参考。有中华书局1957年《十三经注疏》本、北京大学出版社2000年《十三经注疏》整理本、上海古籍出版社1989年译注本、2017年《古本十三经注疏》本。

10.《国语》21卷 是我国现存最早的国别史,相传为春秋时左丘明所撰,实际上成书于战国时期。三国韦昭作注。全书分别记载了自周穆王征犬戎(约公元前967年)到韩赵魏三家灭智伯(公元前453年)的八国的历史,计196条,7万余字。其中晋语9卷,周语3卷,鲁语2卷,齐语

1卷,郑语1卷,楚语2卷,吴语1卷,越语2卷。是书与《左传》以记事为主不同,着重记载人物的言论,内容涉及政治、经济、外交、军事、社会矛盾和生活习俗等诸方面,少部分为西周史料,绝大部分为春秋史料。史料价值以周语、楚语较高,晋语、郑语、鲁语次之,足与《左传》记事相参证。齐语记管仲相齐后采取的措施,吴语、越语涉及吴国灭亡过程和两国的制度、风俗等。惟取材较零散,对重大史事的记载颇多遗漏,迷信思想比较浓厚,带有明显的口传史料的痕迹。有商务印书馆1958年排印本、上海古籍出版社1988年标点本。

11. 《战国策》33卷(《战国纵横家书》附)　此书是战国时期游说之士的策略和言论的汇编,也涉及对一些著名历史人物史事的记载。体例与《国语》相似,分东周、西周、秦、齐、楚、赵、魏、韩、燕、宋、卫、中山等12策,记载了自春秋后期智伯与赵氏相争,至齐王建入秦的245年间各国策士的谋略和行动,对研究战国历史有一定史料价值,间有误记和虚构的成分,引用时必须加以鉴别。有上海古籍出版社1978年汇校本。1973年长沙马王堆三号汉墓出土了大量帛书,其中有一部类似《战国策》的书,整理者将它定名为《战国纵横家书》。共27章,11 000余字。其中11章内容见于《战国策》和《史记》,16章是久已失传的佚书,可能司马迁也未曾见过。是书提供了部分战国史料,如有关苏秦的书信和谈话,是他从事纵横活动的可信史料,可以纠正《战国策》及《史记·苏秦列传》中的失误,其他如记齐湣王纪年、秦魏华阳之战、李园继春申君执楚政、秦取鄢诸事,都有重要史料价值。有商务印书馆1958年排印本、上海古籍出版社1978年标点本、巴蜀书社1987年新校注本、中华书局1990年注释本。《战国纵横家书》有文物出版社1978年《马王堆汉墓帛书》本。

12. 《三礼》(《仪礼》、《周礼》、《礼记》)　儒家关于礼的经典有三部,即《仪礼》、《周礼》和《礼记》,它们成书时间不一,史料价值也各不相同。

《仪礼》,又称《礼经》或《士礼》,一说是周公制作,一说是孔子删订,

17篇,56 624字。近人根据书中的丧葬制度,结合考古器物进行研究,认为成书于战国初期或中期。东汉郑玄作注。主要记载西周时候的礼仪,包括冠、婚、丧、祭、朝、聘、射等礼,是研究周代典礼活动、伦理关系、吉凶婚丧等社会生活的重要史料。

《周礼》,一名《周官》,相传为周公所作,后人有所附益。可是从内容看,它记载了春秋至战国时期周王室和各诸侯国的制度,并寓以儒家的政治理想,书成于春秋、战国时期。东汉郑玄作注。全书45 806字,共分六篇:一、《天官冢宰》,记邦治之官63职;二、《地官司徒》,记邦教之官78职(缺1);三、《春官宗伯》,记邦礼之官69职;四、《夏官司马》,记邦政之官70职(缺5);五、《秋官司寇》,记邦禁之官66职(缺5);六、《冬官司空》久佚,汉人补以《考工记》31篇(缺6篇),一般认为是春秋末期齐国人记录手工业生产技术的官书。是书前五篇对研究春秋、战国时期以官制为主的典章制度和儒家思想有重要史料价值。《考工记》则是研究先秦科技史的重要文献。

《礼记》,又称《小戴礼》或《小戴礼记》,是战国到西汉初年人解释周代礼制的文章汇编。汉初有关文章有131篇,叔戴德取85篇,世称《大戴礼记》;侄戴圣取49篇,世称《小戴礼记》,共99 010字。《小戴礼记》经郑玄作注,乃称《礼记》,被列入儒家十三经之一。本书是研究周代社会、儒家学说和文物制度的重要史料来源,如《王制》记爵、赐田、朝聘、宗庙、祭祀、学校、养老诸制;《月令》记四时气候与相应措施;《礼运》记大同、小康之说;《乐记》记音乐原理;《中庸》记中庸说;《大学》记诚意、正心、修身、齐家、治国、平天下之说。都有重要研究价值。但其中有些制度只是儒家的理想,各种主张间不免有矛盾之处。有《十三经注疏》本。《大戴礼记》今存40篇(实为39篇)。北周卢辩作注,没有被后儒列入经书。所记内容有三代以来的传说和战国、西汉之文,具有一定史料价值。

上述三书有中华书局1957年《十三经注疏》本、岳麓书社1989年《三礼》点校本、上海古籍出版社"三礼"整理点校本(《仪礼注疏》2008年、《礼记正义》2008年、《周礼注疏》2010年)。

（三）诸子之书和其他私家著作中的史料

1.《墨子》15卷　旧题战国墨翟（约公元前468年—公元前376年）撰，实际上是一部墨家论文和墨子言行录的汇编，共71篇，今存61篇。近人孙诒让《墨子间诂》，是最好的注本。各篇成书时间不一，其中《尚贤》、《尚同》、《兼爱》、《非攻》、《节用》、《节葬》、《天志》、《明鬼》、《非乐》、《非命》等篇，约成于春秋、战国间。《耕柱》、《贵义》、《公孟》、《鲁问》等篇记墨子言行。《法仪》、《七患》、《辞过》等篇记载墨子的议论。《经上》、《经说上》、《经下》、《经说下》、《大取》、《小取》等篇，是后期墨家的著作。《备城门》以下诸篇，讲的是守城战术，是战国末期墨家的著作。是书主要记载了墨家的思想和战国时期的社会状况，并涉及一些三代的历史和科学知识。对于研究先秦特别是战国时期的政治史、思想史、科学史、军事史都有重要史料价值。有《诸子集成》本、上海古籍出版社1989年注本、华夏出版社2000年注释本。

2.《老子》2卷　一名《道德经》。相传为春秋末李耳（老聃）所撰，但根据全书内容看，当是战国初期道家的著作。历代注本不下数十种，以曹魏王弼注最著名。全书分上下篇，《道经》在前，《德经》在后，共5 000字。书中关于"道"是宇宙万物根源的命题，主张无为而治，认为"道"是超时空的静止不动的绝对精神和朴素的辩证法等内容，一直受到人们的重视，是研究李耳及道家思想最主要的史料来源。有《诸子集成》本、中华书局1984年校释本、凤凰出版社2011年译注本。1973年长沙马王堆汉墓出土两部帛书《老子》，是汉高祖时期的抄本，皆《德经》在前，《道经》在后，人称《德道经》，经过整理，已由文物出版社于1976年出版。

3.《庄子》10卷　一名《南华经》。相传为战国庄周（约公元前369年—公元前286年）撰，实际上是庄周及其后学的著作。原书有55篇，今存33篇，其中《内篇》7篇，即《逍遥游》、《齐物论》、《养生主》、《人间世》、《德充符》、《大宗世》、《应帝王》，一般认为是庄周所著，《外篇》15篇、《杂篇》11篇为庄周弟子及后学所著。历代注本甚多，以西晋郭象注最著名。《庄子》排斥儒、墨,独尊老子,但比老子更消极,更带有神秘色彩。是书对研究庄周及道家思想有重要史料价值。有《四部备要》本、湖北人民出版社 1986 年释译本、中华书局 2011 年译注本。

4.《列子》8 卷(篇)　一名《冲虚真经》、《冲虚至德真经》。相传为战国列御寇撰。原书早佚,今本由东晋以后人集辑而成。全书贯串"贵虚"思想,宣扬生异死同等观点,与道家思想相类似,实际上夹杂了先秦、两汉至晋代人的一些无为思想而成。有《摛藻堂四库全书荟要》本、上海古籍出版社 1986 年译注本、中华书局 2011 年译注本。

5.《孙子》3 卷　一名《孙子兵法》。春秋末孙武撰。是我国古代流传下来的最早、最著名的军事著作,对研究春秋战国时期的军事思想具有重要史料价值。全书共 13 篇:《始计篇》、《作战篇》、《谋攻篇》、《军形篇》、《兵势篇》、《虚实篇》、《军争篇》、《九变篇》、《行军篇》、《地形篇》、《九地篇》、《火攻篇》、《用间篇》。其中的许多军事思想和战略战术,如关于战争是"国之大事","合于利而动,不合于利而止";"致人而不致于人";"以正合,以奇胜";"知己知彼,百战不殆";"识众寡之用者胜";"攻其无备,出其不意";"以逸待劳"等论断,对历次战争都有重要指导意义。有《四部丛刊》本、武汉出版社 1994 年注译本。另有银雀山汉墓竹简本《孙子兵法》,已由文物出版社 1976 年整理出版。

6.《吴子》2 卷　战国吴起(? —公元前 381 年)撰。其书在汉初尚有 48 篇,今仅存 6 篇 18 条三千余字。其篇名分别为图国、料敌、治兵、论将、应变、励士。对研究吴起和战国军事思想有一定史料价值。有《四部丛刊》本、广东高等教育出版社 1986 年注译本、中州古籍出版社 2010 年注译本。

7.《孙膑兵法》　战国孙膑撰。这是一部失传已达二千余年的古书,1972 年山东临沂银雀山汉墓中重新被发现,经整理得 30 篇(原书有 98 篇),共一万一千余字。其中有记孙膑在桂陵之战中取胜的专篇(如《擒庞涓》等),也有他和齐威王、陈忌(即田忌)的问答(如《威王问》、《陈忌问垒》等),更有他的军事理论和军事著作(如《月战》、《势备》等)。是书继承和发展了孙武、吴起等人的军事思想,对研究孙膑的军事思想和战国历史有重要史料价值。有解放军出版社 1986 年注译本、河南大学出版社 1989 年新编注译本、文物出版社 1985 年《银雀山汉墓竹简》(第一辑)本。

8.《尉缭子》5 卷　战国尉缭撰,汉时有 31 篇,今存 24 篇。1972 年山东临沂银雀山汉墓出土《尉缭子》残简 6 篇,可见它确实是战国时人的著作。全书是作者对梁惠王所讲的兵法,对研究战国军事思想有一定史料价值。有中华书局 1979 年注释本、中州书画社 1982 年校注本、中州古籍出版社 2010 年注译本。

9.《商子》5 卷　一名《商君书》。相传为战国前期秦国商鞅(约公元前 390 年—公元前 338 年)所撰,有人以为是战国后期秦国法家假托商鞅之名所作,也有人以为是商鞅一派的著作。原书有 29 篇,今存 24 篇,据考证,《垦令》、《境内》、《战法》、《立本》、《兵守》5 篇是商鞅生前所亲撰,其余 19 篇撰于商鞅被害到秦统一之后(参见汤勤福《商子答客问》,上海人民出版社 1999 年出版,第 47 页)。是书记商鞅言行和变法措施,亦记秦自商鞅变法以来的统治经验。对于研究商鞅变法和秦国历史有一定史料价值。有《诸子集成》本、齐鲁书社 1982 年译注本。

10.《管子》24 卷　相传为春秋时齐国管仲(?—公元前 645 年)所撰,实际上是齐国稷下学派的论文集,唐尹知章注。是书内容很杂,各篇写作时代也不一致。其中多数是战国中后期假托管仲议论的著作。《韩非子》说:"今境内之民皆言治,藏商、管之法者家有之。"(《韩非子·五蠹》)可见战国后期《商君书》、《管子》两书已很流行,是书对研究管仲的政治措施、齐国的政治和稷下学派的思想有一定史料价值。但书中杂有道家、兵家、阴阳家、农家、杂家的著作,有不少是秦汉时的作品,引用时必须引起注意。有《四部丛刊》本、中国文史出版社 1999 年标点本、广州出版社 2004 年点校本。

11.《公孙龙子》3 卷　相传为战国后期名家公孙龙撰,近人怀疑它出于晋人之手(参见沈有鼎《公孙龙子的评价问题》,载《哲学研究》1978 年第 6 期),但无确证。今本存 6 篇,共一千九百余字,首篇《迹府》为后

第一章　先秦史史料

人辑录公孙龙事迹的传记以及著名的"白马非马"的名实论思想,有南宋谢希深注,对研究公孙龙及战国时期的思想史有一定史料价值。有《四部备要》本、上海人民出版社1974年译注本、湖南出版社1990年译注和辨析本、上海古籍出版社2001年校释本。

12.《论语》　是儒家的创始人孔丘(约公元前551年—公元前479年)弟子及其后学关于孔丘言行思想的记录,共20篇,约成书于战国初年。历代注书多达三千余种,以三国魏何晏《集解》、北宋邢昺《论语注疏》、南宋朱熹《论语集解》最著名。本书是研究孔丘的政治主张、教育思想和伦理道德观的主要史料来源,对研究儒家学说的形成也有重要价值。有上海古籍出版社1997年影印世界书局缩印清代阮刻《十三经注疏》本、中华书局1990年集释点校本。

13.《孟子》　是战国儒家孟轲(约公元前372年—公元前289年)门人记载孟轲的言行录,也有说是孟轲及其弟子万章等所撰。原书11篇,现存7篇。东汉赵岐作注。本书记载了孟轲的政治活动和主张,及其哲学、伦理、教育等思想,另外对三代的一些传说也作了追述。对研究孟轲及战国儒家思想和先秦历史有重要史料价值。有上海古籍出版社1997年影印世界书局缩印清代阮刻《十三经注疏》本、中华书局1987年正义点校本。

14.《荀子》20卷　是战国儒家荀况(约公元前313年—公元前238年)及其后学的著作汇编。共32篇,其中《大略》、《宥坐》等最后6篇,可能为门人弟子所作。唐代杨倞作注。是书总结和发展了先秦哲学思想,阐述自然观的,主要有《天论》;阐述认识论的,有《解蔽》;阐述逻辑思想的,有《正名》;阐述伦理政治思想的,有《性恶》、《礼论》、《王霸》、《王制》等篇。《非十二子》是对先秦各学派批判性的总结。《成相》篇以民间文学形式表述了为君、治国之道。对研究荀况及战国后期的儒家学说有重要史料价值。有《四部丛刊》本、中华书局1988年集解点校本、上海古籍出版社1989年注释本。

15.《韩非子》20卷　是战国后期法家代表人物韩非(约公元前280

41

年—公元前233年)及其后学著作的汇编,共55篇,明赵用贤注。书中内容集法家之大成,又有不少先秦故事作为立论依据。对研究战国后期的法家思想有重要史料价值,对先秦的一些历史记载也有一定参考价值。不过书中也有一些游说之辞混杂其间,需要引起注意。有《诸子集成》本、上海人民出版社1974年集释本、岳麓书社1990年点校本。

16.《吕氏春秋》26卷 一称《吕览》,是秦王嬴政的相国吕不韦(?—公元前235年)集宾客杂采各家学说汇编而成。书约成于公元前239年,是杂家的代表著作,东汉高诱作注。内分十二纪、八览、六论,共160篇。内容以儒、道为主,兼及名、法、墨、兵、农及阴阳家言,间有三代传说记载。对研究战国诸子百家和战国以前的历史有一定史料价值。有《四部丛刊》本、学林出版社1984年校注本、岳麓书社1987年点校本。

17.《睡虎地秦墓竹简》10种 睡虎地秦墓竹简整理小组编。1975年至1976年初,从湖北云梦睡虎地12座战国末到秦代的墓葬中发掘出一批竹简,共1 115支,另有80支残片,近4万字,经过整理得到10种书:《编年纪》,记秦昭王元年至秦始皇三十年(公元前306年—公元前217年)的大事;《南郡守腾文书》(又称《语书》)和《为吏之道》,是训戒官吏的教令;《日书》2种,是卜筮书。另有秦律5种,包括《秦律十八种》、《效律》、《秦律杂抄》、《法律答问》、《封诊式》。以上10种书所记内容,有些属于秦统一前后,有些则属于秦王朝建立以前。如《法律答问》一种,据考证就写于秦统一以前。因此《睡虎地秦墓竹简》的相当内容,可作为研究秦国历史的重要史料来源。文物出版社1990年整理出版,包括睡虎地秦墓出土竹简的全部照片、释文、注释,其中六种附有译语。

18.《郭店楚墓竹简》 荆门市博物馆编著。1993年从湖北荆门纪山镇郭店村一号楚墓出土了八百多枚战国时期的竹简,计一万余字,距今2 300年左右。经过整理,取名《郭店楚墓竹简》。全部竹简包括一组道家和四组儒家的重要文献共16篇,其中道家文献有《老子》、《太一生水》、《语丛四》3篇;儒家文献有《缁衣》、《五行》、《六德》、《鲁穆公问子思》、《穷达以时》、《唐虞之道》、《忠信之道》、《性自命出》、《成之闻之》、

《语丛一》、《语丛二》、《语丛三》、《尊德义》13篇。对于研究早期道家思想和儒家思想及它们相互之间的关系有重要史料价值。文物出版社1998年出版。

19.《黄帝素问》24卷 一名《黄帝内经素问》。相传为黄帝所作，实非出自一人一时之手。约成书于春秋、战国时期。经唐代王冰整理并注，始定今本81篇24卷的规模。是书为研究先秦的医学、药学、治疗学、诊断学、针灸学和生理学提供了珍贵的史料。有《四部丛刊》本、人民卫生出版社1956年据明顾从德翻宋刻本影印本、中医古籍出版社2003年注释本。

20.《月令》 是《礼记》中的一篇，又见于《吕氏春秋》十二纪中，约撰于战国初期。是书分12个月记述自然界的变化及相应的行政工作，为研究先秦的农业生产和时令提供了珍贵的史料。版本见《礼记》。

21.《夏小正》 原为《大戴礼记》中的一篇，约成书于战国中期，注本很多，以近代洪震煊本最佳。是书流传至今虽然内容已严重残缺，且错误很多，但对于研究中国古代的天文、历法和农学都有珍贵的史料价值。有《说郛》本、农业出版社1981年校释本、齐鲁书社1997年《四库全书存目丛书》本。

（四）汉代以后著作中有关先秦的史料

1.《淮南子》21卷 西汉刘安（公元前179年—公元前122年）撰。刘安系刘邦之孙，封淮南王，西汉文、景时，他网罗了一批知识分子，杂采先秦诸子之说并经过一定的加工改造，撰成本书，今存者为原书的《内篇》。东汉高诱作注。本书保留先秦原始资料甚多，其中《天文》篇则为自然科学的重要文献。其思想以阴阳五行和道家学说为主，杂糅儒、法、刑、名诸家，性质与《吕氏春秋》相近，对研究先秦历史有一定史料价值。有《四部丛刊》本、岳麓书社1987年点校本、北京大学出版社1997年校释本、中华书局2009年注释今译本。

2.《韩诗外传》10卷 西汉韩婴撰。此书杂采古代故事，证以诗文，与经义不相比附,故曰"外传"。所采内容多与周秦诸子相出入,对研究先秦历史有一定参考价值。有《四部丛刊》本、中华书局1980年集解本。

3.《银雀山汉墓竹简》 银雀山汉墓竹简整理小组编。1972年,考古工作者在山东临沂银雀山发掘了一、二号汉墓,发现了大批随葬物品。在一号汉墓(下葬年代约在公元前140年—公元前118年之间),出土竹简四千九百余枚,内容包括《孙子兵法》、《孙膑兵法》、《六韬》、《尉缭子》、《管子》、《晏子》、《墨子》等周秦诸子之书。其中《孙子兵法》简书三百多枚,13篇都有文字保存;《孙膑兵法》简书四百四十余枚,字数11 000字以上,可以肯定是《孙膑兵法》的有15篇。对研究先秦诸子百家,特别是解决孙武和孙膑两人的历史及所著兵书异同的争论,有重要史料价值。有文物出版社1985年整理本。附:《银雀山汉简释文》,有文物出版社1985年释文本。

4.《新序》10卷、《说苑》20卷 两书皆为笔记类书,西汉刘向(约公元前77年—公元前6年)撰。《新序》成于西汉阳朔元年(公元前24年),原30篇,今存10卷166条,分杂事、刺奢、节士、义勇、善谋5类。书中采录多部古史的内容,历载舜、禹以来的人物事迹,与《左传》、《国语》、《战国策》等书所说颇有出入,可补先秦史史料之不足。有台北商务印书馆1977年排印本。《说苑》成于鸿嘉四年(公元前17年),原20篇,后有散失,清人补辑成20卷663章。分为《君道》、《臣述》、《建本》、《立节》等20类,按类记述春秋、战国至汉代遗闻轶事,对研究春秋、战国的历史有一定参考价值。有《四部丛刊》本、《四部备要》本、中华书局2001年校释本。

5.《史记》130卷 原名《太史公书》。西汉司马迁(公元前145年—公元前86年)撰。南朝刘宋裴骃作《集解》,唐司马贞作《索隐》,张守节作《正义》,此三家注释,是历史上为该书作注的代表作。是书记事起自黄帝,迄于汉武帝太初年间(公元前104年—公元前101年),约3 000年的历史。计本纪12卷、表10卷、书8卷、世家30卷、列传70卷,共130卷,526 500字。是书大量采用先秦以来史书、朝廷档案,并且非常重视实

第一章　先秦史史料

地采访,加上作者在撰写时坚持"不虚美"、"不隐恶"、"善恶必书"的原则,因此不仅史料极其丰富,而且正确性很高。本纪是记载历代帝王的历史;表是记载先秦有关历史时期的世表、年表、月表和汉兴以来的诸侯、功臣、侯、王子侯、将相名臣年表;书包括《礼书》(礼仪)、《乐书》(音乐)、《律书》(音律)、《历书》(历法)、《天官书》(天文)、《封禅书》(祭祀天地神祇)、《河渠书》(河流水利)、《平准书》(经济)等八方面的典章制度;世家是有关贵族的历史;列传是有关各种人物和少数民族的历史。虽然是书记事尤详于秦汉,但其中本纪 3 卷(《五帝本纪》、《夏本纪》、《殷本纪》)、表 3 卷(《十二诸侯年表》、《六国表》、《秦楚之际月表》)、世家 22 卷(自《吴太伯世家》至《齐悼惠王世家》)、列传 28 卷(自《伯夷列传》至《蒙恬列传》),以及书的大部分内容为战国以前史事,对于研究先秦历史提供了比较集中而丰富的史料。但是夏商以前的历史,由于年代久远,受史料来源的限制,因此不仅内容疏略,而且错误也较多。有中华书局1959 年点校本。

6.《汉书》100 卷　东汉班固(32 年—92 年)撰。唐颜师古注。记事起于汉高祖元年(公元前 206 年),迄于王莽地皇四年(23 年),计 230 年,包括整个西汉一代历史,是中国第一部纪传体断代史。全书分本纪 12 卷、表 8 卷、志 10 卷、列传 70 卷,共 100 卷。后人又将有些卷划分为上下两卷,实成 120 卷。是书虽然主要记载西汉一代的历史,但是其中表 3 卷、志的大部分,以及《西域传》、《西南夷两粤朝鲜列传》、《匈奴列传》等少数民族诸传,往往涉及先秦史事,如《食货志》的记事就是从上古开始的,因此,是书对研究先秦历史具有一定史料价值。有中华书局 1962 年点校本。

7.《吴越春秋》10 卷　东汉赵晔撰,一说"今本渊源于赵晔、杨方二书,考定而注之的皇甫遵之书"①。原书 12 卷,自成书后即不断散逸,经后人辑佚、改定、重编而成今本。所记吴国事起于太伯,止于夫差;所记越

---

① 参见周生春《吴越春秋的源流》,载《吴越春秋辑校汇考》,上海古籍出版社 1997 年出版。

国事始于无余,止于勾践。书中采用了大量先秦时候的原始史料(传说和地方史乘),对研究吴、越两国的政治、军事、经济、思想和社会习俗都有一定的史料价值。但书中传说的成分多,有些记载并不可靠。有《四部丛刊》本、江苏古籍出版社1986年点校本、上海古籍出版社1997年《吴越春秋辑校汇考》本。

8.《水经注》40卷　北魏郦道元(466或472年—527年)撰。清人杨守敬、熊会贞所著之《水经注疏》为最好的注本。是书作者认为三国人所著《水经》过简,地名变易也多,乃据实地考察,博引各种资料,撰成此书。将原书所载河流137条扩载为1252条,约30万字。所注以水道河流为主,并因水及地,说述河道流经地区的山陵、关津、郡县、城邑、名胜、物产,以至史事、人物、故事等,为中国现存第一部以记水道为主的综合性地理巨著。书中多处引用到《竹书纪年》等古书,采录古代碑刻多达302块。对研究先秦历史有一定史料价值。有上海人民出版社1984年标点本、江苏古籍出版社1989年注疏本、中华书局2009年合校本。

9.《古史考》(辑本)　三国蜀谯周(约207年—270年)撰。原书25卷,后人辑佚得1卷,内容素称不可据,但书中所引某些古史资料对研究先秦史有一定参考价值。有《黄氏逸书考》本、齐鲁书社1996年《四库全书存目丛书》本。《四库全书》未收。

10.《帝王世纪》10卷(辑本)　一名《皇王世纪》、《帝王世家》、《帝王世说》等。魏晋皇甫谧撰。原书久佚,今本系诸家辑本。体例仿《古史考》,重考证。记远古迄曹魏间事及历代垦田、户口等项。所记商以前事大致出于诸子、纬书,未可尽据;周秦汉魏史事考证,稍有可采。有中华书局1964年辑存本、辽宁教育出版社1997年排印本、齐鲁书社2010年点校本。《四库全书》未收。

11.《通鉴外纪》10卷、目录5卷　北宋刘恕(1032年—1078年)撰。记事起上古,迄战国周威烈王二十二年(前404年),与《资治通鉴》相衔接。包括伏羲以来纪1卷,夏纪、商纪共1卷,周纪8卷,共采用当时可见史书二百余种。对研究先秦史有一定参考价值。有《四部丛刊》本、齐鲁书社 1996 年《四库全书存目丛书》本、北京图书馆出版社 2003 年影印本。

12.《古史》60 卷　北宋苏辙(1039 年—1112 年)撰。这是一部重新编撰的先秦传记体史书,上起伏羲三皇,下到秦始皇止,共为《本纪》7 卷、《世家》16 卷、《列传》37 卷。书中保存有少数宋代以后散失的史料,对先秦史的研究具有一定史料价值。有明南监本、北京图书馆出版社 2003 年影印本。

13.《皇王大纪》80 卷　南宋胡宏(1106 年—1162 年)撰。此书为编年体史书,所记从盘古起到周末,共分 3 纪。《三皇纪》和《五帝纪》粗存盘古迄尧、舜间传说中古王的名号与事迹;《三王纪》历述夏、商、周三代帝王事迹,自卷十一至卷八十全系周事。是书编次条理,较罗泌《路史》切实,所引偶有不见于宋代以后的史料,对研究先秦历史有一定参考价值。但是书与纬书和《帝王世纪》等书一样,属于虚构的帝王体系范围,取材未尽可信。有明万历三十九年刻本、天一阁藏本、商务印书馆 1986 年影印本。

14.《路史》47 卷　南宋罗泌撰。书成于孝宗乾道六年(1170 年),其子罗苹作注。分《前纪》9 卷,记前三皇迄无怀氏事;《后纪》14 卷,记太昊迄夏桀事;《国名纪》8 卷,疏证上古迄东汉诸部族、国家的姓氏、支系及舆地;《发挥》6 卷、《余论》10 卷,抒发有关古史的见解。取材繁博,除引证儒家经典外,多取纬书、道书立说,集附会古史谬说之大成,但所引多宋后失传的有关古代史资料,故史料价值高于《帝王世纪》和《皇王大纪》等书。有《四部备要》本、《丛书集成》本、北京图书馆出版社 2003 年影印本。

(五) 主要文物考古著作

上个世纪五十年代以来,我国学者在考古工作中不断取得新的进展,有关的考古成就和研究成果,除了主要在《文物》和《考古》这两个著名杂志上陆续发表以外,还结集成论文集出版,或定期出专著进行总结性的介绍,为研究古代历史特别是先秦历史提供了一些难得的史料和史料信息。

现将我国五十多年来出版的与先秦史有关的主要文物考古著作介绍于下,供大家参考。

1.《新中国的考古收获》 中国社会科学院考古研究所编。文物出版社 1962 年出版。

2.《三十年来的中国考古学》 夏鼐(1910 年—1985 年)撰。载《考古》1979 年第 5 期。

3.《商周考古》 北京大学历史系考古教研室商周组编。文物出版社 1979 年出版。

4.《夏商周考古学论文集》 邹衡编。文物出版社 1980 年出版。

5.《文物考古工作三十年》(1949 年—1979 年) 文物编辑委员会编。文物出版社 1979 年出版。

6.《文物考古工作十年》(1979 年—1989 年) 文物编辑委员会编。文物出版社 1991 年出版。

7.《新中国的考古发现和研究》 中国社会科学院考古研究所编。文物出版社 1984 年出版。

8.《中国考古学论丛》 中国社会科学院考古研究所编著。科学出版社 1993 年出版。

9.《新中国考古五十年》 中国社会科学院考古研究所编。文物出版社 1999 年出版。

10.《二十世纪中国考古大发现》 中国社会科学院考古研究所编。四川大学出版社 2000 年出版。

第二章 秦汉史史料

（公元前 221 年—公元 220 年）

　　公元前 221 年，秦王嬴政统一六国，结束了战国时期诸侯割据称雄的分裂局面，建立了中国历史上第一个统一的中央集权的封建国家。秦王朝的建立，有着十分巨大的历史意义，它使广大人民享受到了一个和平的生活环境，能够比较安定地从事生产活动；秦王朝推行的一系列消除分裂因素的措施，加强了各地区经济、文化的联系，为我国长期的统一奠定了基础。这对我国历史的发展有着巨大而深远的影响。但由于秦始皇及其继承者的残暴统治，激化了与广大农民群众的矛盾。加之六国旧贵族并不甘心于自己的灭亡，总是千方百计地企图重新登上政治舞台。所以秦王朝从秦始皇、秦二世到子婴，仅历 3 帝，凡 15 年，至公元前 207 年，它就在农民大起义的风暴和六国旧贵族复辟活动的双重打击下被推翻。

　　接着，项羽和刘邦为夺取政权又进行了长达 4 年的楚汉战争，最终刘邦战胜项羽，于公元前 202 年在长安建立了西汉王朝。西汉王朝共历 13 帝，凡 211 年。公元 8 年，外戚王莽夺取了政权，建立了新朝。王莽改制失败后，西汉末年以来的社会矛盾更加尖锐，公元 23 年，新朝被农民起义军推翻，政权落入南阳地主豪强集团的代表刘秀手中。公元 25 年，刘秀在洛阳称帝，建立东汉王朝。在东汉政权中，豪强地主的势力不断发展，加上外戚、宦官相继专权,中央集权大为削弱,到了东汉末年不但发生了农民起义,还出现了军阀割据的局面。东汉王朝共历13帝,凡196年。不过,自黄巾起义失败以后,东汉在政治上已四分五裂,曹操"挟天子以令诸侯",逐渐把持了中央政权。赤壁之战以后,魏、蜀、吴三国鼎立的局面基本形成。公元220年,曹丕废汉献帝自立为帝,东汉王朝最后结束。

一、秦汉史学概况和史料特点

长达440年之久的秦汉时期,是中国封建社会的发展时期。秦朝国祚虽然短促,但是它所奠定的统一国家的规模和政治体制,对后世有深远影响。进入西汉,由于统治者吸取了秦朝灭亡的教训,实行黄老无为政治,采取"轻徭薄赋"、"约法省禁"、"与民休息"的政策,在汉初60年间,社会经济获得了迅速的恢复和发展。到汉武帝时,随着国家实力的增强,统治者改变以往的政策,开始对匈奴的连年战争,宫廷生活也日益奢侈,从而加剧了社会矛盾,阻碍了社会经济的进一步发展。但到汉武帝末年,这种好大喜功的内外政策得到了调整,所以在昭、宣两朝,社会再次走向安定,生产继续获得发展。汉元帝以后,西汉进入晚期,各种矛盾日益尖锐,社会经济停滞不前,尽管这样,西汉末年的垦田面积已达到8 270 536顷,人口达59 594 978人(《汉书·地理志下》),比战国时期增加两倍以上。东汉建立后,汉光武帝刘秀在大力加强中央集权的同时,采取了一系列措施来恢复生产、安定社会秩序,使西汉末年以来因战争而遭到严重破坏的社会经济,又获得新的发展。到汉和帝元兴元年(105年),垦田达到7 320 170顷,人口达到53 256 229人(《后汉书·郡国志五》)。这个数字略低于西汉,但如果将东汉豪强地主隐瞒的田亩和人口数也统计在内,实际的垦田面积和人口肯定要超过西汉。两汉的科学技术比先秦有了很大发展,特别是和帝时,蔡伦发明了造纸术,对学术文化的传播起到了重要推动作用。这一切都为史学发展奠定了一定的物质基础。

秦王朝是一个依靠武力统一起来的新兴地主政权,缺乏维护和巩固全国性政权的成功经验,在面临被颠覆的实际危险下,秦始皇并没有意识到学术文化对巩固政权的作用,而是继续迷信武力,以为只有使用严刑峻法和武力镇压,才是防止六国旧贵族复辟和消除人民群众反抗活动的根本办法。为此,他焚书坑儒(但《秦记》、医药、卜巫、农书仍可以保存),禁绝私学,实施愚民政策,这样不仅不能使秦王朝长治久安,反而加速了它的灭亡,也严重地摧残了学术文化的发展。

西汉建立后,汉高祖刘邦及其继承人总结了秦王朝迅速灭亡的历史教训,懂得了在马上可以得天下,但不能在马上治天下的道理,开始认识到封建礼制和封建文化对巩固政权的特殊作用。特别是到汉武帝时候,采纳大儒董仲舒等人的建议,"罢黜百家,独尊儒术",兴办太学,正式用察举选拔人才,使儒学的地位大大提高,推动了学术文化的发展。在这种情况下,政治、哲学、经学、史学、文学和自然科学,都取得了显著成果,留下了宝贵的典籍。特别是作为太史公的司马迁,写出了中国第一部纪传体通史《史记》,把中国史学发展推到了前所未有的新阶段,对后来的史学产生了巨大的影响。

总之,由于历史背景的不同,秦朝史学暂时处于萎缩状态。进入两汉,特别是西汉武帝以后,史学获得了较快的发展。两汉史料与先秦相比,具有以下一些特点。

一是史料范围扩大,种类增加,经史开始分家。如政治史有西汉陆贾的《新语》、贾谊的《新书》、扬雄的《法言》、东汉桓谭的《新论》、王符的《潜夫论》、仲长统的《昌言》等;思想史与哲学史有西汉董仲舒的《春秋繁露》、东汉班固的《白虎通义》、王充的《论衡》等;文化史有西汉刘向、刘歆父子的目录学著作《别录》和《七略》、东汉许慎的字学著作《说文解字》等;科学史有西汉氾胜之的《农书》、佚名的《周髀算经》、东汉张衡的《灵宪》、崔寔的《四民月令》等;野史杂说笔记类有西汉刘安的《淮南子》、刘向的《新序》、《说苑》、《列女传》、《列仙传》、应劭的《风俗通义》等。此外,还有一些著名文学家和思想家的文集和有关典章制度、宗教、地理、谱牒、医学类等著作。特别需要指出的是司马迁在史学上的杰出成就,使得历史学与经学最终分家,成为一门完全独立的学问。

二是出现了《史记》、《汉书》等史学巨著,史书主要由私人修撰。《史记》有52.6万字,《汉书》有八十余万字,两书的篇幅分别比先秦字数最多的著作《左传》要多出2至3倍。当时,国家的修史制度尚不够健全,对史籍的保管和整理都不够重视,所以史书的撰述主要出自私人之手,即使国家修撰的史书,也多委托私人进行,或其史料来源主要取自私人修撰的史书。如《史记》完全是司马迁个人所修,《汉书》则为班彪、班固、班昭父子兄妹之业。《后汉书》也是范晔私人所修,而在此之前,已出现了18部私人修撰的东汉史,它们为《后汉书》的修撰奠定了良好的基础。据清人姚振宗《后汉艺文志》著录,东汉共有史部书196部,其中极大部分为私人所修。

三是首创了纪传体这一重要的史书体裁,并为后来的正史奠定了基础。这里有必要提及的是:我国古代史书的体裁,主要有按年月日编写的编年体、以人物传记为中心的纪传体、记载重大历史事件的纪事本末体、按年月日分门别类记载典章制度的会要体,以及由编年体派生的叙事先标提纲,以大字书之,以小字分注这种编撰形式的纲目体等多种。《春秋》是我国现存最早的一部编年体史书,会要体出现在唐代,纪事本末体和纲目体都出现在南宋。《史记》则是我国第一部纪传体通史,《汉书》是我国第一部纪传体断代史。在它们的影响下,此后纪传体史书大量出现,并成为正史的体裁。正史之名,最早出现于梁阮孝绪的《正史削繁》一书,以后便得到广泛应用,在《隋书·经籍志》中,就有正史的名目。大约成书于九世纪中后期、由日本大学头藤原佐世编撰的《本朝见在书目》中,也有"正史"12部的记载。虽然正史一定是纪传体的史书,但不是所有纪传体的史书都是正史。今人所称之正史,是指由清乾隆皇帝"钦定"的从《史记》到《明史》的24部纪传体史书,于是就有了现在所称之《二十四史》。1921年,北洋军阀政府大总统徐世昌下令把近人柯劭忞修撰的《新元史》列入正史,与原有的《二十四史》并称为《二十五史》,但此说并未得到史学界的承认。《二十四史》基本上是研究各个朝代历史的最主要史料来源之一,共有 4 000 万字左右,分为 3 249 卷(按《汉书》以 120 卷计)。

四是文献史料和考古史料并重,史料的散失和舛误相当严重。在秦汉的大部分时间里,造纸术尚未发明,发明后使用也不够普及,所以史事多记载于竹木、绵帛之上。年代一久远,除了传抄中容易产生错误以外,简牍难免出现脱简、错简、朽蚀等情况,帛书的保管更是不易。所以,秦汉史料的散失十分严重。为弥补文献史料的不足和纠正其舛误,从地下出土的简牍、帛书和石刻文字等考古史料,具有重要的作用。

二、秦汉史料介绍

(一) 基 本 史 料

1.《史记》130卷　关于司马迁(公元前145年—公元前86年)所撰《史记》的基本情况,在先秦史料中已经作了介绍。它作为纪传体的通史,除保存了极为丰富的先秦史料以外,还详细地记载了从秦王朝建立(公元前221年)到汉武帝元狩元年(公元前122年)343年的历史。其中,涉及秦朝、秦末农民大起义和楚汉战争历史的有卷六《秦始皇秦二世本纪》、卷七《项羽本纪》、卷四八《陈涉世家》、卷八七至卷九四的李斯、蒙恬、张耳、陈余、魏豹、彭越、黥布、淮阴侯、韩王信、卢绾、田儋、田横等列传。在《封禅书》等卷中也有秦史内容。西汉前期的历史则更多,其中包括从汉高祖到孝文帝的本纪,从萧相国到三王的世家,从樊哙、郦商到货殖任氏的列传和太史公自序,以及有关表、书等内容,共有60卷左右,占了整部《史记》的一半篇幅。此外,还记载了匈奴、南越、东越、西南夷、大宛等少数民族和朝鲜的史事。《大宛列传》记载了西汉前期与位于中亚大宛国(在今中亚费尔干盆地)的关系,同时还涉及乌孙(在今中亚伊犁河与伊塞克湖一带)、康居(在今中亚哈萨克斯坦南部及锡尔河中下游)、大月氏(在今中亚阿姆河上游)、奄蔡(在今咸海、里海北部草原)、安息

(在今伊朗及其周边地区)、条支(在今伊拉克境内)、大夏(在今中亚兴都库什山与阿姆河上游之间)、身毒(在今印度河流域)等国的情况,是我国现存最古老的有关中西关系史的史料。《朝鲜列传》则是对朝鲜历史的最早记载。《史记》是一部信史,记事相当准确,在秦汉史籍已大量丧失的今天,其史料价值尤其巨大。但受客观条件的限制,是书难免也有记载失误之处,如将公元前三世纪初的苏秦事迹,移到了公元前四世纪末,并颠倒了苏秦、张仪登上政治舞台的时间。另外,文学色彩比较浓厚,在列传中尤其如此,从作为史料应用的角度来说,应当有所选择。《史记》没有完稿,据《汉书·司马迁传》载,"十篇缺,有录无书"。今本有关内容,可能是汉元帝时褚少孙等人所补。

2.《汉书》100卷 关于班固(32年—92年)所撰《汉书》的基本情况,在先秦史料中已经作了介绍。是书除保存了少量先秦历史以外,主要记载了西汉一代的历史。《汉书》所记内容与《史记》有交叉,汉武帝中期以前的历史,多移用《史记》的记载,同时有所增删,从增加的方面来看,如《贾谊传》增收了"治安策";《晁错传》增收了"言兵事书"、"募民徙塞下疏";《路温舒传》增收了"尚德缓刑疏"。因此,在研究西汉前期的历史时,两史皆须并用。至于武帝中期以后的西汉历史,《汉书》是最基本的史料来源。《汉书》还增加了《刑法志》、《五行志》、《地理志》、《艺文志》。《刑法志》第一次系统地记载了自三代到西汉法律制度的沿革和一些具体的律令规定;《地理志》记载了自三代以来,特别是西汉的郡国行政区划、历史沿革、户口数字、物产状况、民俗风情;《艺文志》考证了各种学术流派的源流,记录了存世的典籍,它是我国现存最早的目录学著作。《食货志》由《史记》的《平准书》演变而来,内容更为丰富,上篇记"食",即农业生产情况;下篇记"货",即商业和货币情况,是一部自三代至西汉的经济史。在八表中以《百官公卿表》的史料价值为最大,上篇以记三代至秦的官制为主,下篇全为西汉官制。《汉书》的缺点是史学观点比较保守,书中竭力美化封建统治者,大肆宣扬封建正统思想,且文句艰深,不易通晓。

3.《后汉书》120卷　南朝刘宋范晔(398年—445年)撰,唐章怀太子李贤作本纪、列传注,南朝萧梁刘昭作志注。记事起于汉光武帝建武元年(25年),终于献帝建安二十五年(220年),包括整个东汉一代共196年的史事。全书分本纪10卷、列传80卷、志30卷。志为西晋司马彪所作。司马彪原著有《续汉书》83卷,因范晔后来卷入刘文康和宋文帝争权夺利的斗争,于元嘉二十二年(445年)被杀,没有来得及完成志的修撰,所以后人将《续汉书》中的志抽出来,补入《后汉书》,与《后汉书》分别成书传世。到了北宋,才将两书合并刻印。《后汉书》是研究东汉历史最基本的史料来源。其在史料上的特点是:新创了《党锢传》、《宦者传》、《文苑传》、《独行传》、《方术传》、《逸民传》、《列女传》,为研究这方面的人物提供了史料来源;在重要人物列传中,成篇录入了他们的奏疏和文章,增加了史料价值;立有《东夷传》、《南蛮西南夷传》、《西羌传》、《西域传》、《南匈奴传》和《乌桓鲜卑传》,为研究民族史提供了丰富史料;新增了《舆服志》和《百官志》,前者记载了反映封建等级制度的车服沿革和式样,后者记载了东汉的官制。虽有30志,但不立《食货志》,所以研究东汉一代的经济状况,要借助于以后成书的《晋书·食货志》,这是一个重要缺点。有中华书局1965年点校本。

(二) 其 他 史 料

1.《汉纪》30卷　东汉荀悦(148年—209年)撰。汉献帝以为班固的《汉书》内容繁难,命荀悦删繁就简,按时间为序编成一部编年体的西汉史。全书仅18万字,不到《汉书》的四分之一。因删去了大量史料,补充的仅有铜马起义和个别大臣的疏谏等极少数内容,故史料价值不大。有《四部丛刊》本、中华书局2002年《两汉纪》合印本。

2.《后汉纪》30卷　东晋袁宏撰。是书为编年体的东汉史,史料比较丰富,考订也较精密,成书于《后汉书》之前,对研究东汉历史有重要史料价值。有《四部丛刊》本、天津古籍出版社1987年校注本。

3.《东观汉记》(辑本)24卷　原有143卷,后散佚,今为清人辑本。

是书原为从东汉中期起陆续官修的纪传体国史。先后参加编撰的有班固、陈宗、刘珍、崔寔、马日磾、蔡邕等大家,时称《汉记》,后因修于洛阳宫南之东观,故有是名。所收史料十分丰富,魏晋时,与《史记》《汉书》合称"三史"。范晔《后汉书》出,此书地位下降,并慢慢散失。由于它仍保存着《后汉书》所没有的一些史料,故有一定史料价值。有《武英殿聚珍版》本、《四部备要》本。近人又从《后汉书》李贤注、《文选》李善注中辑出《东观汉记拾遗》,均收于《辑佚》丛刊。

4.《新语》2卷(12篇)　西汉陆贾撰。是书作者原是楚人,后以客从刘邦定天下。书中总结了秦亡之由,主张崇王道,黜霸术,识贤任贤,以德教化,休养生息。对研究秦亡原因和西汉初年的政治有一定史料价值。有《汉魏丛书》本、中华书局1956年排印本、辽宁教育出版社1998年点校本。

5.《新书》10卷　西汉贾谊(公元前200年—公元前168年)撰。原书有58篇,今本佚3篇。贾谊继承老子和荀子的朴素辩证法和唯物主义思想,用以解释社会矛盾和事物的发展变化,对研究西汉早期的哲学思想和政治思想有一定史料价值。有《四部备要》本、河海大学出版社1994年集解本。

6.《淮南子》21篇　是书作者及修撰情况,在先秦史料中已作了介绍。书中除保留了部分先秦史料外,主要反映了西汉前期中央和地方割据势力之间的政治斗争和思想斗争状况,对于研究当时的政治斗争和思想斗争具有一定史料价值。

7.《春秋繁露》17卷(82篇)　西汉董仲舒(公元前179年—公元前104年)撰。是书以儒家宗法思想为中心,杂凑阴阳五行学说,宣扬"天人感应"、"君权神授"的理论,以阐述"春秋大一统"之旨,对研究董仲舒及西汉中期儒家正统思想的形成和发展有重要史料价值。有中华书局1975年排印本、上海古籍出版社1989年排印本。

8.《盐铁论》10卷　西汉桓宽撰。汉昭帝始元六年(公元前81年),中央政府召开了一次会议,以郡国所举贤良、文学为一方,御史大夫桑弘羊为另一方,围绕盐铁官营、酒类专卖和平准均输等政策展开了辩论,这就是历史上有名的"盐铁会议"。作者就是根据这次会议的记录,写成本书。《盐铁论》可分三部分:第1篇至第41篇记载盐铁会议的正式辩论;第42篇至第59篇记载会议余谈;最后一篇是全书的后序。本书对研究汉武帝时期所推行的经济政策有重要史料价值。有《四部丛刊》本、天津古籍出版社1983年校注(增订)本、中华书局1992年校注本。

9.《新序》10卷、《说苑》20卷 这两书的基本情况,在先秦史料中已作了介绍,它们对研究西汉历史也有一定参考价值。

10.《扬子法言》10卷 西汉扬雄(公元前53年—18年)撰。是书尊孔子,谈王道,宣传儒家传统思想,但也反映了部分朴素唯物主义的倾向。对研究两汉思想史有一定史料价值。有《诸子集成》本、中华书局1987年义疏点校本、上海古籍出版社1989年影印本。

11.《白虎通义》4卷 一名《白虎通德论》、《白虎通》。东汉班固撰。东汉章帝建初四年(79年),朝廷召集天下名儒及部分政府官员在白虎观讲论五经异同,由汉章帝亲自裁决。《白虎通义》就是关于这次经学会议的讨论总结,它确立了官方解说儒家经典的标准和今文经学在学术上的统治地位。全书大部分复述了董仲舒的学说及其基本观点,大量引述纬书,作为论断根据,把神学、经学合为一炉。因此,是书对研究东汉前期的儒家学说和封建专制主义思想有一定史料价值。有清卢文弨《抱经堂丛书》本、上海古籍出版社1990年影印本、中华书局1994年疏证本。

12.《新论》4卷(辑本) 一名《桓子新论》。东汉桓谭(公元前23年?—56年)撰。此书久佚,今本为清人辑本。是书反对当时盛行的谶纬迷信,大力宣扬无神论思想,指出"灾异变怪者,天下所有,无世而不然"。"精神居形体,犹火之然(燃)烛"。具有朴素的唯物主义思想。对研究东汉以来的中国古代思想史,有一定史料价值。有清湖北黄冈王毓藻刻本、上海人民出版社1977年排印本、时代文艺出版社2008年排印本。《四库全书》未收。

13.《论衡》30卷(85篇) 东汉王充(27年—约97年)撰,其中《招致篇》已佚。是书作者曾师事班彪,历任都功曹,后辞官归家著述,断绝与人交往,室内遍置刀笔,随时撰作,历时30年撰成此书。是书具有朴素唯物主义的思想,对当时封建政府竭力提倡的谶纬迷信和"生而知之"的唯心主义观点作了有力的批判,对研究中国古代哲学史和思想史具有重要史料价值。此外,还有一些自然科学和社会科学方面的知识,也甚有价值。有《四部备要》本、古籍出版社1957年排印本、岳麓书社1991年点校本。

14.《潜夫论》10卷(36篇) 东汉王符(约85年—163年)撰。是书在政治上坚持先秦的"民本"思想,提出"国以民为基,贵以贱为本"。主张抑末务本,富国富民,对东汉后期社会提出了尖锐的批评。在认识论上重视后天学习的作用和主观能动性。在自然观上反对宗教迷信,具有朴素唯物论的思想。是书对研究东汉时期的政治思想有一定史料价值。有中华书局1957年排印本、上海古籍出版社1990年影印本、岳麓书社2008年校注本。

15.《风俗通义》10卷 一名《风俗通》。东汉末年应劭撰。原书32卷,经宋人辑佚成10卷,属于笔记类著作。内容包括原始儒家理论、古代历史、风俗礼仪、时人品行、音律乐器、山林潭薮、祀神活动、怪异传闻等,对研究两汉的历史状况、社会生活、风俗习惯、文化思想都有一定史料价值。有《四部备要》本、上海古籍出版社1990年注释本、中华书局2010年校注本。

16.《汉官六种》 这是清孙星衍所辑有关两汉官制的辑本,共6部:《汉官》1卷;东汉王隆撰、明胡广注《汉官解诂》1卷;东汉卫宏《汉旧仪》2卷,东汉应劭《汉官仪》2卷,东汉蔡质《汉官典职仪式》2卷;吴丁孚《汉仪》2卷。所辑大都为汉代佚书,对研究两汉官制有一定史料价值。有《四部备要》本。《四库全书》未收。

17.《蔡中郎集》6卷(《独断》附) 东汉蔡邕(133年—192年)撰。是书为蔡邕文集,除《独断》1卷属于掌故琐记类以外,内容有奏议、表章、礼制、诗赋、碑铭等,对研究史料比较缺乏的两汉历史有一定史料价值。有《四部丛刊》本、十万卷楼本、上海古籍出版社《续修四库全书》本。

18.《太平经》170卷 一名《太平清领书》。相传为东汉于吉撰,实际上在其草创之时,篇幅并不多,以后由道教徒陆续补充推衍而成。原书有170卷,后残存57卷,清人据唐代《太平经钞》等书辑补,基本恢复了原貌。这是一部研究道教思想的基本典籍。有《正统道藏》本第73至115册、河北人民出版社2002年译注本、中华书局2002年合校本。《四库全书》未收。

19.《氾胜之书》 西汉氾胜之撰。是书是对西汉黄河流域农业生产经验和操作技术的总结,对研究中国古代农业史有一定史料价值。原书早佚,北魏贾思勰《齐民要术》多所称引,今本为后人辑本。有科学出版社1956年今释本、中华书局1957年校释本。《四库全书》未收。

20.《四民月令》1卷 东汉崔寔(？—170年)撰。是书从正月到十二月,依次记载了士、农、工、商四民的行事,又以记载农事为主,兼及祭祀、社交、教育、饮食、医药和器物的制作保管等,对研究东汉时期以洛阳地区为主的农业生产和文化生活有重要史料价值。原书佚于宋,今为清人辑本。有中华书局1965年校注本。《四库全书》未收。

21.《周髀算经》2卷,音义1卷 撰者佚名。书约成于秦汉之际。是一部天文历算书。数学方面记载了相当多的数学运算,如分数乘除法、开平方法、圆周求法和运用勾股定理等。在天文方面主要阐述了盖天法和四分历法。对研究古代数学史和天文史有重要史料价值。有《唐宋丛书》本、中华书局1963年《算经十书》本、辽宁教育出版社1996年译注本。

22.《九章算术》9卷 书约成于西汉早期到东汉,并非出于一人之手。全书分9章,246个例题,系统地总结了我国从先秦到东汉的数学成就,其中负数、分数计算、联立一次方程组解法等,在当时都具有世界领先水平,对研究中国古代数学史有重要史料价值。有中华书局1963年出版的《算经十书》本、辽宁教育出版社1998年译注本。

23.《神农本草经》3卷 撰者佚名。书约成于秦汉时期。是我国现存最早的药物学著作,书中记载了秦以前药物学方面的成就。书首为序例,总论药物学理论和配伍规律。次载药 365 种,根据药物效能和使用目的不同,分上、中、下三品。对每种药物的别名、性味、生长环境、主治功能、采收时间、炮制和贮藏方法等都作了介绍。不仅有较高的实用医学价值,而且也是研究中国古代药物学史的重要典籍。原书早佚,现存者为明、清辑本。有人民卫生出版社 1963 年排印本、中医古籍出版社 1982 年排印本。《四库全书》收有明缪希雍所撰《神农本草经疏》30 卷本。

24.《灵宪》残篇 东汉张衡(78 年—139 年)撰。是中国古代最重要的天文学理论著作之一,它试图从哲学的高度全面阐述天地的生成和结构,解释日月星辰的本质和运动,第一次用科学的方法解释了月食形成的原因,提出了行星运动的快慢与地球远近的关系,认为月光是对日光的反射,宇宙空间是无限的。是研究古代天文学史的重要历史文献。原书早佚,残篇收入《玉函山房辑佚书》卷七六,另有《经典集林》本。《四库全书》未收。

25.《伤寒杂病论》13 卷 东汉张机(字仲景)(150 年—219 年)撰。著者总结前人和当代诸家的经验,结合个人实践,约在公元 200 年撰成本书。经晋代名医王叔和分编为《伤寒论》和《金匮要略》两种,后经北宋医书局校正。《伤寒论》10 卷,主要记载伤寒诸症病例和治疗方法,共 22 篇,397 法,113 方。是一部联系实际,理、法、方、药有机结合的医学经典,对后世产生极为深远的影响。《金匮要略》有散佚,今存 3 卷,共 25 篇,262 方。是我国现存较早论述杂病的专书,对病因、病机、诊断、治疗均有论述,被后人尊为中医经典。全书不仅有重大的医学价值,而且也是研究我国古代中医学史的极为重要的典籍。有广西人民出版社 1960 年排印本。《伤寒论》尚有上海人民出版社 1976 年校注本、上海科技出版社 1983 年校注本;《金匮要略》尚有甘肃人民出版社 1980 年释义本、人民卫生出版社 1990 年校注本。

(三) 考 古 史 料

1.《睡虎地秦墓竹简》十种 睡虎地秦墓竹简整理小组编。此竹简的基本情况,在先秦史料中已作了介绍,所载内容有些虽发生在战国时期,却与后来秦朝的历史直接相关,有些则是秦王朝建立以后的事,因此,对研究秦朝的政治、经济、军事、文化也有重要史料价值。

2. 各类汉简

甲、边塞地区出土的汉简

(1)《流沙坠简》1卷,考释3卷,补遗1卷,补遗考释1卷　近人罗振玉、王国维编撰。是书据法国学者沙畹书中的照片选录英国人斯坦因在我国敦煌等地盗掘的简牍、纸片、帛书等,共588枚,其中大多为汉简。有释文及考释。分为:一、小学术数方伎书;二、屯戍丛残;三、简牍遗文。以第二部分最具史料价值。有日本京都东山学社1914年影印本、中华书局1993年影印本。

(2)《敦煌汉简》(又称《酒泉汉简》)　甘肃省文物考古研究所编。二十世纪一二十年代,英国人斯坦因两次在我国甘肃敦煌、酒泉等地汉代边塞遗址得到汉代木简计894枚。四十年代夏鼐先生在敦煌得到汉简43枚。以上统称敦煌汉简。有中华书局1991年影印本。附:《敦煌汉简释文》,有甘肃人民出版社1991年释校本。

(3)《居延汉简》(又称《张掖汉简》)　中国社会科学院考古研究所编。1930年到1931年,中外学者在内蒙境内的汉代遗址,得到汉简1万枚左右。1972年到1976年,甘肃居延考古队又在居延地区的烽燧、塞墙遗址出土汉简两万余枚。因为出土汉简的地区都在汉代张掖郡居延都尉辖区,所以人称这批汉简为居延汉简或张掖汉简。有中华书局1980年影印本、文物出版社1987年释文合校本。

(4)《罗布泊汉简》(又称《西域汉简》、《楼兰汉简》)　1930年和1934年,有学者在新疆罗布泊北岸的汉代防戍遗址里,发现汉简71枚。因为这批汉简出土的地区在汉代属于西域都护辖地,靠近楼兰遗址,所以有多种名称。可参见黄文弼《罗布淖尔考古记》,载国立北平研究院史学研究所1948年出版之《中国西北科学考察团丛刊》之一。该报告分两部分:第一部分4篇,第一篇绪论,第二篇工作概况,第三篇器物图说(附图),第四篇木简考释。第二部分为图版,包括器物、简版共11种。

以上四类汉简,都出自边塞的官署或烽燧、亭障,是西汉武帝至东汉末年的屯戍遗物,对研究两汉历史特别是边塞地区的政治、经济、军事、法律、文化,都有重要史料价值。

乙、内地出土的汉简

(1)《马王堆汉简》 1972年,考古工作者在长沙马王堆1号汉墓出土汉轪侯妻辛追(约死于公元前186年前后)的一批随葬物,其中有竹简312枚、木楬49枚,记载了随葬的器物,对研究汉代用品、食器和乐器有一定史料价值。3号汉墓出土医书简两卷计200枚,一卷内容近似《黄帝内经》,另一卷是房中术,对研究秦汉医学有一定史料价值。前者收入文物出版社1990年出版的李均明等编《散见简牍合辑》一书,并可参见上海书画出版社2000年出版的《马王堆一号汉墓简》一书。后者可参见湖南科学技术出版社1992年出版的《马王堆古医书考释》一书。

(2)《银雀山汉墓竹简》 银雀山汉墓竹简整理小组编。1972年,考古工作者在山东临沂银雀山发掘了1、2号汉墓,发现了大批随葬物品。有关1号汉墓的竹简,在先秦史料中已作了介绍。在2号汉墓(下葬年代约在公元前134年—公元前118年之间),出土的竹简有《汉武帝元光元年历谱》一份,对研究西汉历法有重要史料价值。有文物出版社1985年整理本、文物出版社1985年释文本。

(3)《武威汉代医简》 甘肃省博物馆、武威县文化馆合编。二十世纪五十年代以来,考古工作者在甘肃武威城郊磨嘴子、旱滩等地,发掘了多座汉代古墓。在磨嘴子墓地6号墓,出土西汉晚期抄写的《仪礼》木简469枚,对研究汉代经学和《仪礼》的版本、校勘有重要史料价值。1972年,考古工作者又在甘肃武威旱滩坡汉墓出土一批木简医方92枚,这是继马王堆汉墓竹简医书之后又一批研究汉代医学的重要史料。文物出版社1975年整理出版。

(4)《江陵凤凰山汉简》 李均明等编。1973年至1975年,考古工作者在湖北江陵县凤凰山8号、9号、10号、167号、168号汉墓出土五百多枚竹简和木简,记载了西汉初期的赋税、徭役、借贷、商业等方面的内容,有一定史料价值。收入文物出版社1990年出版的《散见简牍合辑》一书。

(5)《大通县上孙寨汉简》 李均明等编。1978年,考古工作者在青海大通县上孙寨115号汉墓出土了部分有关军法的汉简近400枚。收入文物出版社1990年出版的《散见简牍合辑》一书。

第三章 三国两晋南北朝史史料
（公元220年—公元581年）

公元220年，曹操子曹丕废汉献帝自立，国号魏，史称曹魏。次年，刘备在成都称帝，国号汉，史称蜀汉。公元229年，孙权在建业（今江苏南京）称帝，国号吴，史称东吴。中国历史正式进入三国鼎立时期。三国后期，曹魏政权落入司马懿父子手中。公元263年，司马氏灭蜀汉。公元265年，司马懿之孙、司马昭之子司马炎代曹魏自立，国号晋，仍都洛阳，史称西晋。西晋于公元280年灭东吴，实现了中国的短期统一。

晋武帝死后，惠帝继立，随着中央和地方割据势力矛盾的加深，从公元291年起，爆发了历时16年之久的"八王之乱"，给广大人民群众造成了无穷无尽的灾难。惠帝死后，其弟司马炽（怀帝）、侄司马邺（愍帝）相继被立为帝。不久，在流民起义和内迁各族军事贵族的打击下，西晋于公元316年灭亡，共历4帝，凡52年。公元317年，西晋宗室司马睿在建康（今江苏南京）重建晋政权，史称东晋。东晋共历11帝，凡104年。与此同时，北方并存或先后出现了匈奴、鲜卑、羯、氐、羌等少数民族所建立的十六国政权。东晋、十六国的对峙，经历了一个多世纪的时间。

从公元420年东晋灭亡起到公元589年隋朝统一全国为止，中国南方称为南朝时期。这时期，在建康先后出现了宋、齐、梁、陈四个政权。从

第三章　三国两晋南北朝史史料

公元439年北魏太武帝统一北方起,中国北方由十六国进入北朝时期。北魏分裂后,出现了东魏和西魏、北齐和北周。公元577年,北周灭北齐,统一北方。公元581年,外戚杨坚夺取北周政权,建立隋朝。直到后来隋朝统一全国为止,南北对峙延续了一个半世纪左右。

三国两晋南北朝时期,民族矛盾、阶级矛盾、统治阶级内部矛盾错综复杂,十分尖锐,战争不断,政权更替频繁,东汉后期逐渐出现的世家大族到魏晋时已正式形成为士族门阀,并对社会政治、经济和文化生活造成重大影响。南北朝末年,由于士族势力的衰落和民族融合的实现,北方的政治、经济和军事力量已显著超过了南方,国家重新开始走向统一。

一、三国两晋南北朝史学发展的原因和史料特点

(一) 史学发展概况

三国两晋南北朝时期,史学有了很大发展,这从目录学史上有充分反映。

在魏晋以前,我国古籍主要按照西汉学者刘向之子刘歆所创立的《七略》分类。刘向在西汉成帝时,受命整理和校正各类图书,撰成《别录》一书,此书是我国最早的一部目录学著作,现已散佚。刘向死后,刘歆袭父职,继续整理图书,撰成《七略》一书,这本目录学著作虽然也大部不存,但主要内容被保存在《汉书·艺文志》里,从中我们尚不难窥见其分类的方法。

《七略》把当时中国的图书分成7大类,即辑略、六艺略(易、书、诗、礼、乐、春秋、论语、孝经、小学,共9种)、诸子略(儒、道、阴阳、法、名、墨、纵横、杂、农、小说,共10种)、诗赋略(屈原等赋、陆贾等赋、孙卿等赋、杂赋、歌诗,共5种)、兵书略(兵权谋、兵形势、兵阴阳、兵技巧,共4种)、术数略(天文、历谱、五行、蓍龟、杂占、形法,共6种)、方技略(医经、经方、房中、神仙,共4种)。因为辑略是综述学术源流的绪论,并非目录而是总

录,所以实际上是六略,即六分法。东汉班固修《汉书》,也依《七略》的分类法,编成《汉书·艺文志》。由此可见,两汉时期作为历史类的春秋,尚不能单独成为一略,而只是依附于六艺略之中,处于附庸地位,说明当时的史学还不够发达,撰成的史书也较少。

但是到了两晋,情况发生了很大变化。西晋武帝时,秘书监荀勖著有一本皇家图书馆的藏书目录,名叫《晋中经新簿》,这本目录学著作把全部藏书分成甲乙丙丁四部:甲部有六经及小学等书(按两汉称文字学为小学,主要是一些儿童启蒙读物,如《尔雅》等,到隋唐,所指范围扩大,成为包括文字、训诂、音韵学的总称);乙部有诸子百家、兵书、兵家、术数等书;丙部有史记、旧事、皇览簿、杂事等史书;丁部有诗赋、图赞、汲冢书等书。四部合计 29 945 卷。这是我国最早的一部四部分类书目。这时,史书已单独成为一部,由过去的附庸成了大国。从这里可以看出,到魏晋时期,随着史学的发展,史书比以前有了显著增加。

到了东晋,经过"永嘉之乱",史籍大量散失,所以在晋穆帝永和年间(345 年—356 年),朝廷命著作郎李充以荀勖的《晋中经新簿》为基础,根据现有藏书重作补充和调整,编成一部新的图书目录,取名《晋元帝四部书目》。李充的四部分类法与荀勖的不同之处在于他把史书从丙部列为乙部,即由过去的经、子、史、集四部,改为经、史、子、集四部。从此,我国古代典籍以经、史、子、集四部分类成为永制。这种目录学上的变化,反映了当时史学发展的现实,即由于史书之多,使它在四部分类法中已单独成为一类,其重要性也仅次于《六经》和小学。

(二)史学发展的原因

三国两晋南北朝史学发展的原因,主要有三个方面。

一是这一时期战争不已,政局动荡,朝代更迭,因此后朝修前朝史的情况大为增加。从战争来说,历史上一些著名的战争,大都发生在这一时期,如官渡之战、赤壁之战、夷陵之战、淝水之战等;历史上一些重要内乱也主要发生在这一时期,如北方的河阴之变,南方的侯景之乱等。朝代也频繁更迭,同时和先后存在的国家有三十余个之多,如三国:魏、蜀、吴;两晋:西晋、东晋;五胡十六国:成汉、前赵、后赵、前秦、后秦、西秦、前燕、后燕、南燕、北燕、前凉、后凉、南凉、北凉、西凉、夏;南北朝:宋、齐、梁、陈、北魏、东魏、西魏、北齐、北周、隋等。

二是当时统治阶级为吸取历史上的经验教训,力保长治久安,十分重视修史工作。东汉末年,已设秘书郎掌管图籍,曹魏明帝时,在内廷又置著作郎,用以掌史。所以不仅前朝史多,本朝史(国史)也多。

三是魏晋南北朝时,士族势力大发展,修史工作成了提高社会地位、炫耀家世的重要手段,于是士大夫修史蔚然成风,出现了大量私人撰写的史书。

(三) 史 料 特 点

这一时期史料的特点,主要有四个方面。

一是正史在史料中占有重要地位。在 24 部正史中,属于三国两晋南北朝时期的正史有 11 部,它们是《三国志》、《晋书》、《宋书》、《南齐书》、《梁书》、《陈书》、《魏书》、《北齐书》、《周书》、《南史》、《北史》,占了《二十四史》的 45% 强。其中,《三国志》、《宋书》、《南齐书》、《魏书》、《北齐书》4 部,是当时人所撰,其余为唐人所撰或唐人增补而成。这些正史,成了研究这一时期历史的最基本史料来源。

二是私史众多,与秦汉时期一样,官修的史书也大都在私史基础上修成。如东汉末年以后,经学受到黄巾起义的打击和佛道思想的挑战而逐渐衰落,于是世族子弟纷纷从事史书的修撰,作为扬名当世、跻身仕途之阶。有人甚至不择手段地撰史,如"著作郎虞预私撰晋书,而生长东南,不知中朝事,数访于(王)隐,并借隐所著书窃写之,所闻渐广。是后更疾隐,形于言色。……竟以谤免,黜归于家。贫无资用,书遂不就,乃依征西将军庾亮于武昌。亮供其纸笔,书乃得成,诣阙上之"(《晋书·王隐传》)。于此可从一个侧面反映当时私人修史之盛。《三国志》、《晋书》等正史,也正是在已有多种私史书的基础上,得以顺利修撰。

三是为史作注之风大盛,使所注书的史料价值比原书有不同程度的提高。仅以《汉书》论,"始自汉末,迄乎陈世,为其注解者凡二十五家"(刘知幾:《史通·古今正史》)。当时有名的注书有刘宋裴骃作《史记》集解;刘宋裴松之作《三国志注》;北魏郦道元替成书于东汉末年到三国时期的《水经》作《水经注》、南朝梁刘孝标替成书于刘宋的刘义庆《世说新语》作《世说新语注》等。我国古代最有名的五大注书,除唐李善替成书于萧梁时候的萧统《文选》所作《文选注》和宋末元初人胡三省替成书于北宋的司马光《资治通鉴》所作《资治通鉴音注》以外,其他三部都成书于这个时候。

四是传记、谱牒、地志和佛道两教的史料大大增加。有些传记,按地域撰述传主,如陈寿的《益部耆旧传》、谢承曾的《会稽先贤传》、习凿齿的《襄阳耆旧传》等。有些传记,则按身份撰述传主,如袁宏的《名士传》、皇甫谧的《高士传》、释慧皎的《高僧传》等。家谱的撰修也极其兴盛,据《隋书·经籍志》记载,这一时期的谱牒著作,共有 50 余种,近 1 300 卷。随着豪族势力的发展,对地志、地记一类著作的修撰更加重视,地域范围更加广泛,特别是有关江南和四川地区的地志增加更多。以上这些都反映了时代的特点,即与门阀制度的盛行和佛道的兴旺有关。

二、三国两晋南北朝史史料介绍

(一) 基 本 史 料

1.《三国志》65 卷　西晋陈寿(233 年—297 年)撰,刘宋裴松之(372 年—451 年)作注。是书撰成前,魏、蜀、吴三国都有人撰本朝史,西晋统一不久,陈寿书出,其他诸史皆散佚。《三国志》记事,上起魏文帝黄初元年曹魏代汉(220 年),下迄西晋武帝太康元年(280 年)灭东吴,约 60 年的历史,但常常追溯到东汉末年的史事,是研究三国历史的基本史料来源。是书有《魏书》30 卷,《蜀书》15 卷,《吴书》20 卷,无表、志。以魏为正统,列本纪称帝,蜀、吴为传称主,实际上与本纪无异。但是该书内容过于简略,且无志。南朝宋文帝因此命裴松之作注,人称《三国志注》。裴注与《史记集注》和《汉书》颜师古注不同,主要是增补史实,而不是训释文义。裴注广搜博采,引书多达二百余种,于元嘉六年(429年)成书,字数为《三国志》的3倍,不仅使《三国志》的史料大为丰富,而且还纠正了正文的某些谬误,故与正文具有同等史料价值。有中华书局1959年点校本。

2.《晋书》130卷　名义上是唐太宗(599年—649年)撰,实际上由房玄龄(579年—648年)等监修,令狐德棻(583年—666年)等20人分撰。记从西晋武帝泰始元年司马炎代曹魏建晋(265年)到东晋恭帝元熙二年(420年)刘裕代晋建宋为止155年的历史,并将司马懿父子事迹也追述于本纪,是研究两晋、十六国历史的基本史料来源。有帝纪10卷,志20卷,列传70卷,载记30卷。是书大抵以南齐臧荣绪的《晋书》作蓝本,参酌诸家晋史,旁及小说、文集和十六国史书等而成。其中,10志内容特别丰富,各志都从汉末讲起,李淳风所撰《天文》、《律历》两志尤为精详。《食货志》全出于自撰,所记内容从古到今,几乎是一部古代经济通史,其中以记汉末、三国事为最多,可补《三国志》无志之缺。新设《载记》一项,记载"僭伪"的君主和臣属,共26篇,按国别设78传,是现存有关十六国历史的重要史料来源。该书的缺点是迷信成份太多,记事有不少疏漏和前后矛盾之处。有中华书局1974年点校本。

3.《宋书》100卷　南齐沈约(441年—513年)撰。记刘宋武帝永初元年(420年)刘裕称帝到顺帝升明三年(479年)萧道成代刘宋建齐为止60年的历史,是研究刘宋一朝的基本史料来源。有本纪10卷,志30卷,列传60卷。书中收录原始资料甚多,富有史料价值。志的内容特别丰富,几占全书之半,各志多上溯制度源流,可补前史缺志之失。缺点是无《食货志》,新设《符瑞志》也无史料价值可言,迷信成份多,为士族立传的情况严重。是书在流传过程中有残缺,后人以他史补入,才成全帙。有中华书局1974年点校本。

4.《南齐书》59卷 南朝齐梁间萧子显(489年—537年)撰。记自萧道成建齐的升明三年(479年)到和帝中兴二年(502年)萧衍代齐建梁为止24年的历史,是研究南齐一朝的基本史料来源。有本纪8卷,志11卷,列传40卷。因为是当代人记当代事,所以原始资料较多,富有史料价值。但是书记事过于简单,为士族门阀立传的情况比《宋书》更严重,仅其父《萧嶷传》的文字就多达九千余字,占全书近三十分之一,言其"周公以来,则未知所匹也",竭尽美化之能事。不立《食货》、《刑法》、《艺文》3志,也都是缺点。是书原60卷,在流传过程中有残缺。有中华书局1972年点校本。

5.《梁书》56卷 唐姚思廉(557年—637年)撰。作者因其父姚察旧稿,参以其他史书,于唐贞观十年(636年)撰成该书。记南朝梁自萧衍建国(502年)到太平二年(557年)陈霸先代梁为止56年的历史,是研究萧梁一朝的基本史料来源。有本纪6卷,列传50卷。对周边少数民族及其政权多所记载,为其史料特点。但对士族常有讳饰,篇目间有漏略。有中华书局1973年点校本。

6.《陈书》36卷 唐姚思廉(557年—637年)撰。成书情况与《梁书》相类似。记陈武帝永定元年(557年)代梁到后主祯明三年(589年)为隋灭亡间33年的历史,是研究陈朝的基本史料来源。有本纪6卷,列传30卷,共18万字,是《二十四史》中篇幅最少的一部。内容简略,对士族的讳饰尤甚于《梁书》,有中华书局1972年点校本。

7.《魏书》130卷 北齐魏收(506年—572年)撰。记北魏道武帝拓跋珪登国元年(386年)到东魏孝静帝武定八年(550年)为止165年的历史,间有南朝宋齐梁、十六国和其他少数民族的史事,是研究北魏和东魏历史的基本史料来源。有本纪12卷,列传98卷,志20卷。在本纪之前,别立《序纪》一篇,系统地追述拓跋珪的先世。志的史料价值很大,《食货志》于六朝人著作中为仅见之篇;新设《灵徵志》记地震、大水和物象变异等情况;《官氏志》记官制阶品,并叙鲜卑氏族名称及所改汉姓;《释老志》记佛道两教的历史,颇有史料价值。由于魏收常借修史作为个人感恩报怨的手段,曾露骨地宣称:"何物小子,敢共魏收作色,举之则使上天,按之当使入地。"(《北齐书》本传)加之魏齐世近,史中人物子孙尚在,记载不合己意,就心怀怨恨,于是有人便指斥《魏书》为"秽史"。为此,曾作过多次修订。但总的来说,是书基本上还是反映了当时历史的真实,如言弊端,各史皆然,只是《魏书》更加严重一些而已。故《四库》馆臣以为:"但互考诸书,证其所著,(《魏书》)亦未甚远于是非,秽史之说,无乃已甚之词乎。"(《四库全书总目》卷四五《魏书》)今本《魏书》全缺26卷,残缺3卷,由宋人据《北史》等补入。有中华书局1974年点校本。

8.《北齐书》50卷 唐李百药(565年—648年)撰。作者因其父李德林旧稿,兼采王劭《齐志》,于唐贞观十年(636年)撰成是书。记东魏建国(534年)北齐伐东魏到北周灭北齐(577年)为止44年的历史,是研究北齐的基本史料来源。有本纪8卷,列传42卷。是书后来不断散佚,至北宋仅存卷四、十三、十六至二十五、四十一至四十五共17卷,其余各卷皆为后人据《北史》等唐人著作配补而成。由于今本《北齐书》杂集而成,所以体例混乱,记事也有矛盾之处。有中华书局1972年点校本。

9.《周书》50卷 唐令狐德棻(583年—666年)等撰。记西魏文帝大统元年(535年)到北周静帝大定元年(581年)西魏22年和北周25年的历史,是研究西魏、北周历史的基本史料来源。有本纪8卷,列传42卷。又别立后梁《萧詧传》,为《梁书》所不及。《异域传》分记高丽、百济、氐、突厥、吐谷浑和西域诸国,对研究少数民族的历史、中外交通与商业史都有一定的史料价值。是书至北宋全缺卷十八、二十四、二十六、三十一、三十二共5卷,另残缺4卷,后人据《北史》等史书配补成今书。有中华书局1971年点校本。

10.《南史》80卷 唐李延寿撰。作者因其父李大师(570年—628年)旧稿,抄撮南朝《宋书》、《南齐书》、《梁书》、《陈书》四史及诸家杂史,易其体例,于唐高宗显庆四年(659年)撰成。记刘宋永初元年(420年)到陈祯明三年(589年)为止南朝170年的历史,是研究南朝历史的史料来源之一。有本纪10卷,列传70卷。是书与《北史》一样,本纪仿《史记》,皆以朝代为次,列传人物事迹则前后贯穿,通为一编,在《二十四史》中与《史记》同属通史。对南朝四史的内容,有所增补,所增史事又以齐、梁两朝为多。对南北交往的记载亦较四史为详。与此同时,《南史》又大量删去四史旧文,对《宋书》删削尤多,原来四史有251卷,现在只有80卷,虽说简洁易读,但从史料的价值上看,却不是一个优点而是一个缺点。特别是它的出现,在客观上影响了四史的传播,造成了后来四史的阙失。有中华书局1975年点校本。

11.《北史》100卷　唐李延寿撰。作者因其父李大师(570年—628年)旧稿,抄撮北朝《魏书》、《北齐书》、《周书》、《隋书》四史及诸家杂史,体例同《南史》,于唐高宗显庆四年(659年)撰成。记北魏道武帝登国元年(386年)到隋朝灭亡(618年)为止233年的北朝和隋的历史。有本纪12卷,列传87卷,序传1卷。原来四史有315卷,现在只有100卷。所删以《魏书》为多,所增以《北齐书》和《周书》为多。其作为史料上的优缺点,类同于《南史》。有中华书局1974年点校本。

(二) 其 他 史 料

1.《十六国春秋》100卷(辑补本)　北魏崔鸿(?—525年?)撰。是书为纪传体史书,书成于北魏正光三年(522年),记载五胡十六国的史事,原书至北宋亡佚,今本大都为明、清人从《晋书》、《艺文类聚》、《太平御览》等史书辑入,共载544人,对研究十六国历史有一定参考价值。有商务印书馆1958年排印本、齐鲁书社2000年点校本(题名作《二十五别史》之十一)。

2.《邺中记》1卷　东晋陆翙撰。原2卷,后佚,今本由清人从《永乐大典》中辑出。邺为今河北临漳县,先后做过曹操魏王、后赵、前燕、东魏、北齐的都城。该书主要记载石虎所建后赵的历史,另有魏文帝、魏武帝、高欢、高洋之史事,对研究十六国历史有一定史料价值。有《武英殿聚珍版》本、商务印书馆1930年铅印本。

3.《抱朴子》内篇20卷,外篇50卷　东晋葛洪(约238年—363年)

撰。内篇言神仙方药、鬼怪变异、养生延年、禳邪却祸之事,其中关于炼丹术的记载,为古代科技史提供了一些史料;外篇言人间得失祸福,间有揭露官场腐败的情况,可作社会史史料。有《诸子集成》本、上海古籍出版社1990年影印本、时代文艺出版社2003年译注本。

4.《世说新语》3卷　南朝宋刘义庆(403年—444年)撰。是书采集汉魏以来的笔记小说编撰而成,内容多反映当时的社会风尚(人品、节义、交友之道)、统治阶级的腐朽生活和清谈放诞之风。南朝梁刘孝标(462年—521年)为该书作注,引书多达四百余种,对原作纰谬,多所订正。所引书大部已经散失,赖刘注得以保存。是书对于研究东汉到东晋的社会风尚、士族思想、政治状况有一定参考价值。有中华书局1984年校笺本、吉林教育出版社1989年译注本。

5.《水经注》40卷　北魏郦道元(472年—527年)撰。此书是为三国时所撰《水经》作的注书。作者据实地调查,并征引有关史籍375种、碑石302块,将原书所载水道从137条增加到1252条,对其源头、流向、河道变迁、名称改易,一一叙其原由。对水道流经之地的山陵、陂泽、郡县、城邑、关津、名胜、物产、农田、水利,以至人物、故事、方言等,也都详加考证和记载,是我国现存第一部以记水道为主的综合性地理著作。对研究历史地理、古代河流、物产和上古至魏晋的史事,都具有重要参考价值。有江苏古籍出版社1989年点校本、中华书局2007年校证本、中华书局2009年译注本。

6.《齐民要术》10卷　北魏贾思勰撰。大约成书于公元533年至公元544年之间,是我国现存最早的一部农书。是书引用《诗经》、《周礼》、《礼记》、《尔雅》、《管子》、《吕氏春秋》、《氾胜之书》、《四民月令》等古籍一百余种,农谚二十余条,也有自己的生产实践和询访老农所获资料。全书11万多字,共92篇,具体记载了农作物栽培、耕作技术、农具、牧畜、兽医、食物加工、蔬菜、果树、茶竹等方面的内容,较系统地总结了六世纪以前我国黄河中下游地区的农业经验。对研究中国古代农业史具有重要史料价值。有中华书局1956年排印本、农业出版社1982年校释本、上海古籍出版社 2009 年译注本。

7.《颜氏家训》2 卷　隋颜之推（531 年—591 年）撰。作者历仕萧梁、北齐、北周，后入隋为官，以文学知名，社会阅历十分丰富。全书主要讲述立身、治家之法，如《教子篇》："上智不教而成，下愚虽教无益，中庸之人不教不知也。""古者圣王，有胎教之法。怀子三月，出居别宫，目不邪视，耳不妄听。"《勉学篇》："谚曰：'积财千万，不如薄技在身。'"《终制篇》："死者人之常分，不可免也。"等等。为研究南北朝时期的民俗、风情、人情世故、儒家思想提供了宝贵的史料。有《四部丛刊》本、上海古籍出版社 1980 年王利器集解本、天津古籍出版社 1995 年注释本。

8.《佛国记》1 卷　一名《佛游天竺记》、《法显行传》。东晋释法显（约 334 年—420 年）撰。隆安三年（399 年），法显从后秦都城长安出发西行，越葱岭，进入阿富汗和印度境内，遍游各地后，从海上经狮子国（斯里兰卡）和耶婆提国（印尼的苏门答腊）回国，历时 14 年。法显返国后撰写是书，记述了古代中亚、印度、南海 34 国的地理、历史、典章和风土人情，共九千五百余字，对研究这些国家和地区的历史及中外交通史提供了重要的史料。有《大藏经》本、《学津讨原》本、长春出版社 1995 年注释本。

9.《高僧传》14 卷　一名《梁高僧传》。南朝梁释慧皎（497 年—554 年）撰。全书分译经、义解、神异、习禅、明律、亡身、育经、兴福、经师、唱导等 10 类，记东汉末至南朝梁初中外僧人 257 人，附见 200 余人，各类之末附议论。是研究中国古代佛教史的重要史料，对研究中西交通史和社会史也有一定参考价值。是书为我国第一部僧人传记，对后来撰成的唐道宣《唐高僧传》、北宋赞宁《宋高僧传》、明如惺《大明高僧传》等传记，有重大影响。但是，由于作者系南方僧人，故对北朝僧人立传未备。有上海古籍出版社 1991 年影印本（《高僧传合集》）、中华书局 1992 年点校本。《四库全书》未收。

10.《文心雕龙》10 卷　南朝梁刘勰（约 465 年—532 年）撰。是书总结了前代文学现象，对各体作品的特征和历史演变作了重点论述，探讨了创作原则和方法、文学与时代的关系等问题。是我国文学评论的开山之作,对研究文学批评史有重要史料价值。有《四部丛刊》本、上海古籍出版社 1984 年排印本、广西教育出版社 1990 年译注本。

(三) 文集中的史料

三国两晋南北朝时期的文集不多,散失又十分严重,有些本来就没有形成为集子。今人能看到的,基本上是明清时候人的辑本,或后人将某人散见之文搜集编辑后加以文集之名而已。有关文集的史料价值,本书将在下章进行评述。现将三国两晋南北朝时期比较重要的一些文集简介于下。

1.《乐府诗集》100 卷　北宋郭茂倩编。有《四部丛刊》本、中华书局 1979 年排印本、人民文学出版社 2010 年排印本。

2.《曹操集》4 卷　三国曹操(155 年—220 年)撰。有中州古籍出版社 1986 年注本、中华书局 2020 年整理本。《四库全书》未收。

3.《诸葛亮集》4 卷,附录 2 卷　一名《诸葛武侯文集》。蜀汉诸葛亮(181 年—234 年)撰。有《正谊堂全书》本、中华书局 1960 年编校本。《四库全书》未收。

4.《魏文帝集》6 卷　魏曹丕(187 年—226 年)撰。有《汉魏六朝名家集》初刻本、贵州人民出版社 1998 年译注本。《四库全书》未收。

5.《曹子建集》10 卷　一名《曹植集》。三国曹植(192 年—232 年)撰。有《四部丛刊》本、人民文学出版社 1984 年校注本、中华书局 2008 年注本。

6.《嵇中散集》10 卷　一名《嵇康集》。三国魏嵇康(224 年—263 年)撰。有《乾坤正气集》本、黄山书社 1986 年注本。

7.《陆士衡集》10 卷　一名《陆机集》。西晋陆机(261 年—303 年)撰。有《四部丛刊》本、中华书局 1982 年点校本。《四库全书》未收。

8.《陆士龙集》10 卷　一名《陆云集》。西晋陆云(262 年—303 年)撰。有《四部备要》本、中华书局 1988 年点校本。

9.《陶渊明集》7卷 东晋陶潜(365年—427年)撰。有《四部丛刊》本、中州古籍出版社1986年校注本、上海古籍出版社1996年校笺本。

10.《鲍参军集》10卷 一名《鲍明远集》。南朝刘宋鲍照(约414年—466年)撰。有《四部备要》本、古典文学出版社1958年补校本。

11.《沈隐侯集》16卷,附录1卷 南朝梁沈约(441年—513年)撰。有《刘宋合集》本、浙江古籍出版社1995年校笺本。《四库全书》未收。

12.《江文通集》4卷 南朝梁江淹(444年—505年)撰。有《常州先哲遗书》本、中华书局1984年汇注本。

13.《弘明集》14卷 南朝齐梁间释僧祐(445年—518年)撰。有《四部丛刊》本、上海古籍出版社1993年影印本。

14.《谢宣城集》5卷 南朝齐谢朓(464年—499年)撰。有《四部丛刊》本、上海古籍出版社1991年校注集说本。

15.《梁武帝集》8卷 南朝梁萧衍(464年—549年)撰。有《汉魏六朝名家集》初刻本、上海文明书局1911年刊本。《四库全书》未收。

16.《昭明太子集》6卷 南朝梁萧统(501年—531年)撰。有盛氏刊本、中州古籍出版社2001年校注本。

17.《文选注》60卷 一名《昭明文选》。南朝梁昭明太子萧统(501年—531年)编。唐李善作注。有《四部备要》本、吉林文史出版社1987年译注本。

18.《徐孝穆集》10卷 南朝陈徐陵(507年—583年)撰。有《四部丛刊》本、台北世界书局影印《摛藻堂四库全书荟要》本、《国学基本丛书》本。《四库全书》为6卷本。

19.《梁元帝集》8卷 南朝梁萧绎(508年—554年)撰。有明天启崇祯间刻本、《汉魏六朝名家集》初刻本。《四库全书》未收。

第四章　隋唐五代十国史史料

（公元581年—公元959年）

公元588年春,隋文帝杨坚下诏伐陈,兵分八路水陆并进,次年正月,隋军攻下建康,陈亡。隋朝的建立,意义十分重大:在政治上,它结束了自西晋末年以来二百七十余年分裂割据的局面,中国至此又归统一;在经济上,由于战争的停息和采取了一系列恢复生产的措施,社会经济出现了短暂的繁荣:户口迅速增长,水利得到兴修,农业和手工业生产获得发展,仓储之丰实,更为后代封建史家所称道。由于隋朝建立过程中,士族地主的势力并没有受到农民起义的扫荡,因此随着士族腐朽势力的发展,特别是隋炀帝的残暴统治,加剧了社会矛盾,隋王朝历2帝,凡31年,就被大规模的农民起义所推翻。公元618年,原隋太原留守、大贵族李渊趁机夺取政权,建立了唐朝。

"玄武门政变"以后,唐高祖李渊被迫将政权交给他的第二个儿子李世民,唐朝逐步开始走向强大。唐太宗李世民及其继承人吸取了隋朝灭亡的教训,为巩固李唐政权,采取了一系列措施调整统治政策,缓和了社会矛盾,使农业和手工业生产获得迅速的恢复和发展,军事力量也十分强大,出现了封建社会少有的太平盛世——"贞观之治"和"开元之治"。唐玄宗后期,统治者日趋奢侈淫佚,加深了社会矛盾,爆发了历时8年的"安史之乱"。"安史之乱"虽然被平定,但唐王朝从此由盛转衰,一蹶不振。唐朝后期,藩镇割据,宦官擅权,朋党之争愈演愈烈,社会矛盾更加尖锐。公元874年,终于爆发了长达10年之久的唐末农民大起义。经过农民起义的沉重打击,唐王朝已经奄奄一息,"王室日卑,号令不出国门"(《旧唐书·僖宗纪》)。在镇压农民起义过程中壮大了势力的各地节度使,纷纷割据称王。公元907年,黄巢起义军的叛徒、唐宣武节度使朱全忠(原名朱温)在消灭了许多割据势力,初步统一黄河流域以后,代唐自立,国号梁,史称后梁。唐朝共历20帝,凡290年。历史进入五代十国时期。

五代,是指在中原地区相继出现的后梁、后唐、后晋、后汉、后周5个朝代。与此同时,在南方和河东地区,先后或同时存在着吴、南唐、吴越、前后蜀、南汉、北汉、楚、荆南、闽10个割据政权,史称十国。五代十国时期,实际上是唐朝末年各地藩镇割据的继续和发展。到其后期,周太祖(郭威)及其养子周世宗(柴荣)通过一系列改革,使后周国力大为增强,逐渐具备了统一全国的条件。公元960年春,后周大将、殿前军都点检赵匡胤通过政变,夺取了政权,建立北宋,从此结束了五代十国的历史。

一、隋唐五代十国史学发展的原因和史料特点

(一)史学发展的原因

隋唐时期,是中国封建社会的繁荣时期,社会经济和文化都有重大发展。五代虽然处于分裂割据状态,但历时不过半个多世纪,且南方由于战乱较少,经济、文化仍在继续发展,这就为公私修史提供了一定的物质基础,由此推动了史学的发展。

除了经济繁荣这一原因以外,唐代史学发展还有另外两个原因。一是封建统治者认识到要以史为鉴,吸取历史上的经验和教训,以巩固统治,这就是唐太宗所谓"以古为镜,可以知兴替"(吴兢:《贞观政要》卷二《任贤》),所以特别重视史书的修撰;二是为了控制和垄断对史书的编

第四章 隋唐五代十国史史料

撰,为封建统治服务。在这种历史背景下,唐代不仅公私史学著作比前代多,而且出现了新的史书体裁。作为记载各种典章制度的政书——会要和《通典》就起源于唐代,前者是典章制度的断代史,后者则是典章制度的通史。魏晋时候的地志,到唐时已发展成为图经,内容更加丰富。一些史家还自觉地总结修史经验,论述和探讨史籍源流、体例、史官建置及旧史得失,以便把史书修得更好,由此产生了中国历史上第一部史学评论著作——《史通》。不过,自唐代正式形成的科举制度,直至五代时期,其考试内容,要么是背诵儒家经典(明经科),要么是考诗赋(进士科),与史学的关系尚不够密切,加上雕版印刷术初创不久,尚未广泛应用到史籍的传播上去,这些都影响了隋唐五代十国史学的进一步发展。

(二) 史 料 特 点

这一时期史料的特点主要表现在以下几个方面。

第一,自唐代起,国家设置史馆,由宰相监修史书成为制度。因此,官修的前代史和当代史大量出现。修成的前代史有8部,占了全部正史的三分之一。其中除《南史》和《北史》外,其余6部都出自官修。官修的当代史就更多,如起居注、时政记、日历、实录、国史等,为后人提供了丰富的史料来源。

起居注是记录帝王日常言论和行动的史籍,属于编年体的官修史书。相传早在黄帝的时候,"命沮诵、仓颉为左右史"(《世本》),就有了负责记载起居注的官员。《汉书·艺文志》说:"古之王者世有史官,君举必书……左史记言,右史记事。事为《春秋》,言为《尚书》。"但是,《尚书》是档案文件,并非都是帝王的言论。《春秋》所记也非鲁君个人行止。《春秋》和《尚书》的时代更不相干。因而如果认为三代以来就有左史记言、右史记事的一套制度,恐怕乃汉儒想象,是靠不住的。确切地说,到汉武帝时,才正式有了《宫中起居注》。但当时作记录的是女史,并无左右史。东汉章帝时,明德皇后马氏,"自撰显宗起居注"(《后汉书·马皇后纪》),这是她代行了女史之职。魏晋时,仍无左右史之分,当时或令著作郎或令正字负责记录帝王言行,编撰起居注。隋代在内史省(中书省)设起居舍人。到唐贞观二年(628年),在门下省始有起居郎之设。高宗显庆时(656年—661年),命起居郎、起居舍人分掌起居注:"每天子临轩,侍立于玉阶之下。郎居其左,舍人居其右;人主有命,则逼阶延首而听之,退而编录以为起居注。"(刘知幾:《史通》卷一一《史官建置》)所记起居注,每月终整理后交付国史馆,以备修撰国史之用。

时政记是记载退朝后皇帝单独与宰相或大臣所论军政要事,属于编年体的官修史书。由于起居郎和起居舍人地位不高,一般不参与机务,即使侍立殿陛,距离皇帝也较远,因此很难了解到皇帝、群臣所议之事,尤其是带机密性的大事。唐长寿二年(693年),武后命宰相退朝后,追记当天皇帝与群臣的议论和军政要事,月终送史馆,以备日后编撰国史之用。

日历是由史馆官员按日编写的有关朝中大事的史籍,属于编年体的官修史书。唐德宗贞元元年(785年),应监修国史韦执谊奏请而置。其主要史料来源为起居注和时政记。

实录是记载某一皇帝一朝的大事记,也属于编年体的官修史书。据现在所知,实录之撰起于南朝萧梁,对此《隋书·经籍志》有记载,名曰《梁皇帝实录》,记梁武帝萧衍事。足见当时的实录是在皇帝生前记载的,且"善恶必书",以达到"庶几人主不为非法"之目的。因史官"畏有忤旨",故不许帝王亲见。唐代实录盛行,由史馆官员负责编撰,是国史的重要史料来源。但杀兄弟、逼父亲的"玄武门之变",始终是唐太宗的一块心病,为此他命监修国史的房玄龄将国史进御,从而破坏了帝王不能亲见本朝实录、国史的惯例。据史载:"贞观十四年,太宗谓房玄龄曰:'朕每观前代史书,彰善瘅恶,足为将来规诫。不知自古当代国史,何因不令帝王亲见之?'对曰:'国史既善恶必书,庶几人主不为非法。止应畏有逆旨,故不得见也。'太宗曰:'朕意殊不同古人。今欲自看国史者,盖有善事,固不须论;若有不善,亦欲以为鉴戒,使得自修改耳。卿可撰录进来。'"房玄龄不能违旨,只得"删略国史为编年体,撰高祖、太宗实录各二十卷,表上之"(《贞观政要》卷七《文史》)。大概为了防止再出现类似的

第四章　隋唐五代十国史史料

尴尬局面,从高宗朝以后,实录开始推迟至后一朝撰修,并逐渐形成为制度。后来,北宋史学家王应麟借范祖禹之口,对唐代最高统治者控制国史撰修的做法提出了批评,他说:"范正献公(《唐鉴》)曰:'后世人君观史而宰相监修,欲其直笔,不亦难乎!'其论正矣。"(王应麟:《困学纪闻》卷一五《考史》)实录的主要史料来源,除日历以外,还包括该皇帝在位时"曾任宰执、侍从、卿监、应职事等官,被受或收藏御制、御笔、手诏,及奏议、章疏、札子,并制诰、日记、家集、碑志、行状、谥议、事迹之类",甚至还有官员生前的著述等。"如逐官其间有已物故者,询其家子孙取索"。(参见王明清《挥麈录》附录《实录院牒泰州》)

国史顾名思义就是本朝代的历史,属于纪传体的官修史书。皇帝传位多、国祚长的朝代,往往分段编撰多部国史。元代史臣苏天爵云:"天子动静则有《起居注》,百司执事则序于《日历》,合而修之曰《实录》,有《实录》方可为《国史》。"(苏天爵:《滋溪文稿》卷二五《三史质疑》)唐及后来宋朝的国史实录院在修国史时,除了利用实录以外,还广泛搜集其他材料,"及前后所得圣语,并御笔文字"(费衮:《梁溪漫志》卷首)等。国史不仅有本纪、列传,还可能有志、表等,其形式类似于今天我们所看到的正史。起居注、时政记、日历、实录、国史之间的关系,可用下表表示:

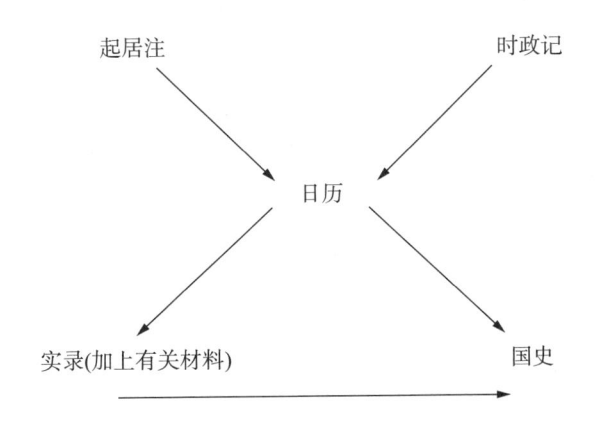

```
    起居注              时政记
       ↘              ↙
          日历
       ↙              ↘
  实录(加上有关材料) ──────→ 国史
```

第二,史料来源扩大。一是各类政书增加,特别是会要和《通典》的出现,为史学研究提供了大量有关当代和前代典章制度的史料。二是随着地图和地志学的发展,出现了全国性的总志和不少地方性的图经,为研究地方史提供了丰富的史料。三是从唐代起,文集显著增加。所谓文集,又称别集,即汇录一人的著述成一书(大部书则往往不收)。在《新唐书·艺文志》中收录的唐人别集有六百余部,传世的也有二百余部。别集所载内容相当广泛,主要是作者文艺性的作品,如诗、赋、词、策、论等,有的别集也收入了作者的奏议、制诰、书启、讲义、语录、祝文、序、赞、跋、祭文、行状、墓志铭等,都颇有史料价值。即使是诗,也多能反映当时的社会现实和政治、经济状况。如杜甫的《三吏》《三别》《兵车行》,白居易的一系列讽喻诗等,都是唐代劳动人民悲惨生活的真实写照。当然,文集所载也是表象性的东西,它不可避免地带有作者个人主观性的因素,至于文艺性极强的诗赋等作品,距离历史的真实性往往更远,所以采用文集所载内容作为史料时,对此必须加以注意。

第三,从唐代起,各种野史杂说和笔记小说大为增加。在清人陈世熙所编《唐人说荟》一书中,就收有唐人传奇和笔记166种。北宋时候成书的《太平广记》500卷,采录了小说、笔记、野史杂说475种,其中多数为唐人所撰。笔记小说大多来自传闻,所载史事的正确性较差,史料价值大都不及正史,但有时也可从中找到一些为其他史书有意无意丢弃的珍贵史料,故不能一概予以否定。

二、隋唐五代十国史史料介绍

(一) 基 本 史 料

1.《隋书》85卷 唐魏徵(580年—643年)、长孙无忌(？—659年)等撰。记隋文帝开皇元年(581年)到炀帝大业十四年(618年)为止38年的历史,是研究隋朝的基本史料来源。有本纪5卷,志30卷,列传50

卷。书分两部分撰成：纪、传成于贞观十年(636年)，与南朝《梁书》《陈书》和北朝《北齐书》《周书》合称《五代纪传》。贞观十五年唐太宗又下令修《五代史志》，到高宗显庆元年(656年)书成，因是五代各史之志，故称《五代史志》。但此时五代其他四史皆已单行问世，只有《隋书》最后撰成，遂附于其后行世。《五代史志》出自志宁、李淳风、韦安仁、李延寿诸大家之手，他们中有的是政治家，有的是科学家，有的是文学家，有的是史学家，因此所撰五代典制的内容非常丰富，如《刑法志》保存了五代各朝的刑法大要，特别是《开皇律》的重要内容；李淳风的《天文志》《律历志》向为后人所推崇，在天文、历法、数学等方面极富科学价值；《经籍志》则以四部分类法登记了汉至隋的存世图书，计14 466部，89 666卷，在我国目录学史上占有重要地位；《音乐志》记国内和各国之间音乐舞蹈艺术的交流情况，为正史所首见。该书由于撰书者众，前后记事间有矛盾，是一个缺点。有中华书局1973年点校本。

2.《旧唐书》200卷　五代晋刘昫撰，实出于张昭远、贾纬之手，原称《唐书》。记李渊建立唐朝(618年)到唐朝灭亡(907年)为止290年的历史，保存原始资料甚多，是研究有唐一代历史的重要史料来源之一。有本纪20卷，志30卷，列传150卷。约190万字。由于受政局影响，唐前后期对实录、国史的编撰和保存情况颇为不同：前8朝(高祖、太宗、高宗、武后、中宗、睿宗、玄宗、肃宗)实录、国史保存尚称完整；此后7朝(代宗、德宗、顺宗、宪宗、穆宗、敬宗、文宗)皆已残缺；唐末6朝(武宗、宣宗、懿宗、僖宗、昭宗、哀帝)国史、实录全无。故是书作者在编撰时，或主要根据国史、实录，或大量应用朝报、吏牍、计簿、家状等作补充，或全以此类材料凑数。因为成书仓促，对材料也很少剪裁，所以人称"敷衍成帙"。但从史料价值的角度来说，缺少剪裁却是优点。到北宋时，仁宗命宋祁、欧阳修等人重修唐书，修成后称《新唐书》，是书被改称为《旧唐书》。《新唐书》出，《旧唐书》渐遭废弃。由于它有《新唐书》所不可替代的价值，所以到明代嘉靖年间，经闻人诠重新刊布以后，再次获得广泛传播。有中华书局1975年点校本。

3.《新唐书》225卷　北宋宋祁(998年—1061年)、欧阳修(1007年—1072年)撰。记事起讫时间同《旧唐书》,也是研究唐朝历史的重要史料来源之一。有本纪10卷,志50卷,表15卷,列传150卷。从史料价值上看,新旧《唐书》各有其优缺点:《新唐书》增加了《旧唐书》所没有的许多内容,如《旧唐书》无表,《新唐书》增加了《宰相表》、《方镇表》、《宗室表》、《宗室世系表》4表,计15卷。志的内容《新唐书》也比《旧唐书》大为丰富,从30卷增加到50卷,并增加了《仪卫志》、《兵志》、《选举志》3志,计5卷。又增加了列传331人。所以《新唐书》的史料价值确实有超过《旧唐书》的地方。但《新唐书》也有其缺点:《新唐书》只有174万字,比《旧唐书》少了16万字,这说明《新唐书》在增加史事的同时,却删去了《旧唐书》的许多史料。如本纪,《旧唐书》有30万字,《新唐书》只存下9万字;列传也删得很严重,如《白居易传》,《旧唐书》有8 000字,《新唐书》只有2 500字。被《新唐书》删去的史料,有不少是很珍贵的。由此可见,两书应该并存。有中华书局1975年点校本。

4.《旧五代史》150卷　北宋薛居正(912年—981年)、卢多逊(934年—985年)等撰。原名《五代史》,又名《梁唐晋汉周书》。记朱全忠代唐建立后梁(907年)到赵匡胤建立北宋(960年)为止53年的历史,是研究五代十国历史的基本史料来源之一。有本纪61卷,列传77卷,志12卷。是书成于北宋开宝七年(974年)。因以范质(911年—964年)所撰《五代通录》为底本,兼采五代实录诸书,取材丰富,只历时一年半时间就编撰成书。新设《选举志》,为后来他史所仿效。到欧阳修所撰《新五代史》出,是书才改名为《旧五代史》。欧史出,薛史几乎不传,这种情况甚至影响到了邻国金朝,金章宗泰和七年(1207年)十一月下诏颁布的《新定学令》中规定:"削去薛居正《五代史》,止用欧阳修所撰。"(《金史·章宗纪》)故到了明代,只有内府尚有一部,在修《永乐大典》时,将它辑入,已"割裂淆乱"。乾隆时修《四库全书》,人们把它从《大典》辑出,已只存十之七八,后来靠征引《册府元龟》、《太平御览》等书加以辑补,才勉强成原来卷数。有中华书局1976年点校本。

第四章 隋唐五代十国史史料

5. **《新五代史》74 卷** 北宋欧阳修(1007 年—1072 年)撰。记事起讫时间同《旧五代史》,也是研究五代十国历史的重要史料来源之一。有本纪12卷,列传45卷,考3卷,世家及其年谱11卷,四夷附录3卷。是书成于《旧五代史》成书以后80年的宋仁宗皇祐五年(1053 年),取材多本薛史,兼采《五代会要》、《唐余录》、《九国志》等。欧史和薛史体例不同,薛史取法《三国志》,一国一史,自成体系;欧史则学习《南史》和《北史》的体例,打破朝代界限,先将五代的本纪编在一起,再将五代的列传编在一起,皆按时间先后编排。从史料价值上看,欧史和薛史各有优缺点:薛史的编撰者身历五代,历仕唐、晋、汉、周,所以记事真切。但旧史在修撰时,十国割据政权有的刚刚灭亡,有的尚未灭亡,搜集这些国家的史料比较困难。到欧阳修所处的时代,北宋统一全国已近一个世纪,故容易得到这些国家的史料。欧史增加《四夷附录》,提供了契丹等少数民族的史料。另外,在本纪和列传部分内容也都有增加。但是,欧史文字只有薛史的一半,以志的内容来说,薛史有10志15卷,欧史只有2考3卷。在其他部分,欧史也删去了薛史的许多内容。从这方面看,欧史之简则不如薛史之繁。有中华书局1974年点校本。

6. **《资治通鉴》294 卷** 北宋司马光(1019 年—1086 年)撰。《通鉴》为编年体通史,不属正史范围,主要取材于十七史。尽管《通鉴》所载史事上起周威烈王二十三年(公元前403年),下迄后周显德六年(959年),时间跨度达1 362年,但作者编纂时贯穿了一条厚今薄古的原则,隋唐五代380年的内容共有118卷,占了全书的五分之二,加上司马光距隋唐五代较近,参考唐以来的实录、杂史、谱录、碑铭、家传、小说、笔记、文集等达300种以上,而这些书籍今天已大部不存,所以该书的史料价值也主要在隋、唐、五代。缺点是《通鉴》基本上是一部政治史,对典章制度特别是经济方面的内容记载甚少。到南宋时,许多学者纷纷给《通鉴》作注,其中以宋元之际胡三省的《资治通鉴音注》最为有名。胡注对《通鉴》作了详细校勘、解释、考证、辨误,对制度、地名、字义、读音都有注释,富于史料价值,是我国古代五大注书之一。有清嘉庆鄱阳胡克家翻元刻本、中华书局

1963年点校本、上海古籍出版社1991年影印本。

7.《唐律疏议》30卷　唐长孙无忌(？—659年)等撰。颁于唐高宗永徽四年(653年)。《永徽律》分《名例》(总则)、《卫禁》、《职制》、《户婚》、《厩库》、《擅兴》、《盗贼》、《斗讼》、《诈伪》、《杂律》、《捕亡》、《断狱》等12篇,计502条,律下附《疏议》,逐句诠释。疏议与律一样,具有同样的法律效力。该书是中国现存最早的完整的法律典籍,保存了唐代大量的政治、经济史料,对研究当时阶级关系、等级制度、官制、兵制、田制、赋役,特别是唐代的法律制度,都具有重要的史料价值。有《国学丛书》本、《万有文库》本、中华书局1983年点校本、南京师范大学出版社2007年新注本。

8.《唐六典》30卷　一名《大唐六典》。题唐玄宗(685年—762年)撰,李林甫(？—752年)奉敕注,实际上是由陆坚、张说(667年—730年)、张九龄(678年—740年)等所撰。开元二十六年(738年)草成奏上,系统地记载唐官制,包括其职司、官佐、品秩和令式,并注周秦至唐前期诸官沿革,间有户等、科差、绢布、贡赋、职田、公廨田、屯田、军制等内容。对于研究唐代的职官制度和有关政治、经济、军事情况,有重要史料价值。但是,是书所载官制,在唐代并未完全贯彻,这是必须注意的。有广雅书局本、中华书局1992年点校本。

9.《唐会要》100卷　北宋王溥(922年—982年)撰。会要体史书作为一种典章制度的断代史,分门别类地记载了一朝的政治、经济、文化、职官、军事、刑法、选举、学校、地理等典章制度及其沿革,其中包括诏令、指挥、奏议、公文、重要事件以及户口、登科、财赋等统计数字。中国第一部会要是唐德宗时期史官苏冕所撰之《九朝会要》40卷。它记载了从唐高祖到唐德宗9朝的史事。到唐宣宗时,又诏史官杨绍复续撰从唐德宗到唐武宗的7朝史事,撰成《七朝会要》40卷。唐宣宗以后5朝,因为战乱没有撰述。北宋建隆二年(961年),宰相王溥以《九朝会要》和《七朝会要》为基础,搜集从宣宗到唐末史事,新编《唐会要》100卷。原书在传播中已有少量脱漏,后由清人补辑成全书。是书有些史料为新旧《唐书》所不载,对研究唐代典章制度有重要史料价值。有江苏书局本、中华书局 1955 年据《国学基本丛书》本重印本、上海古籍出版社 2006 年点校本。

10.《唐大诏令集》130 卷　北宋宋敏求(1019 年—1079 年)编。成书于北宋熙宁三年(1070 年)。今缺卷十四至二十四、八十七至九十八共二十三卷,实存 107 卷。作为唐代"王言"(诏令)的汇编,共收集各类诏令 1963 篇(重复 6 篇),对研究唐代历史有重要史料价值。缺点是所收仍有遗漏,对收文有删节。有《适园丛书》本、商务印书馆 1959 年排印本、中华书局 2008 年排印本。

11.《五代会要》30 卷　北宋王溥(922 年—982 年)撰。建隆二年(961 年)与《唐会要》同时进上。原 50 卷,今本存 30 卷,叙载五代典章制度共 279 事目,又列杂录附于各条之后,内容丰富,有些不见于新旧《五代史》,可以互相补充。对研究五代历史有重要史料价值。有江苏书局本、上海古籍出版社 1978 年排印本、杭州出版社 2004 年《五代史书汇编》本。

12. 十国史籍

五代十国时期有关吴、南唐、吴越等十国的史料,除在《旧五代史》卷一三二至一三三的《世袭列传》、卷一三四至一三六的《僭伪列传》;《新五代史》卷六一至七一的《世家》和《资治通鉴》中所涉及的某些记载以外,主要有以下五种史籍可以参考。

(1)《九国志》12 卷　北宋路振(957 年—1014 年)撰。是书原为纪传体史书,十国中缺荆南一国,后由其孙路纶补上,所以实际上当为十国志。原书 51 卷,后散佚,今由清人从《永乐大典》中录出,包括吴臣传三卷、余九国臣传各一卷,计 136 篇,记载了十国时期一百余个人物传记。内容与其他文献所记稍有异同,可补十国史事之缺。有《守山阁丛书》本、广陵古籍刻印社 1995 年影印本、杭州出版社 2004 年《五代史书汇编》本。《四库全书》未收。

(2)《南唐书》二种　一为北宋人马令的《南唐书》30 卷;一为南宋人陆游(1125 年—1210 年)的《南唐书》18 卷。马书据其祖元康所搜集南唐旧史遗文及朝野见闻，仿《三国志》体例编写，称南唐国君为先主、嗣主、后主，书约成于北宋崇宁四年（1105年），记事较详，有49篇为陆游《南唐书》所不收，但多无稽之说。陆书按纪传体体例编写，成书于南宋淳熙十一年（1184年），对马书无稽之说多所删削，并较马书多28篇。两书对研究南唐历史都有一定史料价值。有《四部丛刊》本、天津古籍出版社1998年《十国春秋》本、杭州出版社2004年《五代史书汇编》本。

（3）《吴越备史》4卷，补遗1卷　或言北宋范坰、林禹撰，或言北宋钱俨撰。是书载吴越国武肃王（钱镠）、文穆王（钱元瓘）、忠献王（钱弘佐）、忠逊王（钱弘倧）、大元帅吴越国王（钱弘俶）三世五王的史事，是研究吴越国历史的最基本史料来源。《备史》所记迄北宋开宝元年（968年），《补遗》所记迄北宋端拱元年（988年）。据旧目载，卷首列年号世系图、诸王子弟官爵封谥表、十三州图、十三州考，今惟存十三州考一篇。有《学津讨原》本、《武林掌故丛编》本、中华书局1991年影印本、杭州出版社2004年《五代史书汇编》本。

（4）《南汉书》18卷，另附考异18卷　清梁廷枏（1796年—1861年）辑。是书据正史、地志、说部、金石等近百种资料，详加考订、折衷去取而成，记载南汉立国55年间的史事，收一百八十余人，共八万余字，对研究南汉历史最具史料价值。有广东人民出版社1981年点校本、杭州出版社2004年《五代史书汇编》本。

（5）《十国春秋》114卷　清吴任臣（？—1689年）辑。书成于康熙八年（1669年），是纪传体史书。作者广泛搜集正史、文集、杂记、笔记、地志、僧传、类书、小说等，综合编成为帝纪20人、世家22人、列传1282人，包括吴14卷、南唐20卷、前蜀13卷、后蜀10卷、南汉9卷、楚10卷、吴越13卷、闽10卷、荆南4卷、北汉5卷，十国纪年、世系、地理、藩镇、百官五表6卷。末附拾遗、备考各1卷。是书虽非第一手史料，但对研究十国历史尚有一定参考价值。有中华书局1983年点校本、天津古籍出版社1998年排印本、杭州出版社2004年《五代史书汇编》本。

第四章 隋唐五代十国史史料

(二) 其 他 史 料

1.《大唐创业起居注》3卷　唐温大雅撰。书成于唐高祖武德年间(618年—626年),是一部属于起居注性质的编年体史书。首记李渊任隋太原安抚大使(后任太原留守)时的事迹,接着记隋大业十三年五月到武德元年五月(617年—618年)357日中李渊父子建唐经过。其中上卷记李氏父子晋阳起兵48日事;中卷记唐军自太原进兵长安126日事;下卷记李渊摄政至称帝183日事。因成书于李世民即位之前,所以记唐开国事较《资治通鉴》、两《唐书》为客观,史料价值较高。有《津逮秘书》本、上海古籍出版社1983年点校本。

2.《贞观政要》10卷　唐吴兢(670年—749年)撰。书约成于开元八年(720年),是杂史类的史书。作者从武周时候起,长期参预国史的编撰,认为唐太宗时期法良政善,"良足可观",遂分类编撰贞观年间(627年—649年)唐太宗与魏徵、房玄龄、杜如晦等大臣的问答、大臣的诤议和奏疏,以及政治上的设施等,进奉给以唐玄宗为首的统治集团,作为施政的鉴戒。是书记载较《资治通鉴》、两《唐书》为详细,对研究唐太宗李世民及唐初政治有一定史料价值。有扫叶山房刻本、上海古籍出版社1978年点校本、四川人民出版社1987年译注本。

3.《史通》30卷　唐刘知幾(661年—721年)撰。书成于唐中宗景龙四年(710年)。作者长期供职史馆,根据多年修史经验,论述史籍源流、体例、史馆建置和旧史得失。作者认为史家应有史才、史学、史识"三长"。提出"良史以实录直书为贵",反对任情褒贬。主张史籍"以叙事为先","以简要为主",批评了官修史书中的各种弊病。《史通》是中国第一部系统性史评类著作,对于研究中国古代的史学理论特别是史学史、编纂史、批评史都有重要史料价值。有《四部丛刊》本、中华书局1978年点校本、重庆出版社1990年校注本。

4.《安禄山事迹》3卷　唐姚汝能撰。是书为传记类史书。上卷起自长安三年至天宝十二载(703年—753年),记安禄山出生到受玄宗重用事；中卷记天宝十三载、十四载安禄山起兵叛乱事；下卷起自天宝十五载至宝应元年(756年—762年)，记安禄山称帝和被杀及安庆绪、史思明、史朝义叛乱失败事。对研究安史之乱的历史有一定参考价值。有《知不足斋丛书》本、上海古籍出版社1983年点校本。

5.《顺宗实录》5卷　唐韩愈(768年—824年)撰。书成于宪宗朝(806年—820年)，是实录类史书。首记唐顺宗李诵在藩邸事，接着按月日记载他自贞元二十一年(805年)二月即位到八月去世共6个月的史事。对研究顺宗一朝的历史特别是永贞革新有一定的史料价值。唐代其他实录全佚，该书因收入《昌黎先生集》外集卷六至卷九得以保存，《昌黎先生集》有《四部备要》本、《四部丛刊》本、商务印书馆1958年排印本、凤凰出版社2010年《海山仙馆丛书》影印本。

6.《东观奏记》3卷　唐裴庭裕撰。书成于昭宗景福元年(892年)，是杂史类史书。作者奉诏参预纂修宣宗一朝实录未成，乃据有关史料，自著此书奏上。主要记载宣宗一朝史事，计89条。是研究晚唐历史的重要史料，颇具首尾，多为《资治通鉴》和两《唐书》所引用，但也有记载失实处。有《藕香零拾》本、《粤雅堂丛书》本、中华书局1994年点校本。

7.《大唐西域记》12卷　唐释玄奘(602年—664年)述，释辩机编。书成于唐太宗贞观二十年(646年)。贞观三年，玄奘从长安出发往天竺求法、游学，途经今天的新疆和中亚各地，最后到达巴基斯坦和印度，19年后返回长安。是书以玄奘赴天竺时亲历和闻见的138个城邦、地区、国家为目，记其历史、地理、交通、物产、民俗、文化、宗教、政治、经济等情况。对于研究古代中西交通、古印度的历史、地理具有重要史料价值。有《四部丛刊》本、中华书局2000年校注本、贵州人民出版社2008年全译本。

8.《入唐求法巡礼行记》4卷　日本圆仁撰。是书记撰者于唐文宗开成三年(838年)至宣宗大中元年(847年)十年间在唐朝求法巡礼时的见闻，对于研究唐代地理交通、行政制度、社会经济、重大政治事件和佛教、风俗等，皆极具史料价值。有上海古籍出版社1986年点校本、花山文艺出版社1992年校注本。《四库全书》未收。

第四章　隋唐五代十国史史料

9.《中国印度见闻录》2卷　一名《苏莱曼东游记》。阿拉伯撰者佚名。是书原为阿拉伯文撰写，汇录外国商人、水手于公元十世纪中叶前后在中国的所见所闻，而以记述唐代情况的篇幅为多。对于研究唐代的政治制度、风俗习惯和以广州为主的对外贸易、黄巢起义等情况，提供了十分珍贵的史料。中华书局1937年由法译本译成中文出版，又有中华书局1983年译本。《四库全书》未收。

10.《太平广记》500卷　北宋李昉(925年—996年)等奉敕编。书成于北宋太平兴国三年(978年)，是北宋以前历代笔记小说的总汇，合计引书达475种，其中以唐、五代笔记小说为主，也是北宋四大书之一。对研究唐、五代历史有一定参考价值。有人民文学出版社1959年排印本、中华书局1961年修订本、上海古籍出版社1990年排印本。

11.《文苑英华》1 000卷　北宋李昉(925年—996年)、宋白(936年—1012年)等奉敕编。书成于雍熙三年(986年)，是继南朝梁萧统所编《文选》之后规模最大的一部诗赋文论总集，也是北宋前期著名的四大书之一。共选录历代作家二千二百多人，作品近2万篇。按文体分38类，唐代作品约占十之八九。内容除各种文体的诗文以外，还收入大批诏诰、书判、表疏、碑志等，对于研究两汉以降尤其是唐朝历史有一定史料价值。有商务印书馆据明万历刊本影印本、中华书局1966年据商务印书馆本增订本、北京图书馆出版社2006年影印本。

12.《全唐文》1 000卷　清董诰、阮元(1764年—1849年)等奉敕编。汇辑唐、五代文章2 025篇，作者3 035人，以清内府所藏旧钞《唐文》为蓝本，并自四部典籍、《永乐大典》释典、道藏、方志、碑帖等书中采纳唐人遗文，编录而成。大致按作者时代先后排列，并附以小传。是书所载虽非第一手史料，且因成于众人之手，难免有误收、重收和遗漏的情况出现，但为寻找唐代史料提供了极大便利。有嘉庆内府刻本、广雅书局本。中华书局1983年出版缩印内府本，并附印了《潜园总集》本《唐文拾遗》72卷、《唐文续拾》16卷。三秦出版社又于1994年至2007年出版了由吴钢主编的《全唐文补遗》9辑。中华书局于2005年还出版了《全唐文补编》。

13.《全唐诗》900 卷　清代曹寅、彭定求等奉敕编纂。全书共收录唐代诗人 2 529 人的诗作 42 863 首。本书不仅是学习和研究唐诗及唐代文学史者的必读之书,对研究唐史者也颇多参考价值。中华书局 2000 年出版了 15 册的精装增订本,2003 年又出版了平装增订本。

14. 出土文物资料(以敦煌、吐鲁番文书为主)　敦煌文书即敦煌石室藏书,发现于 1900 年,全部藏书有 20 000 卷至 30 000 卷左右,绝大部分是写本,小部分是刻本。成文书时间,上自公元三世纪中叶,下迄十世纪末。文书内容有以佛、道为主的宗教经典、民间文学、有关档案、契据等,其中以唐代部分最多也最重要,故对唐史研究的价值为最大。1907 年,英国人斯坦因潜入我国新疆、甘肃一带,到敦煌千佛洞,以借阅为名,盗去千佛洞石室藏书 29 大箱。1914 年,又骗走 6 大箱。汉文部分现藏于"大英博物馆",非汉文部分藏于印度新德里"中亚古物馆"。此后,人们陆续对敦煌文书进行了部分整理和出版,主要有罗振玉等人所辑《敦煌石室遗书》(诵芬室 1909 年铅印本、台北新文丰出版公司 1985 年影印本),收录十余种,部分为唐代遗书;罗振玉辑《鸣沙石室遗书》(台北大通书局 1972 年《罗雪堂全集》四编本),收录 18 种,11 种属唐代遗书;中国社会科学院历史研究所资料室编《敦煌资料》第一辑(文物出版社 1960 年出版),收录 41 种,可定为唐代的有二十余种;王重民等编《敦煌变文集》(人民文学出版社 1957 年出版)、(俄罗斯)孟列夫主编《俄罗斯科学院东方研究所圣彼得堡分院藏敦煌汉文写卷叙录》(上海古籍出版社 1999 年出版)等,都有不少关于唐代的遗书。

从 1959 年到 1975 年,考古工作者先后对新疆吐鲁番阿斯塔那和哈拉和卓古墓进行了 13 次发掘,前后总共清理了自晋代至唐代前期的墓葬近 400 座,发现了前凉、西凉、北凉、高昌特别是唐代的大量文书。主要是户籍残卷、租佃契约、手实(籍帐的一种,由民户向基层单位申报的财产或赋税报表)、庸调资料、屯田资料、功德录、告身等。其中又以唐代的文书为最多,也最有价值,为研究唐代户籍编制、户等划分、均田制推行情况、租佃关系、赋税制度等社会经济史提供了珍贵的史料。有唐长孺主

第四章　隋唐五代十国史史料

编、文物出版社 1981 年至 1991 年出版的《吐鲁番文书》（共 10 册）排印本。

（三）文集和笔记小说中的史料

甲、主要文集

传世的唐、五代人的文集约有二百余部，现介绍 72 种比较重要的文集于下。

1.《广弘明集》30 卷　唐释道宣（596 年—667 年）撰。有《四部丛刊》本、上海古籍出版社 1993 年影印本。

2.《唐太宗集》2 卷　唐太宗李世民（599 年—649 年）撰。有清刻本、陕西人民出版社 1986 年校注本。《四库全书》未收。

3.《魏郑公集》4 卷　唐魏徵（580 年—643 年）撰。有《畿辅丛书》本、《丛书集成初编》本。《四库全书》未收。

4.《东皋子集》3 卷　唐王绩（585 年—644 年）撰。有《四部丛刊》本、山西人民出版社 1992 年校注本。

5.《卢昇之集》7 卷，附录 1 集　一名《幽忧子集》。唐卢照邻（约 635 年—约 689 年）撰。有《四部丛刊》本、上海书店 1989 年排印本。《四库全书》未收。

6.《骆丞集》10 卷　一名《骆宾王集》。唐骆宾王（约 640 年—684 年）撰。有《四部丛刊》本、中华书局 1986 年影印本、岳麓书社 2001 年点校本。

7.《王子安集》16 卷　一名《王勃集》。唐王勃（650 年—676 年）撰。有《四部丛刊》本、上海古籍出版社 1992 年影印本、岳麓书社 2001 年点校本。

8.《盈川集》10 卷　一名《杨炯集》。唐杨炯（650 年—约 693 年）撰。有《四部丛刊》本、中华书局 1980 年点校本、岳麓书社 2001 年点校本。

9.《宋之问集》2 卷　唐宋之问（约 656 年—710 年）撰。有《四部丛刊》本、中华书局 2001 年校注本。《四库全书》未收。

10.《沈佺期集》4 卷　唐沈佺期（约 656 年—713 年）撰。有明洪武元年铜活字本、中华书局 2001 年校注本。

11.《陈拾遗集》10 卷　一名《陈子昂集》、《陈伯玉集》。唐陈子昂（661 年—702 年）撰。有中华书局上海编辑所 1960 年点校本。

12.《张燕公集》25 卷　一名《张说集》。唐张说撰。有《武英殿聚珍版》本、《四部丛刊》本、文物出版社 1982 年影印本。

13.《曲江集》20 卷　一名《张九龄集》。唐张九龄撰。有《四部丛刊》本、广东人民出版社 1986 年校注本。

14.《李北海集》6 卷，附录 1 卷　唐李邕（678 年—747 年）撰。有《四部丛刊》本、上海古籍出版社 1992 年影印本。

15.《孟浩然集》4 卷　一名《孟襄阳集》。唐孟浩然（689 年—740 年）撰。有《四部丛刊》本、人民文学出版社 1989 年校注本、岳麓书社 1990 年点校本。

16.《王右丞集》6 卷　唐王维（701 年—761 年）撰。有《四部丛刊》本、上海古籍出版社 1982 年排印本、岳麓书社 1990 年点校本。

17.《李太白集》30 卷　一名《李翰林集》。唐李白（701 年—762 年）撰。有《四部丛刊》本、上海古籍出版社 1980 年校注本、中国文史出版社 2003 年《四库全书精华》本。

18.《高常侍集》10 卷　一名《高适集》。唐高适（约 706 年—765 年）撰。有《四部丛刊》本、上海古籍出版社 1984 年校注本、国家图书馆出版社 2009 年影印本。

19.《颜鲁公集》30 卷，补遗 1 卷　唐颜真卿（709 年—785 年）撰。有《武英殿聚珍版》本、《四部备要》本、上海古籍出版社 1992 年影印本。

20.《刘随州集》10 卷，补遗 1 卷　唐刘长卿（709 年—786 年）撰。有《四部丛刊》本、《畿辅丛书》本、台北商务印书馆 1983 年影印本、上海古籍出版社 1993 年影印本。

21.《杼山集》10 卷　一名《皎然集》。唐释皎然撰。有《四部丛刊》

本、上海古籍出版社1992年排印本(附于《宗玄集》后)。

22.《宗玄集》3卷,附录《玄纲论》1卷、《内丹九章经》1卷　唐吴筠撰。有《道藏·太玄部》本、上海古籍出版社1992年排印本。

23.《杜工部集》25卷　唐杜甫(712年—770年)撰。有《四部丛刊》本、岳麓书社1989年点校本、中州古籍出版社2008年整理本。

24.《岑嘉川集》7卷　一名《岑参集》。唐岑参(715年—770年)撰。有《四部丛刊》本、上海古籍出版社1981年校注本。

25.《李遐叔文集》4卷　唐李华(约715年—约774年)撰。有《四库珍本初集》本、上海古籍出版社1993年影印本。

26.《次山集》10卷　唐元结(719年—772年)撰。有《四部丛刊》本、中华书局1960年点校本。

27.《钱仲文集》10卷　一名《钱考功集》。唐钱起(约722年—约780年)撰。有《四部丛刊》本、上海古籍出版社1993年影印本。

28.《毗陵集》20卷,补遗1卷　唐独孤及(725年—777年)撰。有《武英殿聚珍版》本、《四部丛刊》本、上海古籍出版社1993年影印本。

29.《华阳集》3卷,补遗1卷　唐顾况(约725年—约814年)撰。有清刻本、上海古籍出版社1993年影印本。

30.《韦苏州集》10卷　一名《韦江州集》。唐韦应物(737年—791年)撰。有《四部丛刊》本、上海古籍出版社1993年影印本。

31.《卢纶集》6卷　一名《卢户部诗集》。唐卢纶(约748年—约800年)撰。有明铜活字本、扫叶山房1918年《唐诗百名家全集》本。《四库全书》未收。

32.《孟东野集》10卷　唐孟郊(751年—814年)撰。有《四部备要》本、人民文学出版社1959年点校本、上海古籍出版社1993年影印本。

33.《翰苑集》22卷　一名《陆宣公集》。唐陆贽(754年—805年)撰。有《四部备要》本、《四部丛刊》本、浙江古籍出版社1988年点校本。

34.《权文公集》50卷,补刻1卷　唐权德舆(759年—818年)撰。有《四部丛刊》本、上海古籍出版社1993年影印本。

35.《李元宾文编》3卷,外编2卷,续编1卷　唐李观(766年—794年)撰。有《畿辅丛书》本、上海古籍出版社1993年影印本。

36.《王司马集》8卷　一名《王建诗集》。唐王建(约767年—约830年)撰。有《四库珍本初集》本、中华书局上海编辑所1959年排印本。

37.《张司业集》8卷,拾遗1卷,附录1卷　一名《张籍诗集》。唐张籍(约768年—约830年)撰,有《四部丛刊》本、上海古籍出版社1993年影印本。

38.《韩昌黎集》40卷,外集10卷,校补1卷　唐韩愈(768年—824年)撰。有《四部丛刊》本、古典文学出版社1957年点校本、上海古籍出版社1986年校注本。《四库全书》有《五百家注音辨昌黎先生文集》、《东雅堂韩昌黎集注》等本。

39.《吕衡州集》10卷　一名《吕和叔集》。唐吕温撰。有《唐百家诗》本、《四部丛刊》本。

40.《李文公集》18卷　唐李翱(772年—841年)撰。有《四部丛刊》本、上海古籍出版社1993年影印本。

41.《刘宾客文集》30卷,外集10卷　一名《刘禹锡集》。唐刘禹锡(772年—842年)撰。有《四部丛刊》本、上海人民出版社1975年排印本、中华书局1990年点校本。

42.《白氏长庆集》71卷　一名《白氏文集》、《白居易集》。唐白居易(772年—846年)撰。有《四部丛刊》本、中华书局1979年点校本。

43.《柳河东集》45卷,外集2卷,新编外集1卷　一名《河东先生文集》、《柳宗元集》。唐柳宗元(773年—819年)撰。有《四部备要》本、中华书局1979年点校本、中国书店1991年影印本。《四库全书》有《诂训柳先生文集》、《五百家注音辨柳先生文集》、《增广注释音辨柳集》等本。

44.《姚少监诗集》10卷　一名《姚合集》。唐姚合(约779年—846年)撰。有《四部丛刊》本。

45.《皇甫持正集》6卷　唐皇甫湜(约777年—约835年)撰。有《四部丛刊》本。

46.《元氏长庆集》60卷,外集8卷　一名《元稹集》。唐元稹(779年—831年)撰。有《四部丛刊》本、文学古籍刊行社1956年影印本、中华书局2010年点校本。

47.《长江集》10卷,附录1卷　一名《贾浪仙长江集》。唐贾岛(779年—843年)撰。有《四部丛刊》本、上海古籍出版社1983年新校本、河南大学出版社2008年新校本。

48.《欧阳行周集》10卷　唐欧阳詹撰。有《四部丛刊》本。

49.《沈下贤集》12卷　唐沈亚之(781年—832年)撰。有《四部丛刊》本、南开大学出版社2003年校注本。

50.《会昌一品集》20卷,别集10卷,外集4卷　一名《李文饶集》、《李卫公集》。唐李德裕(787年—850年)撰。有《四部丛刊》本、《畿辅丛书》本、上海古籍出版社1994年影印本。

51.《昌谷集》4卷,外集1卷　一名《李贺诗集》。唐李贺(790年—816年)撰。有《四部丛刊》本、人民文学出版社1959年编注本、上海人民出版社1977年点校本。

52.《鲍溶诗集》6卷,外集1卷　唐鲍溶撰。有《四库珍本初集》本、上海古籍出版社1994年影印本。

53.《樊川文集》20卷,外集1卷,别集1卷　唐杜牧(803年—852年)撰。有《四部丛刊》本、上海古籍出版社1978年点校本。

54.《丁卯集》2卷,续集2卷,续补1卷,集外遗诗1卷　唐许浑撰。有《四部丛刊》本、江西人民出版社1998年笺证本、北京图书馆出版社2005年影印本。

55.《温飞卿集笺注》9卷,别集1卷　一名《金荃集》。唐温庭筠(约812年—约870年)撰,明曾益笺注。有《四部丛刊》本、《五唐人诗集》本、上海古籍出版社1980年排印本、中国书店2008年笺注本。

56.《李义山诗文集》7卷　一名《樊南文集》。唐李商隐(813年—858年)撰。有《四部丛刊》本、上海古籍出版社1999年点校本、珠海出版社2002年辑校汇评本。

57.《孙可之集》10卷　一名《孙樵集》、《经纬集》、《孙职方集》。唐孙樵撰。有《四部丛刊》本、上海古籍出版社1979年影印本。

58.《甫里集》20卷　唐陆蒙龟(？—约881年)撰。有《四部丛刊》本。

59.《云台编》3卷　一名《郑守愚集》、《郑谷诗集》。唐郑谷撰。有《四部丛刊》本、上海古籍出版社1991年笺注本。

60.《罗昭谏集》8卷　一名《罗隐集》。唐罗隐(833年—909年)撰。有《四部丛刊》本、浙江古籍出版社1995年校注本、岳麓书社2001年笺注本。

61.《皮子文薮》10卷　唐皮日休(约834年—约883年)撰。有《四部丛刊》本、上海古籍出版社1981年整理本。

62.《元(玄)英集》10卷　唐方干(？—约888年)撰。有《四库珍本初集》本。

63.《司空表圣文集》10卷　唐司空图(837年—908年)撰。有《四部丛刊》本、文物出版社1982年影印本。

64.《钓矶文集》10卷　唐徐寅撰。有《四部丛刊》本。《四库全书》未收。

65.《黄御史集》8卷,附录1卷　唐黄滔撰。有《四部丛刊》本。

66.《唐风集》3卷　一名《杜荀鹤文集》。唐杜荀鹤(846年—907年)撰。有《四部丛刊》本、上海古籍出版社1981年影印宋蜀刻本、巴蜀书社2006年校注本。

67.《桂苑笔耕集》20卷　新罗崔致远(857年—？)撰。有《四部丛刊》本、上海古籍出版社2002年《续修四库全书》本、凤凰出版社2010年辑本。

68.《禅月集》25卷,补遗1卷　前蜀贯休(832年—913年)撰。有《四部丛刊》本、巴蜀书社2006年校注本。

69.《浣花集》10卷,补遗1卷　一名《韦庄集》。前蜀韦庄(约836年—910年)撰。有《四部丛刊》本、人民文学出版社1958年点校本、四川省社会科学院出版社 1986 年校注本。

70.《广成集》12 卷　前蜀杜光庭（850 年—933 年）撰。有明正统道藏本、中华书局 2011 年标点本。

71.《白莲集》10 卷　后唐释齐己（863 年—937 年）撰。有《四部丛刊》本、上海书店 1989 年影印本。

72.《碧云集》3 卷　南唐李中撰。有《四部丛刊》本、上海古籍出版社 2002 年《续修四库全书》本。

乙、主要笔记小说

在古代，笔记和小说的意思稍有不同：一般对用散文形式信笔记录的随笔、杂录一类的内容称为笔记，但其中如果以人物为中心、有较强故事情节和编写结构的则称为小说。今人则将凡是琐闻、杂说、考证、辨订和具有故事情节的零星篇章组成的作品统称为笔记小说。由于笔记小说所记内容，以道听途说和回忆居多，故真实性较差，但因为数量大（特别是唐宋以后），并且往往记有官修史书有意回避或认为不屑一写的内容，也不乏其他史籍所缺载的珍贵史料，仍不失为史料的一个重要来源。另外须说明的是，本书对某些接近于笔记类小说的杂史，也将它们列入笔记小说类一并予以介绍。

1.《隋唐嘉话》3 卷　一名《国朝传记》、《国史异纂》。唐刘𫗧撰。有《稽古堂丛刻》本、古典文学出版社 1957 年点校本、中华书局 1979 年点校本。《四库全书》未收。

2.《封氏闻见记》10 卷　唐封演撰。有《雅雨堂丛书》本、《丛书集成初编》本、中华书局 2005 年校注本。

3.《尚书故实》1 卷　一名《尚书谈录》。唐李绰撰。有《宝颜堂秘笈》本、《畿辅丛书》本、上海古籍出版社 2000 年《唐五代笔记小说大观》本。

4.《刊误》2 卷　唐李涪撰。有《百川学海》本、《学津讨原》本。

5.《苏氏演义》（外三种）　苏鹗撰。有《函海》本、上海商务印书馆 1956 年排印本、中华书局 2012 年点校本。

6.《资暇集》3卷　唐李匡乂撰。有《学海类编》本、《墨海金壶》本、文学古籍刊行社1956年影印本。

7.《朝野佥载》6卷　唐张鷟撰。有《宝颜堂秘笈》本、中华书局1979年点校本。

8.《唐国史补》3卷　唐李肇撰。有《学津讨原》本、古典文学出版社1957年点校本、上海古籍出版社2000年《唐五代笔记小说大观》本。

9.《大唐新语》13卷　一名《唐新语》或《大唐世说新语》。唐刘肃撰。有《稗海》本、古典文学出版社1957年点校本、中华书局1984年点校本。

10.《刘宾客嘉话录》1卷　一名《刘公嘉话录》。唐韦绚(约802年—?)撰。有《学海类编》本、上海古籍出版社2000年《唐五代笔记小说大观》本。

11.《酉阳杂俎》20卷，续集10卷　唐段成式(约803年—863年)撰。有《四部丛刊》本、中华书局1981年点校本、上海古籍出版社2000年《唐五代笔记小说大观》本。

12.《因话录》6卷　唐赵璘撰。有《稗海》本、古典文学出版社1957年点校本、上海古籍出版社2000年《唐五代笔记小说大观》本。

13.《大唐传载》1卷　唐撰者佚名。有《守山阁丛书》本、中华书局上海编辑所1958年标点本。

14.《教坊记》1卷　唐崔令钦撰。有《格致丛书》本、《续百川学海》本、中华书局1962年笺订本。

15.《幽闲鼓吹》1卷　唐张固撰。有《学海类编》本、《宝颜堂秘笈》本、中华书局上海编辑所1958年排印本、上海古籍出版社2000年《唐五代笔记小说大观》本。

16.《松窗杂录》1卷　一名《松窗小录》。唐李濬(一作韦濬)撰。有《奇晋斋丛书》本、中华书局上海编辑所1958年排印本、上海古籍出版社2000年《唐五代笔记小说大观》本。

17.《杜阳杂编》3卷　唐苏鹗撰。有《学津讨原》本、中华书局上编辑所 1958 年标点本。

18.《云溪友议》3 卷　唐范摅撰。有《龙威秘书》本、古典文学出版社 1957 年点校本、上海古籍出版社 2000 年《唐五代笔记小说大观》本。

19.《玉泉子》1 卷　唐撰者佚名。有《唐人说荟》本、中华书局 1958 年据《稗海》本标点本、上海古籍出版社 1988 年点校本。

20.《桂苑丛谈》1 卷　一说唐严子休撰。有《唐人说荟》本、中华书局上海编辑所 1958 年标点本、上海古籍出版社 2000 年《唐五代笔记小说大观》本。

21.《唐摭言》15 卷　一名《摭言》。五代王定保（870 年—940 年）撰。有《学津讨原》本、古典文学出版社 1957 年点校本、上海古籍出版社 1978 年点校本、上海社会科学院出版社 2003 年校注本。

22.《中朝故事》2 卷　南唐尉迟偓撰。有《丛书集成初编》本、中华书局上海编辑所 1958 年标点本、上海古籍出版社 2000 年《唐五代笔记小说大观》本。

23.《金华子》2 卷　南唐刘崇远撰。有《丛书集成初编》本、中华书局 1958 年标点本、上海古籍出版社 1988 年点校本。

24.《开元天宝遗事》10 种　五代王仁裕等撰。是书包括《次柳氏旧闻》1 卷，唐李德裕撰；《明皇杂录》2 卷，唐郑处诲撰；《开天传信记》1 卷，唐郑綮撰；《开元天宝遗事》2 卷，五代王仁裕撰；《开元昇平源》1 卷，唐吴兢撰；《高力士外传》1 卷，唐郭湜撰；《长恨歌传》1 卷，唐陈鸿撰；《杨太真外传》2 卷，北宋乐史撰；《李林甫外传》1 卷，撰者佚名；《梅妃传》1 卷，撰者佚名。有《续百川学海》本、上海古籍出版社 1985 年辑校本。

25.《兼明书》5 卷　五代邱光庭撰。有《淡生堂余苑》本、辽宁教育出版社 1998 年排印本。

26.《鉴戒录》10 卷　前蜀何光远撰。有《学海类编》本、《知不足斋丛书》本、《学津讨原》本、杭州出版社《五代史书汇编》本。

27.《北梦琐言》20 卷　北宋孙光宪（约 900 年—968 年）撰。有《雅雨堂丛书》本、中华书局 1960 年断句本、上海古籍出版社 1981 年点校本。

28.《贾氏谈录》1卷 北宋张洎(933年—996年)撰。有《守山阁丛书》本、文学古籍刊行社1956年影印本。

29.《洛阳缙绅旧闻记》5卷 北宋张齐贤(943年—1014年)撰。有《知不足斋丛书》本。

30.《南部新书》10卷 北宋钱易撰。有《学津讨原》本、《粤雅堂丛书》本、中华书局2002年点校本。

31.《南唐近事》1卷 北宋郑文宝(953年—1013年)撰。有《续百川学海》本、《唐宋丛书》本、上海古籍出版社2007年《宋元笔记小说大观》本。

32.《唐语林》8卷,拾遗1卷 北宋王谠撰。有《守山阁丛书》本、中华书局1987年点校本。

第五章 宋史史料
（公元960年—公元1279年）

公元960年正月，后周禁军最高将领、殿前都点检赵匡胤借口抵御辽和北汉军队的联兵南下，率军至陈桥驿，发动兵变，夺取了政权，仍以开封为都城，建立了宋王朝，史称北宋。北宋共历9帝，凡167年。"靖康之变"，北宋灭亡，建炎元年（1127年）五月，宋徽宗赵佶的第九子、宋钦宗之弟赵构重建宋政权，稍后定都临安（浙江杭州），史称南宋。南宋和北宋实际上是一个朝代，不仅帝王世系一脉相承，统治集团的主要成员基本上由南逃官员构成以外，政策制度也大抵雷同，只是领土减少了约五分之二而已。南宋共历9帝，凡153年。帝昺祥兴二年（1279年），为元朝灭亡。

两宋立国320年，处于中国封建社会的中期，但与隋、唐两代相比，有着显著的特点：政治上，中央集权制度大为加强，官僚政治已完全代替了门阀政治，政权基础远较前代稳固；随着科举制度的发展和重文抑武政策的推行，士大夫的政治地位有了很大提高。军事上，虽然解除了武人干预政治的威胁，但由于武人地位的低下和北方少数民族力量的强大，宋朝的军事力量相对显得弱小，在民族战争中常常处于不利地位，从而出现了"积弱"的局面。经济上，一方面，由于存在着严重的冗官、冗兵和冗费，尤其是庞大的军费开支和"岁币"的支出，使政府财政支出长期不堪重负,处于"积贫"的境地;另一方面,在长期相对安定的环境下,通过劳动人民的辛勤劳动,社会生产有了新的发展。文化上,则进入到了一个空前辉煌的时期,这是两宋社会最为引人注目的特点,对后世的影响也最为巨大,故著名史学家陈寅恪先生以为:"华夏民族之文化,历数千载之演进,造极于赵宋之世。"(陈寅恪:《金明馆丛稿二编》第245页)两宋史学的发展,就是其中的一个明证。

一、两宋史学发展的原因和史料特点

(一)史学发展的原因

灿烂的宋代文化,在史学上也异彩纷呈,有突出表现。首先,从史书体裁来说,除了前朝已有的编年体、纪传体、会要体、通典体等史书体裁以外,又从编年体中派生出了纲目体,开山之作为朱熹的《资治通鉴纲目》一书;新增了纪事本末体,南宋袁枢的《通鉴纪事本末》,是这种体裁的第一部著作。地方志书已最后定型,学案体史书也萌芽于南宋朱熹所撰之《伊洛渊源录》。至此,中国古代史书体裁已基本齐备。由于史书体裁众多,宋人可以用多种方式记事,各种史书对一些原始材料的交替引用,互为参证,能够最大限度地容纳和更为合理地记录各种史事,史料也不会因一书的偶尔不传而全部湮没。其次,修史之风大盛,无论官方或是私人所撰史书之多,都大大超越前代。《宋史·艺文志》著录的史部书籍有43 009卷,除《新唐书·艺文志》已有载录的29 201卷以外,为宋人所撰者达13 808卷。保存至今的宋代典籍,据近人统计,有3亿字左右。如果一个人一天读20 000字,至少需要四十余年的时间才能读完。复次,对史料的鉴别已逐渐形成一门新的学问。宋人重考据,自司马光开风气之先,"至南宋最精博"(赵翼:《廿二史札记》卷二四《宋初考古之学》),李焘、李心传则是最有名的两位大家。余嘉锡先生说:"有宋一代史学之精,自司马光外,无如二李者……焘于考证最密……心传著书,专证人之误,纤悉必举。"(余嘉锡:《四库提要辨证》卷五《隆平集》)宋人的许多笔记,如李心传的《旧闻证误》、王观国的《学林》、王楙的《野客丛书》、程大昌的《考古编》、叶大庆的《考古质疑》等,几乎都属于考据类的著作。再如洪迈的《容斋随笔》、周密的《齐东野语》,考证内容也占有相当比例。

两宋史学所以如此发展,主要有以下几个方面原因。

第一,封建经济的发展和学术文化的空前繁荣,成为史学发展的前提。

宋代经济,与唐代相比,租佃关系获得了进一步发展,商品经济日趋活跃,农业和手工业生产也有了较大发展,城市繁荣,市民阶层逐渐形成,资本主义萌芽已隐约可见,从而为史学的发展奠定了雄厚的物质基础。文化的普及,文学艺术的繁荣,学术思想的活跃,以及社会生活的丰富多彩等诸方面,则为史学的发展形成了良好的氛围。

第二,宋代统治者提倡"文治",重视总结历史经验,从而推动了官修史书的发展。

宋代统治者为了巩固政权,矫正唐末、五代以来在政治和军事上的许多弊病,十分重视总结历史上的经验和教训。早在立国之初,先南后北统一方针的实施,大将兵权的收夺,监司的设置,对宗室、外戚、宦官擅权的防范等,都是吸取前朝历史经验和教训的结果。稍后,宋太宗命人编撰《太平御览》,宋真宗命人编撰《册府元龟》,宋神宗命人编撰《资治通鉴》,无不为了吸取历史上的经验和教训。宋太祖赵匡胤虽然起自军校,却勤于学问,深感"宰相须用读书人"(李焘:《续资治通鉴长编》卷七,乾德四年五月乙亥条)的道理。在他的影响下,重文成了宋代诸帝王的传统,他们大都写得一手好字,并有一定的文化素养,重视史馆的建置和修史人才的搜罗,史馆官员的政治地位也很高,这些都有利于各类官修史书的编撰。

第三,有一整套为编撰国史、实录、会要等官修史书的制度。仅以对资料的搜集而言,范围就非常广泛,这样便可以确保史事记载不致阙失。对此,人们从《梁溪漫志》卷首所载开禧二年(1206)二月南宋国史实录院给国子监免解进士费衮的牒文中可见一斑,其谓:"勘会本院恭奉圣旨指挥,编修高宗皇帝、孝宗皇帝、光宗皇帝三朝正史。今有合申请事,开具下项内一项:一今来编修三朝正史,合要文臣卿监、武臣刺史以上、宗室大将军,应生前事迹、墓志、行状、碑志、奏议、文集及前后所得圣语,并御笔文字等,参照修纂。及官虽卑,或事有可纪者,亦合立传,并乞朝廷札下诸路转运司,行下所管州、军、监、县、镇,严限子细搜访抄录,申发赴院,以凭参修施行……当院今访问得国子免解费进士衮,有所著《梁溪漫志》十卷,须至公文牒请,遵从已降圣旨指挥,抄录前项所要文字,点对无差漏,申发赴院,以备参修使用……"按《梁溪漫志》是南宋一部很普通的笔记小说,作者不过是一位免解进士,可是国史实录院仍然要抄录此书,"以备参修使用",足见对资料搜集之广泛。

第四,宋代政治崇尚宽厚,文禁不密,对士大夫不杀少辱,既加强了他们的社会责任感,也使他们在撰述历史或朝野记闻时,没有太大顾忌,从而推动了私人修史的发展。

宋代是中国封建社会文人处境最好的时期,他们的诗文或谏议,即使有时看起来比较尖锐,但是只要不触犯封建统治者的根本利益,一般尚能宽容。苏轼的"乌台诗案",蔡确的"车盖亭诗案",绍兴年间宋高宗和秦桧的禁私史,虽为有宋一代三次最大的文字狱,但其最严厉的处分也没有达到杀戮的程度。实际上,这几次文字狱,皆由党争或其他政治需要而起,指控他们的诗文触犯时忌,不过是一种借口而已。如哲宗朝官员蔡确作《车盖亭诗》获罪,贬官岭南,就是新旧党争所致。事后,旧党后台宣仁高太后也直言不讳地说:"(蔡)确自谓有定策大功,妄扇事端,规为异时眩惑地。吾不忍明言,姑托讪上为名逐之耳。"(《宋史·后妃上》)因为政治环境比较宽松,士大夫参政的热情也随之高涨,敢于畅所欲言,常借修史来表达自己的观点。特别是两宋社会危机迭现,立国三百余年间,阶级矛盾和民族矛盾一直十分尖锐,许多士大夫慨然以天下为己任,他们纷纷著书立说,总结历史上的经验和教训,以匡正时弊,挽救社会危机,这样便使私人修史更加盛行。如《续资治通鉴长编》的撰者李焘于临终前,口占遗表云:"臣年七十,死不为夭,所恨报国缺然。愿陛下经远以艺祖为师,用人以昭陵为法。"(周必大:《文忠集》卷六六《李焘神道碑》)于此可以了解他以毕生精力撰写此书的目的。

第五,雕版印刷术的普遍推广,为史学发展提供了技术上的便利。

雕版印刷术虽然发明于隋唐之际,但真正大规模地应用于典籍的出版上,却是从北宋开始的。据《续资治通鉴长编》卷六〇载,景德二年(1005年)五月初一日,宋真宗参观国子监书库,"问祭酒邢昺书板几何?昺曰:'国初不及四千,今十万余,经史正义皆具。臣少时业儒,观学徒能具经疏者百无一二,盖传写不给。今板本大备,士庶家皆有之,斯乃儒者逢时之幸也。'"宋代史籍的出版多,传播快,又较普及,这与雕版印刷术的广泛应用有很大的关系。

第六,科举制度的发展,推动了史学的勃兴。

科举制度虽正式形成于唐,但到宋代才进入到了它的黄金时代。与唐时相比,宋代科举取士不讲门第,录取人数大幅度增加,考试制度严密,实行公平竞争,录取后授官优渥,入仕后的升迁也优于恩荫等其他出身的人。于是社会上形成了空前的科举热。"为父兄者,以其子与弟不文为咎;为母妻者,以其子与夫不学为辱"(洪迈:《容斋随笔》四笔卷五《饶州风俗》),无非都是为了应举而已。科举考试的内容,无论是策论的撰写,义理的探求,无不需要前代史和当代史的知识。这样,人们对于史书的需求量就大为增加。特别是大量类书的产生,几乎全是为了"供场屋采掇之用"(《四库全书总目》卷一三五《源流至论》),这在一定程度上也推动了史学的发展。

(二) 史 料 特 点

两宋史料的特点,归纳起来大致有以下三个方面。

首先,政府重视历史的编撰,因而史料主要保存在官修的史书中。当时私人修史虽然盛行,但主要取材于官方所编纂的史书之中。

赵宋统治者既重视前代史的编撰,也重视当代史的编纂。以前代史为例,北宋时候就撰成旧、新《五代史》、《新唐书》和《资治通鉴》。从太宗朝到真宗朝,还完成了四大书的编撰:即《太平广记》500卷、《太平御览》1 000卷、《文苑英华》1 000卷、《册府元龟》1 000卷。史馆编纂的当代史就更多,主要有起居注、时政记、日历、实录、国史、会要、宝训、圣政、玉牒、会计录、编敕等,合计当有数万卷之多。其中有些典籍当时并不作为史书编撰,但从今天来看,它们无疑都是宋代历史。虽然,国史、实录等官修史书,宋朝政府皆明令禁止向民间传播,但有力者传抄后向社会广为散布的情况依然十分普遍。南宋史学家李心传(1167年—1244年)十四五岁时,侍父至临安,"颇得窃窥玉牒所藏金匮石室之秘"(《秀岩先生传》,见中华书局2000年出版之点校本《建炎以来朝野杂记》附录二),从中获取了大量本朝史料,对后来编撰《建炎以来系年要录》等当代史具有极大帮助。其他一些记载两宋历史的著名史籍,如《隆平集》、《续资治通鉴长编》、《东都事略》、《三朝北盟会编》、《皇宋十朝纲要》、《续编两朝纲目备要》、《续资治通鉴长编纪事本末》等书,其史料来源也无不本于国史、实录、会要等官修史书。

其次,史籍众多,史料丰富。

两宋由官方所修的国史、实录等当代史虽然大都不存,但取材于官修书而由私人所编撰的当代史,却有多种传至后世。除此以外,可以作为两宋史料加以利用的野史、杂史、稗史、奏议、语录、言行录、丛书、类书、家谱、行状、碑铭、地方志书、游记、文集和笔记小说等,都大量存在。众多的史籍,为研究宋史提供了丰富的史料。

再次,流传至今的史料,北宋详而南宋略,特别是进入理宗朝以后的半个世纪时间,史料最为缺乏。

南宋前期的史学,比北宋发展,无论是私人或官修的史书,都比北宋为多。以实录来说,北宋9朝167年仅一千余卷,可是南宋高宗一朝36年即达500卷,孝宗一朝27年也有500卷(参见魏了翁《鹤山集》卷一六《论实录缺文》)。可是传至后世的史料,尤其是官修史书中的史料,南宋却较北宋为少。史料上的这一特点,与宋代政治形势的变化密切相关,也与国史、实录的编撰一般总要滞后于所记时代数十年甚至更长时间这一规律有关。北宋和南宋前期社会比较安定,史馆的修史工作相对健全,因而起居注、日历、时政记、会要一类官修史书的修撰不曾间断,建筑在这些史籍基础上的实录、国史之类,也能按时编撰。但到理宗朝时,宋金战争刚刚结束,接着就发生了"端平入洛"事件,从而开始了长达半个世纪左右与蒙古的战争,赵宋政权风雨飘摇日甚,修史工作已越来越无暇顾及。从有关史籍的记载来看,南宋后期官修史书已大为减少,如实录只修到理宗朝,且仅成初稿;国史只修到宁宗朝;会要仅修到宁宗朝中期止。起居注、时政记等虽然记载得要晚一些,但尚深居史馆,不可能撰成实录、国史外传,私人修撰当代史也就很少,从而造成南宋后期史料的严重匮乏。对此,我们从元人所修的《宋史》中可以看得很清楚。以人物列传为例,北宋是南宋的2倍多,《文苑传》载北宋85人,而南宋只有11人;《循吏传》载北宋12人,南宋竟无一人。再从志的内容看,宁宗朝中期以前比较详细,此后就十分简略,有的甚至根本阙而不载。

二、宋史史料介绍

(一) 基本史料

1.《宋史》496卷(《宋史翼》附) 元脱脱(1314年—1355年)等撰。书成于元顺帝至正五年(1345年)。包括本纪47卷、志162卷、表32卷、列传255卷,约500万字,是《二十四史》中规模最大的一部。记后周显德七年(960年)正月"陈桥兵变"、北宋建立到南宋帝昺祥兴二年(1279年)为止320年的历史,是研究两宋历史的基本史料来源之一。有人对该书评价不高,说它"繁芜",且错误不少。造成《宋史》这两个缺点的原因,可从它修撰的过程中去寻找。早在1279年,即南宋灭亡的当年,元世祖就命元朝史臣修撰宋辽金三史,但在修纂过程中发生了一个谁是正统问题的争论。一派主张"以宋为世纪,辽、金为载记";另一派主张"以辽、金为北史,宋太祖至靖康为宋史,建炎以后为南宋史"(参见赵翼《廿二史札记》卷二三《宋辽金三史》),故三史迟迟没有修成。直到元顺帝至正三年(1343年),遂决定宋、辽、金三朝各为一史。这时元政权已日趋腐朽,对修史工作并不真正重视,有关史臣便在原有宋朝大量国史、实录、会要等基础上,稍加剪裁,只用了两年多点时间就编纂完毕。这就是造成所谓"繁芜"的原因。因为仓促成书,对史料没有来得及认真的搜寻和鉴别,甚至对章节目录和内容也无暇认真核对,所以确实出现了不少错误。如在《宋史》中,有3人是有目无传(卷454陈龙复、张镗、张云);有3人是1人2传(程师孟:卷三三一、卷四二六;李孟传:卷三六三、卷四〇一;李熙靖:卷三五七、卷四五三),这种情况在其他正史中是很少出现的。再如列传所载有登科年代的470人中,四十余人的时间就有误。缺载的情况也很严重,如毕昇、刘安节、李清照、黄裳、王令、王巩、王铚等一些比较著名的人物,都无列传,南宋后期的史事更是少得可怜。为此,今人对《宋史》的各种勘误、举正、补正等文章和著作不断出现。但是书也有很大优点:一是内容丰富。列传人物多达2 785人(其中正传2 197人,附传588人),比《旧唐书》多一倍半。志15个,其卷数也是《二十四史》中最多的。如《食货志》有14卷,以前各史有《食货志》的,以《新唐书》5卷为最多,后来的《明史》也只有6卷;《兵志》12卷,是《新唐书》的12倍,是《明史》的3倍;《职官志》12卷,而《新唐书》和《明史》都只有5卷;《选举志》6卷,《新唐书》只有2卷,《明史》也只有3卷;《礼志》24卷,则是其他正史全部《礼志》的总和。二是史料价值高。这是因为《宋史》的主要史料来源于宋代官修的典籍,即国史、实录、会要等。1276年,元军攻入临安,当时元朝的一些将领主张把南宋国史馆的全部藏书付之一炬,但是元朝大将、参知政事董文炳不同意,他说:"国可灭,史不可没。宋十六主,有天下三百余年,其太史所记具在史馆,宜悉收以备典礼。"(《元史》卷一五六《董文炳传》)在他的坚持下,史馆的全部藏书才得以运往大都。六十余年后,上述典籍稍经加工,就成为后来的《宋史》。由此可见,《宋史》的"繁芜",不过是缺乏剪裁,从史料利用的角度来说,并非缺点,而是优点。正因为如此,后来重修的几部宋史,如明代危素《宋史稿》50卷、王洙《宋史质》100卷、柯维骐《宋史新编》200卷、王惟俭《宋史记》250卷、钱士升《南宋书》60卷,都缺乏新意,并未为人们所重视。

在后人对《宋史》的增补中,以清人陆心源(1834年—1894年)所辑之《宋史翼》一书最有价值。陆氏搜集了宋人有关史籍、文集、方志、杂著、年谱、族谱等书中的材料,为比较重要的882个宋人立了传,并有附传62人。全书共40卷,书中对每条史料的出处,都作了记载,用起来甚为方便。《宋史》有中华书局1977年点校本。《宋史翼》有中华书局1991年影印光绪三十二年刊本。

陆心源,浙江吴兴人,是清末四大藏书家之一,他有3个藏书楼:一是皕宋楼,意为200部宋版书的收藏之所,其实这二百余部是宋元刻本和名人手抄本,包括宋本110部,元本155部,此为陆氏藏书的精品;二是守先阁,收藏明清刻本;三是十万卷楼,收藏普通书籍。全部藏书有15万卷。陆心源死后,家道中落,光绪三十三年(1907年),其子陆树藩在别人的怂恿下,以11 800日元,相当于当时10万银元的价格,将包括皕宋楼全部藏书在内的4 146部计43 218册藏书,卖给了日本三菱财团第二任社长岩崎弥之助。1924年,岩崎弥之助之子岩崎小弥太(三菱财团第四任社长)拨巨款在东京世田谷区冈本一个风景秀丽的幽静之所(其父纳骨堂之侧),筑起了一幢用钢筋混凝土和耐火砖构成的藏书楼,将陆氏藏书及从其他途径所获得的汉籍和重要的日文图书、字画收藏在里面。后以《诗经·大雅·既醉》中的"笾豆静嘉"一句,取名为"静嘉堂"文库,并对外公开开放。第二次世界大战以后,静嘉堂文库又成了日本国会图书馆以收藏珍贵汉籍为主的分馆,计收藏有各类古籍20万册(其中12万册为汉籍),美术作品6 000件(其中有多件是中国的美术珍品)。

2.《宋会要辑稿》366卷　宋朝官修。在宋以前,会要是私人修撰的,搜寻史料的难度很大。宋朝为修好会要,国家专门成立了会要所,这为会要的修撰带来了很大的方便。据近人王云海先生研究,宋代从太祖朝到宁宗朝先后修有会要11部。宋亡,原藏于国史馆的会要全部运往大都。明永乐年间修《永乐大典》时,各部会要被打散按字韵编入大典,原本散失。到清嘉庆十四年(1809年),著名学者徐松(1781年—1848年)奉命修《全唐文》,他借可以调用《永乐大典》和官府备有抄写人员的机会,命书手将大典收入的有关宋会要内容全部录出。尔后,录出的稿本几经转手和整理,于1935年由以陈垣先生为首的北平图书馆宋会要编印委员会委托上海大东书局影印出版,名之曰《宋会要辑稿》,以线装书200册发行。1957年,中华书局再度影印,将线装4页缩小,合并成为一页,精装成8大册书出版。部分被刘富曾等作为复文裁剪下来的稿本内容,由陈垣先生裔孙陈智超先生发现并整理后,已由全国图书馆文献缩微复制中心于1988年影印出版,取名《宋会要辑稿补编》。今本《宋会要辑稿》既非宋代会要全貌,也非宋代会要全文,从内容来说,它已散失很多:一是宋会要由宋末保存到明永乐时,历时150年左右,几经战乱,肯定有所散失;二是按字韵打散收入大典时,可能也丢失一部分;三是从大典录出时,当时二万余卷的大典已缺少了二千余卷,加上录出时的遗漏,又少了一部分;四是徐松录出的稿本几经转手,几经整理,及作为复文遭到丢弃等原因,又丢失了一部分。但是不管怎么说,《宋会要辑稿》的史料价值仍然很高。全书凡800万字,分帝系、后妃、乐、礼、舆服、仪制、瑞异、运历、崇儒、职官、选举、食货、刑法、兵、方域、蕃夷、道释等17类。内容包括诏令、章奏、政府规定、地方报告等,对宋代典章制度的记载十分详细。以食货一类来看,有160万字,是《宋史·食货志》的8倍;职官200万字,是《宋史·职官志》的10倍。其他内容也非常丰富。因此,是书是研究宋代宁宗朝以前典章制度最重要的一部典籍。今有上海古籍出版社2014年出版的点校本。《四库全书》未收。

3.《太宗实录》20卷(残本)　钱若水(960年—1003年)等撰。书成于真宗咸平元年(998年)。记太平兴国元年(976年)十二月到至道三年(997年)三月的宋太宗一朝史事。原书80卷,现仅存卷二十六至三十五、四十一至四十五、七十六至八十共20卷。宋代实录全佚,由此书可略知当时实录的基本面貌,对研究太宗一朝历史有一定史料价值。有《四部丛刊》本、古籍出版社 1957 年据傅氏藏园本重印本。

4.《隆平集》20 卷　旧题北宋曾巩(1019 年—1083 年)撰。纪传体史书。记北宋太祖、太宗、真宗、仁宗、英宗 5 朝史事。史料来源于实录、会要等。卷一至卷三分圣绪、行幸、祠祭等 30 目,分叙五朝史事;卷四以下为列传,分宰臣、参知政事、枢密使、宣徽使、王后(指周恭帝)、伪国、侍从、儒学行义、武臣、夷狄、妖寇等 11 类,凡 311 人。所载史事有出于《宋史》之外者,对研究北宋前五朝历史有比较重要的史料价值。有清康熙四十年刻本、台北文海出版社 1967 年《宋史资料萃编》本、北京图书馆出版社 2006 年《宋代传记资料丛刊》本。

5.《续资治通鉴长编》520 卷　南宋李焘(1115 年—1184 年)撰。原书以编年体记载了北宋 9 朝史事,是研究北宋一代历史最重要的典籍之一,向为中外治宋史者所珍重。史料主要来源于官修的日历、国史、实录和会要,也广泛搜集私家著述,包括各种编年和纪传体史书、野史、杂说、笔记、家乘、行状、墓志等。李焘编撰《续资治通鉴长编》的原则本司马光之教,"宁失于繁,毋失于略"(李焘:《进续资治通鉴长编表》,收入《续资治通鉴长编》卷首),所以全书内容非常丰富,原书估计有近 900 万字,今本仍有 700 余万字。在取材时,对许多内容都经过反复考证,参考异同,择善而从。如今本《续资治通鉴长编》仅注文就有一万二千余条,70 万字,所以史料的正确性也很高。但原书已佚,今本是乾隆年间修《四库全书》时从《永乐大典》录出,已非全帙,其中缺少徽、钦两朝内容和神宗、哲宗两朝的部分内容(合计 33 年 9 个月),这对研究北宋后期特别是徽、钦两朝的历史,是重大损失。有上海古籍出版社 1985 年影印浙江书局本(附《拾补》60 卷)、中华书局 2002 年点校本。

6.《东都事略》130 卷　南宋王称撰。记北宋太祖到钦宗九朝的历史。包括本纪 12 卷、世家 5 卷、列传 105 卷、附录 8 卷。世家所载俱为皇后、皇子事;附录所载为辽、西夏、金、吐蕃、交趾诸国。因北宋都城开封又称东京或东都,故以《东都事略》命名。是书据国史、实录等官修史书撰成,间作赞论以发扬之,对研究北宋一代历史具有重要史料价值。其史料特点有两个方面：一是在《本纪》中载录了大量诏令，可补史志之缺；二是保留了今本《续资治通鉴长编》、《宋史》等不载的史料，有的内容还可纠正上述两书的某些舛误。四库馆臣以为："宋人私史，卓然可传者，惟称与李焘、李心传之书而三，固宜为考宋史者所宝贵矣。"（《四库全书总目》卷五〇《东都事略》）对其史料价值作了充分肯定。有扫叶山堂刊本、广陵古籍刻印社1991年影印本、齐鲁书社2000年点校本、北京图书馆出版社2006年《宋代传记资料丛刊》本。

7.《太平治迹统类》前集30卷　南宋彭百川撰。原书前集40卷，凡88门，以编年体记载北宋一代史事。后集33卷，载南宋前期史事，今已佚。前集也有残缺，且颇为散乱，内容多记朝廷大政及诸臣事迹，条理分明，除可略补今本《续资治通鉴长编》有关徽、钦两朝史事的阙失外，其他方面也有间出《续资治通鉴长编》之外者，对研究北宋一代历史颇有参考价值。有《适园丛书》本、文物出版社1991年影印本、上海书店出版社1994年影印本。

8.《中兴小纪》40卷　原名《中兴小历》，清人为避乾隆讳改。南宋熊克撰。以编年体记建炎元年（1127年）至绍兴三十二年（1162年）南宋高宗一朝36年的史事。记事多据朝典，兼及私记和见闻，对研究高宗一朝历史有一定参考价值。但该书考订欠精，内容又为后出的《建炎以来系年要录》所充分吸收，使其利用价值大为降低。原书久佚，今本由清人从《永乐大典》辑出。有广雅书局本、《国学基本丛书》本、福建人民出版社1985年点校本。

9.《建炎以来系年要录》200卷　一名《高宗系年要录》。南宋李心传（1167年—1244年）撰。记事起于建炎元年（1127年），讫于绍兴三十二年（1162年），是研究南宋高宗一朝36年历史最重要、最基本的史料来源。书成不迟于宁宗嘉泰二年（1202年）。是书的史料来源，以高宗朝的日历和《中兴会要》为主，并广泛参考原始档案资料和大量私家著述，内容极为详尽，考订十分精审，四库馆臣对它的评价很高，认为："文虽繁而不病其冗，论虽歧而不病其杂。在宋人诸野史中，最足以资考证。"（《四库全书总目》卷四七《建炎以来系年要录》)书前案语又谓:"皆据实铨叙,绝无轩轾缘饰于其间,尤为史家所仅见。……其书取法李焘,而精审较胜。"特别需要指出的是,元人修《宋史》时,没有见到此书,所以此书还可以补《宋史》之缺,纠《宋史》之谬。另外,书中还收录了有关宋金和战与金朝的史料,对金史研究也有重要帮助。有广雅书局本、《国学基本丛书》本、上海古籍出版社 2018 年点校本。

10.《建炎以来朝野杂记》40 卷　南宋李心传(1167 年—1244 年)撰。全书分甲集 20 卷、乙集 20 卷,分别撰成于宋宁宗嘉泰二年(1202 年)和嘉定九年(1216 年)。记高宗、孝宗、光宗、宁宗四朝史事,重点是典章制度。是书名为"杂记",除间涉个人看法和传闻,并以小标题统率有关史事或故事这种形式与会要体不侔外,实同于会要体史书,对于研究南宋前期特别是史料较缺的光、宁两朝的历史具有重要史料价值。但有些记事来源于传闻,难免有失实之处,其正确性与《要录》不可相比。有《武英殿聚珍版》本、中华书局 2000 年点校本。

11.《三朝北盟会编》250 卷　南宋徐梦莘(1126 年—1207 年)撰。记事上起宋徽宗政和七年(1117 年)北宋派人从山东登州渡海至辽东,与金人商议夹击辽朝的"海上之盟",下到绍兴三十二年(1162 年)金朝完颜亮南侵失败共 45 年有关宋金和战的历史。书成于光宗绍熙五年(1194 年)。是书不仅是研究宋金和战的基本史料来源,且有其特别的史料价值:一是取材十分丰富,除两宋的国史、实录以外,还广泛搜集宋、金两国的私人著述,达 205 种之多,且引用完整,异同并存,其中许多著作今天已经不存,由此书得以保存;二是今本《续资治通鉴长编》缺少徽、钦两朝史事,是书所收内容可部分补其不足;三是书中不仅记载宋、金两国和战事,而且也记载了金人的制度和风俗,对研究女真历史也有一定价值。有清光绪三十四年许涵度刻本、上海古籍出版社 1987 年影印许刻本。

12.《续资治通鉴长编纪事本末》150 卷　南宋杨仲良撰。是书将《续资治通鉴长编》和撰者佚名的《九朝事实》所载内容以纪事本末体的形式,重新加以编撰,共 150 卷 345 篇。因是分门别类地记载北宋一代史事,不仅查找较方便,而且有些内容可补《续资治通鉴长编》之缺。今本已缺卷六至卷七、卷一百一十四至卷一百一十九共 8 卷,五、八两卷亦已残缺。有广雅书局本、台北文海出版社 1967 年《宋史资料萃编》本、北京图书馆出版社 2003 年《宋代传记资料丛刊》本。《四库全书》未收。

13.《皇朝编年纲目备要》30 卷　一名《九朝编年备要》。南宋陈均撰。书约成于理宗绍定二年(1229 年),以纲目体记载北宋太祖迄徽宗 9 朝 167 年的历史。杂采《续资治通鉴长编》和有关实录、国史、会要及司马光《稽古录》、徐度《国纪》、赵汝愚《经济录》等数十家之书而成。只记大事,不载细琐。优点是可略补今存《续资治通鉴长编》所缺徽、钦两朝的部分内容,缺点是内容过于简略,影响史料的使用价值。有南宋绍定二年刻本、中华书局 2006 年点校本。《四库全书》未收。

14.《皇宋十朝纲要》25 卷　南宋李壁(1161 年—1238 年)撰。以纲目体记载北宋太祖到南宋高宗十朝史事。只记大事,不载细琐。内容过简,史料价值受限制。但所载州府废置和宰相、参知政事题名、进士名额,间出于《续资治通鉴长编》、《中兴小纪》、《建炎以来系年要录》之外;有关徽、钦两朝的史事,则可补《续资治通鉴长编》之不足。有台北文海出版社 1967 年《宋史资料萃编》本、上海古籍出版社 2002 年《续修四库全书》本。《四库全书》未收。

15.《太平宝训政事纪年》5 卷　撰者佚名。记事起自北宋太祖朝,讫于南宋高宗朝,合富弼《三朝政要》、林希《两朝宝训》,益以会要等史书而成。所载全为历朝帝王的言论、政事和制度,对研究太祖至高宗 10 朝的历史有一定参考价值。有台北文海出版社 1967 年《宋史资料萃编》本。《四库全书》未收。

16.《中兴两朝圣政》64 卷(已佚 16 卷,存 48 卷)　一名《皇宋中兴两朝圣政》。作者佚名。高宗朝 40 卷,孝宗朝 24 卷。此书原为百卷本,《高宗圣政》50 卷,成于孝宗乾道二年(1166 年);《孝宗圣政》50 卷,成于光宗绍熙三年(1192 年)。后坊刻合成一书,杂采《中兴龟鉴》、《大事记》、《名儒讲义》等,遂成今本。以编年体记南宋高、孝两朝 62 年史事,对研究高、孝两朝,尤其是孝宗朝历史有一定史料价值。有江苏古籍出版社 1988 年影印本、中华书局 2019 年辑校本。《四库全书》未收。

17.《中兴两朝编年纲目》18 卷　撰者佚名。是书以纲目体记南宋高宗、孝宗两朝史事,因内容过于简单,且高、孝两朝史料尚多,故史料价值不大。有台北文海出版社 1967 年《宋史资料萃编》本。《四库全书》未收。

18.《续编两朝纲目备要》16 卷　一名《两朝纲目备要》。作者佚名。书当成于南宋末年,继《中兴两朝编年纲目》所载内容后,仍以纲目体续记南宋光宗、宁宗两朝史事。书中大量援实录和诏书、奏议,在现存系统记述光、宁两朝历史的著作中,是篇幅最大和材料最原始的一部,其中一些少数民族史料和川蜀地区史料也很珍贵。对研究史料颇为缺乏的这两朝历史具有重要价值。有《四库珍本初集》本、中华书局 1995 年点校本。

19.《宋史全文》36 卷,经再分卷,实有 58 卷　一名《宋史全文续资治通鉴》。撰者佚名,书约成于宋末元初。以编年体记载北宋九朝和南宋高、孝、光、宁、理 5 朝合计 14 朝的史事。其中前 9 朝主要由《续资治通鉴长编》删节而成,高、孝 2 朝主要来自《中兴两朝圣政》,光、宁、理 3 朝的史料为撰者自己搜集。内容虽然相当简单,但在光宗朝以后特别是理宗朝 40 年史事记载十分缺乏的情况下,确有其不可代替的史料价值。有明刻本、台北文海出版社影印《四库全书》本、黑龙江人民出版社 2005 年点校本、中华书局 2016 年点校本。

20.《宋季三朝政要》5 卷,附录 1 卷　撰者佚名,附录旧题陈仲微撰。书成于元初。据传闻略记南宋理宗、度宗、恭帝 3 朝史事。附录简载宋末帝昰、帝昺两朝时事,重点为元灭宋经过和文天祥、陆秀夫等人的抗元活动。是书对于研究史料极端缺乏的南宋后期历史,有一定参考价值。但主要得之传闻,且叙次零乱,失误颇多。有《守山阁丛书》本、《粤雅堂丛书》本、中华书局 2010 年笺证本。

(二) 其他史料

1.《宋朝事实》20 卷　南宋李攸撰。原书 60 卷,上起太祖朝,下至徽宗朝。前30卷先行于世,后30卷不传。是书以祖宗世次、登极赦、纪元、诏书、圣学、御制、郊赦、庙制、道释、玉牒、公主、官职、勋臣、配享、宰执拜罢、仪注、科目、乐律、历象、籍田、财用、兵制、削平僭伪、升降州县、经略幽燕等门类,分别记载北宋一朝政治时事和典章制度,富有史料价值。原书久佚,今本从《永乐大典》辑出,已有残缺,厘为20卷。有墨海金壶本、中华书局1955年排印本。

2. 《宋朝事实类苑》78卷 一名《事实类苑》、《皇宋事实类苑》或《皇朝类苑》。南宋江少虞撰。书成于绍兴十四年(1144年)。全书分24门,将50种左右以笔记小说为主的史书中有关北宋太祖朝至神宗朝的君臣事迹、学术文化、民俗风情、鬼怪神异和对外交往等内容,汇集在一起,并在条末注明其出处,颇有参考价值。其中所引之书,有一半已经不传,因此对古籍的辑佚和校勘也有一定意义。有《诵芬室丛刊》本、上海古籍出版社1981年点校本。

3. 《宋大诏令集》240卷(另目录2卷) 一说为北宋大臣宋绶(991年—1040年)子孙编纂于绍兴年间。是书以年月为序,分门别类地记载北宋九朝的"王言"(诏令),对研究北宋历史和订正补充史书的漏误,有重要参考价值。但对北宋诏令的搜集并不完备,加上今本已缺卷七十一至九十三、卷一百零六至一百一十五、卷一百六十七至一百七十七,共44卷,以及目录上卷,所以实际收集的诏令仅有三千八百余篇。有中华书局1962年断句本及1997年重印本。《四库全书》未收。

4. 《作邑自箴》10卷 北宋李元弼撰。书成于政和七年(1117年)。是书记载了地方的刑狱、赋税、役法、户口、土地买卖、官物等,对研究北宋地方政治、经济和阶级关系提供了珍贵的史料。有《四部丛刊》本、黄山书社1997年《官箴书集成》本。《四库全书》未收。

5. 《州县提纲》4卷 撰者佚名。是书归纳了南宋地方州县官治理地方的经验,阐述了正己修身,除奸革弊之道,为研究当时地方政治和经济提供了有价值的史料。有《知不足斋丛书》本、《学津讨原》本、黄山书社1997年《官箴书集成》本。

第五章 宋史史料

6.《南宋馆阁录》10卷,《续录》10卷　一名《中兴馆阁录》及《中兴馆阁续录》。《前录》南宋陈骙(1128年—1203年)撰,《续录》撰者佚名。馆阁之名起于宋代,宋初设昭文馆、史馆、集贤院三馆以负责典籍的保管与整理、史书的编纂等事务。至太宗朝建崇文馆以寓三馆,又设秘阁于崇文院,以专储帝王手迹等重要文献资料,二者合称馆阁。元丰改制,崇文馆改为秘书省,与秘阁并立。是书分别记载了南宋馆阁的沿革、秘书省的位置、藏书、纂修和撰述史书的经过、馆阁故事、各类史官及其简历、史官俸禄、执掌等,对于研究宋代的馆阁制度和掌故、职官制度、南宋某些士大夫的生平履历有重要史料价值。有《武林掌故丛编》本、中华书局1998年点校本。

7.《靖康要录》16卷　一名《靖康诏旨》。南宋汪藻(1079年—1154年)撰。卷首略记元符三年(1100年)四月钦宗出生到宣和七年(1125年)十二月即位后的有关大事。从靖康元年(1126年)起,到靖康二年五月一日止,则逐日记载钦宗一朝之事。大凡靖康以前多录诏旨,靖康以来乃系史事。对宋金和战及北宋末年历史记载最详。洪迈等修《钦宗实录》,多依据此书。是书对研究钦宗一朝历史有重要史料价值。有《丛书集成初编》本、台北文海出版社1967年影印《四库全书》本,四川大学出版社2008年笺注本。

8.《南渡大略》等五种

(1)《南渡大略》1卷　撰者佚名。记靖康之变概况和钦宗被俘北去后的一些史事,但对南渡事并不涉及。全书仅四百四十余字。有《学海类编》本、《丛书集成初编》本。《四库全书》未收。

(2)《靖康朝野佥言》1卷　撰者佚名。记靖康元年(1126年)十一月二十五日金兵至汴京城下到次年二月初七日徽宗与诸王、后妃赴金营的一些史事。全书仅千字。收入《古今说海》卷八七。有《历代小史》本、《丛书集成初编》本。

(3)《建炎维扬遗录》1卷　撰者佚名。记建炎二年(1128年)冬宋高宗由扬州出逃南下到次年三月进入杭州的史事。有《学津讨原》本、

《丛书集成初编》本、大象出版社2008年点校本。《四库全书》入存目。

（4）《建炎复辟记》3卷　撰者佚名。记建炎二年（1128年）十月十六日隆祐太后进入杭州到次年五月平定苗刘之变的史事。对于研究苗刘之变的经过有一定史料价值。有《学津讨原》本、《丛书集成初编》本、大象出版社2008年点校本。《四库全书》未收。

（5）《建炎笔录》3卷　一名《己酉笔录》。南宋赵鼎（1085年—1147年）撰。卷上记建炎三年（1129年）二月撰者与宋高宗由扬州仓皇出逃到绍兴二年（1132年）十一月在临安面见高宗的史事；卷中记绍兴六年八月宋高宗下诏巡幸沿江到九月十七日驻跸平江府的史事；卷下记绍兴七年九月撰者被召至建康到十二月被罢去相位的史事。因为全是撰者亲身经历的笔录，史料的真实性很高，对于研究高宗朝初期的历史有重要参考价值。收入《忠正德文集》卷七。有《函海》本、大象出版社2008年点校本。

9.《靖康稗史》7篇　南宋确庵、耐庵编。记北宋官员使金见闻，开封沦陷后最高统治集团所受的各种困辱，以及徽钦二帝、后妃、公主等人在北方的悲惨生活。前有二短序，后载《宣和乙巳奉使金国行程录》、《瓮中人语》、《开封府状》、《南征录汇》、《青宫译语》、《呻吟语》、《宋俘记》等7篇。对于研究金国历史、靖康之变以后徽钦二帝、后妃、公主等人的遭遇都有重要史料价值。许多内容为正史所不载，有些是亲身见闻，有些是往来公文，因而史料价值极高。但部分内容得之传闻，其真实性较差。有《己卯丛编》本、中华书局1988年笺证本。《四库全书》未收。

10.《大金吊伐录》4卷　金编者佚名。记金太祖、太宗对宋用兵之事，故以"吊（民）伐（罪）"为名。内容全为金官府所存案牍，按年编录金太祖天辅七年（1123年）到金太宗天会五年（1127年）灭辽破宋和立伪楚的国书、誓诏、册表、文状、指挥、牒檄等往来文书161篇。卷首述金太祖建国以来概况，书末附降封徽钦二帝、辽天祚帝诏书和受封者谢表。有些内容为宋方所不载，因出于金人之手，也可与宋人史籍所载者相参照，对于研究宋金和战有重要史料价值。有《守山阁丛书》本、中华书局2001年校补本。

第五章 宋史史料

11.《金佗稡编》28卷,《续编》30卷 一名《鄂国金佗稡编》,南宋岳珂(1183年—1234年)撰。记岳飞生平及抗金事迹。前编成于宁宗嘉定十一年(1218年),有《高宗皇帝宸翰》、《经进鄂王行实编年》、《经进鄂王家集》、《吁天辨诬录》、《天定录》等编。《续编》成于理宗绍定元年(1228年),有《高宗皇帝宸翰撼遗》、《丝纶传信录》、《天定别录》、《百氏昭忠录》等编。辑有宋高宗御札、朝廷命令、公牍、札子、岳飞表奏、战报、诗文、岳飞生平事迹和与岳飞有关的遗闻逸事。对于研究岳飞生平和抗金事迹最具史料价值。因系撰者为其祖父岳飞辨冤而作,难免有美化父祖、夸大战功之处。有浙江书局本、中华书局1988年校注本。

12.《伊洛渊源录》14卷 南宋朱熹(1130年—1200年)撰。记宋代理学奠基人周敦颐、二程等理学家及其弟子的言行和事迹。对于研究理学的产生和起源有一定史料价值,同时开创了学案体史书的先河。有《正谊堂丛书》本、《朱子遗书》本、齐鲁书社2001年影印本。

13.《名臣碑传琬琰集》107卷 南宋杜大珪撰。书成于光宗绍熙五年(1194年)。是书集254种文集和官私文献,按文体辑录北宋建隆至南宋绍兴年间名臣221人的碑、铭、传、状等传记资料而成。分为3集:上集27卷,主要收神道碑;中集55卷,主要收墓志铭和行状;下集25卷,主要收别传及国史、实录等。部分内容已不见其他史籍所载,尤显珍贵。对研究宋代人物生平履历,有重要史料价值。有台北文海出版社1968年《宋史资料萃编》本、上海古籍出版社2021年校证本。

14.《咸淳遗事》2卷 撰者佚名。书成于宋末元初。记度宗咸淳元年(1265年)到八年间的一些朝廷大事、皇帝诏令和群臣奏议,有关贾似道擅权和推行公田法的记载尤为翔实。虽然内容不多,但对研究史料极端缺乏的南宋末年历史,却颇为珍贵。有《墨海金壶》本、《守山阁丛书》本。

15.《京口耆旧传》9卷 南宋刘宰撰。京口即江苏镇江。记镇江地区自北宋初年到南宋嘉定七年(1214年)的人物传记。取材于诸家杂说、随笔等资料而成,首尾比较完整,有较高史料价值。原书久佚,今本从《永乐大典》录出,有《守山阁丛书》本。

16.《昭忠录》1卷 撰者佚名。记南宋理宗绍定四年(1231年)到宋亡近50年间为抵抗元而死难的文天祥、陆秀夫、谢枋得等一百三十余人的传记材料。有些内容为《宋史·忠义传》所未载,有一定参考价值。有《墨海金壶》本、《守山阁丛书》本、上海书店出版社1994年影印《丛书集成初编》本、北京图书馆出版社2006年《宋代传记资料丛刊》本。

17.《敬乡录》14卷 元吴师道撰。是书根据旧闻收录南朝萧梁到南宋末年七百七十余年间浙江金华地区的人物传记及其诗文,其中有不少是靖康之变和南宋灭亡时候的抗金、抗元人物及死难人士。有些为《宋史》所未载,有些与史传颇有出入,对研究宋代人物有一定参考价值。有《适园丛书》本、《续金华丛书》本、广陵古籍刻印社1983年重印本。

18.《宋名臣言行录》75卷,分前集、后集、续集、别集、外集5集。

(1) 前集10卷,单称《五朝名臣言行录》 南宋朱熹(1130年—1200年)撰。收北宋太祖到英宗5朝名臣55人。

(2) 后集14卷,单称《三朝名臣言行录》 南宋朱熹(1130年—1200年)撰。收神宗到徽宗3朝名臣44人。

(3) 续集8卷,单称《皇朝名臣言行续录》 南宋李幼武撰。收北宋末名臣26人。

(4) 别集26卷,单称《四朝名臣言行录》 南宋李幼武撰。收南宋高孝光宁4朝名臣65人。

(5) 外集17卷,单称《名臣言行录》 南宋李幼武撰。收南宋理学人物38人。

以上5集取材多本碑传、行状、笔记、杂史,并注明出处。对研究两宋人物及有关史事有一定参考价值。有台北文海出版社1983年《宋史资料萃编》本、北京图书馆出版社2003年影印本(五朝、三朝)本。

19.《朱子语类》140卷 南宋黎德靖编。书成于咸淳六年(1270

年)。是书系编者综合李道传《朱子语录》、李性传《朱子语续录》、蔡杭《朱子语后录》、黄士毅《朱子语类》、王佖《朱子语续类》及吴坚《朱子语别录》等书中的朱熹语录,删除其重复或谬误编撰而成。语录时间起自孝宗乾道六年(1170年),至宁宗庆元五年(1199年),每句语录后面注明记录人。着重记载了朱熹的理学思想和教育思想,以及对政治、制度、人物、事件的评价和议论,对研究朱熹及两宋历史都有重要参考价值。有中华书局1986年点校本、岳麓书社1997年点校本。

20.《佛祖统纪校注》55卷　南宋志磐撰。有上海古籍出版社2012年校注本。

21.《诸臣奏议》150卷　一名《国朝诸臣奏议》、《国朝名臣奏议》、《宋朝诸臣奏议》。南宋赵汝愚(1140年—1196年)撰。是书为统治者提供经验、明言路之通塞、备史书之缺遗而作,成于南宋孝宗淳熙十二年(1185年)。分君道、帝系、天道、百官、儒学、礼乐、刑赏、财赋、兵、方域、边防、总议等12大门,下分112小门,收录北宋9朝241位臣僚的1 630篇奏议,并一一推寻其上奏岁月。其中有43篇奏议为他书所未见,另有数百篇奏议仅见于此书和《历代名臣奏议》,对研究北宋历史和校勘有关古籍极有价值。但编者囿于对熙宁变法的成见,除收录了王安石的6篇奏议以外,对其他变法派人物的奏议一律不收。有台北文海出版社1970年《宋史资料萃编》本、上海古籍出版社1999年点校本。

22.《历代名臣奏议》350卷　明黄淮(1367年—1449年)、杨士奇(1365年—1444年)编。明永乐十四年(1416年)奉敕付梓。书分君德、圣学、孝亲、敬天、郊庙、治道、法祖、储嗣、内治、宗室、经国、守成、都邑、封建、仁民、务农、田制、学校、风俗、礼乐、用人、求贤、知人、建官、选举、考课、去邪、赏罚、勤政、节俭、戒佚欲、慎微、谨名器、求言、听言、法令、慎刑、赦宥、兵制、宿卫、征伐、任将、马政、荒政、水利、赋役、屯田、漕运、理财、崇儒、经籍图谶、国史、律历、谥号、褒赠、礼臣、巡行、外戚、宠幸、近习、封禅、灾祥、营缮、弭盗、御边、夷狄等66门,收商周至宋元的历代奏议,其中尤以两宋奏议为最多,约占全书的十之七八,有些为今天的史籍所不载,有些则可供校勘之用，极富史料价值。有上海古籍出版社1989年影印明永乐十四年刊本。

23.《宋刑统》30卷　北宋窦仪（914年—967年）等撰。书成于建隆四年（963年），以《显德刑统》为基础，别加详定而成。包括《名例律》6卷57条，《卫禁律》2卷33条，《职制律》3卷59条，《户婚律》3卷46条，《厩库律》1卷28条，《擅兴律》1卷24条，《贼盗律》4卷54条，《斗讼律》4卷60条，《诈伪律》1卷27条，《杂律》2卷62条，《捕亡律》1卷18条，《断狱律》2卷34条，总计30卷502条。是宋代最基本的和最系统的成文法，对研究宋代的阶级关系、社会政治生活和经济生活、法律制度有重要史料价值。有中国书店1990年影印《海王边古籍丛刊》本、法律出版社1999年点校本。《四库全书》未收。

24.《天圣令》原书30卷，现存后10卷　北宋吕夷简（978年—1044年）、庞籍等撰。本书记载了北宋仁宗朝天圣年间（1023年—1032年）所颁布的包括《官品令》、《田令》、《赋役令》、《仓库令》、《厩牧令》、《关市令》、《医疾令》、《狱官令》、《营缮令》、《丧葬令》、《杂令》等诸种法令，并含有唐令原文。全书虽然只有五万余字，但对于研究北宋乃至唐代的典章制度和礼俗甚有史料价值。有天一阁藏明抄本、中华书局2006年《天一阁藏明抄本天圣令校证》本。《四库全书》未收。

25.《庆元条法事类》35卷（残本）　南宋谢深甫撰。书成于南宋宁宗庆元年间（1195年—1200年）。分门别类地记载了此前朝廷所颁布的各项敕（帝王原则性的命令）、令（帝王具体的命令）、格（官员办事原则）、式（文件格式）、申明（政府对敕、令的解释或补充规定）、旁照法（依据前面的敕、令类推而产生新的敕、令）等。对研究南宋社会政治、经济和阶级关系，提供了有价值的史料。全书分《职制》、《选举》、《文书》、《榷禁》、《财用》、《库务》、《赋役》、《农桑》、《道释》、《公吏》、《刑狱》、《当赎》、《蛮夷》、《畜产》、《杂门》等二十余门目，原书80卷，今缺卷一至二、卷三门目、卷一八至二七、卷三三至三五、卷三八至四六、卷五三至七二共44卷。有日本静嘉堂文库本、黑龙江人民出版社2002年点校本。

《四库全书》未收。

26.《名公书判清明集》14卷,附录7篇　南宋署名"幔亭曾孙"撰。记南宋部分较有声望官员的判词和衙门之间有关案件审理的来往公文。全书分《官吏》、《赋役》、《文事》、《户婚》、《人伦》、《人品》、《惩恶》7门。最早成于理宗景定二年(1261),以后内容续有增加。今本据宋刻残本及明刻本整理而成,并于其后加上附录7篇。对于研究南宋的社会生活、经济状况、妇女地位、婚姻关系、阶级矛盾、法律制度等提供了生动而具体的史料。有中华书局1987年点校本。《四库全书》入存目。

27.《洗冤录》5卷　一名《洗冤集录》,南宋宋慈(1186年—1249年)撰。撰者以自己的亲身经验,记录了验尸、检尸、救死等各种方法,属于法医类典籍。对宋代法医学的研究和今天的司法鉴定,有一定参考价值。有广益书局1916年石印本、上海科技出版社1981年点校本。《四库全书》入存目。

28.《折狱龟鉴》8卷　南宋郑克撰。全书分释冤、辨诬、鞫情、议罪等20门,内容广博,多有正史所不载者,对研究历代刑狱、断案及司法制度有一定参考价值。有《墨海金壶》本、复旦大学出版社1988年校释本。

29.《武经总要》40卷　北宋曾公亮(999年—1078年)撰。前集20卷记军事组织、军事制度、步骑兵教练、行军、战术、阵营、武器(有图)等;后集20卷辑录历代用兵故事。撰者为文臣,所记阵法多有牵强,对诸番形势,皆出传闻,道里山川,错误也颇多。只是前集备一朝制度,后集保存了不少历代军事史料,对研究宋代军事制度和军事思想颇有参考价值。有《四库珍本初集》本、中华书局1959年影印《四库全书》本、海南国际新闻出版中心等1995年整理本。

30.《营造法式》34卷　北宋李诫(?—1110年)撰。书成于元符三年(1100年)。取材《考功记》、《唐六典》、《木经》等古籍,并结合撰者实践经验而成,计357篇,3555条。是我国古代建筑技术的百科全书,对研究宋代建筑经验和营造技术有重要参考价值。有《粤雅堂丛书》本、中国书店1995年影印宋绍兴刻本、中国建筑工业出版社2006年影印本。

31.《参天台五台山记》8卷　日本释成寻(1011年—1081年)撰。撰者为日本京都延历寺大云寺主,于日本后三条天皇延久四年(1072年)四月率弟子7人渡海入宋,在杭州登陆后,先后参拜天台山、五台山等各地寺院并游历所经之处,历时9年,于宋神宗元丰四年(1081年)病死洛阳太平兴国寺。是书记成寻在北宋期间逐年、逐月,有时甚至逐日的见闻,间附北宋政府的牒文、公据和有关诗文,对研究中日交通、佛教和北宋各地风俗礼仪、物产、饮食习惯、城乡景观等有较高史料价值。有日本明治三十五年刊本,并收入日本《史籍集览》第26册,日本史籍集览研究会1968年印行。另有花山文艺出版社2006年点校本。《四库全书》未收。

32.《金石萃编》160卷(外6种)　清王昶编。是书成于嘉庆十年(1805年),以著录历代石刻文字为主,共收录一千五百余种,亦有少量铜器铭文。起于三代,迄于宋金,其中还包括南诏、大理时期的铭文9编。按朝代编次,摹录原文,后附历代名家的考证或案语。另有未刻稿3卷。虽然对于研究宋金以前有关人物的历史都有其史料价值,但以宋人材料为最多,价值尤大。有江苏古籍出版社1998年《历代碑志丛书》(第四—七册)本、陕西人民美术出版社1990年影印扫叶山房石印本。另有《金石续编》21卷,清胡耀遹编;《金石萃编补正》4卷,清方履笺编;《金石萃编补略》2卷,清黄本骥编;《金石萃编未刻稿》3卷,清王昶编;《金石续录》4卷,清刘青藜编;《希古楼金石萃编》10卷,清刘承干编。以上六书,有江苏古籍出版社1998年《历代碑志丛书》(第八册)本。

33.《宋代蜀文辑存》100卷　傅增湘(1872年—1949年)编。是书从三百种方志和各种文献资料中收录了为正史、文集、总集所失收的蜀人文章,计四百五十余人,二千六百余篇,并附有"作者考",对于研究宋代四川地区的历史,特别富有史料价值。北京图书馆出版社2005年出版。

34.《全宋文》360册　曾枣庄、刘琳编。是书搜集有宋一代三百余年间除单篇散文、骈文和诗词以外的文章10万余篇,作者上万名。以时间先后为序,以文系人,后附作者小传。每一作者之文,则以文体编排。

书末附有全书总目、作者索引、篇名索引、人名索引、疑为互见作品对照表、宋人文集版本目录、别集以外引用书目等,为寻找宋代史料提供了一定便利。全书分编为 360 册,自 1988 年起,陆续由巴蜀书社点校整理出版,后由上海辞书出版社、安徽教育出版社接替全书出版。至 2006 年始出版完成。

35.《全宋词》5 册　唐圭璋编。是书收录有宋一代词人一千三百三十余家,词作一万九千九百余首,残篇五百三十余首。是书对于研究宋词和宋代文学,或是宋代历史都有重要参考价值。早在 1940 年,是书就由商务印书馆出版于长沙,后来作者不断订补,现有经中华书局于 1965 年重新出版经作者增补和修订的本子。

36.《全宋诗》72 册　《全宋诗》编纂委员会编。本书是由北京大学古文献研究所组织傅璇琮等人为主编,全国众多专家学者参加点校整理的有宋一代三百余年间的诗歌集大成著作。诗人九千三百余人,诗作超过十五万首,"长篇短制,细大不捐,断章残句,在所必录"。因此,邓广铭先生以为:"这部书不仅是攻治宋诗及宋代文学史者之所必须披读,亦为攻治宋史者所必须备置案头的参考读物。"北京大学出版社 1991 年出版,1998 年第二版。

(三) 文集和笔记小说中的史料

宋人文集较唐代大为增加,据《现存宋人别集版本目录》一书所载,传至后世的文集有 631 人,计 739 部。宋代笔记小说之盛,也远逾前代,仅《四库全书总目》子部杂家类和小说类著录的就有一百五十余种之多。"笔记"之名,也始自宋祁的《笔记》一书。宋代的笔记小说,大致可以分为小说故事、历史琐闻和考据辩证这三类。本书以收录历史琐闻类为主,兼及考据辩证类,对小说故事类则作少量收录。部分有关家训、家礼一类史书,因反映了当时的社会现实和道德规范,有较大史料价值,为便于研究者参考,也附见于此。另外,从时间上来说,由宋入元者的著作也作适当收录。

甲、主要文集

1.《骑省集》30 卷　北宋徐铉（917 年—992 年）撰。有《四部丛刊》本、《四部备要》本、《国学基本丛书》本。

2.《咸平集》30 卷，卷首 1 卷　北宋田锡（940 年—1004 年）撰。有《宋人集》丁编本、台北新文丰出版公司 1989 年影印本、巴蜀书社 2008 年点校本。

3.《乖崖集》12 卷，附录 1 卷　北宋张咏（946 年—1015 年）撰。有光绪八年（1882 年）仿宋刻本、《续古逸丛书》本、中华书局 2000 年整理本。

4.《河东集》15 卷，附录 1 卷　北宋柳开（947 年—1000 年）撰。有《四部丛刊》本。

5.《小畜集》30 卷，外集 7 卷　北宋王禹偁（954 年—1001 年）撰。有《武英殿聚珍版》本、《四部丛刊》本、上海书店 1989 年影印本。

6.《东观集》10 卷　一名《钜鹿东观集》。北宋魏野（959 年—1019 年）撰。有书目文献出版社 1998 年影印南宋绍定元年刻本、中华书局 1987 年影印《古逸丛书三编》本、北京图书馆出版社 2003 年影印本。

7.《南阳集》6 卷　北宋赵湘撰。原书久佚，今本从《永乐大典》录出。有《武英殿聚珍版》本。

8.《武夷新集》20 卷，附《西昆酬唱集》　北宋杨亿（974 年—1020 年）撰。有《浦城遗书》本、福建人民出版社 2007 年点校本。

9.《文庄集》36 卷　北宋夏竦（985 年—1051 年）撰。原书久佚，今本从《永乐大典》录出。有《四库珍本初集》本、线装书局 2004 年影印本。

10.《范文正公文集》20 卷，别集 4 卷，补编 5 卷　一名《文正集》、《范仲淹全集》。北宋范仲淹（989 年—1052 年）撰。有《四部丛刊》本、中华书局 1984 年影印《古逸丛书三编》本、四川大学出版社 2002 年点校本。

11.《宋元宪集》40 卷　北宋宋庠（996 年—1066 年）撰。原书久佚，今本从《永乐大典》录出。有《武英殿聚珍版》本、《国学基本丛书》本。

12.《文恭集》50 卷，补遗 1 卷　北宋胡宿（996 年—1067 年）撰。原书久佚,今本从《永乐大典》录出。有《武英殿聚珍版》本。

13.《宋景文集》62卷,补遗2卷,附录1卷　北宋宋祁(998年—1061年)撰。原书久佚,今本从《永乐大典》录出。有《武英殿聚珍版》本、《国学基本丛书》本、《佚存丛书》本(150卷)。

14.《包孝肃奏议》10卷　一名《包拯集》。北宋包拯(999年—1062年)撰。有中华书局1963年排印本、黄山书社1999年校注本。

15.《武溪集》20卷,补佚1卷,奏议2卷　北宋余靖(1000年—1064年)撰。有《广东丛书》本、书目文献出版社1998年影印明成化九年刻本、线装书局2004年影印本。

16.《河南集》27卷　一名《河南先生文集》。北宋尹洙(约1001年—1047年)撰。有《四部丛刊》本、上海书店出版社1994年影印《丛书集成续编》本、线装书局2004年影印本。

17.《宛陵集》60卷,拾遗1卷,附录1卷　一名《宛陵先生文集》。北宋梅尧臣(1002年—1060年)撰。有《四部丛刊》本、上海古籍出版社2006年编年校注本。

18.《徂徕集》20卷,附录1卷　一名《徂徕石先生文集》。北宋石介(1005年—1045年)撰。有中华书局1984年点校本、书目文献出版社1998年影印清康熙五十六年刻本。

19.《潞公集》40卷　北宋文彦博(1006年—1097年)撰。有明嘉靖五年刊本。

20.《欧阳文忠公集》153卷,附录5卷　一名《欧阳修全集》。北宋欧阳修(1007年—1072年)撰。有《四部丛刊》本、中国文史出版社1999年排印本、中华书局2001年点校本。

21.《乐全集》40卷　一名《张方平集》。北宋张方平(1007年—1091年)撰。有《四库珍本初集》本、中州古籍出版社1992年点校本。

22.《苏学士集》16卷　一名《苏舜钦集》。北宋苏舜钦(1008年—1048年)撰。中华书局1961年排印本、上海古籍出版社1981年点校本。

23.《安阳集》50卷　一名《韩魏公集》。北宋韩琦(1008年—1075

年)撰。有书目文献出版社1998年影印明正德九年刻本、巴蜀书社2000年编年笺注本。另有《韩魏公集》20卷。有《国学基本丛书》本、《正谊堂全书》本。

24.《清献集》10卷　北宋赵抃(1008年—1084年)撰。有《四库全书》本、书目文献出版社1998年影印宋刻元明递修本。

25.《盱江集》37卷,年谱1卷,外集3卷　一名《李觏集》、《直讲李先生文集》。北宋李觏(1009年—1059年)撰。有《四部丛刊》本、中华书局1981年点校本。

26.《嘉祐集》16卷　北宋苏洵(1009年—1066年)撰。有《四部丛刊》本、中华书局1987年《古逸丛书三编》影印本、上海古籍出版社1993年笺注本。

27.《击壤集》20卷　北宋邵雍(1011年—1077年)撰。有《四部丛刊》本、上海书店1989年影印本、学林出版社2003年点校本。

28.《蔡忠惠集》36卷　一名《端明集》、《蔡忠惠公文集》、《蔡襄集》。北宋蔡襄(1012年—1067年)撰。有明万历四十三年刊本、上海古籍出版社1996年点校本。

29.《祠部集》36卷　北宋强至撰。原书久佚,今本从《永乐大典》录出。有《武英殿聚珍版》本。

30.《周子全书》4卷　一名《周敦颐集》、《周濂溪先生全集》。北宋周敦颐(1017年—1073年)撰。有《正谊堂全书》本、中华书局1991年点校本、岳麓书社2007年点校本。

31.《都官集》14卷　北宋陈舜俞(?—1076年)撰。有《宋人集》甲编本、线装书局2004年影印本。

32.《古灵集》25卷　北宋陈襄(1017年—1080年)撰。有清抄本。

33.《南阳集》30卷,附录1卷　北宋韩维(1017年—1098年)撰。只有《四库全书》本。

34.《丹渊集》40卷　北宋文同(1018年—1073年)撰。有《四部丛刊》本、兰州大学出版社2003年《中国西南文献丛书》本。

35.《公是集》54卷　北宋刘敞(1019年—1069年)撰。有《武英殿聚珍版》本、《国学基本丛书》本、线装书局2004年影印本。

36.《元丰类稿》50卷　一名《曾巩集》。北宋曾巩(1019年—1083年)撰。有《四部丛刊》本、中华书局1984年点校本、中州古籍出版社2010年点校本。

37.《华阳集》40卷　北宋王珪(1019年—1085年)撰。有《武英殿聚珍版》本、《四库全书》本。

38.《传家集》80卷　一名《司马文正集》、《温国文正司马公文集》、《司马光集》。北宋司马光(1019年—1086年)撰。有《四部丛刊》本、《万有文库》本、四川大学出版社2010年点校本。

39.《张子全书》14卷,附录1卷　一名《张载集》。北宋张载(1020年—1078年)撰。有《四部备要》本、中华书局1978年点校本。

40.《苏魏公文集》72卷　北宋苏颂(1020年—1101年)撰。有清道光二十二年刻本、中华书局1988年点校本。

41.《王安石文集》100卷　一名《王文公文集》、《临川集》。北宋王安石(1021年—1086年)撰。有《四部丛刊》本、上海古籍出版社1999年标点本、中华书局2021年标点本。

42.《郧溪集》28卷　北宋郑獬(1022年—1072年)撰。原书久佚,今本从《永乐大典》录出。有《湖北先正遗书》本。

43.《彭城集》40卷　北宋刘攽(1023年—1089年)撰。原书久佚,今本从《永乐大典》录出。有《武英殿聚珍版》本、广雅书局本、《国学基本丛书》本。

44.《节孝集》30卷,附录1卷　北宋徐积(1028年—1103年)撰。有清宣统三年刻本。

45.《范忠宣公集》20卷,奏议2卷,遗文1卷,附录1卷　北宋范纯仁(1027年—1101年)撰。有清康熙四十六年《二范集》本(即岁寒堂本)。

46.《净德集》38卷　北宋吕陶(1027年—1103年)撰。原书久佚,今本从《永乐大典》录出。有《武英殿聚珍版》本、广雅书局本。

47.《忠肃集》20卷　北宋刘挚(1030年—1097年)撰。原书久佚，今本从《永乐大典》录出。有《武英殿聚珍版》本、中华书局2002年点校本。

48.《长兴集》19卷　一名《沈括全集》。北宋沈括(1032年—1096年)撰。原书41卷，今已残缺，有《四部丛刊》本、上海书店1986年影印本、浙江大学出版社2011年点校本。

49.《广陵集》30卷，拾遗1卷　一名《王令集》。北宋王令(1032年—1059年)撰。有上海古籍出版社1980年点校本、文物出版社1982年影印《嘉业堂丛书》本。

50.《二程集》65卷　一名《二程全书》。北宋程颢(1032年—1085年)、程颐(1033年—1107年)撰。有《四部备要》本、中华书局1981年点校本。

51.《钱塘集》14卷　北宋韦骧(1033年—1105年)撰。原本16卷，今佚前2卷。有《武林掌故丛编》本。

52.《陶山集》16卷　北宋陆佃撰。原书久佚，今本从《永乐大典》录出。有《武英殿聚珍版》本。

53.《东坡全集》115卷　一名《东坡七集》、《苏轼文集》、《苏东坡全集》。北宋苏轼(1037年—1101年)撰。有《四部备要》本、中华书局1986年点校本、岳麓书社2000年点校本。

54.《青山集》30卷，续集7卷　北宋郭祥正撰。有清道光九年刊本。

55.《乐圃余稿》10卷，附录1卷　北宋朱长文(1039年—1098年)撰。有清康熙五十一年刊本。

56.《栾城集》50卷，后集24卷，三集10卷　一名《苏辙集》。北宋苏辙(1039年—1112年)撰。有《四部丛刊》本、上海古籍出版社1987年点校本、中华书局1990年点校本。

57.《范太史集》55卷　北宋范祖禹(1041年—1098年)撰。有《四库珍本初集》本。

58.《演山集》60卷　北宋黄裳(1044年—1130年)撰。有《四库珍本初集》本。

59.《谠论集》5卷　北宋陈次升(1044年—1119年)撰。原书久佚，今本从《永乐大典》录出。有《四库珍本初集》本。

60.《山谷全集》30卷　一名《豫章黄先生文集》、《黄庭坚全集》。北宋黄庭坚(1045年—1105年)撰。有《四部丛刊》本、四川大学出版社2001年点校本。

61.《潏水集》16卷　北宋李复撰。有《关陇丛书》本。

62.《西台集》20卷　北宋毕仲游撰。原书久佚，今本从《永乐大典》录出。有《武英殿聚珍版》本、《丛书集成初编》本。

63.《乐静集》30卷　北宋李昭玘撰。有《四库珍本初集》本。

64.《灌园集》20卷　北宋吕南公撰。有《四库珍本初集》本。

65.《鄱阳集》12卷　北宋彭汝砺(1047年—1095年)撰。有清乾隆五年至六年刻本。

66.《尽言集》13卷　北宋刘安世(1048年—1125年)撰。有《四部丛刊》本、中华书局1985年影印本。

67.《淮海集》40卷,后集6卷,长短句3卷　北宋秦观(1049年—1100年)撰。有《四部丛刊》本、上海古籍出版社1994年笺注本。

68.《后山集》24卷　一名《后山居士文集》。北宋陈师道(1053年—1102年)撰。有《适园丛书》本、上海古籍出版社1982年影印本。

69.《鸡肋集》70卷　北宋晁补之(1053年—1110年)撰。有《四部丛刊》本。

70.《张耒集》76卷　一名《张右史文集》、《宛丘集》。北宋张耒(1054年—1114年)撰。有《四部丛刊》本、中华书局1990年点校本。

71.《跨鳌集》30卷　北宋李新撰。原书久佚，今本从《永乐大典》录出。有《四库珍本初集》本。

72.《姑溪居士集》前集50卷,后集20卷　北宋李之仪撰。有清宣统三年刻本、《粤雅堂丛书》本。

73.《断肠诗集》10卷,续集8卷　一名《朱淑真集》。两宋之际人朱淑真撰,南宋郑元佐注。有清光绪二十六年广益书局石印本、浙江古籍出版社1985年集注本、上海古籍出版社1986年校注本。《四库全书》作《断肠词》1卷。

74.《清真集》上中下三编　北宋周邦彦(1056年—1121年)撰,有上海古籍出版社2008年笺注本。

75.《四明尊尧集》11卷　北宋陈瓘(约1057年—1124年)撰。有清雍正三年重刊本、齐鲁书社1996年《四库全书存目丛书》本。

76.《道乡集》40卷　北宋邹浩(1060年—1111年)撰。有清道光十一年刻本、上海商务印书馆1915年铅印本。

77.《摛文堂集》15卷,附录1卷　北宋慕容彦逢(1067年—1117年)撰。原书久佚,今本从《永乐大典》录出。有《常州先哲遗书》本、《丛书集成续编》本。

78.《眉山唐先生文集》30卷　一名《唐子西集》。北宋唐庚(1071年—1121年)撰。有《四部丛刊》本、线装书局2004年影印本。《四库全书》为24卷本。

79.《忠愍集》3卷　北宋李若水(1093年—1127年)撰。原书已佚,今本从《永乐大典》录出。有《四库全书》本。《乾坤正气》本和《畿辅丛书》本皆为1卷本。

80.《景迂生集》20卷　一名《嵩山集》。南宋晁说之(1059年—1129年)撰。有《摛藻堂四库全书荟要》本。

81.《龟山集》42卷　南宋杨时(1053年—1135年)撰。有《正谊堂全书》本、《丛书集成初编》本、《四库全书》本。(按:文集作者虽生于北宋,但在南宋仍生活有年,故作为南宋人。以下同。)

82.《宗忠简集》8卷　一名《宗泽集》。南宋宗泽(1060年—1128年)撰。有《丛书集成初编》本、浙江古籍出版社1984年标点本、华艺出版社1996年点校本。

83.《云溪居士集》30卷 南宋华镇撰。原书久佚,今本从《永乐大典》录出。有《四库珍本初集》本。

84.《竹隐畸士集》20卷 南宋赵鼎臣(1070年—?)撰。原书久佚,今本从《永乐大典》录出。有《四库珍本初集》本。

85.《少阳集》6卷 南宋陈东撰。第六卷为附录。有《四库全书》本。

86.《高峰文集》12卷 南宋廖刚(1070年—1143年)撰。有《四库珍本初集》本。

87.《忠穆集》8卷 南宋吕颐浩(1071年—1139年)撰。原书久佚,今本从《永乐大典》录出。有线装书局2004年影印本。

88.《斜川集》6卷,附录2卷 北宋苏过(1072年—1124年)撰。有《知不足斋丛书》本、《四部备要》本、巴蜀书社1996年校注本。《四库全书》未收。

89.《横塘集》20卷 南宋许景衡(1072年—1128年)撰。有《永嘉丛书》本、《丛书集成续编》本。

90.《丹阳集》24卷 南宋葛胜仲(1072年—1144年)撰。原书久佚,今本从《四库全书》录出。有《四部备要》本。

91.《襄陵集》12卷 南宋许翰(?—1133年)撰。原书久佚,今本从《永乐大典》录出。有《四库珍本初集》本。

92.《忠惠集》10卷,附录1卷 南宋翟汝文(1076年—1141年)撰。原书久佚,今本从《永乐大典》录出。有《四库珍本初集》本。

93.《吕颐浩集》8卷 南宋吕颐浩(1071年—1139年)撰。有浙江古籍出版社2012年点校本。

94.《建康集》8卷 一名《石林居士建康集》。南宋叶梦得(1077年—1148年)撰。有《石林遗书》本、《丛书集成续编》本。

95.《石林奏议》15卷 南宋叶梦得(1077年—1148年)撰。有清光绪十一年影宋刊本、上海古籍出版社《续修四库全书》本。

96.《北山小集》40卷 南宋程俱(1078年—1144年)撰。有清道光

97.《庄简集》18卷 南宋李光(1078年—1159年)撰。原书久佚，今本从《永乐大典》录出。有《四库珍本初集》本。

98.《苕溪集》55卷 南宋刘一止(1078年—1161年)撰。有朱祖谋刊本。

99.《浮溪集》36卷 南宋汪藻(1079年—1154年)撰。原书久佚，今本从《永乐大典》录出。有《四部丛刊》本。

100.《梁溪集》180卷，附录6卷 南宋李纲(1083年—1140年)撰。有清福建刊本、《四库珍本初集》本。

101.《华阳集》40卷 南宋张纲(1083年—1166年)撰。有《四部丛刊三编》本。

102.《李清照全集》 南宋李清照(1084年—约1151年)撰。有人民文学出版社1979年校注本、岳麓书社1999年编注本、珠海出版社2002年辑校本。《四库全书》未收。

103.《毗陵集》15卷 南宋张守(约1084年—1145年)撰。原书久佚，今本从《永乐大典》录出。有清光绪二十一年刊本、《武英殿聚珍版》本。

104.《忠正德文集》10卷 南宋赵鼎(1085年—1147年)撰。有《乾坤正气集》本。

105.《东牟集》14卷 南宋王洋(1087年—1154年)撰。原书久佚，今本从《永乐大典》录出。有《四库珍本初集》本。

106.《东牕集》16卷 南宋张扩(？—1147年)撰。原书久佚，今本从《永乐大典》录出。有《四库珍本初集》本。

107.《毘陵集》16卷 南宋张守(1084年—1145年)撰。有上海古籍出版社2018年点校本。

108.《北山集》30卷 南宋郑刚中(1088年—1154年)撰。有《金华丛书》本、广陵古籍刻印社1983年影印本。

109.《简斋集》16卷 一名《陈与义集》。南宋陈与义(1090年—

1138年)撰。有《四部丛刊》本、中华书局1982年点校本。

110.《相山集》30卷　南宋王之道(1093年—1169年)撰。有《四库珍本初集》本、北京图书馆出版社2006年点校本。

111.《紫微集》36卷　南宋张嵲(1096年—1148年)撰。有《湖北先正遗书》本、《丛书集成续编》本。

112.《斐然集》30卷　南宋胡寅(1098年—1156年)撰。有《四库珍本初集》本、中华书局1993年点校本。

113.《松隐文集》39卷　南宋曹勋(1098年—1174年)撰。有《嘉业堂丛书》本、文物出版社1982年影印本、线装书局2004年影印本。

114.《太仓稊米集》70卷　南宋周紫芝撰。有清乾隆六年刻本。

115.《鸿庆居士集》42卷　南宋孙觌(1081年—1169年)撰。有《常州遗书本》、《丛书集成续编》本。

116.《双溪集》15卷　南宋苏籀撰。有兰州大学出版社2003年《中国西南文献丛书》本。

117.《香溪集》22卷　南宋范浚(1102年—1151年)撰。有《丛书集成初编》本、广陵古籍刻印社1983年影印《金华丛书》本。

118.《五峰集》5卷　一名《胡宏集》。南宋胡宏(1106年—1162年)撰。有《四库珍本初集》本、中华书局1987年点校本。

119.《鄮峰真隐漫录》50卷　南宋史浩(1106年—1194年)撰。有清光绪二十六年刊本。

120.《汉滨集》16卷　南宋王之望(?—1170年)撰。原书久佚,今本从《永乐大典》录出。有《湖北先正遗书》本。

121.《梅溪集》54卷　一名《王十朋全集》。南宋王十朋(1112年—1171年)撰。有《四部丛刊》本、上海古籍出版社1998年整理全集本。

122.《盘洲集》80卷,附录1卷,拾遗1卷　南宋洪适(1117年—1184年)撰。有《四部丛刊》本。

123.《海陵集》23卷,外集1卷　南宋周麟之(1118年—1164年)撰。有《海陵丛刻》本。

124.《南涧甲乙稿》22 卷 南宋韩元吉(1118 年—1187 年)撰。有《武英殿聚珍版》本、中国社会科学出版社 2022 年点校本。

125.《文定集》24 卷 一名《汪文定公集》。南宋汪应辰(1119 年—1176 年)撰。有《武英殿聚珍版》本、齐鲁书社 1997 年《四库全书存目丛书》本、学林出版社 2009 年排印本。

126.《竹洲集》20 卷 南宋吴儆(1125 年—1183 年)撰。有清嘉庆十五年刊本、中国书店 1986 年影印世界书局 1936 年本。

127.《陆游集》135 卷(包括《剑南诗稿》85 卷、《渭南文集》50 卷) 南宋陆游(1125 年—1210 年)撰。有中华书局 1976 年排印本、远方出版社和内蒙古大学出版社 2000 年排印本。

128.《郑忠肃奏议遗集》2 卷 南宋郑兴裔撰。有《四库珍本初集》本。

129.《石湖诗集》34 卷 一名《范石湖集》。南宋范成大(1126 年—1193 年)撰。作者原有《全集》136 卷,《别集》29 卷,今皆未见,只有后人所订《诗集》。有《四部丛刊》本、中华书局 1962 年排印本、上海古籍出版社 1981 年排印本。

130.《文忠集》200 卷(包括《省斋文稿》40 卷,《平园续稿》40 卷,《省斋别稿》10 卷,《词科旧稿》3 卷,《掖垣类稿》7 卷,《玉堂类稿》20 卷,《政府应制稿》1 卷,《历官表奏》12 卷,《奏议》12 卷,《奉诏录》7 卷,《承明集》10 卷,《辛巳亲征录》1 卷,《龙飞录》1 卷,《归庐陵日记》1 卷,《闲居录》1 卷,《泛舟游山录》3 卷,《乾道庚寅奏事录》1 卷,《壬辰南归录》1 卷,《思陵录》1 卷,《玉堂杂记》3 卷,《二老堂诗话》2 卷,《二老堂杂志》5 卷,《唐昌玉蕊辨证》1 卷,《近体乐府》1 卷,《书稿》3 卷,《札子》11 卷,《小简》1 卷,《年谱》1 卷),附录 4 卷 南宋周必大(1126 年—1204 年)撰。有《宋庐陵四忠集》本、上海古籍出版社 2020 年《周必大集校证》本。

131.《杨万里集》132 卷 一名《诚斋集》。南宋杨万里(1127 年—1206 年)撰。有《摛藻堂四库全书荟要》本、《四部丛刊》本、中华书局 2007 年笺校本。

132.《朱熹集》100 卷,续集 11 卷,别集 10 卷,遗集 3 卷,外集 2 卷　一名《朱文公文集》、《晦庵先生朱文公集》、《朱子大全》。南宋朱熹(1130 年—1200 年)撰。有《四部丛刊》本、《四部备要》本、四川教育出版社 1996 年点校本。

133.《于湖集》40 卷　一名《于湖居士文集》。南宋张孝祥(1132 年—1170 年)撰。有《四部丛刊》本、上海古籍出版社 1980 年排印本。

134.《张栻全集》44 卷,补遗 1 卷　一名《南轩集》。南宋张栻(1133 年—1180 年)撰。有清咸丰四年刊本、长春出版社 1999 年点校本。

135.《江湖长翁文集》40 卷　南宋陈造(1133 年—1203 年)撰。有明万历四十六年刊本。

136.《浪语集》35 卷　一名《薛季宣集》。南宋薛季宣(1134 年—1173 年)撰。有《永嘉丛书》本、上海社会科学院出版社 2003 年点校本。

137.《吕祖谦全集》40 卷　一名《东莱吕太史文集》、《东莱集》。南宋吕祖谦(1137 年—1181 年)撰。有《续金华丛书》本。按吕祖谦另编有《宋文鉴》150 卷。有《摛藻堂四库全书荟要》本、《四部丛刊》本、广陵古籍刻印社 1983 年重印《续金华丛书》本、浙江古籍出版社 2008 年点校本。

138.《止斋文集》51 卷,附录 1 卷　一名《陈傅良先生文集》。南宋陈傅良(1137 年—1203 年)撰。有《四部丛刊》本、浙江大学出版社 1999 年点校本。

139.《攻媿集》112 卷　南宋楼钥(1137 年—1213 年)撰。有《武英殿聚珍版》本、《四部丛刊》本、浙江古籍出版社 2010 年点校本。

140.《双溪类稿》27 卷　一名《王双溪先生集》。南宋王炎(1137 年—1218 年)撰。有清康熙王氏刊本。

141.《象山集》28 卷,外集 4 卷,附语录 4 卷　一名《陆九渊集》、《陆象山全集》。南宋陆九渊(1139 年—1193 年)撰。有《四部丛刊》本、中华书局 1980 年点校本、中国书店 1992 年据明嘉靖本排印本。

142.《东塘集》20 卷　南宋袁说友(1140 年—1204 年)撰。原书久佚,今本从《永乐大典》录出。又,袁说友另与僚友扈仲荣、杨汝明等 8 人编有《成都文类》50卷。以上两书有《四库珍本初集》本、书目文献出版社2002年《北京图书馆古籍珍本丛刊》本。

143.《定斋集》20卷　南宋蔡戡(1141年—?)撰。原书久佚,今本从《永乐大典》录出。有《常州先哲遗书》本、《丛书集成续编》本。

144.《九华集》25卷,附录1卷　南宋员兴宗撰。原书久佚,今本从《永乐大典》录出。有《四库珍本初集》本、线装书局2004年影印本。

145.《慈湖遗书》18卷,《续集》2卷　南宋杨简(1141年—1226年)撰。有《四明丛书》本、《丛书集成续编》本、广陵书社2006年《四明丛书》本。

146.《止堂集》18卷　南宋彭龟年(1142年—1206年)撰。原书久佚,今本从《永乐大典》录出。有《武英殿聚珍版》本、《丛书集成初编》本。

147.《龙川文集》30卷　南宋陈亮(1143年—1194年)撰。有《金华丛书》本、中华书局1987年点校增订本(作39卷)。

148.《絜斋集》24卷　南宋袁燮(1144年—1224年)撰。原书久佚,今本从《永乐大典》录出。有《武英殿聚珍版》本、《丛书集成初编》本。

149.《水心文集》29卷,别集16卷　一名《叶适集》。南宋叶适(1150年—1223年)撰。有《永嘉丛书》本、中华书局1961年点校本。

150.《勉斋集》40卷　南宋黄榦(1152年—1221年)撰。有清道光二十六年刊本、人民出版社2009年《闽刻珍本丛刊》本。

151.《龙洲集》14卷,附录2卷　南宋刘过(1154年—1206年)撰。有《函海》本、上海古籍出版社1978年排印本。

152.《昌谷集》22卷　南宋曹彦约(1157年—1228年)撰。原书久佚,今本从《永乐大典》录出。有《四库珍本初集》本。

153.《漫塘文集》36卷　南宋刘宰(1166年—1239年)撰。有《嘉业堂丛书》本、文物出版社1982年影印本、线装书局2004年影印本。

154.《性善堂稿》15卷　南宋度正撰。原书久佚,今本从《永乐大典》录出。有《四库珍本初集》本。

155.《后乐集》20卷　南宋卫泾撰。原书久佚,今本从《永乐大典》

录出。有《四库珍本初集》本。

156.《鹤山全集》109卷　一名《鹤山先生大全文集》。南宋魏了翁(1178年—1237年)撰。有《四部丛刊》本、北京图书馆出版社2004年影印本。

157.《西山文集》55卷　一名《西山先生真文忠公文集》。南宋真德秀(1178年—1235年)撰。有《四部丛刊》本、《国学基本丛书》本、北京图书馆出版社2006年影印本。

158.《蒙斋集》18卷　南宋袁甫撰。原书久佚,今本从《永乐大典》录出。有《武英殿聚珍版》本。

159.《鹤林集》40卷　南宋吴泳撰。原书久佚,今本从《永乐大典》录出。有《四库珍本初集》本、兰州大学出版社2003年《中国西南文献丛书》本。

160.《左史谏草》1卷　南宋吕午(1179年—1255年)撰。有《四库珍本初集》本。

161.《可斋杂稿》34卷,《续稿》8卷,《续稿后》12卷　南宋李曾伯撰。有《四库珍本初集》本、线装书局2004年影印本。

162.《敝帚稿略》8卷　南宋包恢(1182年—1268年)撰。有《宋人集》丙编本。

163.《清献集》20卷　南宋杜范(1182年—1245年)撰。有清同治九年刊本。

164.《玉楮集》8卷　南宋岳珂(1183年—1234年)撰。有《三怡堂丛书》本、《丛书集成续编》本、线装书局2004年影印本。

165.《铁庵集》37卷　南宋方大琮(1183年—1247年)撰。有明正德八年刊本。

166.《臞轩集》16卷　南宋王迈(1185年—1248年)撰。原书久佚,今本从《永乐大典》录出。有《四库珍本初集》本、线装书局2004年影印本。

167.《后村集》196卷　一名《后村先生大全集》、《刘克庄集》。南宋刘克庄(1187年—1269年)撰。有《四部丛刊》本、四川大学出版社2008年点校本、中华书局2012年笺校本。

168.《秋崖集》40卷　南宋方岳(1199年—1262年)撰。有明嘉靖五年刊本及各种清刊本。嘉靖本有文集45卷,诗集38卷。

169.《文溪存稿》20卷　南宋李昴英(1201年—1257年)撰。有清光绪刊本、暨南大学出版社1994年点校本。

170.《耻堂存稿》8卷　南宋高斯得撰。原书久佚,今本从《永乐大典》录出。有《武英殿聚珍版》本、兰州大学出版社2003年《中国西南文献丛书》本。

171.《巽斋文集》27卷　南宋欧阳守道(1209年—?)撰。有庐陵书局本。

172.《雪坡文集》50卷　一名《雪坡舍人集》。南宋姚勉(1216年—1262年)撰。有《豫章丛书》本。

173.《鲁斋集》20卷　南宋王柏(1214年—1279年)撰。有《续金华丛书》本。

174.《本堂集》94卷　南宋陈著撰。有清光绪十九年刊本。

175.《黄震全集》97卷　南宋黄震(1213年—1280年)撰,又名《黄氏日钞》。有耕余楼刊本、浙江大学出版社2013年点校整理本。

176.《四明文献集》5卷,补遗1卷　南宋王应麟(1223年—1296年)撰。有《四明丛书》本、《丛书集成续编》本、中华书局2010年点校本。

177.《碧梧玩芳集》24卷　南宋马廷鸾(约1223年—1289年)撰。原书久佚,今本从《永乐大典》录出。有《豫章丛书》本、《丛书集成续编》本。

178.《叠山集》16卷　南宋谢枋得(1226年—1289年)撰。有《四部丛刊》本、《正谊堂全书》本。

179.《文山集》21卷　一名《文天祥全集》。南宋文天祥(1236年—1283年)撰。有《四部丛刊》本、江西人民出版社1987年点校本。

180.《晞发集》10卷,遗集2卷,补1卷　南宋谢翱(1249年—1295年)撰。有《知不足斋丛书》本、《国粹丛书》本。

181.《霁山先生集》5 卷,首 1 卷,拾遗 1 卷　南宋林景熙撰。有《知不足斋丛书》本、中华书局上海编辑所 1960 年校注本。

182.《湖山类稿》5 卷,附《水云集》1 卷　南宋汪元量撰。有《武林往哲遗著》本、中华书局 1984 年(增订)辑校本。

183.《佩韦斋文集》20 卷　南宋俞德邻撰。有《天禄琳琅丛书》本。

184.《陵阳集》24 卷　南宋牟巘(1227 年—1311 年)撰。有《摘藻堂四库全书荟要》本、《吴兴丛书》本。

185.《存雅堂遗稿》5 卷　一名《方凤集》。南宋方凤(1240 年—1321 年)撰。有《续金华丛书》本、浙江古籍出版社 1993 年辑校本。

186.《心史》2 卷　一名《郑思肖集》。相传为南宋郑思肖(1241 年—1318 年)撰。有清光绪三十一年上海广智书局本、上海古籍出版社 1991 年点校本、北京出版社 2000 年《四库禁毁书丛刊》本。

乙、主要笔记小说

1.《丁晋公谈录》1 卷　北宋丁谓(966 年—1037 年)口述。有《百川学海》本、《历代小史》本、中华书局 2012 年点校本。《四库全书》未收。

2.《杨文公谈苑》辑本　原书 15 卷,今辑佚得 233 条。北宋杨亿(974 年—1020 年)口述。有《五朝小说》本、上海古籍出版社 1993 年辑校本。《四库全书》未收。

3.《王文正笔录》1 卷　北宋王曾(978 年—1038 年)撰。有《百川学海》本、《学津讨原》本。

4.《笔记》3 卷　一名《宋景文公笔记》。北宋宋祁(998 年—1061 年)撰。有《百川学海》本、《学津讨原》本、大象出版社点校本。

5.《儒林公议》2 卷　北宋田况(1005 年—1063 年)撰。有《笔记小说大观》本、大象出版社 2003 年点校本。

6.《归田录》2 卷　北宋欧阳修(1007 年—1072 年)撰。书成于治平四年(1067 年)。有《学津讨原》本、中华书局 1981 年点校本。

7.《东斋记事》5 卷,补遗 1 卷　北宋范镇(1008 年—1089 年)撰。原书久佚,今本从《永乐大典》录出。有《墨海金壶》本、中华书局 1980 年点校本。

8.《钱氏私志》1卷　北宋钱愐撰。有《历代小史》本、《学海类编》本、大象出版社2006年点校本。

9.《闻见杂录》1卷　北宋苏舜钦(1008年—1048年)撰。有《历代小史》本、《五朝小说大观》本。《四库全书》未收。

10.《倦游杂录》辑本　原书8卷,一作15卷,今辑佚得167条。北宋张师正(1016年—?)撰。有上海古籍出版社1993年辑校本。《四库全书》未收。

11.《嘉祐杂志》2卷　一名《江邻几杂志》、《醴泉笔录》。北宋江休复(1005年—1060年)撰。有《唐宋丛书》本、《学海类编》本、广陵古籍刻印社1995年影印《笔记小说大观》本。

12.《湘山野录》3卷,《续录》1卷　北宋释文莹撰。有《津逮秘书》本、中华书局1984年点校本。

13.《玉壶清话》10卷　一名《玉壶野史》。北宋释文莹撰。书成于元丰元年(1078年)。有《知不足斋丛书》本、中华书局1984年点校本。

14.《国老谈苑》2卷　北宋王君玉撰。有《学津讨原》本、大象出版社2006年点校本。

15.《春明退朝录》3卷　北宋宋敏求(1019年—1079年)撰。有《百川学海》本、《学津讨原》本、中华书局1980年点校本。

16.《涑水记闻》16卷　北宋司马光(1019年—1086年)撰。有《学津讨原》本、中华书局1989年点校本。

17.《家仪》10卷　北宋司马光(1019年—1086年)撰。此书记载宋代行于家庭中的各种礼仪,本属仪制之属,姑附于笔记小说类,以供研究宋代礼制之参考。有《学津讨原》本、《丛书集成初编》本。

18.《墨客挥犀》10卷、《续墨客挥犀》10卷　旧题北宋彭乘撰。有《稗海》本、《宛委别藏》本、中华书局2002年点校本、大象出版社2008年点校本。

19.《渑水燕谈录》10卷　北宋王辟之(1031年—?)撰。书成于绍圣二年(1095年)。有《知不足斋丛书》本、中华书局1981年点校本。

20.《梦溪笔谈》26卷,《补笔谈》3卷,《续笔谈》1卷　北宋沈括(1032年—1096年)撰。有《稗海》本、文物出版社1975年据元大德九年刊本影印本、中华书局1962年点校本、大象出版社2006年点校本。

21.《麈史》3卷　北宋王得臣(1036年—?)撰。有《知不足斋丛书》本、上海古籍出版社1986年点校本。

22.《珩璜新论》1卷(或作4卷)　一名《孔氏杂说》。北宋孔平仲撰。有《墨海金壶》本、《学海类编》本、大象出版社2006年点校本。

23.《青箱杂记》10卷　北宋吴处厚撰。书成于元祐二年(1087年)。有《笔记小说大观》本、中华书局1985年点校本。

24.《青琐高议》前集10卷,后集10卷,别集7卷　北宋刘斧撰。有董氏诵芬室刊本、上海古籍出版社1983年点校本。

25.《东坡志林》5卷　北宋苏轼(1037年—1101年)撰。有《学津讨原》本、华东师范大学出版社1983年点校本。

26.《仇池笔记》2卷　北宋苏轼(1037年—1101年)撰。有《学津讨原》本、中华书局1981年点校本。

27.《龙川略志》10卷,《别志》2卷　北宋苏辙(1039年—1112年)撰。《略志》有《百川学海》本,《别志》有《稗海》本。两书尚有中华书局1982年点校本。

28.《甲申杂记》1卷,《闻见近录》1卷,《随手杂录》1卷,《甲申闻见二录补遗》1卷　北宋王巩撰。有《知不足斋丛书》本、《学海类编》本、大象出版社2006年点校本。

29.《后山谈丛》6卷　北宋陈师道(1053年—1102年)撰。有《适园丛书》(《后山先生集》)本、上海古籍出版社1989年点校本。

30.《东轩笔录》15卷　北宋魏泰撰。有《湖北先正遗书》本、中华书局1983年点校本。

31.《侯鲭录》8卷　北宋赵令畤撰。有《知不足斋丛书》本、中华书局2002年点校本。

32.《吕氏杂记》2卷　北宋吕希哲撰。原本久佚,今本从《永乐大典》录出。有《指海》本、大象出版社2008年点校本。

33.《孙公谈圃》3卷　北宋刘延世录所闻于孙升之语而成。有《百川学海》本、《学津讨原》本、大象出版社2006年点校本。

34.《文昌杂录》6卷,补遗1卷　北宋庞元英撰。书约成于元丰六年(1083年)前后,有《续百川学海》本、《学津讨原》本、中华书局1958年点校本。

35.《春渚纪闻》10卷　北宋何薳撰。有《津逮秘笈》本、《学津讨原》本、中华书局1983年点校本。

36.《冷斋夜话》10卷　北宋释惠洪撰。有《津逮秘书》本、《学津讨原》本、中华书局1988年点校本。

37.《珍席放谈》2卷　北宋高晦叟撰。有《函海》本、《丛书集成初编》本、大象出版社2008年点校本。

38.《靖康缃素杂记》10卷　一名《缃素杂记》,已有散佚。北宋黄朝英撰。是书以对字义、词义的考订及典故出处的探讨为多。有《墨海金壶》本、《宝颜堂秘笈》本、上海古籍出版社1986年点校本。

39.《邵氏闻见录》20卷　北宋邵伯温(1057年—1134年)撰。书成于绍兴二年(1132年)。有《学津讨原》本、中华书局1983年点校本。

40.《师友谈记》1卷　北宋李廌(1059年—1109年)撰。有《学津讨原》本、中华书局2002年点校本。

41.《泊宅编》10卷、《泊宅编》3卷　是书现存两种本子,有重文,也有差异。南宋方勺(1066年—?)撰。书成于绍兴三年(1133年),后续有所补。有《金华丛书》本、中华书局1983年点校本。

42.《鸡肋编》3卷　南宋庄绰撰。书成于绍兴三年(1133年),后续有所补。有《丛书集成初编》本、中华书局1983年点校本。

43.《曲洧旧闻》10卷　南宋朱弁(?—1144年)撰。有《知不足斋丛书》本、《学津讨原》本、中华书局2002年点校本。

44.《可书》1卷　南宋张知甫撰。有《守山阁丛书》本、中华书局

2002年点校本。

45.《过庭录》1卷　南宋范公偁撰。有《笔记小说大观》本、中华书局2002年点校本。

46.《默记》3卷　南宋王铚撰。有《知不足斋丛书》本、中华书局1981年点校本。

47.《扪虱新话》15卷　南宋陈善撰。有《津逮秘书》本、《宋人小说》本、上海书店1990年影印本。

48.《铁围山丛谈》6卷　南宋蔡絛撰。有《知不足斋丛书》本、中华书局1983年点校本。

49.《懒真子》5卷　南宋马永卿撰。有《儒学警悟》本、大象出版社2008年点校本。

50.《石林燕语》10卷　南宋叶梦得(1077年—1148年)撰。书成于建炎二年(1128年),后人有增益。有《琳琅秘室丛书》本、《儒学警悟》本、中华书局1984年点校本。

51.《避暑录话》2卷　南宋叶梦得(1077年—1148年)撰。有上海书店1990年影印本、大象出版社2008年点校本。

52.《麟台故事》5卷,附影宋残本3卷　南宋程俱(1078年—1144年)撰。5卷本为《四库全书》馆臣从《永乐大典》辑出,影宋残本内容与辑本互有出入。有《十万卷楼丛书》本、中华书局2000年校证本。

53.《学林》10卷　一名《学林新编》,南宋王观国撰。内容以考订为主,是一部带学术性的笔记。有《武英殿聚珍版》本、中华书局1992年影印文渊阁《四库全书》本、岳麓书社2010年点校本。

54.《却扫编》3卷　南宋徐度撰。有《津逮秘书》本、《学津讨原》本、大象出版社2008年点校本。

55.《西溪丛语》2卷　南宋姚宽(1105年—1162年)撰。是书以对字义、词义的考订及典故出处的探讨为多。有《津逮秘书》本、《学津讨原》本、中华书局1993年点校本。

56.《独醒杂志》10卷　南宋曾敏行(1118年—1175年)撰。有《知不足斋丛书》本、上海古籍出版社 1986 年点校本。

57.《挥麈录》前录 4 卷,后录 11 卷,三录 3 卷,余话 2 卷　南宋王明清(约 1127 年—?)撰。有《学津讨原》本、上海书店出版社 2001 年标点本、上海古籍出版社 2007 年《宋元笔记小说大观》本。

58.《玉照新志》6 卷　南宋王明清(约 1127 年—?)撰。有《宝颜堂秘笈》本、《学津讨原》本、上海古籍出版社 1991 年点校本。

59.《投辖录》1 卷　南宋王明清(约 1127 年—?)撰。有《说郛》本、《五朝小说大观》本、上海古籍出版社 1991 年点校本。

60.《能改斋漫录》18 卷　南宋吴曾撰。书约成于绍兴二十四年至二十七年(1154 年—1157 年)。内容以考订为主,是一部带学术性的笔记。有《武英殿聚珍版》本、《守山阁丛书》本、上海古籍出版社 1979 年点校本。

61.《墨庄漫录》10 卷　南宋张邦基撰。有《丛书集成初编》本、中华书局 2002 年点校本。

62.《邵氏闻见后录》30 卷　南宋邵博(?—1158 年)撰。书成于绍兴二十七年(1157 年)。有《津逮秘书》本、《学津讨原》本、中华书局 1983 年点校本。

63.《容斋随笔》16 卷,续笔 16 卷,三笔 16 卷,四笔 16 卷,五笔 10 卷　南宋洪迈(1123 年—1202 年)撰。有《四部丛刊》本、上海古籍出版社 1978 年点校本、岳麓书社 1994 年点校本。

64.《夷坚志》206 卷　南宋洪迈(1123 年—1202 年)撰。原书 420 卷,今佚一半多。是书所载,虽多为鬼怪异事,但反映了一定的社会现实。有《十万卷楼丛书》本、中华书局 2006 年点校本。

65.《瓮牖闲评》8 卷　南宋袁文(1119 年—1190 年)撰。是书内容以考订为主,是一部带学术性的笔记。有《武英殿聚珍版》本、上海古籍出版社 1985 年点校本。

66.《寓简》10 卷,附录 1 卷　南宋沈作喆撰。内容以考订为主,是一部带学术性的笔记。书成于淳熙元年(1174 年)。有《知不足斋丛书》本、《丛书集成初编》本、大象出版社 2008 年点校本。

67.《涧泉日记》3卷　南宋韩淲撰。有《武英殿聚珍版》本、上海古籍出版社1993年点校本。

68.《老学庵笔记》10卷　南宋陆游(1125年—1210年)撰。有《津逮秘书》本、《学津讨原》本、中华书局1979年点校本。

69.《家世旧闻》1卷　南宋陆游(1125年—1210年)撰。是书收入《陆游集》,另有《百川学海》本、中华书局1993年点校本。

70.《睽车志》6卷　南宋郭彖撰。是书皆记鬼怪神异之事,反映了一定的社会现实。有《稗海》本、《丛书集成初编》本。

71.《范成大笔记六种》　是书收入南宋范成大(1126年—1193年)现存的六种笔记:《揽辔录》、《骖鸾录》、《桂海虞衡志》、《吴船录》、《梅谱》、《菊谱》。有中华书局2002年点校本。

72.《清波杂志》12卷　南宋周煇(1127年—?)撰。书成于绍熙三年(1192年)。有《知不足斋丛书》本、中华书局1994年点校本。

73.《袁氏世范》2卷　南宋袁采撰。书成于绍熙元年(1190年)。属于家训一类史书。有《知不足斋丛书》本、天津古籍出版社1995年点校本。《四库全书》入儒学类。

74.《云麓漫钞》15卷　南宋赵彦卫(约1140年—约1210年)撰。书成于开禧二年(1206年)。有《笔记小说大观》本、中华书局1996年点校本。

75.《西塘集耆旧续闻》10卷　南宋陈鹄撰。有《知不足斋丛书》本、中华书局2002年点校本。

76.《野客丛书》30卷　南宋王楙(1151年—1213年)撰。书成于庆元元年(1195年),后有增补。内容以考订为主,是一部带学术性的笔记。有明嘉靖四十一年刻本、中华书局1987年点校本。

77.《旧闻证误》4卷,补遗1卷　原书15卷,今有散失。南宋李心传(1167年—1244年)撰。是书对宋代某些史书及笔记中所载史事,多所驳正。有《藕香零拾》本、《榕园丛书》本、中华书局1981年点校本。

78.《宾退录》10卷 南宋赵与时(1175年—1231年)撰。有《学海类编》本、上海古籍出版社1983年点校本。

79.《桯史》15卷 南宋岳珂(1183年—1234年)撰。书成于嘉定年间(1208年—1224年)。有《四部丛刊》本、中华书局1981年点校本。

80.《愧郯录》15卷 南宋岳珂(1183年—1234年)撰。有《知不足斋丛书》本、广陵古籍刻印社1995年影印《笔记小说大观》本、北京图书馆出版社2006年影印本。

81.《燕翼诒谋录》5卷 南宋王栐撰。书成于宝庆三年(1227年)。有《百川学海》本、《学津讨原》本、中华书局1981年点校本。

82.《芦浦笔记》10卷 南宋刘昌诗撰。有《知不足斋丛书》本、《学海类编》本、中华书局1986年点校本。

83.《游宦纪闻》10卷 南宋张世南(约1195年—约1264年)撰。有《知不足斋丛书》本、中华书局1981年点校本。

84.《梁溪漫志》10卷 南宋费衮撰。有《知不足斋丛书》本、山西人民出版社1986年点校本。

85.《学斋占毕》4卷 南宋史绳祖撰。内容以考订为主,是一部带学术性的笔记。有《百川学海》本、《学津讨原》本、中华书局1992年影印文渊阁《四库全书》本。

86.《演繁露》16卷,续集6卷 南宋程大昌撰。内容以考订为主,是一部带学术性的笔记。有《学津讨原》本、京华出版社2000年排印本。

87.《考古编》(包括《程氏考古编》10卷、《程氏续考古编》10卷) 南宋程大昌撰。《程氏考古编》有《学津讨原》本、《儒学警悟》本、辽宁教育出版社于2000年将两书合编成一书点校出版、大象出版社2008年点校本。《四库全书》未收。

88.《鼠璞》2卷 南宋戴埴撰。内容以考订为主,是一部带学术性的笔记。有《唐宋丛书》本、《学津讨原》本、中华书局1992年影印文渊阁《四库全书》本。

第五章 宋史史料

89.《考古质疑》6卷 南宋叶大庆撰。内容以考订为主,是一部带学术性的笔记。有《武英殿聚珍版》本、上海古籍出版社1985年点校本。

90.《四朝闻见录》5卷 南宋叶绍翁撰。有《知不足斋丛书》本、中华书局1989年点校本。

91.《贵耳集》3卷 南宋张端义撰。有《津逮秘书》本、《学津讨原》本、上海古籍出版社1993年影印《四库全书》本。

92.《鹤林玉露》18卷 南宋罗大经(约1195年—约1253年)撰。有《丛书集成初编》本、中华书局1983年点校本。

93.《佩韦斋辑闻》4卷 南宋俞德邻撰。内容以考订为主,是一部带学术性的笔记。有《学海类编》本、上海古籍出版社1993年影印《四库全书》本。

94.《困学纪闻》20卷 南宋王应麟(1223年—1296年)撰。内容以考订为主,是一部带学术性的笔记。有《四部丛刊》本、《四部备要》本、辽宁教育出版社1998年点校本。

95.《齐东野语》20卷 南宋周密(1232年—约1308年)撰。是书虽为笔记类小说,但记载南宋史事特详。有《学津讨原》本、《津逮秘书》本、中华书局1983年点校本。

96.《癸辛杂识》前集1卷,后集1卷,续集2卷,别集2卷 南宋周密(1232年—约1308年)撰。有《津逮秘书》本、《学津讨原》本、中华书局1988年点校本。

97.《随隐漫录》5卷 南宋陈世崇撰。有《稗海》本、中华书局2010年点校本。

98.《钱塘遗事》10卷 元初刘一清撰。有《武林掌故丛编》本、上海古籍出版社1985年据扫叶山房席氏校订本影印本。

99.《东南纪闻》3卷 元初撰者佚名。有《墨海金壶》本、《守山阁丛书》本、上海古籍出版社1991年影印《四库全书》本。

100.《隐居通议》31卷 元刘埙(1240年—?)撰。有《海山仙馆丛书》本、凤凰出版社2010年影印《海山仙馆丛书》本。

101.《山房随笔》1卷　元蒋子正撰,有《百川学海》本、《知不足斋丛书》本、上海古籍出版社2001年《宋元笔记小说大观》本。

102.《遂昌杂录》1卷　元郑元祐撰。有《稗海》本、广陵古籍刻印社1995年影印《笔记小说大观》本。

附识：以上宋代笔记,皆收录于近年来由河南大象出版社陆续出版之《全宋笔记》本之中。(该丛书为点校本,已于2018年完成出版。)

第六章　辽金西夏史史料

（辽：公元916年—公元1125年）
（金：公元1115年—公元1234年）
（西夏：公元1038年—公元1227年）

一、辽史史料

公元916年，契丹族首领耶律阿保机自立为帝，国号契丹，建皇都（后改称上京临潢府，今内蒙古巴林左旗南）。辽立国210年，共历9帝，到公元1125年为金所灭，几乎与中原的五代同时开始，与北宋同时结束。辽朝前期，通过对外征战，其疆域东北到黑龙江口，西北到蒙古高原中部，南与北宋接界，"幅员万里"，是当时统治中国北方的一个大国。辽立国久，史事十分丰富，又创立了本民族自己的文字，即契丹大字和契丹小字，也有修史制度，按理说文献史料不会很少，但今天所存的辽史史料却十分缺乏，究其原因，主要有三个方面：一是契丹文字难读难懂，在其统治的北方汉人地区难以推广；二是辽朝有过严格的书籍管制令，规定辽人著作不能带出国境，否则要处死，这样就不利于辽朝著作的传播；三是经济文化的发展不如北宋，也影响了史学的发达。因此，今天人们研究辽史，主要仍依赖于汉籍，另外，考古资料也占有比较重要的地位。

（一）基本史料和辽人杂作

1.《辽史》116卷　元脱脱等撰。书成于至正四年(1344年)。包括本纪30卷、表8卷、志32卷、列传45卷、国语解1卷。记辽太祖耶律阿保机创建契丹国(916年)到辽朝灭亡(1125年)为止210年的历史,是研究辽史最基本和最重的史料来源。《辽史》的特点有二:一是新创《营卫》、《兵卫》两志。《营卫志》叙述辽政权的"营卫"、"行营"概况和部落建置、分布,以及契丹族的生活情况。《兵卫志》分"兵制"、"御帐亲军"、"宫卫骑军"等纲目,扼要地叙述辽的军事组织。二是设"国语解"一卷,对书中用契丹语记载的官制、宫卫、部族、地名等作了注释,为阅读《辽史》提供了便利。《辽史》在编撰过程中由于缺乏史料,所以只能以某些野史杂说并凑,其史料的真确性就受到影响,加上成书仓促,所以问题也不少:一是全书仅47万字,尚不到《宋史》的十分之一,由于内容过于简单,重要史实漏载情况十分严重,其中如辽自建国以来,几次改变国号,书中皆缺记载。二是重复和矛盾之处不少。如《高丽传》、《西夏传》和《百官》、《刑法》、《食货》诸志的内容,大多来自本纪。再如耶律余覩谋立晋王事,《天祚纪》及《萧奉先传》、《耶律余覩传》都以为是萧奉先诬陷,《晋王传》、《皇子表》则以为是事实。三是舛误较多。如《辽史》中道宗有"寿隆"年号,隆字犯圣宗讳,证之辽代碑刻和钱币,实为"昌"字之误。至于一人两传或译名不一的情况也很多。为弥补《辽史》的上述缺点,清人李有棠作《辽史纪事本末》40卷,对《辽史》作了很多补充。该书分正文和考异两部分,正文"区别条流,各从其类,均以正史为主";考异则博采群书,用小注的形式,将诸书异同"分载每条之下","以便观览,而资质证"(《辽史纪事本末·凡例》),其史料价值实不小于《辽史》本身。《辽史》有中华书局1974年点校本。《辽史纪事本末》有中华书局1983年点校本。

2.《契丹国志》28卷　旧题南宋孝宗朝秘书丞叶隆礼奉敕撰,于南宋孝宗淳熙七年(1180年)进书。然据近人余嘉锡先生考证,实出于元人伪托。其中包括帝纪12卷,列传7卷,晋降表、宋辽誓书、议书1卷,诸国馈贡礼物数1卷,地理1卷,族姓、风俗、制度1卷,行程录与诸杂记4卷,译改国语解1卷。卷首有契丹国初兴本末、契丹九帝年谱各1篇。是书系从各种史籍、杂记中抄撮与契丹有关的材料而成,保存了不少原始资料,尤其在辽史史料极为缺乏且有些杂记已失传的情况下,有重要的史料价值。但由于资料来源较杂又缺乏考证,故内容失实,记时不确,称谓不一的缺点不一而足,使用时必须引起注意。有扫叶山房刊《四朝别史》本、上海古籍出版社1985年点校本。

3.《焚椒录》1卷　辽王鼎撰。书成于辽大安五年(1089年)。记耶律乙辛构陷道宗宣懿后始末,与《契丹国志》所记有出入。有《宝颜堂秘笈》本、《丛书集成初编》本、齐鲁书社1996年《四库全书存目丛书》本。

4.《阴山杂录》16卷　由辽入宋人赵志忠撰。撰者原为辽朝进士,曾任翰林学士、修国史。辽兴宗时投奔北宋,记辽朝事进上。内容有君臣世次、国俗、官称、仪物及蕃汉兵马、山川风物等。有清抄本。《四库全书》未收。

5.《龙龛手鉴》4卷　辽释行均撰。书成于辽统和十五年(997年)。这是一本汉字字书,共收字26 430个,字头下注有反切,释义简略,形音并重。该书原为翻译佛经之用,缺少史料价值。有《续古逸丛书》本、中华书局1985年影印本。

(二) 正史和会要中的史料

1.《旧五代史》卷一三七《契丹传》。
2.《新五代史》卷七二至七三《四夷附录·契丹》。
3.《宋会要辑稿》蕃夷一、二"辽"上下。
4.《宋史》和《金史》中的有关记载。

(三) 宋人使辽报告

从公元1005年宋辽签订澶渊之盟开始,直到徽宗朝后期,宋金订立

"海上之盟"、决定夹击辽朝为止的一百余年间,北宋与辽基本上维持着相对和平的局面。每逢元旦、皇帝登极、帝后生辰或帝后逝世,双方都要互派使节前往对方祝贺或吊唁。北宋使臣返国后,照例须向朝廷报告出使辽朝的见闻和应对情况,这种出使记录多称使辽语录或行程录,这些报告对研究辽朝的政治、经济、军事、文化、地理、物产乃至契丹人的生活状况都具有较高的史料价值,保存至今的大约有十余种之多。

1.《乘轺录》 北宋路振(957年—1014年)撰。有《指海》本、《愿学斋丛刊》本、四川大学出版社2007年《宋元地理史料汇编》本。《四库全书》未收。

2.《上契丹事》 北宋王曾(978年—1038年)撰。见《续资治通鉴长编》卷七九、《宋会要辑稿》蕃夷二之六至八。

3.《虏中风俗》 北宋晁迥(951年—1034年)、查道(955年—1018年)撰。见《续资治通鉴长编》卷八一、《宋会要辑稿》蕃夷二之八。

4.《虏中境界》 北宋薛映、张士逊撰。见《续资治通鉴长编》卷八八、《宋会要辑稿》蕃夷二之九至一〇。

5.《契丹风俗》 北宋宋绶(991年—1040年)撰。见《续资治通鉴长编》卷九七、《宋会要辑稿》蕃夷二之八。

6.《契丹官仪》 北宋余靖(1000年—1064年)撰。收入《武溪集》卷一八。

7.《富弼行程录》 北宋富弼(1004年—1083年)撰。收入《契丹国志》卷二四。

8.《神宗皇帝即位使辽语录》 北宋陈襄(1017年—1080年)撰。收入陈襄《古灵集》后,另有《辽海丛书》单行本。

9.《熙宁使虏图抄》、《乙卯入国别录》 北宋沈括(1031年—1095年)撰。前者见《永乐大典》卷一〇八七七,《四库全书》未收。后者见《续资治通鉴长编》卷二六五。

10.《北使还论北边事札子五道》 北宋苏辙(1039年—1112年)撰。收入《栾城集》卷四二。

11.《使辽录》 一作《张舜民使北记》。北宋张舜民撰。收入《契丹国志》卷二五。

（四）后人辑佚的辽史史料

1.《辽史拾遗》24卷　清厉鹗（1692年—1752年）撰。书成于乾隆八年（1743年）。撰者仿裴松之注《三国志》例，从三白余种史籍中摘录有关辽朝的史料，对《辽史》的本纪、志和列传分别加以补充；对记载有误的分别作了考证，缀以按语。乾隆五十九年（1794年），杨复吉又采集厉鹗未见之书，作《辽史拾遗补》5卷。两书有江苏书局本、广雅书局本、全国图书馆文献缩微复制中心2008年《辽金史料汇编》本。

2.《辽史汇编》11册　杨家骆编。是书搜集了有关辽史的全部现存史籍。有台北鼎文书局1973年至1974年排印本。

3.《全辽文》13卷　陈述辑校。这是一部辽代总集，作者博采各书之长，广泛搜集有关辽朝的诏令、奏议、诗文、碑刻、墓志等资料编纂而成，均为第一手资料，史料价值很高。是书原名《辽文汇》，1953年出版。编者后来续有所补，改题今名。有中华书局1982年辑校本。

（五）外国史料

《高丽史》139卷　朝鲜李朝郑麟趾等撰。包括世家46卷、志39卷、年表2卷、列传50卷、目录2卷。成书于李朝文宗元年（明景泰二年，1451年）。《高丽史》记载了高丽王氏王朝自公元918年建立起到1392年灭亡为止34王475年的历史。高丽是中国的一个邻国，它几乎与辽朝同时建国，灭亡时间则比元朝要晚20余年，并先后成为辽、金、元的属国。因此，在《高丽史》中，有不少关于高丽与辽、宋、金、元关系的记载，其中不乏有价值的史料。有韩国汉城亚细亚文化出版社1990年影印本、台北文史哲出版社1972年影印日本明治本、齐鲁书社1996年《四库全书存目丛书》本。

(六) 考古资料

1.《庆陵》2卷　日本田村实造等编。这是二十世纪三四十年代日本人对辽圣宗(971年—1031年)永庆陵、兴宗(1016年—1055年)永兴陵、道宗(1032年—1101年)永神陵等三陵的发掘报告。日本京都大学文学部1952年至1953年出版。

2.《新中国的考古收获》　中国社会科学院考古研究所编。文物出版社1961年出版。

3.《三十年来的中国考古学》　夏鼐撰。载《考古》1979年第5期。

4.《文物考古工作三十年》　文物编辑委员会编。文物出版社1981年出版。

5.《新中国的考古发现和研究》　中国社会科学院考古研究所编。文物出版社1984年出版。

6.《新中国考古五十年》　文物出版社编。文物出版社1999年出版。

二、金史史料

公元1114年,女真族完颜部首领阿骨打起兵反辽。次年,自立为帝,国号"大金",建都会宁府(今黑龙江省阿城南)。太宗天会三年(1125年),金灭辽,一年多后灭北宋,后来又迁都中京(今北京),再迁南京(今开封)。金朝疆域东北到今天的日本海,西与西夏接界,南以秦岭、淮河为界,与南宋对峙。金哀宗天兴三年(1234年),在蒙古和南宋联合进攻下灭亡,共历10帝,凡120年。金朝的社会经济和文化都比较发达,先后创立了女真大字和女真小字,并建立了一整套健全的修史制度。在金朝,汉字、契丹字和女真字三种文字通用,史籍主要依靠汉字记载,它的统治区域包括了中原地区,受汉文化的影响比辽深,所以史料也比辽为多。除了先前提到的《宋史》、《辽史》和以后将要介绍的《元史》,有不少关于金朝的记载值得参考以外,主要史料可从以下史籍寻找。

(一) 基 本 史 料

1.《金史》135卷　元脱脱等撰。书成于至正四年(1344年)。包括本纪19卷、志39卷、表4卷、列传73卷。记金太祖完颜阿骨打起兵反辽建立金国(1115年)到金朝灭亡(1234年)为止120年的历史,是研究金朝最基本的史料来源。全书近100万字,比《辽史》多,比《宋史》少,"条理整齐","赡而不芜",在宋辽金三史中被认为是"独为最善"(《四库全书总目》卷四六《金史》)。《金史》所以修得较好,张柔和王鹗两人功不可没。忽必烈中统二年(1261年),元将领张柔把他以前在占领金朝汴京时所获得的金实录献诸朝廷,使这批宝贵的史料不致散失。后来,翰林学士承旨王鹗向忽必烈奏道:"自古帝王得失兴废,班班可考者,以有史在。我国家以威武定四方,天戈所临,罔不臣属,皆太祖庙谟雄断所致。若不乘时记录,窃恐岁久渐至遗忘。金实录尚存,善政颇多;辽史散逸,尤为未备。宁可亡人之国,不可亡人之史。若史馆不立,后世亦不知有今日。"忽必烈采纳了他的建议,"命国史附修辽、金二史"(苏天爵:《元名臣事略》卷一二《内翰王文康公》)。金卫绍王一朝没有实录,也是依靠王鹗在中统三年搜集而成(参见《金史·卫绍王纪·赞语》)。虽然修金史的史料比较完整,《四库全书》馆臣对它们评价颇高,但从史料上看,问题仍不少:有的自相矛盾,有的史实错舛,有的年月颠倒,也有地名人名记载的不统一。有些重要史实仍有漏载,如大将韩常、辅佐阿骨打开国的谋士杨朴,都无传,而在《辽史》中却有《杨朴传》。对于《金史》中的上述问题,在清人赵翼(1727年—1814年)《廿二史札记》和施国祁(1750年—1824年)所著《金史详校》等书中都明确指出,可供参考。有中华书局1975年点校本。

2.《大金国志》40卷　题淮西归正人宇文懋昭撰,实为宋末元初人抄撮各种文集、笔记、野史、杂说而成。有纪年(本纪)26卷、开国功臣传1卷、文学翰苑传2卷、张邦昌刘豫等杂录3卷、杂载制度4卷、金宋往来誓书1卷、地理1卷、风俗1卷、许亢宗奉使行程录1卷,是研究金史的重要史料来源之一。本书出现于《金史》之前,其史料来源与《金史》不一,"时有遗闻佚事,为史所未及"(《四库提要辨证》卷五《大金国志》)。有些记载,原书早已散佚,幸赖此书得以保存,因此更显珍贵。但由于内容主要得之于传闻,故错误不少,情况类似于《契丹国志》。有中华书局1986年校证本。

3.《大金吊伐录》4卷 介绍见前。

4.《大金集礼》40卷 金撰者佚名,为明昌六年(1195年)张玮等所进。原本缺十二至十七、二十六、三十二等卷,卷十、十一、十八、十九、二十七亦有缺失。收录金初至世宗大定二十七年(1187年)七十多年的典章、礼仪和故事,是研究金朝制度史的基本史料来源,也是《金史》礼、仪卫、舆服各志的蓝本。有广雅书局本、《丛书集成初编》本。

5.《大金诏令释注》17卷 董克昌主编。是书仿《唐大诏令集》的体例,收录了《金史》、《大金集礼》、《大金吊伐录》、《三朝北盟会编》、《大金国志》、《靖康稗史》及其他一些杂史、行记、文集、笔记等史籍中有关金朝历年所颁的诏令,分门别类编纂成书。全书共分帝统、皇太后皇后妃嫔公主、皇太子、宗室、典礼、军事、经济措施、政事、外事(四裔)九门,每门又细分为若干子目。由诏令原文、附录、注、按语四部组成,颇便阅读和引用。对研究金史有重要参考价值。有黑龙江人民出版社1993年释注本。

(二) 其 他 史 料

1.《辽东行部志》1卷 金王寂撰。收录撰者在明昌元年(1190年)以提点辽东路刑狱出巡各地时所作的诗文。是书虽以诗文为主,但所经之地,均记历史沿革。有《藕香零拾》本、《辽海丛书》本、上海古籍出版社2002年《续修四库全书》本。

2.《中州集》10卷,附《中州乐府》1卷 金元好问(1190年—1257年)编。是书录249人诗词,并分别撰有各作者小传,记述了每人的生平始末,借诗以存史。有《四部丛刊》本、中华书局1959年排印本、学苑出

第六章　辽金西夏史史料

版社 2000 年影印本。

3.《续夷坚志》4 卷　金元好问(1190 年—1257 年)撰。是书所记虽为金泰和(1201 年—1208 年)、贞祐(1213 年—1217 年)间神怪之事,但多少反映了当时的社会现实,具有一定史料价值。有《元遗山先生全集》本、中华书局 1986 年点校本。

4.《汝南遗事》4 卷　金王鹗(1190 年—1273 年)撰。是书由《永乐大典》辑出,记撰者随金哀宗在蔡州(河南汝南)围城中事,为亲身见闻。所记始自天兴二年(1233 年)六月,迄三年正月,逐日编载,有纲有目,共 107 条。对研究金朝灭亡的历史具有重要史料价值。有《畿辅丛书》本、齐鲁书社 1995 年《四库全书存目丛书》本。

5.《归潜志》14 卷　金刘祁(1203 年—1250 年)撰。是书一至六卷为金末人物小传,共一百二十余人;七至十卷杂记金后期遗事;十一卷记金哀宗亡国始末;十二卷记蒙古围汴京、金西面元帅崔立投降事和自己被劫持撰碑经过,内《辩亡》一篇提出了撰者对金朝由盛转衰原因的看法;十三卷为杂说;十四卷诗文。所记金末史事,多为作者亲历,是《金史·哀宗纪》所本,余事也可与《金史》参证。有《知不足斋丛书》本、中华书局 1983 年点校本。

6.《金文最》120 卷　清张金吾编。是书博收金人文章,内容极为丰富。有《粤雅堂丛书》本、中华书局 1990 年排印本、四川民族出版社 2002 年《中国少数民族古籍集成》本。《四库全书》未收。

(三) 宋 人 著 作

1.《宣和乙巳奉使行程录》　一名《宣和乙巳奉使金国行程录》。原作北宋许亢宗撰,实为钟邦直撰(参见陈乐素《三朝北盟会编考》,载中央研究院《历史语言研究所集刊》第六册第二分册)。宣和七年(1125 年)许亢宗为贺金太宗吴乞买登位使、钟邦直为管押礼物官,出使金朝。是书为钟邦直返国后所作的出使记录,对研究宋金交通、行程及女真宫室、礼仪、民俗有重要史料价值。收入《三朝北盟会编》卷一七、二○及《靖康稗史》第一篇。

2.《松漠纪闻》1卷　南宋洪皓(1088年—1155年)撰。记作者被扣金朝15年间(1129年—1143年)的见闻。有《学津讨原》本、大象出版社2008年点校本。

3.《北行日录》2卷　南宋楼钥(1137年—1213年)撰。记撰者于孝宗乾道五年(1169年)出使金朝的经过。有《知不足斋丛书》本、学苑出版社2006年《历代日记丛钞》本,另收入《攻媿集》卷一一一至一一二。

4.《北辕录》1卷　南宋周煇(1127年—?)撰。记撰者于孝宗淳熙四年(1177年)出使金朝的经过。有《古今说海》本、《历代小史》本、四川大学出版社2007年《宋元地理史料汇编》本。《四库全书》未收。

5.《三朝北盟会编》250卷　介绍见前。

6.《建炎以来系年要录》200卷　介绍见前。

(四) 文　　集

1.《明秀集》3卷　金蔡松年(1107年—1159年)撰。是书原作6卷,今有散佚。有清道光四年刊本、《石莲盦汇刻九金人集》本。

2.《黄华集》8卷　金王庭筠(1156年—1202年)撰。有《辽海丛书》本、《丛书集成》本。《四库全书》未收。

3.《滏水集》20卷　金赵秉文(1159年—1232年)撰。有《石莲盦汇刻九金人集》本。

4.《滹南遗老集》45卷,续1卷　金王若虚(1174年—1243年)撰。有《石莲盦汇刻九金人集》本、《四部丛刊》本。

5.《二妙集》8卷　金段克己、段成己撰。有《石莲盦汇刻九金人集》本。

6.《拙轩集》6卷　金王寂撰。有《武英殿聚珍版》本。

7.《庄靖集》10卷　金李俊民撰。有《石莲盦汇刻九金人集》本。

8.《遗山集》40卷,附录1卷　一名《元好问全集》。金元好问(1190年—1257年)撰。有《石莲盦汇刻九金人集》本、《四部丛刊》本、山西人民出版社 1990 校点本、三晋出版社 2008 年点校本。

9.《湛然居士集》14 卷　元耶律楚材（1190 年—1244 年）撰。有《四部丛刊》本、中华书局 1986 年点校本、中国书店 2009 年影印本。

（五）外国史料和考古资料

1.《高丽史》139 卷　介绍见前。
2. 有关考古资料可参见"辽史史料"。

三、西夏史史料

西夏是党项人建立的国家，建都兴庆府（今宁夏银川），自景宗元昊于公元 1038 年正式建国到末帝在公元 1227 年为蒙古所灭，共传 10 主，凡 190 年。西夏盛时，"东尽黄河，西界玉门，南接萧关，北控大漠"，占有今宁夏全部，甘肃大部，陕西北部，及青海、内蒙的部分地区，是我国西北地区的一个重要民族政权。与宋、辽、金相比，西夏虽然较小，但它的立国时间若上溯到早期首领拓跋思恭因协助唐朝镇压黄巢起义有功，而被封为夏国公，占有夏州、银州等五州之地，成为割据势力起，实际存在时间长达 340 余年，比同时期的宋、辽、金都要长久。

元昊称帝后，创立了封建的政治制度，并依据汉字制成西夏文字，形状像隶书，今人一眼望去好像很熟悉，实际上却一字不识。西夏还有一整套完整的修史制度，用西夏文字加以记载。由此可知，西夏史料原本相当丰富，但由于元朝史臣对西夏历史的不重视，没有在编撰宋、辽、金 3 史的同时编撰一部西夏史，只在 3 史中各以少量篇幅记载它的史事，致使西夏史书大量丧失，造成今天西夏史料的严重匮乏。实际上，西夏作为长期存在于祖国西北地区的民族政权，不仅历史悠久，而且在政治、军事、经济和文化诸方面都有杰出成就，因而值得我们花大力气去研究它。

清代乾嘉以后，崇尚考据之学，不少学者认识到西夏的灿烂文化和它在祖国历史上的重要地位，"于是掇拾烬余，补葺史阙，极其辛勤地撰写出西夏专史多种问世"(徐中舒：《西夏史稿·序》,四川人民出版社 1983 年出版)。近一个世纪来,考古工作者对原西夏故地及西夏王陵进行了发掘,有不少西夏文字书和珍贵的西夏文物出土。如 1909 年以科兹洛夫为首的一支俄国探险队,在黑水城(今内蒙古额济纳旗东黑城)城外的古塔中,盗掘出大量西夏文的写本、刻本及大批佛画,其中包括《天盛年改旧定新律令》、天盛二十二年(1170 年,当年十一月改元乾祐)的《卖地文契》、乾定二年(1224 年)的《黑水守将告近禀帖》、《瓜州审案记录》等文献,它们对研究西夏历史都有极其重要的史料价值。这批珍贵的文献史料,至今极大部分仍收藏于俄罗斯科学院东方研究所圣彼得堡分所,部分已相继整理出版。从上个世纪七十年代以来,我国考古工作者又陆续在甘肃和宁夏等地发现了一批西夏文物和文献,特别是此后考古工作者对位于贺兰山麓西夏王陵的发掘,出土了大量西夏文物和西夏文、汉文残碑。这些文献学和考古学上的成就,有力地推动了西夏史的深入研究。

(一) 西夏文史料(包括汉文译本)

1.《天盛年改旧定新律令》 一名《西夏法典》。这是一部官修的法令汇编,书成于夏仁宗天盛年间(1149 年—1169 年),共 20 章,今佚第十六章,第十四章也有缺失,计 1 460 条。第一章首列十恶大罪,当是参照《唐律疏议》。第十章为"司次行文门",详列西夏官衙军府州县品次。这部类似于宋代"条法事类"的著作,对于研究西夏法律、职官等制度有重要史料价值。科学出版社 1994 年出版了汉译本,收入《中国珍稀法律典籍集成》第五册。甘肃文化出版社 1998 年出版的王天顺撰《西夏天盛律令研究》,有一定参考价值。

2.《文海》(残本) 撰者佚名。这是一部大型西夏文韵书,在编撰体例上兼有《说文解字》和《广韵》之长。每一字条下有三部分注释:先以 4 字解释文字的构成,再用较多的字解释字义,最后以反切注音。是书不仅对研究西夏语言文字有极大参考价值,而且对研究西夏的社会历史和文化也有一定参考价值。中国社会科学院民族研究所史金波等所撰的

《文海研究》一书,对《文海》进行了整理和研究,包括辨字、校勘、翻译、研究和索引等,该书已于1983年由中国社会科学出版社出版。此外,尚有与《文海》为姊妹篇的西夏文字典《音同》,此书系西夏中期著作。全书共收六千一百余字,几乎囊括了全部西夏文字,其编排声母分成九品,每一字下有简单的注释,对解读西夏文有重要意义。

3.《番汉合时掌中珠》 西夏骨勒茂才撰,今人黄整华等整理。是书成于西夏仁宗乾祐二十一年(1190年)。正文以天地人3部分细分为天体、天相、天变、地体、地相、地用、人体、人相、人事等九类。全书共收词语414条,每条都有蕃汉双解,内容分四类:一是西夏文词语,二是汉译文,三是西夏文汉字注音,四是汉文西夏文注音。这些蕃汉音义对译的双解词语,系为方便党项人与汉人相互学习对方语文而编写,因而是书对解读西夏文字进而掌握西夏文献资料有重大帮助。有宁夏人民出版社1989年排印本、上海古籍出版社2002年《续修四库全书》本。

(二)正史中的史料

1.《隋书》卷八三《党项传》。

2.《旧唐书》卷一九八《党项羌传》。

3.《旧五代史》卷一三二《李仁福传》。

4.《旧五代史》卷一三八《党项传》。

5.《宋史》卷四八五至四八六《夏国传》。

6.《辽史》卷一一五《西夏外记》。

7.《金史》卷一三四《西夏传》。

(三)宋人著作中的史料

1.《隆平集》卷二〇《夏国传》。

2.《东都事略》卷一二七至一二八《夏国传》。另有单行本作《西夏事略》。

3. 有关宋人文集、笔记中的史料(略)。

（四）金、元人著作中的史料

1. 《大金国志》40 卷　介绍见前。
2. 《归潜志》14 卷　介绍见前。
3. 有关金、元人文集、笔记中的史料（略）。

（五）清以来所辑撰的史书

1. 《西夏书》15 卷　清周春撰。有世纪 2 卷、载记 5 卷、年谱 1 卷、考 3 卷、列传 4 卷。该书只有抄本，具体情况不明。抄本藏于北京大学图书馆（参见吴天墀《西夏史稿》，四川人民出版社 1983 年出版，第 340 页）。

2. 《西夏书事》42 卷　清吴广成撰。书成于道光五年（1825 年）。是书广泛征引唐、宋、辽、金诸史及文集、笔记、野史、杂说所载资料，叙西夏历史。起自唐中和元年（881 年）拓跋思恭据有绥银，下迄南宋绍定四年（1231 年）夏故臣王立之及部分遗民归元，对研究西夏史有重要价值。但是，作者在抄录古籍中的有关史料时，存在着一定的思想倾向，文字也多有取舍，加之没有注明史料出处，故运用时应当引起注意。有北平文奎堂 1935 年影印本、上海古籍出版社 2002 年《续修四库全书》本、中国图书馆出版社 2004 年排印本。

3. 《西夏纪事本末》36 卷，卷首 2 卷　清张鉴（1768 年—1850 年）撰。据宋、辽、金、元诸史及《册府元龟》等书，记元昊建国以来的一代历史，共 36 篇。各篇皆究其原委，考其同异，间附评议。又载《年表》、《西夏堡寨附图》、《历代疆理节略》、《职方表》等于卷首，颇便参考。有江苏书局本、上海古籍出版社 2002 年《续修四库全书》本。

4. 《党项与西夏历史资料汇编》上、下卷　上卷分第一、二两册，韩荫晟编；下卷韩荫晟、韩述陟编。是书所收限于汉文资料，始于隋初，终于元末。以二十四史中有关部分之资料为主，旁及当代史学著作、文集、金石史料。引用书目见各卷卷末。全书分三部分：一为传记类，收录有关史书中党项、西夏专传、附传和其他碑传。二为人物传记，收录或辑录党项、西夏及其他有关人物传记和论述资料。三是散见资料编年辑录,摘录散见于各史书中的党项和西夏资料。所收资料以初见为主,因袭者不录,但注明参见。转引资料及有关专著可补正初见资料之脱误者,则注入有关条文,或作正文。同书重出资料,以纪、传为主,志、表为辅。为纪、传失载者,则录志、表为正文。全书分上下卷、补遗共9册,可谓集党项、西夏汉文史料之大成,对研究西夏史有重要史料价值。上卷两册宁夏人民出版社1983年出版,下卷宁夏人民出版社2000年出版。

（六）其他考古资料

1.《西夏陵墓出土残碑粹编》 李范文编译。文物出版社1984年出版。

2.《西夏文物研究》 陈炳应撰。宁夏人民出版社1985年出版。

3.《西夏文物》 史金波等编著。文物出版社1988年出版。

4.《黑城出土汉文遗书叙录》 俄国孟列夫著,王克孝译。宁夏人民出版社1994年出版。

第七章 元史史料

（公元 1206 年—公元 1368 年）

　　1206 年，崛起于蒙古高原上的蒙古族，在其首领铁木真（1162 年—1227 年）的领导下，摆脱了金朝的奴役和羁绊，建立了蒙古汗国，铁木真因此被尊为成吉思汗。此后，蒙古骑兵四出征战，于 1227 年和 1234 年先后灭亡了西夏与金朝，接着对南宋发动了长达四十余年的持续进攻。与此同时，又进行了三次大规模的西征。通过这一系列的军事行动，蒙古军占领了从中亚、西亚到东欧的大片土地，建立了四大汗国。在东起阿尔泰山，西至阿姆河，包括新疆天山南北路等地建立了察合台汗国；在东起额尔齐斯河、西至斡罗斯，南起巴尔喀什湖、里海、黑海，北至北极圈附近，建立了钦察汗国；在乃蛮古地，鄂毕河上游以西至巴尔喀什湖以东建立了窝阔台汗国；在阿姆河以西至密昔儿（埃及）建立了伊利汗国。以和林（在蒙古鄂尔浑河上游东岸）为中心的蒙古本部，则按照惯例是成吉思汗幼子的直接领地。四大汗国的汗，本是中央分封出去的四个最高军政首领，与中央保持藩属关系，直接向大汗负责。但是，由于各汗国之间缺乏必要的政治和经济联系，随着蒙古贵族统治集团内部争夺大汗权位斗争的加剧，大蒙古国这个复杂的封建军事混合体后来便日趋瓦解。

　　成吉思汗死后，由其三子窝阔台（1186 年—1241 年）、窝阔台子贵由

第七章 元史史料

(1206年—1248年)先后继任为蒙古国大汗,所以窝阔台汗国的领地一直归中央管辖,并没有形成独立的汗国。察合台汗国的汗庭设在伊犁河边,在地理上与中原腹地和蒙古草原连成一体,在政治上也与中央王朝保持着密切的从属关系,它的历史与蒙古汗国的历史有着密不可分的关系。贵由汗死后,成吉思汗的幼子拖雷的长子蒙哥(1209年—1259年)及其弟忽必烈(1215年—1294年)相继做了蒙古国大汗。1271年,忽必烈汗改蒙古汗国国号为元。将都城由和林移至大都(今北京)。1279年,元朝灭亡南宋,实现了全国的大统一,直到元顺帝至正二十八年(1368年)被明朝推翻。自成吉思汗起,历15帝,凡163年;自元世祖起,历11帝,凡98年。从广义上说,元史应包括元朝建立以前65年蒙古汗国的历史。

元王朝立国的时间虽然不长,但它的出现意义重大:首先,元朝是中国历史上第一个由少数民族所建立的全国性政权;其次,中国自唐末以来,分裂时间长达4个多世纪,直至元朝才再一次获得全国性的大统一,为中华民族的进一步融合和各民族的友好交往作出了重大贡献;第三,元朝版图辽阔,对外交往频繁,从而扩大了中国和世界各国政治、经济、军事、文化等方面的联系,对某些领域的生产和科技的发展起到了一定的推动作用。

但是,蒙古贵族由于推行残酷的阶级压迫和民族压迫政策,从对汉人的歧视发展到对文化知识的轻视,这样不仅没有巩固其统治,反而激起了以汉族为主体的全国人民的强烈反抗,阶级矛盾和民族矛盾一直十分尖锐,社会经济的发展也受到严重影响。

元朝是一个由少数民族建立起来的地域辽阔、民族众多的政权,它在历史上既起过相当积极的作用,其野蛮统治又对中华民族的文化发展造成了一定的损害,这样就形成了元朝史料的诸多特点。

一、元史史料特点

第一,从蒙古汗国到元朝,都采用蒙汉两种文字修史的制度,因而不仅有蒙古文史料,也有大量汉文史料。

蒙古族原来没有文字,成吉思汗建国后,命畏兀儿人塔塔统阿用畏兀儿文字母拼写蒙古语,创造了蒙古族的文字。蒙古贵族用它译出了《资治通鉴》等大量汉籍,宫廷又用它来撰写历史,称"脱卜赤颜"。到元世祖忽必烈时,又命西藏喇嘛教领袖八思巴创造了新的蒙古文字,俗称八思巴文,1269年颁行全国,主要用在官方文书的书写上。到元仁宗在位时(1312年—1320年),有僧人却吉斡斯尔在原畏兀儿体蒙古文的基础上,加以改进,创造了新的蒙古文,这就是今天通用的蒙古文字。

元世祖推行汉法,一方面着手修撰前朝史,另一方面也修撰本朝的国史和实录。在修本朝史时,既用汉文撰写,也用蒙文撰写。用蒙文撰写的"脱卜赤颜"与用汉文撰写的国史相比,内容不尽一致,如《元史·太祖纪》的史源是《太祖实录》,其所载内容与作为"脱卜赤颜"一部分的《元朝秘史》就大不相同。今天,除《元朝秘史》以外,其他"脱卜赤颜"皆已不存,而用汉文撰写的官修史书除国史、实录同样不存外,其他传世的却不少,它们成为研究元朝历史的主要史料来源。

第二,有多种外文史料记载了元朝的历史,这些史料的相互参证和补充,对元史研究极为重要。

元朝版图辽阔,对外关系密切,这不仅表现在早期蒙古汗国的向外扩张上,也表现在忽必烈时代的对外开放上。当时,欧亚非的许多外国学者、使节、商人、宗教人士纷纷前来中国,他们与曾受蒙古汗国统治的其他外国学者一起,撰写了不少与蒙古汗国和元朝历史有关的史籍。这些用波斯文、阿拉伯文、阿美尼亚文、俄罗斯文、拉丁文、朝鲜文、日本文等外文撰写的历史,对元史研究很有利用价值。

第三,缺乏私人修撰的当代史,但诗文集很多,行记也不少。

元代虽然实行蒙、汉两种文字双重修史的制度,但无论用哪一种文字撰成的国史和实录,都深藏内府,禁止一般臣民阅读,这就严重阻碍了元史资料的传播。蒙古贵族文化落后,他们中间很少有人能撰写当代史,而汉族知识分子虽然有文化,却因地位低下,有"九儒十丐"(郑思肖:《心史》卷下《大义略序》)之称,他们既无法进入上层统治集团的行列,也得不到相关的史料,因此不可能像宋代士大夫那样去撰写当代史,但他们留下很多诗文集颇具史料价值。元朝时期,中外交往频繁,专门记载来华途中及在华见闻的行记也不少。这样,众多的诗文集和行记便成为研究元朝历史的又一个重要史料来源。

二、元史史料介绍

(一) 基本史料

1.《元史》210卷　明李善长(1314年—1390年)监修,宋濂(1310年—1381年)等撰。书成于洪武三年(1370年)。包括本纪47卷、志58卷、表8卷、列传97卷。记载了成吉思汗创建蒙古汗国(1206年)到元朝灭亡(1368年)共163年的历史。本纪部分除元顺帝一朝以外,都采自元13朝实录。这些实录今天已全佚,使《元史》本纪更具史料价值。顺帝一朝的内容离撰者时代近,且又是撰者亲身调查所得,其真实性也很高。志的内容主要根据元文宗时所修的《经世大典》,此书今已十不存一,由此保存了元朝的大量典章制度。因此,该书是研究元史最基本的史料来源之一。但由于成书仓促,前后两次编纂,共用了331天时间,所以对史料的搜集和考订都存在不少问题。一是本纪部分记事详略悬殊。对开国四大汗——太祖成吉思汗、太宗窝阔台汗、定宗贵由汗、宪宗蒙哥汗54年的历史(1206年—1259年),叙事非常简单,事关蒙古源流、西征史迹,皆语焉不详,总共才3卷。从元世祖忽必烈起,内容大大增加,元世祖一朝35年(1260年—1294年),本纪有14卷之多;成宗在位仅10年多,本纪也有4卷。这固然与原始资料的多少有关,也与编撰者没有认真搜集有关。二是列传部分译名混乱。同一个人,有多种译名,如帝师八思巴,有作八合思、八哈思巴等。有人竟因此被分撰两传,如卷一二一的《速不台传》和卷一二二的《雪不台传》,传主实为一人,但内容、详略大异。三是记事颇多舛误。加上修史者不懂蒙文,对大量蒙古文史料没有加以运用。为此,后来明清人纷纷重新修撰元史,先后修成的新元史有 7 部:明胡粹中《元史续编》16 卷;清邵远平《元史类编》42 卷;魏源《元史新编》95 卷;曾廉《元书》102 卷;洪钧《元史译文证补》30 卷(内有 10 卷有目无文);屠寄(1856 年—1921 年)《蒙兀儿史记》160 卷;柯劭忞(1848 年—1933 年)《新元史》257 卷。在上述七部元史中,以《元史译文证补》和《新元史》最为著名。洪钧曾任清总理各国事务衙门大臣,出使俄、德、奥、荷四国,出使时见到波斯人拉施德丁所著《史集》、伊朗人志费尼的《世界征服者史》、亚美尼亚人多桑的《多桑蒙古史》,他多方求教,节译上述几部著作中的有关章节,考证了《元史》中的许多错误,撰成《元史译文证补》一书,成为中国学者利用外国史料研究元史的开端。柯劭忞以《元史》为底本,广泛吸取明清人的研究成果,并参考《元典章》、《经世大典》残本和《多桑蒙古史》,历时 30 年撰成《新元史》一书,内容相当丰富。1921 年,当时的北洋政府大总统徐世昌曾将该书定为第二十五史。但《新元史》的观点极为守旧,所引史料又不注明出处,因此史料价值远不如《元史》。《元史》有中华书局 1976 年点校本。

2.《元朝秘史》12 卷(一作 15 卷) 一名《蒙古秘史》。官修国史。原文用畏兀儿体蒙古文书写,是流传至今的惟一一部"脱卜赤颜"。是书很特殊:一是它以诗歌、故事的形式来记载史事,说明它的史料来源是传说和民歌,后来有了蒙古文以后,才加以记载;二是它的每一行文字都作二行排列:左边一行是畏兀儿体蒙古文的汉字注音,右边一行是用汉字写出的意思。如左边写"成吉思合罕纳",右边写"皇帝的",左边写"塔",右边写"您"。造成这一情况的原因是明朝为培养精通包括蒙古文在内的翻译人才,专门成立了一个四方馆,特将这本原来用畏兀儿体蒙古文书写的史书,用汉字加以拼音,并译成中文,以作为四方馆的教材。该书记载成吉思汗和窝阔台汗两朝的历史,对研究蒙古族的兴起和蒙古族的早期社会和历史提供了珍贵的史料。但因为是书的许多内容取材于民间传说,故记事不正确的地方也很多。有《四部丛刊》本、内蒙古人民出

第七章 元史史料

版社 1981 年校勘本、上海古籍出版社 2008 年点校本。

3.《元典章》60 卷 一名《大元圣政国朝典章》。元朝官修。是书分诏令、圣政、朝纲、台纲、吏部、户部、礼部、兵部、刑部、工部 10 门,计 373 目。分别收录了自元世祖即位到仁宗延祐七年(1260 年—1320 年)60 年间元政府颁布的各项敕令、圣旨、条令和案例,代替法典作为政府处理政务的依据。是书内容多为《元史》所不载,对于研究元朝中期以前的政治、经济、法律等典章制度和风俗习惯都有很高的史料价值。此外,还有《元典章新集》(不分卷),续收英宗至治二年至三年(1322 年—1323 年)的资料,分为国典、朝纲、吏部、户部、礼部、兵部、刑部、工部 8 门,计 94 目,具有同样的史料价值。有《诵芬室丛刊初编》本、台北故宫博物院 1976 年据元刊《元典章》影印本、中国书店 1990 年影印本、天津古籍出版社 2011 年点校本。《四库全书》入存目。

4.《通制条格》22 卷 元朝官修。原书 30 卷,今有散佚。内容包括制诏、条格、断例 3 部分。这是元代一部正式而完整的成文法,成书于英宗至治三年(1323 年),是研究元代法律和各项典章制度的原始资料。有浙江古籍出版社 1986 年点校本、中华书局 2001 年校注本。

5.《宪台通纪》1 卷(原本 24 卷),续集 1 卷(原 15 卷) 正集元赵承禧编纂,续集元唐惟明编纂。这是记载元代御史台掌故的官修史书,保存了《元典章》中所未见之史料。有浙江古籍出版社 2002 年点校本、中华书局 2001 年校注本。《四库全书》未收。

6.《南台备要》1 卷(原本 29 卷) 元刘孟琛撰。是书是记载江南御史台掌故的官修史书。有齐鲁书社 1996 年《四库全书存目丛书》本、红旗出版社 2007 年排印本。

7.《庙学典礼》6 卷,附《元婚礼贡举考》一篇、《元统元年进士录》一篇 撰者佚名。有元一代儒学,从元太祖十年(1215 年)在燕京建立孔子庙起,迄元仁宗延祐二年(1315 年)恢复科举,百年间经历了一个发展和变化的过程。《庙学典礼》所录皆为当时有关儒学的官方文书,对研究元代学校教育和文化史有一定史料价值。《元婚礼贡举考》和《元统元年进士录》对研究元代的婚礼和科举制度都有重要参考价值。以上三书有浙江古籍出版社1992年点校本。后两书《四库全书》未收。

8.《经世大典》残篇　一名《皇朝经世大典》。元官修。书成于至顺二年(1331年)。这是一部类似会要体的官修政书，原书有888卷，另有《目录》12卷，是明修《元史》的主要史料来源，今天只留下《征伐》、《招捕》、《漕运》、《站赤》等极少数内容。资料来自各政府机构的档案，史料价值很高。有关内容保存在《永乐大典》残编中，有《艺风钞书》本。《四库全书》未收。

（二）其他史料

1.《圣武亲征录》1卷　一名《皇元圣武亲征录》。撰者佚名。记元太祖、太宗时期蒙古开国前后史事，为《元史》太祖、太宗两朝本纪的重要史料来源。有《守山阁丛书》本、《说郛》本、上海古籍出版社2002年《续修四库全书》本。

2.《平宋录》3卷　一名《大元混一江南实录》。元刘敏中(1243年—1318年)撰。书约成于大德八年(1304年)。卷一至卷二记丞相伯颜率兵于至元十一年(1274年)九月至十三年五月平宋经过和宋幼主北迁事。卷三为《贺表》、《赐宋王诏》等，有一定史料价值。有《墨海金壶》本、《守山阁丛书》本、神州国光社1936年《中国内乱外祸历史丛书》本。

3.《元名臣事略》15卷　元苏天爵(1294年—1352年)撰。是书收录了元朝前期重要人物47人的传记，材料采自一百二十余篇碑铭和其他资料，并分别注明出处，颇具史料价值。有中华书局1962年影印元刊本。

4.《秘书监志》11卷　元王士点(？—1358年)、商企翁撰。元之秘书监，类似于宋之秘书省，是掌管天文、历法、图书的机构。是书分职制、禄秩、印章、廨宇、公移、分监、什物、纸札、食本、公使、守兵、工匠、杂录、纂修、秘书库、司天监、兴文署、进贺、题名等19类。对元世祖至元九年(1272年)秘书监设立以后的组织、官吏、工匠、待遇和典章故事记载甚详。对研究元代秘书监制度的职掌、沿革、掌故、典籍收藏、史书编纂等有

第七章 元史史料

重要史料价值。有浙江古籍出版社 1992 年点校本。

5.《吏学指南》8 卷(外 3 种) 一名《习吏幼学指南》。元徐元端撰。书成于大德五年(1301 年)。是一部吏学的启蒙读物。元朝重吏,由吏入官是当时的重要仕途。作者有鉴于此,为使"习吏"之人掌握"律书要旨",特编成此书。编撰的方法是摘录当时"吏用之字及古法之名",分为"吏师定律之图"与"为政九要"两大部分,共 91 类,2 109 条,一一予以诠释,具有法学小词典的性质。这些"字"、"名"的含义,在相隔七百余年之后的今天,有相当一部分已不甚了解,有的甚至在辞书中也未能找到答案,故对研究元代的法律以及社会、政治、经济、风俗各个方面,都有重要参考价值。外 3 种为:《杂著》6 卷,元胡祗遹(1227 年—1295 年)撰;《为政忠告》4 卷,元张养浩(1270 年—1329 年)撰;《善俗要义》1 卷,元王结(1275 年—1336 年)撰。皆系指导官吏从政之书,又称"官箴书"。有浙江古籍出版社 1988 年点校本。《四库全书》未收。

6.《庚申外史》2 卷 明权衡撰。记元顺帝在位 36 年(1333 年—1368 年)的史事,书中多元廷宫闱轶事,对元末农民起义记载尤详。庚申即 1320 年,系元顺帝出生的当年,此时顺帝尚在关外,故以庚申代表元顺帝。有《宝颜堂秘笈》本、《学津讨原》本、中州古籍出版社 1991 年笺证本。

7.《北巡私记》1 卷 元刘佶撰。记撰者于至正二十八年(1368 年)闰七月二十八日随元顺帝由大都出逃至应昌(在内蒙古克什克腾旗西达来诺尔附近),到三十年正月元顺帝病死为止的亲身经历。书已残阙。有《云窗丛刻》本、《国学文库》本、巴蜀书社 2000 年《中国野史集成》本。《四库全书》未收。

8.《国初群雄事略》14 卷 清钱谦益(1582 年—1664 年)撰。记载元末农民起义领袖韩林儿、郭子兴、徐寿辉、陈友谅、张士诚、明玉珍、方国珍及元将扩廓帖木儿、李思齐等人的事迹资料。有《适园丛书》本、中华书局 1982 年点校本。

9.《蒙古源流》8 卷 明清之际蒙古族小彻辰萨囊台吉(1604

年—?)撰。作者为成吉思汗后裔,据《古昔蒙古汗等根源大黄册》《汗统记》以及蒙藏宗教历史旧籍,参以个人经历见闻,上溯蒙古王统直接附会于西藏、印度,下叙元明帝系迄于清初封赐蒙古王公,并附载诸大喇嘛阐扬佛教之事,对研究蒙古族之起源及其在元亡以后直至明末清初的情况有一定参考价值。但是书的不少内容来源于宗教传说,与史实颇不合。有《国学文库》本、内蒙古人民出版社2007年新译校注本。

10.《救荒活命类要》3卷　元张光大辑。卷一为"经世良法",记历代救荒之术;卷二为元代救荒条格;卷三为"救荒一纲",下列义仓、常平等条,又有救荒20目。各条间有辑议,反映了元朝的救荒政策及利弊。末附救荒秘方。是书对于研究封建社会尤其是元代的救荒政策和措施有一定史料价值。已残阙,有明刊本、上海古籍出版社2002年《续修四库全书》本。

11.《农桑辑要》7卷　元代官修。书成于元世祖至元十年(1273年)。内容包括典训、耕垦、播种、栽桑、养蚕、瓜果、果实、竹木、药草等。对研究中国古代农业生产和农业史有重要史料价值。有《武英殿聚珍版》本、《四部备要》本、农业出版社1989年校释本。

12.《农书》37卷(今缺1卷)　元王祯撰。书成于皇庆二年(1313年)。内容分三大部分:一为"农桑通诀",总论农业历史、耕垦、耙耢、播种、锄治、粪垠、灌溉、收获、植树、畜牧、蚕缫等;二是"百谷谱",分别叙述各种农作物,包括菜蔬、瓜果、竹木等的培植方法;三是"农器图谱",包括各种农具图306幅,并附有构造和使用说明。对研究中国古代农业生产和农业史有重要史料价值。有《武英殿聚珍版》本、农业出版社1981年校本、齐鲁书社2009年译注本。

13.《农桑衣食撮要》2卷　元鲁明善撰。书成于延祐元年(1314年)。是书仿《四民月令》体例,以月令为纲,分系条别,按月列举应做的农事,包括农作物的栽培,家畜、家禽、蚕、蜂的饲养,以及农产品的加工、贮藏等。对研究中国古代农业生产和农业史有一定史料价值。有《墨海金壶》本、农业出版社1962年校注本。

14.《佛祖通载》22 卷 元释念常撰。有明隆庆五年刻本。是书以编年记载释氏故实,上起古印度传说中的七佛,下迄元顺帝元统元年(1333 年)。于佛教之兴废,禅宗之授受,言之颇悉。对研究佛教史并宋元以来儒、释、道三教的关系有一定史料价值。收入《中华大藏经》,另有广陵古籍刻印社 1993 年影印本。《四库全书》入存目。

15.《全元文》 李修生主编。是书搜集有元一代之汉文单篇散文、骈文和诗词以外的韵文。拟收作者三千余人,文章三万余篇。以文系人,后附作者小传。并根据以文从人的原则,凡已收入之作者,其文是否撰于元代,均一体收录。书后拟附作者、篇名等各种索引,对寻找元代史料颇有帮助。江苏古籍出版社自 1999 年起已陆续开始出版点校本。

(三) 各 类 行 记

元朝国土辽阔,对外交往频繁,所以行记很多,可以为我们提供不少研究元朝历史,尤其是当时中外关系史的史料,其中可分两大类。

一类是与蒙古本土和中亚、西亚地区有关的行记,主要有以下六部。

1.《蒙鞑备录》1 卷 南宋赵珙撰。撰者于嘉定十四年(1221 年)随淮东制置使贾涉出使燕京蒙古军前议事,归后记其见闻而成是书。此时,金朝虽未灭亡,河北已为蒙古所有。书中对蒙古的立国、种族、诸王、功臣、官制、征伐、风俗、成吉思汗的经历、蒙古的政治军事组织等都有记载,是现存记载早期蒙古汗国历史的重要史料。有《蒙古史料校注四种》本、《丛书集成初编》本、上海古籍出版社 2002 年《续修四库全书》本。

2.《黑鞑事略》1 卷 南宋彭大雅撰,徐霆疏。两人先后于绍定六年(1233 年)和端平元年(1234 年)随人出使蒙古,彭大雅归来后将所见所闻作了记录,徐霆又将彭大雅的记录加以补充、疏证,编成是书。所记蒙古汗国立国、地理、气候、物产、毡帐、饮食、语言、风俗、赋敛、货易、贾贩、官制、法令、骑射、军事等史事都十分珍贵。有《蒙古史料校注四种》本、《丛书集成初编》本、四川大学出版社 2007 年《宋元地理史料汇编》本。

3.《长春真人西游记》2 卷,附录 1 卷 由金入元人李志常撰。长春真人即丘处机(1148年—1227年),是北方全真道的教主,元太祖十四年(1219年)他应召西行,次年抵达大雪山(兴都库什山),觐见成吉思汗。在奉命讲道之余,成吉思汗向他求长生之术,丘处机坦言世上只有卫生之道,无长生之药,并进言止杀。1223年东归,住燕京,受命掌管天下道教。是书是随行弟子李志常所记途中经历见闻,对各地山川、道里、风俗、物产记载甚详,对研究蒙古、新疆和中亚历史有重要史料价值。有《蒙古史料校注四种》本、《四部备要》本、河北人民出版社2001年译注本。

4.《西游录》1卷 元耶律楚材(1190年—1244年)撰。撰者于元太祖十四年(1219年)随成吉思汗攻打花剌子模,十九年东归,四年后写成此书。上篇记西行道里与西域的山川、物产、风俗等,下篇设为问答体,与道教驳辩,对了解当时北方儒道两教的斗争情况有重要史料价值。有《知不足斋丛书》本、中华书局2000年校注本。《四库全书》未收。

5.《西使记》1卷 元刘郁撰。宪宗九年(1259年),使臣常德奉蒙哥汗之命,从和林出发,前往波斯旭烈兀营地传达命令,往返达14个月之久。元世祖中统四年(1263年),由常德口述途中见闻,刘郁加以记录,遂成是书。书中提供了旭烈兀西征的活动和十三世纪到十四世纪中亚的风土人情、历史状况。收入王恽《秋涧集》卷九四《玉堂嘉话》,另有《学津讨原》本、《四部丛刊》本、四川大学出版社2007年《宋元地理史料汇编》本。

6.《张参议耀卿纪行》1卷 一名《塞北纪行》、《岭北纪行》、《边堠纪行》。由金入蒙人张德辉(1195年—1274年)撰。记撰者于元定宗二年(1247年)应召北上,至和林觐见忽必烈事。详记所历各地的道里、山川、人物、风俗,以及蒙古大汗驻帐情形。收入《秋涧集》卷一〇〇《玉堂嘉话》,另有《渐学庐丛书》本、《皇朝藩属舆地丛书》本。

一类是与东南亚有关的行记,主要有以下三部。

1.《安南行记》1卷 一名《天南行记》。元徐明善撰。撰者于元世祖至元二十五年(1288年)作为副使,陪同李思衍出使安南(今越南),记其风土人情等见闻。有《说郛》本。《四库全书》未收。

2.《真腊风土记》1卷 元周达观撰。撰者于元贞元年(1295年)随元使赴真腊(今柬埔寨),大德元年(1297年)返国,因记各地见闻。内容包括城郭宫室、人物风俗、山川物产、饮食器用等方面,颇有史料价值。有《百川学海》本、中华书局2000年校注本、四川大学出版社2007年《宋元地理史料汇编》本。

3.《岛夷志略》1卷　元汪大渊(约1311年—?)撰。撰者在至顺元年(1330年)由泉州附舶出海,前后两卜东西洋,经南海、印度洋,直至阿拉伯和非洲东海岸,约于顺帝至元五年(1339年)返国。全书总分百条,记当地见闻,包括习俗、信仰、物产及商品等,内容翔实。涉及国名九十余,地名二百二十余。是书上承南宋周去非《岭外代答》、赵汝适《诸蕃志》,下接马欢《瀛涯胜览》、费信《星槎胜览》,是研究元代海外贸易和中外交通史的重要史籍。有辽宁教育出版社1996年译注本、蓝天出版社1998年注释本。

(四)文集和笔记小说中的史料

甲、主要文集

1.《还山遗稿》2卷,附录2卷　由金入蒙人杨奂(1186年—1255年)撰。有《适园丛书》本、书目文献出版社1998年影印明嘉靖刊本、人民出版社2009年《闽刻珍本丛刊》本。

2.《鲁斋遗书》8卷,附录2卷　元许衡(1209年—1281年)撰。有乾隆十五年刊本、上海古籍出版社2002年《续修四库全书》本。

3.《双溪醉隐集》8卷　元耶律铸(1221年—1285年)撰。有《知服斋丛书》本、《丛书集成续编》本、上海书店出版社1994年影印本。

4.《陵川集》39卷,附录1卷　一名《郝文忠公陵川集》。元郝经(1223年—1275年)撰。有《摛藻堂四库全书荟要》本、台北世界书局1986年影印本。

5.《紫山大全集》26卷　元胡祇遹(1227年—1295年)撰。有《三怡堂丛书》本、中国书店1990年重印本。

6.《秋涧集》100卷　一名《秋涧先生大全文集》。元王恽(1227

年—1304年)撰。有《四部丛刊》本、台北商务印书馆1983年影印本。

7.《桐江集》8卷,续集37卷　元方回(1227年—1307年)撰。正集有《宛委别藏》本。续集有《四库珍本初集》本、江苏古籍出版社1988年影印本。正集《四库全书》未收。

8.《静轩集》5卷,附录1卷　元阎复(1236年—1312年)撰。有《藕香零拾》本、上海古籍出版社2002年《续修四库全书》本。

9.《牧庵集》36卷　元姚燧(1238年—1313年)撰。有《四部丛刊》本、书目文献出版社1991年影印清抄本。

10.《勤斋集》8卷　元萧㪺(1241年—1318年)撰。原书15卷,今仅存残卷。有清刻本。

11.《养蒙集》10卷　一名《养蒙先生文集》。元张伯淳(1242年—1302年)撰。有明宣德七年重刊本、广陵古籍刻印社1980年据《疆村丛书》重刊本。

12.《中庵集》20卷　一名《中庵先生刘文简公文集》。元刘敏中(1243年—1318年)撰。有书目文献出版社1991年影印清抄本。

13.《剡源戴先生文集》30卷　一名《剡源集》。元戴表元(1244年—1310年)撰。有《四部丛刊》本、《四明丛书》本(文钞四卷)。

14.《双湖文集》10卷　元胡一桂(1247年—?)撰。有上海古籍出版社2002年《续修四库全书》本。

15.《湛渊遗稿》3卷,补1卷　元白珽(1248年—1328年)撰。原书40卷,今仅存残篇。有《知不足斋丛书》本、广陵古籍刻印社1985年重印《武林往哲遗著》本。《四库全书》作《湛渊集》,为1卷本。

16.《静修集》30卷　一名《刘文靖公文集》。元刘因(1249年—1293年)撰。有《四部丛刊》本、书目文献出版社1998年影印明成化十五年刊本。

17.《雪楼集》30卷　元程钜夫(1249年—1318年)撰。有《湖北先正遗书》本、上海书店出版社1994年影印本。

18.《巴西文集》1卷　一名《邓文肃公巴西集》。元邓文原(?—1328

第七章 元史史料

年)撰。有清光绪刊本、书目文献出版社1991年影印清抄本。

19.《吴文正集》100卷　元吴澄(1249年—1333年)撰。有清乾隆丙子万氏刊本。

20.《定宇集》16卷,别集1卷　元陈栎(1252年—1334年)撰。有清康熙三十三年刊本。

21.《墙东类稿》20卷,补遗1卷　元陆文圭(1252年—1336年)撰。有《常州先哲遗书》本、《丛书集成续编》本。

22.《养吾斋集》32卷　元刘将孙撰。有《四库珍本初集》本。

23.《松乡文集》10卷　元任士林(1253年—1309年)撰。有清光绪十六年刊本。

24.《松雪斋文集》10卷,外集1卷,续集1卷　元赵孟頫(1254年—1322年)撰。有《四部丛刊》本、台湾学生书局1979年影印本、西泠印社出版社2010年点校本。

25.《榘庵集》15卷　元同恕(1255年—1332年)撰。有《四库珍本初集》本。

26.《云峰胡先生文集》14卷,附录1卷　元胡炳文撰。有书目文献出版社1998年影印明弘治二年刊本。《四库全书》作《云峰集》10卷。

27.《清容居士集》50卷　元袁桷(1266年—1327年)撰。有《四部丛刊》本。

28.《申斋集》15卷　元刘岳申撰。只有《四库全书》本。

29.《桂隐文集》8卷　一名《刘桂隐先生集》。元刘诜(1268年—1350年)撰。有清同治刊本。

30.《清河集》7卷,附录1卷　元元明善(1269年—1322年)撰。上海古籍出版社2002年《续修四库全书》本。

31.《归田类稿》24卷　一名《张文忠公文集》。元张养浩(1270年—1329年)撰。有《四库全书》本,又有上海古籍出版社2002年《续修四库全书》本。

32.《许白云先生文集》4卷　一名《白云集》。元许谦(1270年—

1337年)撰。有《金华丛书》本。

33.《待制集》20卷,附录1卷 一名《柳待制文集》。元柳贯(1270年—1342年)撰。有《四部丛刊》本。

34.《道园学古录》50卷 元虞集(1272年—1348年)撰。有《四部丛刊》本。

35.《文安集》14卷,补遗1卷 一名《揭文安公全集》、《揭傒斯全集》。元揭傒斯(1274年—1344年)撰。有《四部丛刊》本、上海古籍出版社1985年点校本。

36.《贡文靖云林集》10卷 元贡奎撰。有书目文献出版社1998年影印明刻本。《四库全书》作《云林集》6卷,附录1卷。

37.《圭斋集》15卷,附录1卷 元欧阳玄(1274年—1358年)撰。有《四部丛刊》本、上海书店1989年影印本。

38.《文忠集》6卷,原有15卷 元王结(1275年—1336年)撰。有《四库珍本初集》本。

39.《金华黄先生文集》43卷,附札记1卷 元黄溍(1277年—1357年)撰。有《四部丛刊》本、上海古籍出版社2002年《续修四库全书》本。《四库全书》有《黄文献集》,仅10卷。

40.《石田集》15卷 一名《石田先生文集》。元马祖常(1279年—1338年)撰。有《摛藻堂四库全书荟要》本、中华书局1986年影印本。

41.《闲居丛稿》26卷 一名《顺斋先生闲居丛稿》。元浦道源撰。有元至正刻本。

42.《俟庵集》30卷 一名《番阳仲公李先生文集》。元李存(1281年—1354年)撰。有明永乐三年刊本。

43.《伊滨集》24卷 元王沂撰。有《四库珍本初集》本。

44.《礼部集》20卷 一名《吴礼部文集》。元吴师道(1283年—1344年)撰。有《续金华丛书》本、书目文献出版社1998年影印清抄本。

45.《至正集》81卷 元许有壬(1287年—1364年)撰。撰者另有《圭塘小稿》13卷,别集2卷,续集1卷,附录1卷。其内容与《至正集》互有出入。前者有清宣统三年刊本,后者有《摛藻堂四库全书荟要》本、书目文献出版社 1995 年影印本。

46.《安雅堂集》13 卷　一名《陈众仲文集》。元陈旅(1288 年—1343 年)撰。有《摛藻堂四库全书荟要》本。

47.《积斋集》5 卷　元程端学撰。有《四明丛书》本、上海书店出版社 1994 年影印《四库全书》本。

48.《燕石集》15 卷　元宋褧(1292 年—1344 年)撰。有元至正刊本、书目文献出版社 1991 年影印清抄本。

49.《侨吴集》12 卷　元郑元祐(1292 年—1364 年)撰。有明弘治九年刊本。

50.《石初集》10 卷,附录 1 卷　元周霆震(1292 年—1379 年)撰。有《豫章丛书》本、《丛书集成续编》本。

51.《筠轩集》13 卷　元唐元撰。有《唐氏三先生集》本、上海古籍出版社 2002 年《续修四库全书》本。

52.《滋溪文稿》30 卷　元苏天爵(1294 年—1352 年)撰。原书有 37 卷,今本诗稿 7 卷已佚。有中华书局 1997 年点校本。

53.《龟巢集》17 卷　一名《龟巢稿》。元谢应芳(1295 年—1392 年)撰。有《四部丛刊三编》本。

54.《存复斋集》10 卷,附录 1 卷　一名《成性斋文集》。元朱德润撰。有《四部丛刊》本、北京图书馆出版社 2000 年《涵芬楼秘笈汇编》本。《四库全书》入存目。

55.《纯白斋类稿》20 卷,附录 2 卷　元胡助撰。有《金华丛书》本。

56.《正思斋文集》12 卷　元夏天祐撰。有上海古籍出版社 2002 年《续修四库全书》本。

57.《东维子集》30 卷,附录 1 卷　一名《杨维桢文集》。元杨维桢(1296 年—1370 年)撰。有《四部丛刊》本、山东画报出版社 2004 年点校本。

58.《渊颖集》12 卷,附录 1 卷　一名《渊颖吴先生集》。元吴莱

(1297年—1340年)撰。有《四部丛刊》本。

59.《师山文集》8卷,遗文5卷,附录1卷　元郑玉(1298年—1358年)撰。有《乾坤正气集》本。

60.《玩斋集》10卷,拾遗1卷　一名《贡礼部玩斋集》。元贡师泰(1298年—1362年)撰。有《摛藻堂四库全书荟要》本、台北世界书局1988年影印本。

61.《近光集》3卷,扈从诗1卷　一名《周翰林近光集》。元周伯琦(1298年—1369年)撰。有明祁氏淡生堂抄本。

62.《清閟阁全集》12卷　元末明初人倪瓒(1301年—1374年)撰。有《常州先哲遗书》本。

63.《傅与砺诗文集》20卷　元傅若金(1303年—1342年)撰。有《嘉业堂丛书》本、书目文献出版社1991年影印清抄本。

64.《青阳集》6卷　一名《青阳先生文集》。元余阙(1303年—1358年)撰。有《四部丛刊》本。

65.《说学斋稿》4卷　一名《危学士全集》。元末明初人危素(1303年—1372年)撰。有齐鲁书社1997年《四库全书存目丛书》本。

66.《石门集》7卷　一名《新喻梁石门先生集》。元末明初人梁寅(1303年—1389年)撰。有清乾隆刊本、齐鲁书社1997年《四库全书存目丛书》本。

67.《环谷集》8卷　元末明初人汪克宽(1304年—1372年)撰。有清康熙十八年《汪氏三先生集》本。

68.《贞素斋集》8卷,附录1卷,《北庄遗稿》1卷　元末明初人舒頔(1305年—1377年)撰。有清道光十八年刊本。

69.《经济文集》6卷　元李士瞻(1313年—1368年)撰。有《湖北先正遗书》本。

70.《夷白斋稿》35卷,外集1卷　一名《夷白集》。元末明初人陈基(1315年—1370年)撰。有《四部丛刊三编》本。

71.《九灵山房集》30卷,补编2卷　元末明初人戴良(1317年—

1383年)撰,有《金华丛书》本、《丛书集成初编》本。

72.《梧溪集》7卷,补遗1卷　元末明初人王逢(1319年—1388年)撰。有《知不足斋丛书》本、书目文献出版社1995年影印本。

73.《羽庭集》6卷　元末明初人刘仁本撰。有《乾坤正气集》本、《台州丛书》本。

74.《佩玉斋类稿》10卷　元末明初人杨翮撰,有《四库珍本初集》本。

75.《闻过斋集》8卷　元末明初人吴海撰。有《嘉业堂丛书》本、文物出版社1982年影印本。

76.《玉笥集》10卷　元末明初人张宪撰。有《粤雅堂丛书》本。

77.《云阳集》10卷,附录1卷　一名《云阳李先生文集》。元末明初人李祁撰。有清嘉庆本、岳麓书社2009年点校本。

78.《畏斋集》6卷　元末明初人程端礼撰。有《四明丛书》本。

79.《东山存稿》7卷,附录1卷　一名《东山赵先生文集》。元末明初人赵汸撰。有清康熙刊本。

80.《玉笥集》9卷　一名《邓伯玉玉笥集》。元末明初人邓雅撰。有书目文献出版社1998年影印清抄本。

81.《庸庵集》14卷　元末明初人宋禧撰。有余姚宋氏活字本。

82.《静思集》10卷　元末明初人郭钰撰。有明嘉靖刊本。

83.《麟原文集》24卷　元末明初人王礼撰。有《四库珍本初集》本。

84.《国朝文类》70卷(总集)　一名《元文类》。元苏天爵(1294年—1352年)辑。有《四部丛刊》本、上海书店1989年排印本。

85.《天下同文集》甲集50卷,今缺6卷(总集)　元周南瑞编。有《雪堂丛刻》本。

乙、主要笔记小说

1.《湛渊静语》2卷　元白珽(1248年—1328年)撰。有《知不足斋丛书》本、河北教育出版社1994年《历代笔记小说集成》本。

2.《勤有堂随录》1卷　元陈栎(1252年—1334年)撰。有《学海类编》本、上海古籍出版社 1993 年影印本。

3.《困学斋杂录》1 卷　元鲜于枢(1256 年—1301 年)撰。有《知不足斋丛书》本、上海古籍出版社 1993 年影印本。

4.《闲居录》1 卷　元吾丘衍(1268 年—1311 年)撰。有《学津讨原》本、上海古籍出版社 1993 年影印本。

5.《日损斋笔记》1 卷,附录 1 卷　元黄溍(1277 年—1357 年)撰。有《金华丛书》本、广陵古籍刻印社 1983 年影印本。

6.《研北杂志》2 卷　元陆友撰。有《墨海金壶》本、上海古籍出版社 1993 年影印本。

7.《吴中旧事》1 卷　元陆友仁撰。有《墨海金壶》本、上海古籍出版社 1993 年影印本、河北教育出版社 1994 年《历代笔记小说集成》本。

8.《平江纪事》1 卷　元高德基撰。有《墨海金壶》本、上海文明书局石印本。

9.《南村辍耕录》30 卷　一名《辍耕录》。陶宗仪(1316 年—?)撰。有《津逮秘书》本、中华书局 1957 年点校本、齐鲁书社 2007 年点校本。

10.《稗史集传》1 卷　元徐显撰。有《历代小史》本、齐鲁书社 1996 年《四库全书存目丛书》本、巴蜀书社 2000 年《中国野史集成续编》本。

11.《元朝征缅录》1 卷　元撰者佚名。有《守山阁丛书》本、上海古籍出版社 2002 年《续修四库全书》本。

12.《庶斋老学丛谈》3 卷　元盛如梓撰。有《知不足斋丛书》本、广陵古籍刻印社 1995 年影印本。

13.《山居新语》4 卷　元杨瑀撰。有《武林往哲遗著》本、广陵古籍刻印社 1985 年影印本、中华书局 2006 年点校本。

14.《雪履斋笔记》1 卷　元郭翼撰。有《学海类编》本、广陵古籍刻印社 1990 年影印本。

15.《日闻录》1 卷　元李翀撰。有《守山阁丛书》本、齐鲁书社 1996 年《四库全书存目丛书》本。

16.《明氏实录》　明杨学可撰。有《学海类编》本、巴蜀书社 1993 年

《中国野史集成》本。《四库全书》入存目。

17.《异域志》2卷 元周致中撰。有《说库》本、中华书局1981年点校本。《四库全书》入存目。

18.《保越录》1卷 元徐勉之撰。有《艺海珠尘》本、河北教育出版社1994年《历代笔记小说集成》本。

19.《草木子》4卷 元末明初人叶子奇撰。有光绪元年处州刊本、中华书局1959年点校本。

（五）外国史料

1.《世界征服者史》3卷 波斯志费尼撰。撰者父亲曾做过蒙古汗国驻波斯地区的征税官。蒙哥汗即位时，志费尼曾随父亲前往和林朝觐。后来又随旭烈兀西征巴格达等地，并被任命为巴格达州的长官。是书基本上完成于十三世纪六十年代，第一卷记蒙古国家制度和成吉思汗到拔都的历代事迹；第二卷记花剌子模王朝史；第三卷记拖雷、蒙哥、旭烈兀等人的事迹。有内蒙古人民出版社1980年中译本、商务印书馆2004年《汉译世界学术名著丛书》本。

2.《史集》共3集，今缺第三集 一译《集史》。波斯拉施德丁（一译拉施都丁、拉施特，1247年—1318年）主编。撰者是伊利汗国的宰相，他奉旨编成是书。成书于1310年至1311年。分3集：第一集蒙古史，第二集世界史，第三集世界地志。传世的抄本有十余种，仅有第一、二集及附篇《阿拉伯、犹太、蒙古、拂朗、中华五民族世系谱》。蒙古史3卷，第一卷上册为突厥蒙古部族志，下册为成吉思汗先世及成吉思汗纪；第二卷为窝阔台汗至元成宗诸帝及术赤、察合台、拖雷诸传；第三卷为旭烈兀至合赞诸伊利汗记。世界史4卷，分别为古代波斯诸朝史及先知穆罕默德传，诸哈里发史，十一至十三世纪伊斯兰教诸王朝史及突厥、中华、犹太、拂朗、印度诸民族史。是书有关蒙古史的部分利用了伊利汗廷所藏档案和蒙、汉等学者的口述资料，有很高的史料价值。1946年至1960年，苏联出版了第一集蒙古史的全部新俄文译本，商务印书馆1983年至1985年又据此译成中文出版。

3.《被我们称为鞑靼的蒙古人的历史》 一名《柏朗嘉宾蒙古行记》、《卜拉诺·卡比尼行记》。罗马人卜拉诺·卡比尼(1182年—1252年)撰。1245年,撰者作为罗马教皇的使节,奉命出使蒙古,由里昂到达和林。在那里住了4个月左右,参加了选举贵由为大汗的忽里台大会。1247年返回里昂,向教皇提交了这次旅行的报告,故有此书名,实际上是一部行记。是书记载了蒙古的地理、气候、风俗、习惯、国家起源、军事制度、对外战争等,对于研究早期蒙古族及蒙古汗国的历史有重要参考价值。有中译本,收录于中国社会科学出版社1983年出版的由英国人道森所编《出使蒙古记》一书中,另有中华书局1985年译注本。

4.《东方旅行记》 一名《卢布鲁克行记》。法国传教士卢布鲁克(1215年—1270年)撰。撰者于1253年奉法国国王的命令,出使蒙古汗国,到达和林等地。历时5个月之久,于1255年返回。回国后,向法国国王递交了这份出使报告。是书记载了朝觐蒙哥汗的经过与和林面貌,蒙古族的生活习俗,宗教活动,畏兀儿等其他民族的状况。有中译本,收录于中国社会科学出版社1983年出版的由英国人道森所编《出使蒙古记》一书中,另有中华书局1985年译注本。

5.《马可·波罗行纪》4卷 意大利威尼斯人马可·波罗(1254年—1324年)口述,庇隆人鲁思梯切诺笔录。马可·波罗于元世祖至元八年(1271年)随父、叔来中国,经古丝绸之路东行,至元十二年抵上都开平府。此后侨居中国17年,多次奉命赴各地,到过四川、云南、河南、江浙等行省,又自称在扬州做官3年。后获准回国,于至元二十八年(1291年)由泉州经海道返国。后来他因参加威尼斯对热那亚的战争被俘,在热那亚狱中讲述其游历东方诸国的见闻,由同狱人鲁思梯切诺笔录成书。所述元朝重大政治事件、典章制度及各地情况,虽有夸大之处,但基本属实,对研究元朝前期历史和有关城市状况有一定史料价值。有上海商务印书馆1936年译注本、上海书店出版社2001年中译本。

6.《海屯行纪》 小亚美尼亚人乞剌可思·刚札克赛撰。是亚美尼亚国王海顿一世在1254年—1255年间东游蒙古的记录,收于曾为海屯随从的乞剌可思·刚札克赛所著《亚美尼亚史》一书中。对研究蒙古汗国时期的中西交通和蒙古早期历史有一定参考价值。有中华书局2002年中译本。

7.《鄂多立克东游录》 意大利人鄂多立克(约1286年—1331年)撰。撰者是十四世纪时游历东方的大旅行家。他于1318年从威尼斯出发,向东航行,约1322年至1328年间在中国。到过刺桐(今泉州)、福州、杭州、金陵(今南京)、扬州、明州(今宁波)、临清、汗八里(今北京)、东胜(今内蒙托县)、甘肃等地,后由陆道返国。晚年在意大利口述自己的见闻,由他人笔录成书。是书为研究元朝时的中西交通和有关地区的政治、社会、民俗等提供了有价值的资料。有中华书局2002年中译本,附于《海屯行纪》一书后。

8.《伊本·白图泰游记》 摩洛哥大旅行家伊本·白图泰(1304年—1377年)撰。撰者一生中出游三次,历时28年。其中第一次旅游的时间最长,1325年离乡,1349年返国。中间到过中国泉州、广州、杭州、大都(今北京)等地。回国后将其所见所闻,通过口述由他人加以记录成书。是书资料丰富翔实,不仅是阿拉伯帝国及西方人了解中国的窗口,长期来被许多学者所引用,而且对研究中世纪印度、中亚、西亚、非洲的历史以及有关元代的中西交通、政治、社会和民俗等都有重要参考价值。有宁夏人民出版社1985年中译本。

9.《高丽史》139卷 介绍见前。

10.《大越史记全书》24卷 越南潘孚先奉旨补修《大越史记》,始自陈太宗(1225年),终于明朝放弃交趾(1427年),共十卷。称《史记续编》。后来又命吴士连重修,1479年成书,定名《大越史记全书》。是书所载内容与宋朝尤其是与元朝历史有一定关系,故颇多参考价值。有日本明治十八年铅印本、日本东京大学东洋文化研究所附属东洋文献学中心1985年出版之编校本。

第八章 明史史料

(公元1368年—公元1644年)

公元1368年,贫苦农民出身后来又在皇觉寺做过和尚的朱元璋(1328年—1398年),参加了由郭子兴领导的江淮地区的红巾军起义,依靠元末农民大起义的力量,推翻了元朝,接着又削平群雄,建立了明朝。明朝前期,政治尚称清明,社会经济的恢复和发展较快。但自明英宗正统(1436年—1449年)以后,随着最高统治者腐朽程度的加深,社会矛盾日趋尖锐,内忧外患接踵而至。1644年,明王朝终于为李自成领导的明末农民大起义所推翻。

有明一朝,历16帝,凡277年,已处于中国封建社会的晚期。经济上,社会生产力获得了进一步的发展。一般认为,到了明代中后期,随着商品经济的繁荣,出现了资本主义萌芽,市民阶层开始登上政治舞台。政治上,由于明太祖朱元璋的特殊出身,他所推行的封建专制主义比以前大为强化,特务统治、文字狱、宦官专权、宫廷政变、官僚集团的互相倾轧成为明代政治的特色,既使史事繁复,更给政治和文化带来了严重祸害。思想上,程朱理学虽然继续占据统治地位,但王阳明的心学和"经世致用"之学相继兴起于中后期,对当时和后代都产生了很大影响。民族问题上,一方面,长城以北蒙古贵族的势力(后期则为女真贵族的势力)不断威胁

第八章 明史史料

着明政权;另一方面,由于国家统一、民族众多,形成了更为密切而复杂的民族关系。阶级关系上,明朝由于政治腐败,封建剥削残酷,土地高度集中,因此阶级矛盾十分尖锐,"均贫富"的要求尤为强烈。对外交往上,随着郑和7次下西洋,与海外的联系有了进一步加强。与此同时,东南地区经常受到倭寇的侵扰,成为边患;新航路开辟后,葡萄牙、西班牙、荷兰等西方殖民主义者开始东来,从而出现了比较复杂的国际环境。

一、明史史料特点

明代社会经济的发展,中后期资本主义的萌芽,以及政治、思想、民族关系、阶级关系、国际关系上所出现的一系列新情况和新特点,也影响到了史学的发展,并形成了明史史料的一些特点。

第一,官修的史学著作更多,规模更大,流传至今的也比前代大为增加。

这一特点的出现,既与明代距今天较近,史籍不易失散有关,也与明代经济繁荣,使得文化更加昌盛有关。据李晋华《明代敕撰书考》一书统计,有明一代官修的著作流传至今的尚有二百多部,大大超越前代。明朝不仅官修的史书多,而且规模大,如一部《永乐大典》,全书共有 22 877 卷,约 37 000 万字。编纂之人(包括誊写者)多达三千余人,真可谓是中国古代文化史上空前巨大的一项工程。后来又另摹副本一部。今天副本已十亡其九还多,正本至明末更是不知所终。清朝乾隆年间在修《四库全书》时,就从当时基本上还保存完好的副本中,辑佚了数以百计的典籍,其功劳不可小估。近人以为,由于明世宗嘉靖帝十分喜爱《永乐大典》,所以正本有可能在他死后被带入了坟墓(永陵)。如果真是这样,那么是书正本重见天日之日,将是中华典籍得以发扬光大之时,意义之重大不难想见。再如《明实录》,有 3 045 卷,也抄有正副两部。明代官修的史籍不仅规模大,数量多,而且保存也比前代完善。嘉靖十三年(1534 年),明政府在北京建造了专门保管皇家重要典籍的皇史宬,这是一种依照古代的所谓金匮石室的构造建造的,外部建筑全用石头砌成,里面安放着雕龙鎏金铜皮大木箱,书籍放在里面,无水火之虑。《明实录》所以能妥善保存至今,与此不无关系。皇史宬这一建筑方式和功能,后来也为清代所继承。不过,今存《明实录》也非完帙,原因是到清顺治时,明降臣冯铨为掩盖记载在实录上自己的丑闻,私自毁去了其中的12卷内容。

第二,私人著述甚多,内容以反映当代历史为主。

明代科举制度发达,市民阶层兴起,对书籍的需要量大增。读书识字的人比前代更多,知识分子的队伍扩大。书坊为了适应各个阶层人民的需要,也大量刊刻书籍。这一切,都为私人著述和流布具备了条件。据清初黄虞稷《千顷堂书目》(为查考明代典籍的重要目录,《明史·艺文志》据此修撰)记载,明代有四千九百余人留下文集。其他野史杂说之类,也较前代为多。唐宋时期的典籍,以总结唐五代以前的历史经验教训和记载当代的历史时事并重,明代史学则以反映当代历史为主,这与当时政治斗争和社会矛盾的尖锐、复杂息息相关。尤其是发生于公元1399年至1402年的"靖难之役"、发生于公元1457年的"夺门之变"这两件事,在明代政治生活中影响极大,但官方记载多有忌讳,国史、实录皆不可靠,于是一些朝野人士纷纷撰述私著,力图根据自己的闻见,还事件以本来面目。加上明统治集团内部的互相倾轧,或从阶级斗争、民族斗争的需要出发,也促使记载当代历史的各种野史杂说盛行起来。

第三,史书体裁完备,内容丰富,各类专题性的史料甚多。

明代史书的体裁,无论是纪传、编年、纪事本末、杂史、别集、总集、传记、笔记小说、舆图、方志、政书、类书、丛书等,都无所不备。从内容来说,有专记一朝的,如洪武朝有吴朴的《龙飞纪略》、宋濂的《洪武圣政记》等;建文朝有屠叔方的《建文朝野汇编》、黄佐的《革除遗事》等;永乐朝有《文庙圣政记》;洪熙朝有《仁庙圣政记》;宣德朝有《宣庙圣政记》等;正德朝有清毛奇龄的《明武宗外纪》;嘉靖和隆庆朝有徐学谟的《世庙识余录》、沈越的《皇明嘉隆两朝闻见记》等;万历朝有《万历起居注》等;泰昌至崇祯朝有李逊之的《三朝野记》等。有专记一事的,如记朱元璋伐元,削平张士诚、陈友谅等割据势力的有《平胡录》、《北平录》、《平汉录》、《平吴录》、《平蜀记》、《平夏记》等;记"靖难之役"的有《奉天靖难记注》等;记"土木之变"的有刘定之的《否泰录》、李实的《北使录》、尹直的《北征事迹》、《正统临戎录》等。记梃击、红丸、移宫3案的有顾秉谦的《三朝要典》等。有专记一地的,如记上海的有郭经等纂修的《上海志》、郑洛等纂修的《上海志》;记宁夏地区的有杨寿的《朔方新志》;记云南的有谢肇淛的《滇略》、杨慎的《滇载记》等。此外,又有专记某个官府,某一少数民族,某次农民起义,某一生产部门,某次党争,以及与某国关系等的专史。

第四,在众多体裁的史籍中,尤以记载当代人物的传记史料为最多。

明代党争激烈,理学与反理学、理学内部朱学与陆学的斗争都十分尖锐,士大夫往往以标榜先贤或鞭笞权奸作为斗争的手段,显示正统,贬低对方,因此在各种专史的撰写中,以人物传记为最多。如焦竑的《国朝献徵录》,王世贞的《嘉靖以来首辅传》,徐纮仿宋人杜大珪《名臣碑传琬琰集》而编纂的《明名臣琬琰录》和《续录》,项笃寿的《今献备遗》,雷礼的《列卿纪》等,对研究明代人物都有一定史料价值。

第五,无论是全国性的总志、全省性的通志和府州县志都大为增加。

明代是方志大发展的时期。全国性的总志不仅体例更加完整,而且卷帙巨大,官修的有《大明一统志》和《寰宇通志》。私人修撰的主要有王士性的《广志绎》,顾炎武的《天下郡国利病书》,顾祖禹的《读史方舆纪要》等。此外,还首次出现了多部全省性的通志(或称总志)。这些志书为研究明代各地的政治、经济、军事、文化、人物、制度、风俗等提供了丰富的史料。

第六,史料的正确性不高。

明代的史籍虽然很多,但除了一些名家的著作以外,大多数著作的史料正确性不够高,常常众说纷纭,互相矛盾。翻刻本的错误也很多,如上海图书馆收藏的明成化本《宋史·刘师道传》中,竟将宋太宗时四川地区农民起义领袖李顺误刻成"孝顺",简直不知道还有校勘二字。究其原因有许多方面:一是书肆为了牟利,粗制滥造的情况相当严重,许多史籍或刊刻、印刷不精,或以旧史改头换面作新史出售,或以残本充足本,或相互因袭、内容雷同等,不一而足。二是明代政治黑暗混乱,多次出现宫廷政变,国史、实录的记载严重失实,由此对别的史书的撰述造成了不良影响。三是明代党争不断,士大夫之间党同伐异的情况比前代更严重,他们互相倾轧,常常依据个人立场来褒贬时政。由于人自为说,反映在对史事的记载上,偏向性很大,清代《四库全书》馆臣对此评述道:"明自永乐间改修太祖实录,诬妄尤甚。其后累朝所修实录,类皆阙漏疏芜,而民间野史竞出,又多凭私心好恶,诞妄失伦,史愈繁而是非同异之迹愈颠倒而失其实。"(《四库全书总目》卷五一《弇山堂别集》)四是明代许多文人的文风不正,他们喜欢撰述,以扬名后世,正如叶德辉所说:"(明代)数十年读书人,能中一榜,必有一部刻稿,屠沽小儿,身衣饱暖,殁时必有一篇墓志。"(《书林清话》卷七)因此出版物的数量虽大,考订、校对却大都不精。以上种种原因,都使明代史料的正确性受到影响。

二、明史史料介绍

(一) 基 本 史 料

1. 《明史》332 卷　清张廷玉(1672 年—1755 年)等奉敕撰。是书编撰,始自清顺治二年(1645 年),由于资料不足、人员缺乏等原因,时断时续,到乾隆四年(1739 年)才成书,历时达 95 年之久。包括本纪 24 卷、志 75 卷、表 13 卷、列传 220 卷。记载了自朱元璋洪武元年(1368 年)到朱由检崇祯十七年(1644 年)共 277 年的历史,是研究明史的基本史料来源之一。《明史》在史料上有 3 个优点:一是它主要取材于《明实录》、《明会典》及大量的档案、文集、奏议、图经、志书、传记、邸报等,内容丰富,又出于著名史家万斯同、王鸿绪等人之手,叙事清晰,文字简明,取舍比较审慎。如对韩林儿在瓜步沉船溺死事及建文帝后来的下落,叙述都比较客观。二是对明代统治阶级的内部矛盾、政治腐败情况和人民生活困苦,都有充分的记载。三是根据明朝政治特点而增设的《阉党传》、《流贼传》、《土司传》,集中记载了有关这方面的史料,对研究明代宦官、明末农民起义和民族问题都提供了较为系统的史料。《明史》在史料上的缺点主要有以下几个方面:一是偏重于政治史,缺乏关于社会经济、科学技术方面的记载。二是对外关系的记载仅限于周边及南洋诸国,对郑和远洋的壮举,对西方殖民者东来的侵略,记载较略。三是由于清人大兴文字狱,故对满人先世及建州卫与明朝的臣属关系,都不作明确记载,且多有失实之处。

这里必须指出的一点是:《明史》尽管史料丰富、编排得当,但因为修撰《明史》的主要史料来源如《明实录》、《明会典》等典籍依然存在,有关史料又极为丰富,所以它的重要性相对而言已不及前二十三史。有中华书局1974年点校本。

2.《明实录》3 108卷(内缺12卷) 明朝官修。这是我国古代第一部基本完好保存至今的实录,史料之丰富非一般史籍所能比拟,它由《太祖实录》257卷、《太宗(成祖)实录》274卷、《仁宗实录》10卷、《宣宗实录》115卷、《英宗实录》361卷、《宪宗实录》293卷、《孝宗实录》224卷、《武宗实录》197卷、《世宗实录》566卷、《睿宗(世宗之父)实录》50卷(不列入一朝之数)、《穆宗实录》70卷、《神宗实录》596卷、《光宗实录》8卷、《熹宗实录》87卷,共13朝实录组成。虽缺建文、景泰和崇祯3朝实录,然建文朝内容附于《成祖实录》中,景泰朝内容附于《英宗实录》中。崇祯朝因国亡而无实录,后人补辑17卷,收入今本《明实录》中。有台湾历史语言研究所1983年影印本、线装书局2005年影印本。《四库全书》未收。

3.《明会典》 明朝官修。明代会典体例仿《唐六典》和《元典章》,是一部类似于宋代会要的有关典章制度的史籍。有明一代共修过3次会典:第一部初修本《正德会典》180卷,书成于弘治十五年(1502年),颁行于正德六年(1511年)。第二部重修本称《续修大明会典》53卷,书成于嘉靖二十八年(1549年),未颁行。第三部《万历重修会典》228卷,书成于万历十五年(1587年),此为通行本,一般言《明会典》,即指《万历重修会典》。是书对研究明代的典章制度有重要史料价值。反之,清人龙文彬(1821年—1893年)所修之《明会要》80卷,因是第二手资料,所以价值不大。《万历重修会典》有《万有文库》本,《明会要》有中华书局1956年点校本。

4.《明书》171卷,目录2卷　明末清初傅维麟(？—1667年)撰。是书也是一部纪传体明史,但较《明史》成书早半个多世纪。撰者曾参与明史的纂修,其间收录遗书、家乘、文集、碑志三百余种,参以实录,草成此书。表志内容丰富,类目甚细,对明神宗万历以前的某些历史特别是土地赋役、典章制度等的记载,较《明史》为详。但万历以后泰昌、天启、崇祯3朝史事,由于受当时文字狱的影响,有意从略。有清康熙三十四年刻本、《畿辅丛书》本。《四库全书》入存目。

5.《明史纪事本末》80卷　清谷应泰(1620年—1690年)撰。书成于顺治十五年(1658年),比《明史》还早81年。共分80个专题编撰,所记自元至正十二年(1352年)朱元璋起义到崇祯十七年(1644年)李自成攻克北京。所载史事,如成祖设立三卫、进军漠北、沿海抗倭、议复河套等内容,比他书为详。叙述农民起义达15篇之多,对明代后期宦官专权、矿税监害民以及修治运河、治水江南等方面的史事都有详细记载,极富史料价值。有中华书局1977年点校本,并附有《明史纪事本末补遗》。

6.《国榷》108卷　明末清初人谈迁(1593年—1657年)撰。这是一部私人修撰的有关明朝一代历史的编年体史书。谈迁,浙江海宁人,原名以训,明亡,改名迁,爱国史学家。他认为明史诸家多粗浅,实录多失实,才撰此书。初编完成于顺治二年(1645年),两年后书稿失窃,他发愤重修,四年而成,再携书稿到北京搜访修订,到顺治十三年(1656年)才最后完成,前后共花了36年时间。书成次年,谈迁病死。是书近43万字,主要史料价值有三个方面:一是《国榷》虽然也是以《明实录》为基础修成的,但兼采其他史籍百余种及崇祯以后的各种邸报、档案等材料,对实录中避而不谈的内容或谬误之处,如太祖杀功臣、建文一朝情况等都能加以补正;二是作者非常注意搜集明万历以后的历史,因此为后人研究明末农

第八章 明史史料

民战争和清人先世提供了大量珍贵的史料；三是在撰述中常将自己和别人的议论并列于后，对某些史料进行了认真的考订，对后人运用史料有所帮助。但由于该书为私人修撰，力量有限，所以对有些历史事件记事比较简单，有些地方又前后记载不一。书成后，在清代并未刊行，所以没有遭到清朝的销毁和窜改。有北京古籍出版社1958年点校本、上海古籍出版社2008年影印本。

7.《明通鉴》100卷　清夏燮（1800年—1875年）撰。书成于同治元年（1862年）。前编4卷，记明代肇起；正编90卷，通记明史；附编6卷，记南明五王和郑成功父子事。取材除正史、实录以外，旁及诸家野史及说部文集之书数百种，其中颇多清代禁书。是书对《明史》欠缺之处补充甚悉，惟对明与满洲关系仍袭旧说。对《明史》所载某些问题，另作《考异》附在正文之下，对鉴别史料和考证史料都有一定作用。有中华书局1959年标点本、岳麓书社1999年点校本。（按：因该书成书于《四库全书》之后，所以不再注明"《四库全书》未收"。以下史籍，凡属类似情况，也作同样处理。）

8.《明朝典汇》200卷　一名《国朝典汇》。明徐学聚撰。记明太祖至穆宗二百多年朝廷内外典章制度和历史。前33卷称朝政大端，记与时政有关之大事；以下按6部系200子目，分类辑录史实。取材多据各朝实录，兼及野史杂说。对研究明朝中期以前的政治、经济、军事等有重要史料价值。有明天启间刊本、北京大学出版社1993年《明清史料丛书》本。《四库全书》入存目。

9.《明会要》80卷　清龙文彬（1821年—1893年）撰。明代有会典而无会要，是书乃是清人私撰。分帝系、礼、乐、舆服、学校、运历、职官、科举、民政、食货、兵、刑、祥异、方域、外蕃15门。每门各有子目，共498事，分目记载史事。内容虽不及《明会典》丰富，也非原始资料，但因记事简明，在查找明代典章制度时颇便参考。有广雅书局本、中华书局1956年点校本。

10.《皇明诏令》21卷　明编者佚名。是书收录了元至正二十六年

(1366年)至嘉靖二十六年(1547年)明政权所颁布的诏令,含有《明实录》所没有收入的内容,与实录重复的诏令也以是书为详。有明嘉靖二十七年浙江布政使司校刊本、齐鲁书社1996年《四库全书存目丛书》本。

11.《明臣奏议》40卷　清朝官修。有《武英殿聚珍版》本。《四库全书》为20卷本。

12.《大明律》30卷,附录1卷　明朝官修。洪武七年(1374年)仿《唐律》制订,计12篇,606条。至洪武三十年,重加纂修,成30篇(卷),460条。卷一为名例律,卷二至三十分为吏、户、礼、兵、刑、工6个门类。是研究明代法制史的重要参考资料。有《玄览堂丛书三集》本、北京法律出版社1999年点校本。《四库全书》未收。

13.《大诰》　明太祖朱元璋(1328年—1398年)撰。大诰即钦定案例。洪武年间曾4次颁布大诰:第一次《大诰》成书于洪武十八年(1385年)十月,计74条;第二次《大诰续编》成书于十九年三月,计87条;第三次《大诰三编》成书于十九年十一月,计43条;第四次《大诰武臣》成书于二十年十二月,计32条。洪武三十年,将其附于《大明律》后,与《大明律》一起,统称《大明律诰》。有明洪武刊本、上海古籍出版社2002年《续修四库全书》本。

14.《国初事迹》1卷　一名《明朝国初事迹》。明刘辰(1342年—1419年)撰。书成于永乐九年(1411年)。所记自元至正十五年(1355年)六月朱元璋和州渡江,至十六年七月张自成率军攻镇江,凡128事。是书为明太祖实录稿本之一部分,因撰者曾参与朱元璋夺取元政权的机密,所记比较真实,对研究朱元璋集团初期的发展情况,甚有史料价值。有《金华丛书》本、齐鲁书社1996年《四库全书存目丛书》本。

15.《皇明大政记》36卷　一名《明大政记》。明朱国祯(1558年—1632年)撰。是书为编年体史书,起自洪武元年(1368年),至于隆庆六年(1572年)。材料大多依据实录,并参考《吾学编》等史籍。撰者另有《皇明大训记》16卷、《皇明大事记》50卷、《皇明开国臣传》13卷、《皇明逊国臣传》5卷,首1卷,与前书合计共120卷,总称《皇明史概》。有明崇

第八章 明史史料

祯刊本,即《皇明史概》本、齐鲁书社1996年《四库全书存目丛书》本。

16.《国史纪闻》12卷　明张铨(?—1621年)撰。记事起于元至正十二年(1352年)朱元璋濠州起兵,至于明武宗正德十六年(1521年)四月,共一百六十余年的历史。凡国家典章,名臣事迹,政事变化,生民休戚,皆记其大概。作者未见实录、记注,而是广采诸家之书,参校异同而成,故史料价值有一定特色。有明天启四年初刻本、齐鲁书社1996年《四库全书存目丛书》本。

17.《吾学编》69卷　明郑晓(1499年—1566年)撰。是书为纪传体明史,记载自明太祖洪武元年至明世宗嘉靖年间(1522年—1566年)的各朝史事,分纪、传、表、述、考等共14篇。内容比较丰富,记事较为可靠,其史料常为《国榷》所引用。有明万历二十七年刊本、上海古籍出版社2002年《续修四库全书》本。

18.《西园闻见录》107卷　明张萱(1557年—?)撰。是书辑录明代史料,上起洪武(1368年—1398年),下至天启(1621年—1627年),分内、外、杂3篇。内篇25卷,着重记载伦理道德修养;外篇77卷,记载政事,内容多引实录、奏议和各家著述,保存史料甚多;杂篇5卷,辑录方伎、鬼神、灾异等。有燕京大学1940年据明抄本影印本、全国图书馆文献缩微复制中心1996年影印本。《四库全书》未收。

19.《名山藏》164卷　明何乔远撰。是书为纪传体明史,记明太祖至穆宗13朝二百余年史事,多取材于当时流行的野史旧文,保存了不少珍贵的明史资料。如明代后期江南工商业发展情况,蒙古、女真和朝鲜、日本及东南诸国情况。明崇祯十三年刊本作109卷。有北京大学出版社1993年《明清史料丛书》本、北京出版社2000年《四库禁毁书丛刊》本。

20.《弇州史料》前集30卷,后集70卷　明王世贞(1526年—1590年)撰。前集收表、志、考、世家、传记。后集收有关史料与考订之作。内容涉及洪武至万历间君臣事迹、朝政大事、社会经济、典章礼俗、朝野掌故、民族关系、对外战争和史籍考订等方面,对明史研究有重要史料价值。有明万历四十二年刊本、上海古籍出版社2002年《续修四库全书》本。

《四库全书》入存目。

21.《南疆逸史》56卷 清温睿临撰。是书为纪传体南明史。公元1644年李自成攻克北京灭亡明朝以后,明朝宗室相继在南方建立起南京福王政权、福州唐王政权和广西云南桂王政权,前后坚持抗清斗争达18年之久。撰者搜集四十余种史籍,撰成是书,并在书后附明季野史书目近300种,于南明3朝历史最为完备,为研究南明政权和清初抗清斗争提供了许多宝贵的史料。有中华书局1959年排印本。上海古籍出版社2002年《续修四库全书》本作40卷。《四库全书》未收。

（二）重要史料

1.《明大政纂要》60卷 明谭希思撰。是书为编年体史书,起讫时间与《皇明大政记》同。共记太祖至穆宗12朝大政,与其他史籍参校,详略互见。有明万历四十七年刊本、齐鲁书社1996年《四库全书存目丛书》本、北京出版社2000年《四库禁毁书丛刊》本。

2.《明名臣琬琰录》54卷 明徐纮、王道端撰。是书先由徐纮搜集自明太祖洪武元年（1368年）至明孝宗弘治年间（1488年—1505年）的所谓名臣之传记资料,编成前集和后集,后有王道端在明世宗嘉靖四十年（1561年）续收嘉靖前的有关人物传记资料,编成续集而成。其中前集24卷,收117人;后集22卷,收95人;续集8卷,收69人。材料多来源于碑、铭、志、传及方志、言行录等原始资料,并注明出处,对研究明代中前期的历史人物有重要史料价值。有《常州先哲遗书后编》本、广陵古籍刻印社1988年影印本、上海书店出版社1994年影印本。

3.《献徵录》120卷 一名《国朝献徵录》。明焦竑（1540年—1620年）撰。是书广搜明代人物传记资料成书,分记宗室、戚畹、驸马都尉、公、侯、伯、和从中央到地方的各类官僚机构,以及孝子、义人、儒林、艺苑、隐佚、寺人、释道、四夷等68门中的人物。可谓集洪武至嘉靖朝野人物之大成,引述材料多注明出处,对研究明代人物有重要史料价值。有明万历刊本、上海书店1987年排印本。《四库全书》未收。

第八章　明　史　史　料

4.《鸿猷录》16 卷　明高岱撰。是书为纪事本末体明史,记朱元璋起义至嘉靖三十一年(1552 年)的各种军事活动和镇压农民、边民、流民起义的经过及统治集团内部的斗争,分记成 60 件事。材料来源于当代人的记述和各种奏议、案牍,有一定史料价值。有《国学文库》本、上海古籍出版社 1992 年排印本、齐鲁书社 1996 年《四库全书存目丛书》本。

5.《倭患考原》2 卷　明黄俣卿撰。是书上卷起于洪武初年明政府遣使通日,迄明神宗万历初年广东林凤出兵攻打吕宋(菲律宾)。下卷记万历年间明将宋应昌、杨镐东征援朝御倭之史事。卷末附倭俗考。内容虽较简略,但对研究明代抗倭战争和中日关系史仍有一定参考价值。有齐鲁书社 1996 年《四库全书存目丛书》本、巴蜀书社 2000 年《中国野史集成续编》本。

6.《驭倭录》9 卷　明王士骐撰。是书按年系统地记载了自明初到神宗万历二十四年(1596 年)防倭抗倭的史实。取材于朝廷诏旨、臣僚章奏。对研究明代倭寇问题有重要史料价值,但其中不无夸大战功、掩盖失败的记载。有明万历间刊本、书目文献出版社 1990 年影印本。《四库全书》入存目。

7.《三朝辽事实录》17 卷,总略 1 卷　明王在晋撰。书成于明思宗崇祯十一年(1638 年)。叙明朝后期辽东形势及建州女真之兴起。记事始于神宗万历四十六年(1618 年)努尔哈赤以七大恨誓师攻明,迄于明熹宗天启七年(1627 年)后金逐步占有山海关外诸地。多取材于邸报、奏议,从明朝方面看后金崛起的基本史料,对研究后金历史和明清关系有重要史料价值。清代列为禁书。有 1930 年影印崇祯十二年刻本、全国图书馆文献缩微复制中心 2002 年影印本。

8.《启祯两朝剥复录》6 卷　明吴应箕(1594 年—1645 年)撰。是书记事始于明熹宗天启四年(1624 年)杨涟劾魏忠贤 24 大罪疏,终于崇祯二年(1629 年)南北两察之处分。按年月分列纲目排比史事。取材于邸报、章奏,兼及本人经历,对研究晚明宦官专权和朝廷党争有重要参考价值。有《荆驼逸史》本、广陵古籍刻印社 1990 年影印本。《四库全书》

未收。

9.《三朝野记》7卷　明李逊之撰。书成于明亡之后。记事始于明光宗泰昌元年(1620年)八月,迄于明思宗崇祯十七年(1644年)三月。计泰昌朝1卷,天启朝4卷,崇祯朝2卷。取材于明邸报所载奏疏诏谕、诸家文集与家世传闻。对研究明朝末年宦官擅权和朝廷党争有较大史料价值。有北京古籍出版社2002年标点本。《四库全书》未收。

10.《罪惟录》102卷　清初查继佐(1601年—1676年)撰。是书为纪传体明史,通记明朝一代历史。鲁王、唐王、桂王、韩王等南明诸王皆列入本纪附后。万历以前多取材庄廷鑨《明史辑略》,其后则得自搜访。载晚明史事,较他书为详,其中也有一些关于李自成起义的珍贵史料,都可以补正《明史》。有《四部丛刊三编》本、商务印书馆1936年影印本、浙江古籍出版社1986年影印本。上海古籍出版社2002年《续修四库全书》本作120卷。《四库全书》未收。

11.《怀陵流寇始终录》20卷　一名《寇事编年》,又名《流寇志》,或名《流寇长编》。明末清初人戴笠(1614年—1682年)、吴殳辑。是书记明末农民起义军始末,取材于崇祯朝邸报、大臣章奏、私家记载和个人见闻,对研究明末农民战争史有一定参考价值。有《玄览堂丛书本》、广陵古籍刻印社1987年影印本。《四库全书》未收。

12.《绥寇纪略》12卷,补遗3卷　明末清初人吴伟业(1609年—1672年)撰。书成于清顺治九年(1652年)。是书集作者闻见,以纪事本末体形式记明末农民起义军史事,始自崇祯元年(1628年),迄于明亡,对崇祯之死和明末诸臣殉难事迹,亦多有记载。对研究明末农民战争和晚明政治有一定参考价值。有《学津讨原本》、上海古籍出版社1992年点校本。

13.《明季遗闻》4卷　明末清初人邹漪撰。是书记事始于崇祯四年(1631年)四月李自成起义,迄于清顺治七年(1650年)南明隆武政权灭亡,对研究晚明历史有一定参考价值。有《昭代丛书》本、商务印书馆1925年《明季稗史续编》本、北京出版社2000年《四库禁毁书丛刊》本。

第八章 明史史料

14.《明季北略》24 卷、《明季南略》18 卷　清初计六奇(1622 年—1667 年?)撰。《明季北略》记晚明史事,起自明神宗万历二十三年(1595年)建州女真兴起,至于崇祯十七年(1644 年)明朝灭亡。分年记事,每年又逐事立标题。是书虽多据传闻撰成,但内容广泛,对研究晚明史、明末农民起义和后金的兴起等都有一定参考价值。《明季南略》记南明史事。体例同前书。记事起于南京福王弘光元年(1644 年),至于明末农民起义军最后一个据点巫山陷落、郝摇旗等人被俘杀的康熙三年(1664 年)。书成于康熙十年。有《国学基本丛书》本、中华书局 1984 年点校本。《四库全书》未收。

15.《小腆纪年附考》20 卷、《小腆纪传》65 卷　清徐鼒(1810 年—1862 年)撰。"小腆"意为"小主",系对敌国指斥之词。撰者站在清朝政府立场,指南明政权为"小腆",故以其为书名。书成于咸丰十一年(1861年),前者以编年体形式,记李自成、南明福王、鲁王、唐王、桂王和郑成功的事迹。起崇祯十七年(1644 年),终康熙二十二年(1683 年)。后者则为纪传体的南明史,收载南明人物五百二十余人,与《小腆纪年附考》为姊妹篇。取材博涉南明野史 62 家,并旁搜各省府县志,及文集等有关资料。凡记事有错出互异处,皆随条考证。对研究李自成起义、郑成功抗清,特别是南明政权的历史有重要参考价值。前者有中华书局 1957 年点校本。后者有中华书局 1958 年标点本。两书又有上海古籍出版社 2002 年《续修四库全书》本。

16.《爝火录》32 卷,附记 1 卷　清李天根撰。书成于乾隆十三年(1748 年)。是书以编年体形式,记福、潞、唐、鲁及绍武、永历立国事。始于崇祯帝之死(1644 年),终于鲁王卒于金门(1662 年)。附记记郑经父子事迹和平定三藩之乱,止于清统一台湾(1683 年)。对于研究南明历史、郑成功抗清及清初的统一战争皆有重要史料价值。有《明季史料丛刊》本、浙江古籍出版社 1986 年点校本。《四库全书》未收。

17.《南明史料》(八种)　明末清初人黄宗羲等撰。皆记南明政权事,对研究南明政权有重要史料价值。其中包括:(1)《弘光实录钞》4

卷,黄宗羲(1610年—1695年)撰;(2)《圣安皇帝本纪》2卷,顾炎武(1613年—1682年)撰;(3)《南渡录》6卷,李清(1602年—1683年)撰;(4)《甲申事案》2卷,文秉撰;(5)《中兴实录》不分卷,冯梦龙(1574年—1646年)撰;(6)《金陵野钞》不分卷,顾苓撰;(7)《南都死难纪略》不分卷,顾苓撰;(8)《使臣碧血录》不分卷,撰者佚名。有江苏古籍出版社1999年标点本。《四库全书》未收。

18.《从征实录》1册　一名《先王实录》。明杨英撰。记南明永历三年(1649年)至清康熙元年(1662年)14年间郑成功抗清事迹。材料多来源于当时的官方文书,加上撰者为郑成功手下的官员,凡大小征战,无役不从,因此记事更加翔实可靠。是书对研究郑成功的抗清斗争有重要史料价值。有1931年据抄本影印本、台北大通书局1987年排印本。《四库全书》未收。

19.《明遗民录》48卷　清孙静庵撰。是书记清初明遗民各方面人物八百余人,成书虽在清末,但所收资料相当丰富,对研究南明史和明末人物有较高史料价值。有浙江古籍出版社1985年《明末清初史料选刊》本。《四库全书》未收。

20.《春明梦余录》70卷　清初孙承泽(1592年—1676年)撰。是书所记只限于明代的北京城,其中官署一门40卷,居全书之半。体例兼有政书、掌故、方志的特点,内引实录、邸报、上谕、章疏及古代文献资料甚多,对研究明代典章制度沿革、中央机构执掌及北京人文地理,有一定史料价值。有《古香斋袖珍十种》本、上海古籍出版社1993年《四库笔记小说丛书》本。

21.《皇明经世文编》504卷,补遗4卷　明陈子龙(1608年—1647年)、徐孚远、宋徵璧等辑。书成于崇祯十一年(1638年)。是书取材于明代文集一千余种,以作者为纲,年代先后为序,采录有关时政、礼仪、赋役、刑法、农事、漕运、科举、铨选、军务、边防等各类奏疏、文章,而以经世致用为主旨。其中关于建州及海西女真的奏疏、文字,对研究早期满族社会状况及其与明朝的关系有重要史料价值。有松江平露堂刊本、中华书局

1962年据平露堂刊本影印本、上海古籍出版社2002年《续修四库全书》本。清代列为禁书。

22.《皇明经世实用编》28卷　明冯应京撰。全书分为乾、元、亨、利、贞5集。乾集载太祖律令、皇明祖训和六部执掌；元集载选举制度；亨集载任官制度；利集载军事、农事和用人；贞集载有关学问。附有边镇图、海防图、漕黄治迹图、农书图谱等多幅。这是一部以经世致用为目的编成的政书，对研究明代政治、经济、军事和社会生活都有一定参考价值。有明万历三十一年刊本、齐鲁书社1996年《四库全书存目丛书》本。

23.《农政全书》60卷　明徐光启（1562年—1633年）撰。撰者为崇祯年间礼部尚书兼东阁大学士，他重视科学，是最早介绍西方科学到中国的人之一，也是一位注重科学实践的士大夫。《农政全书》共分农本、田制、农事、水利、农器、树艺、蚕桑、蚕桑广类（棉、麻、葛）、种植、牧养、制造、荒政等12门，其中以水利和荒政的内容较多，是明末一部重要农业科学著作。有《万有文库》本、岳麓书社2002年校注本。

24.《天工开物》3卷　明宋应星（1587年—？）撰。撰者为万历举人，作过知州，平生究心实学，不满封建士大夫轻视生产的言行。书成于明朝末年，分别记载有关谷物、纺织、染色、谷物加工、制盐、制糖养蜂、陶埏、冶铸、舟车、锤锻、燔石、食油、杀青、五金、兵器、丹青、曲蘖、珠玉等18类的制作过程、产地、原料、工具、工艺等详细情况，是明代劳动人民生产知识和工艺技术的总结，是中国科技史的代表作，对研究中国古代的农业和手工业生产技术有重要史料价值。有《喜咏轩丛书甲编》本、广东人民出版社1976年注释本、岳麓书社2002年点校注释本。《四库全书》未收。

25.《本草纲目》52卷　明李时珍（1518年—1593年）撰。这是我国古代最著名的一部药物学著作。书成于万历六年（1578年），约190万字。撰者全面地总结了前人在药物学上丰富的研究成果和经验，结合自己长期的药物学实践，历时27年，撰成是书。前二卷为序例，三、四卷为百病主治药，五至五十二卷为药品各论。全书共载药物1892种，其中整理北宋著名药物学著作《经史证类备急本草》（一名《证类本草》）所得的有 1 479 种,取金元诸家所载的有 39 种,新增的有 374 种,附方一万余首,插图千余幅。对每种药物,又分校正、释名、集解、正误、修治、气味、主治、发明诸项,均引历代名家论说,加以补充评论。不仅对研究中国的传统药物和医学有重要史料价值,而且对研究生物、化学、天文、地理、地质、采矿等方面,都有一定参考价值。有人民出版社 1977 年点校本、华夏出版社 2002 年校注本。

26.《筹海图编》13 卷　明郑若曾撰(按《筹海图编》撰者,《四库全书》作胡宗宪。然该书祖本嘉靖本的署名却是郑若曾,可见言胡宗宪乃是后来书坊篡改所致,故本书不取)。是书作者为明江浙总督胡宗宪的幕僚,他根据文献记载、口传资料和实地考察,着重记载嘉靖年间(1522 年—1566 年)的抗倭斗争情况,兼及三国以降到明嘉靖时的中国海域,对明代中日交通叙述尤详。书中首列明沿海和日本地图,并详载倭迹图谱和明沿海布防形势地图及战船、武器诸图。对研究明代的抗倭斗争、海疆海防和中日交通史有一定史料价值。有明嘉靖四十一年刻本、解放军出版社和沈阳书社 1990 年影印本。

27.《纪效新书》18 卷、《练兵实纪》9 卷,附杂集 6 卷　明戚继光(1528 年—1587 年)撰。这是撰者在东南沿海抗击倭寇取得胜利后,总结练兵、布阵、火器制造和使用等经验而写成的一部兵书,各篇皆有附图。对于研究明代的军事史有重要史料价值。戚继光另外所著兵书《练兵实纪》,主要包括六个方面的内容:一练伍法,二练胆气,三练耳目,四练手足,五练营阵,六练将,也是研究明代军事史的重要著作。前者有《学津讨原》本、中华书局 2001 年点校本;后者有《守山阁丛书》本、《国学基本丛书》本。

28.《神器谱》5 卷　明赵士祯撰。书成于万历年间。由于日本枪炮在侵朝战争中发挥了威力,为了应付这种局势,撰者注重于武器的制造,详细地解释了步枪和大炮的构造,并对葡萄牙等西洋枪支作了具体介绍。有《玄览堂丛书》本、广陵古籍刻印社 1986 年影印本、上海社会科学院出版社 2006 年《温州文献丛书》本。《四库全书》未收。

29.《武备志》240 卷　一名《武备志略》。明茅元仪辑。书成于天启元年(1621 年)。是书分门别类辑录了中国历史上的战略、战术、兵器、兵船等有关武备情况,并附有战阵图和各种地图。引书多达二千余种,保存军事、科技、外交等史料甚丰。在清代列为禁书。有明天启刻本、齐鲁书社 1995 年《四库全书存目丛书》本、海南出版社 2001 年影印本。

30.《明儒学案》65 卷　明末清初人黄宗羲(1610 年—1695 年)撰。书成于清康熙十五年(1676 年)。据明代学者的文集、语录,划分诸家学术思想和流派,立 19 学案,记 208 人。全书首列《师说》,以下分述诸家。每案首列小序,叙其学术渊源及要旨;再立小传,分载学者生平、经历、著作、师承;最后摘其文集、语录中的相关内容,以见其思想。对研究明代学术思想史有重要参考价值。有《四部备要》本、中华书局 1985 年点校本。

(三) 档案和外国史料

1.《满文老档》180 卷　清额尔德尼等奉敕撰。所谓满文老档,是指清入关前用满文写成的官方编年档案材料,始于 1607 年,终于崇德元年(1636 年),主要记载了努尔哈赤建立后金和对明朝进行战争等内容,以历史事件为主,旁及制度、法令、风俗习惯、民族关系,是研究后金政权的重要史料来源。经过中国第一历史档案馆、中国社会科学院历史研究所整理译注,已由中华书局 1990 年影印出版。

2. 内阁大库明档案　明朝立国的 277 年间,中央和地方各级政府在立法、行政和议政过程中,形成了极为丰富的档案资料,它们是编纂《明实录》和其他官修史书的主要史料来源,有很高的史料价值。因明末战乱等原因,大宗明档毁于兵火。清初为修撰《明史》,征集到了部分明朝档案,贮存于内阁大库之中。历经岁月和变乱,那些档案资料后来又有不少散失,保存至今的虽历朝皆有,但以天启、崇祯两朝居多。大半个世纪以来,有关部门已着手对内阁大库明档案进行整理,迄今已陆续出版了《明清史料》甲至癸编共 10 编,具体情况将在下章"清代史料"中一并介绍。另外,由内阁大库明档案中辑录成书的还有 1949 年东北图书馆出版的金毓黻编《明清内阁大库史料》第一辑上下两册、1952年开明书店出版的郑天挺主编《明末农民起义史料》等。它们对研究明末的政治、军事等也有重要史料价值。

3.《沙哈鲁遣使中国记》 波斯火者·盖耶速丁撰。明永乐年间，撰者受波斯国王沙哈鲁的派遣，于1420年12月作为当时出使中国的代表之一抵达北京，1422年8月返国。后来，他将自己用日记体裁记录下来的旅途见闻整理成书。是书涉及范围广泛，对研究中国外交史、中亚史、元史、明史、历史地理等都有一定的参考价值。与中国的历史文献也可以相互参照。有中华书局2002年中译本。

4.《利玛窦中国札记》 意大利人利玛窦（1552年—1610年）撰。撰者为意大利天主教耶稣会传教士，他于1582年来华，此后近30年一直在中国传教、工作和生活，晚年将其在中国的传教经历和所见所闻记录下来，由另一位来华的传教士金尼阁整理出版。是书对研究明代中西交通史、中西关系史和耶稣会入华传教史，乃至明代的政治、社会和民俗都有重要的史料价值。有中华书局1983年中译本。

5. 朝鲜史料 朝鲜李朝太祖至仁祖的16朝（1392年—1649年），大致相当于我国的明朝时期。该国官修的《李朝实录》，记载了大量与明朝有关的史料，特别是在清朝官修的《明史》中，对明清关系多有忌讳，而在《李朝实录》中却保存了这方面的丰富史料，对研究明末历史更具价值。该书有韩国汉城探求堂1986年出版的影印本。与明代有关的内容，也有吴晗先生所辑《朝鲜李朝实录中的中国史料》一书，是书共78卷，分前、上、下三编。中华书局1980年出版。

（四）文集和笔记小说中的史料

明统一以后，使元代衰落的文风得以复振，无论是文集或笔记，远较宋元时期为多。就笔记而言，据清人全祖望说："明代野史，不下千家。"至于文集之多，本书在前面已有论及，它们都为明史研究提供了丰富的参考资料。但明中叶以后，崇尚实学之风渐衰，大多数笔记的内容转向空疏,考证不够精密,记忆多有失误,客观性也较差,与宋人笔记相比,大显逊色。加上明代史籍众多,各类史料非常丰富,所以与前朝相比,笔记和文集在明史研究中相对来说就显得不太重要,今择要介绍于下。

甲、主要文集

1.《明太祖文集》20卷　一名《高皇帝御制文集》。明朱元璋(1328年—1398年)撰。有明万历十四年刊本、上海古籍出版社1991年《四库明人文集丛刊》本。

2.《覆瓿集》7卷,附录1卷　明朱升(1299年—1370年)撰。有清初刊本、上海古籍出版社2002年《续修四库全书》本。

3.《宋学士全集》32卷,补遗8卷　一名《宋文宪全集》。明宋濂(1310年—1381年)撰。有《金华丛书》本、广陵古籍刻印社1983年重印本。

4.《诚意伯文集》20卷　一名《刘基文集》。明刘基(1311年—1375年)撰。有《四部丛刊》本、上海古籍出版社1991年《四库明人文集丛刊》本。

5.《陶学士集》20卷　明陶安(1315年—1371年)撰。有明弘治十二年刊本、清同治六年刊本。

6.《王忠文公集》20卷　明王祎(1322年—1374年)撰。有《金华丛书》本、广陵古籍刻印社1983年重印本。

7.《登州集》23卷　明林弼撰。有清康熙间林兴刊本。

8.《始丰稿》14卷　明徐一夔撰。有《武林往哲遗著》本、浙江古籍出版社2008年点校本。

9.《半轩集》14卷　明王行撰。有明弘治中刊本。

10.《逃虚子集》11卷,类稿补遗8卷　明姚广孝(1335年—1418年)撰。有清刊本、齐鲁书社1997年《四库全书存目丛书》本。

11.《逊志斋集》24卷　明方孝孺(1357年—1402年)撰。有《四部丛刊》本、宁波出版社1996年点校本。

12.《东里全集》97卷,别集4卷　明杨士奇(1365年—1444年)撰。

有《四库珍本七集》本、上海古籍出版社1991年《四库明人文集丛刊》本。

13.《夏忠靖公集》6卷 明夏原吉(1366年—1430年)撰。有《四库珍本四集》本、书目文献出版社1995年影印本。

14.《文毅集》16卷 明解缙(1369年—1415年)撰。有清乾隆五十一年刊本。

15.《杨文敏集》25卷 明杨荣(1371年—1440年)撰。有《四库珍本四集》本。

16.《抑庵集》13卷,后集37卷 明王直(1379年—1462年)撰。有明成化二年刊本。

17.《双崖文集》8卷 明周忱(1381年—1453年)撰。有清光绪四年刊本。《四库全书》未收。

18.《况太守集》16卷,卷首、补遗各1卷 明况锺(1384年—1443年)撰。有清乾隆刊本、江苏人民出版社1983年点校本。《四库全书》未收。

19.《薛文清集》24卷 明薛瑄(1389年或1392年—1464年)撰。有《丛书集成初编》本、北京图书馆出版社1998年影印本。

20.《两溪文集》24卷 明刘球(1392年—1443年)撰。有《乾坤正气集》本、北京图书馆2004年影印本。

21.《于忠肃集》13卷 一名《于谦集》。明于谦(1398年—1457年)撰。有《武林往哲遗著》本、中国文史出版社2000年点校本。

22.《古穰文集》30卷 明李贤撰。有成化十年刻本,《四库全书》本附在《忠肃集》后。

23.《重编琼台会稿》24卷 一名《丘文庄公集》。明丘濬(1410年—1495年)撰。有清光绪五年刊本、海南书局1927年《邱海合集》本。

24.《商文毅公集》32卷 明商辂(1414年—1486年)撰。有清顺治刊本、齐鲁书社1997年《四库全书存目丛书》本。

25.《王端毅奏议》15卷 明王恕(1416年—1508年)撰。有明正德十六年王成章刊本、上海古籍书店1979年据明刻本扫描油印本。

26.《蒙泉类博稿》10卷,附录2卷　明岳正(1418年—1472年)撰。只有《四库全书》本。

27.《西垣奏草》9卷　明叶盛(1420年—1474年)撰。有嘉靖九年刊本。《四库全书》未收。

28.《襄毅文集》15卷　明韩雍(1422年—1478年)撰。有上海古籍出版社1993年《四库明人文集丛刊》本。

29.《平桥稿》18卷　明郑文康撰。有清康熙三十二年刊本。

30.《方洲集》26卷,附《读史录》4卷　明张宁撰。有明弘治四年刊本、上海古籍出版社1991年《四库明人文集丛刊》本。

31.《椒丘文集》40卷　明何乔新(1427年—1502年)撰。有台北文海出版社1970年排印本。

32.《东江家藏集》42卷　明顾清撰。有上海古籍出版社1991年《四库明人文集丛刊》本。

33.《家藏集》77卷　一作《匏翁家藏集》。明吴宽(1435年—1504年)撰。有《四部丛刊》本、上海古籍出版社1991年《四库明人文集丛刊》本。

34.《青溪漫稿》24卷　明倪岳(1444年—1501年)撰。有《武林往哲遗著》本、广陵古籍刻印社1985年影印本。

35.《篁墩文集》93卷　明程敏政(1445年—1499年)撰。有《四库全书珍本三集》本、上海古籍出版社1991年《四库明人文集丛刊》本。

36.《医闾集》9卷　明贺钦撰。有《四明丛书》本、《辽海丛书》本、上海古籍出版社1991年《四库明人文集丛刊》本。

37.《怀麓堂集》100卷　一名《李东阳集》。明李东阳(1447年—1502年)撰。有清嘉庆八年茶陵刊本、岳麓书社1984年至1985年点校本。

38.《罗圭峰文集》30卷　明罗玘(1447年—1519年)撰。有清康熙二十九年刊本。

39.《震泽集》36卷　一名《王文恪公集》。明王鏊(1450年—1524

年)撰。有明嘉靖十五年刊本。

40.《见素文集》28 卷,《奏疏》7 卷,续集 12 卷　明林俊(1452 年—1527 年)撰。有清刊本。

41.《关中奏议》10 卷　明杨一清(1454 年—1530 年)撰。有《云南丛书》本、上海书店出版社 1994 年点校本。

42.《怀星堂集》30 卷　一名《祝枝山全集》、《祝氏集略》。明祝允明(1460 年—1527 年)撰。有民国石印本。

43.《容春堂集》20 卷,后集 14 卷,续集 18 卷,别集 9 卷　明邵宝(1460 年—1527 年)撰。有明独慎斋刊《二泉集》本、上海古籍出版社 1991 年《四库明人文集丛刊》本。

44.《甫田集》35 卷,附录 1 卷　一名《文徵明集》。明文徵明(1470 年—1559 年)撰。有清康熙文氏重刊本、上海古籍出版社 1987 年辑校本。

45.《竹涧集》8 卷,《竹涧奏议》4 卷　明潘希曾撰。有《续金华丛书》本。

46.《王文成全书》38 卷　一名《王阳明全集》。明王守仁(1472 年—1529 年)撰。有《四部丛刊》本、上海古籍出版社 1992 年点校本。

47.《空同集》66 卷　明李梦阳(1473 年—1529 年)撰。有《四库全书珍本八集》本、上海古籍出版社 1991 年《四库明人文集丛刊》本。

48.《柏斋集》11 卷　明何瑭(1474 年—1543 年)撰。有明万历四年刊本、上海古籍出版社 1993 年《四库明人文集丛刊》本。

49.《方简肃文集》10 卷　明方良永撰。有明隆庆四年刊本。

50.《对山集》10 卷　明康海(1475 年—1540 年)撰。有清乾隆二十六年刊本。

51.《刘清惠集》12 卷　明刘麟(1475 年—1561 年)撰。有明万历三十四年刊本。

52.《俨山集》100 卷,续集 10 卷　一名《陆文裕公集》。明陆深(1477 年—1544 年)撰。有《四库全书珍本五集》本、上海古籍出版社

第八章 明史史料

1993年《四库明人文集丛刊》本。

53.《瀼溪草堂稿》58卷　一名《文简集》。明孙承恩(1481年—1561年)撰。有上海古籍出版社1993年《四库明人文集丛刊》本。

54.《大复集》38卷　明何景明(1484年—1522年)撰。有《四库全书珍本七集》本、中州古籍出版社1989年点校本。

55.《苑洛集》22卷　明韩邦奇撰。有清乾隆十六年刊本、上海古籍出版社1993年《四库明人文集丛刊》本。

56.《东洲初稿》14卷　明夏良胜撰。有明正德十五年刊本、上海古籍出版社1993年《四库明人文集丛刊》本。

57.《欧阳恭简公集》22卷　明欧阳铎(1487年—1544年)撰。有明刊本、齐鲁书社1997年《四库全书存目丛书》本。

58.《升庵集》81卷,遗集26卷,外集100卷　明杨慎(1488年—1559年)撰。有清乾隆六十年刊本、上海古籍出版社1993年《四库明人文集丛刊》本。

59.《皇甫司勋集》60卷　明皇甫汸撰。有上海古籍出版社1993年《四库明人文集丛刊》本。

60.《杨忠介公文集》13卷,附录3卷　一名《杨忠介集》。明杨爵(1493年—1549年)撰。有清光绪十九年刊本、上海古籍出版社1993年《四库明人文集丛刊》本。

61.《小山类稿》20卷　一名《张襄惠公文集》。明张岳撰。有万历刊本、福建人民出版社2000年点校本。

62.《张庄僖文集》5卷　明张永明(1499年—1567年)撰。只有《四库全书》本。

63.《方山文录》22卷　一名《方山薛先生全集》。明薛应旂(1500年—约1573年)撰。有《常州先哲遗书》本。《四库全书》入存目。

64.《震川文集》30卷,别集10卷　明归有光(1506年—1571年)撰。有《四部备要》本、上海古籍出版社1981年点校本。

65.《青霞集》11卷,年谱1卷　明沈炼(1507年—1557年)撰。有

《乾坤正气集》本、上海古籍出版社1993年《四库明人文集丛刊》本。

66.《荆川集》12卷　一名《重刊荆川先生文集》。明唐顺之(1507年—1560年)撰。有《四部丛刊》本、商务印书馆1924年排印本。

67.《遵岩集》25卷　明王慎中(1509年—1559年)撰。有清康熙五十年刊本、上海古籍出版社1993年《四库明人文集丛刊》本。

68.《泌园集》37卷　明董份(1510年—1595年)撰。有《吴兴丛书》本、文物出版社1987年重印本。《四库全书》未收。

69.《茅鹿门先生文集》36卷　一名《茅坤集》。明茅坤(1512年—1601年)撰。有明万历刊本、浙江古籍出版社1993年点校本。《四库全书》未收,存目有《白华楼藏稿》、续稿、《玉芝山房稿》等。

70.《沧溟集》30卷,附录1卷　明李攀龙(1514年—1570年)撰。有《四库全书珍本八集》本、台北世界书局1988年影印本。

71.《备忘集》10卷　一名《海瑞集》。明海瑞(1514年—1587年)撰。有清乾隆十八年刊本、中华书局1962年编校本、上海古籍出版社1993年影印本。

72.《杨忠愍集》2卷,附录1卷　明杨继盛(1516年—1555年)撰。有《正谊堂全书》本、海南出版社2000年影印本。

73.《谭襄敏公遗集》3卷、《谭襄敏奏议》10卷　明谭纶(1520年—1577年)撰。有《宜黄丛书》第一辑本。前者《四库全书》未收,但有全国图书馆文献缩微复制中心2009年《中国文献珍本丛书》本。

74.《徐文长集》30卷　一名《青藤书屋文集》、《徐渭集》。明徐渭(1521年—1593年)撰。有《海山仙馆丛书》本、中华书局1982年点校本。《四库全书》入存目。

75.《潘司空奏疏》6卷　明潘季驯(1521年—1595年)撰。有明刻本。清刻本有《总理河漕奏疏》14卷。

76.《太岳集》46卷　一名《江陵张文忠公全集》、《张居正集》。明张居正(1525年—1582年)撰。有清末陈銮刊本、荆楚书社1987年校注本。《四库全书》入存目。

第八章 明史史料

77.《赐余堂集》14卷　明吴中行撰。有《常州先哲遗书》本、齐鲁书社1997年《四库全书存目丛书》本。

78.《弇州山人四部稿》174卷，续稿207卷　明王世贞(1526年—1590年)撰。有上海古籍出版社1993年影印本。

79.《大隐楼集》16卷，补遗1卷，附录2卷　明方逢时(?—1596年)撰。有《崇雅堂丛书初编》本、上海古籍出版社2002年《续修四库全书》本。

80.《石洞集》18卷　明叶春及撰。有康熙三十三年叶氏刊本、上海古籍出版社1993年影印本。

81.《申文定公集》40卷　一名《赐闲堂集》。明申时行(1535年—1614年)撰。有明万历四十四年刊本、齐鲁书社《四库全书存目丛书》本。

82.《温恭毅公集》30卷　明温纯(1539年—1607年)撰。有《温氏丛书》本。

83.《澹园集》40卷，续集35卷　明焦竑(1540年—1620年)撰。有《金陵丛书》本、上海古籍出版社2002年《续修四库全书》本。《四库全书》入存目。

84.《李九我文集》18卷　一名《李文节集》。明李廷机(1542年—1616年)撰。有台北文海出版社1970年影印本。《四库全书》未收。

85.《淡然轩集》8卷　明余继登(1544年—1600年)撰。有明冯琦刊本、上海古籍出版社1993年影印本。

86.《泾皋藏稿》22卷　明顾宪成(1550年—1612年)撰。有清光绪《顾端文公遗书》本、上海古籍出版社1993年影印本。

87.《汤显祖集》50卷　明汤显祖(1550年—1616年)撰。有中华书局1962年排印本、人民出版社1973年标点本。《四库全书》未收。

88.《赵忠毅公集》18卷　明赵南星(1550年—1627年)撰。有明崇祯十年刊本、《乾坤正气集》本、北京出版社2000年《四库禁毁书丛刊》本。

89.《少室山房类稿》120卷　明胡应麟(1551年—1602年)撰。有

《续金华丛书》本、广陵古籍刻印社 1983 年重印本。

90.《容台集》14 卷,别集 6 卷　明董其昌(1555 年—1637 年)撰。有明刊本、上海古籍出版社 2002 年《续修四库全书》本。

91.《冯少墟集》22 卷　明冯从吾(1556 年—1627 年)撰。有明万历四十年刊本、兰州古籍书店 1990 年影印《四库全书》本。

92.《从野堂存稿》5 卷　明缪昌期(1562 年—1625 年)撰。有《乾坤正气集》本、上海书店出版社 1994 年影印本。《四库全书》未收。

93.《高子遗书》12 卷,附录 1 卷　明高攀龙(1562 年—1626 年)撰。有《乾坤正气集》本、河南教育出版社 1993 年节选本。

94.《徐光启集》12 卷　明徐光启(1563 年—1633 年)撰。有中华书局 1963 年点校本。《四库全书》未收。

95.《高阳集》20 卷　明孙承宗(1563 年—1638 年)撰。有明抄本、《乾坤正气集》3 卷本、北京出版社 2000 年《四库禁毁书丛刊》本。

96.《袁中郎集》55 卷　明袁宏道(1568 年—1610 年)撰。有明崇祯二年刻本、上海古籍出版社 1981 年笺注本。《四库全书》入存目。

97.《熊襄愍公集》7 卷　明熊廷弼(1569 年或 1573 年—1625 年)撰。有《乾坤正气集》本、北京出版社 2000 年《四库禁毁书丛刊》本。

98.《王端节公遗集》4 卷　一名《王征遗著》。明王征(1571 年—1644 年)撰。有《泾阳文献丛书》本、陕西人民出版社 1987 年点校本。《四库全书》未收。

99.《杨忠烈公文集》10 卷　明杨涟(1572 年—1625 年)撰。有《乾坤正气集》本、上海古籍出版社 2002 年《续修四库全书》本。

100.《隐秀轩集》33 卷　一名《钟伯敬先生全集》。明钟惺(1574 年—1642 年)撰。明崇祯九年刊作 16 卷本、北京出版社 2000 年《四库禁毁丛书》本。

101.《浮邱集》5 卷　一名《左忠毅公集》。明左光斗(1575 年—1625 年)撰。有《乾坤正气集》本、北京出版社 2000 年《四库禁毁书丛刊》本。

102.《藏密斋集》24卷　明魏大中(1575年—1625年)撰。有《乾坤正气集》本、北京出版社2000年《四库禁毁书丛刊》本。

103.《周忠愍奏疏》2卷　明周起元(？—1626年)撰。有《乾坤正气集》本。

104.《刘蕺山集》17卷　一名《刘子遗书》。明刘宗周(1578年—1645年)撰。有《乾坤正气集》本、上海古籍出版社2002年《续修四库全书》本。

105.《忠介烬余集》4卷　一名《周忠介公烬余集》。明周顺昌(1584年—1626年)撰。有《丛书集成初编》本、上海古籍出版社1993年影印本。

106.《黄忠端公集》6卷　明黄尊素(1584年—1626年)撰。有上海古籍出版社2002年《续修四库全书》本、《乾坤正气集》3卷本。

107.《文忠集》12卷　一名《范文忠集》。明范景文(1587年—1644年)撰。有《畿辅丛书》本、《乾坤正气集》9卷本、上海古籍出版社1993年影印本。

108.《落落斋遗集》6卷　明李应昇(1593年—1626年)撰。有《乾坤正气集》本、上海古籍出版社2002年《续修四库全书》本。

109.《孙白谷集》6卷　一名《孙忠靖公集》。明孙传庭(1593年—1643年)撰。有《乾坤正气集》4卷本。

110.《倪文贞集》17卷,续编3卷,讲编4卷,诗集4卷　明倪元璐(1593年—1644年)撰。有《乾坤正气集》4卷本、上海古籍出版社1993年影印本。

111.《凌忠介集》20卷,附录6卷　明凌义渠(1593年—1644年)撰。有上海古籍出版社2002年《续修四库全书》本、《乾坤正气集》2卷本。《四库全书》只有6卷。

112.《楼山堂集》27卷　明楼应箕(1594年—1645年)撰。有《粤雅堂丛书》本、上海古籍出版社2002年《续修四库全书》本。

113.《金太史集》9卷　明金声(1598年—1645年)撰。有《乾坤正气集》本、上海古籍出版社 2002 年《续修四库全书》本。

114.《卢忠肃公文集》2 集　明卢象昇(1600 年—1639 年)撰。有《乾坤正气集》本。《四库全书》未收。

115.《舜水文集》25 卷　明朱之瑜(号舜水)(1600 年—1682 年)撰。有《舜水遗书》本、中华书局 1981 年排印本。《四库全书》未收。

116.《左忠贞公文集》4 卷　明左懋第(1601 年—1645 年)撰。有《乾坤正气集》本、北京出版社 2000 年《四库未收书辑刊》本。

117.《堵文忠公集》6 卷　明堵胤锡(1601 年—1649 年)撰。有《乾坤正气集》本、清光绪十三年刻本(作 10 卷)。《四库全书》未收。

118.《申端愍公文集》2 卷,首 1 卷,末 1 卷　明申佳胤(1602 年—1644 年)撰。有《畿辅丛书》本、上海古籍出版社 2002 年《续修四库全书》本。

119.《祁忠惠公遗集》8 卷　一名《祁彪佳集》。明祁彪佳(1602 年—1645 年)撰。有《乾坤正气集》本、中华书局 1960 年排印本。《四库全书》未收。

120.《史忠正公集》4 卷,首 1 卷,附录 1 卷　一名《史可法集》。明史可法(1602 年—1645 年)撰。有《畿辅丛书》本、上海古籍出版社 1984 年校补本、上海古籍出版社 2002 年《续修四库全书》本。

121.《张苍水全集》12 卷,补遗 1 卷,附录 4 卷,题咏 2 卷,附张忠烈公诗文题中人物考略 1 卷,补 1 卷　明张煌言(1620 年—1664 年)撰。有《国粹丛书》第二集本、宁波出版社 2002 年编校本。《四库全书》未收。

122.《明文海》482 卷　明末清初人黄宗羲(1610 年—1695 年)编。该书为明人总集。有中华书局 1987 年《四库全书》影印本、上海古籍出版社 1994 年影印本。

此外,尚有《纶扉奏草》(叶向高)、《王文肃公文集》(王锡爵)、《陶文简公集》(陶望龄)、《己吾集》(陈际泰)、《宗泊集》(冯琦)、《碧山学士集》(黄洪宪)、《镜山庵集》(高出)、《吴文恪公文集》(吴道南)、《松石斋集》(赵用贤)、《寓林集》(黄汝亨)、《虞德园先生集》(虞亨熙)、《欧虞部集》(欧大任)、《白书斋类集》(袁宗道)、《一斋集》(陈第)、《陈太史无梦园初集》(陈仁锡)、《甲秀园集》(费元禄)、《睡庵稿》(汤宾尹)、《李太仆恬致堂集》(李日华)、《宁澹斋全集》(杨守勤)、《胡维霖集》(胡维霖)、《杨文弱先生集》(杨嗣昌)、《石民四十集》(茅元仪)等上百部被列入《四库禁毁书丛刊》的明人文集,现已收入上海古籍出版社2002年《续修四库全书》中,可供检索、查阅。

乙、主要笔记小说

1.《水东日记》38卷　明叶盛(1420年—1474年)撰。有《胜朝遗事初编》本、中华书局1980年点校本。

2.《双槐岁钞》10卷　明黄瑜(1426年—1497年)撰。书成于弘治八年(1495年)。有《岭南遗书》本、中华书局1999年点校本。《四库全书》未收。

3.《謇斋琐缀录》8卷　明尹直(1427年—1511年)撰。有《历代小史》本、齐鲁书社1995年《四库全书存目丛书》本。

4.《复斋日记》2卷　明许浩撰。有《涵芬楼秘笈》本。齐鲁书社1995年《四库全书存目丛书》本。

5.《寓圃杂记》10卷　明王锜(1433年—1499年)撰。有中华书局1984年点校本、齐鲁书社1995年《四库全书存目丛书》本。

6.《菽园杂记》15卷　明陆容(1436年—1494年)撰。有《守山阁丛书》本、中华书局1985年点校本。

7.《病逸漫记》1卷　明陆釴撰。有《纪录汇编》本、齐鲁书社1995年《四库全书存目丛书》本。

8.《震泽纪闻》2卷　明王鏊(1450年—1524年)撰。有《借月山房汇钞》本、1920年《震泽先生别集》本、北京古籍出版社2000年《明代野史丛书》本。《四库全书》未收。

9.《震泽长语》2卷　明王鏊(1450年—1524年)撰。有《借月山房汇钞》本。

10.《双溪杂记》2卷　明王琼(1459年—1532年)撰。有《今献汇言》本、齐鲁书社 1995 年《四库全书存目丛书》本。

11.《医间漫记》1 卷 明贺钦撰。有《今献汇言》本、广陵古籍刻印社影印本。《四库全书》未收。

12.《山樵暇语》10 卷 明俞弁撰。有《涵芬楼秘笈》本、齐鲁书社 1995 年《四库全书存目丛书》本。

13.《野记》4 卷 明祝允明(1460 年—1527 年)撰。有《丛书集成初编》本、齐鲁书社 1995 年《四库全书存目丛书》本。

14.《姜氏秘史》5 卷 明姜清(？—1534 年)。有《豫章丛书》本、江西教育出版社 2000 年点校本。《四库全书》入存目。

15.《治世余闻》8 卷、《继世纪闻》6 卷 明陈洪谟(1474 年—1555 年)撰。有《纪录汇编》本、中华书局 1985 年点校本。《四库全书》入存目。

16.《俨山外集》34 卷 明陆深(1477 年—1544 年)撰。有上海古籍出版社 1993 年影印本。

17.《南园漫录》10 卷 明张志淳撰。有《云南丛书初编》本、云南民族出版社 1999 年校注本。

18.《五岳游草》10 卷 明王士性撰。有中华书局 2006 年点校本。《四库全书》入存目。

19.《广志绎》6 卷 明王士性撰。有中华书局 2006 年点校本。《四库全书》入存目。

20.《七修类稿》51 卷 明郎瑛(1487 年—1566 年)撰。有中华书局 1959 年标点本、上海书店出版社 2001 年标点本。《四库全书》入存目。

21.《庚巳编》10 卷 明陆粲(1494 年—1551 年)撰。有《纪录汇编》本、中华书局 1987 年点校本。《四库全书》未收。

22.《吴风录》1 卷 明黄省曾(1498 年—1540 年)撰。有《学海类编》本、广陵书社 2003 年《中国风土志丛刊》。《四库全书》未收。

23.《国宝新编》1 卷 明顾璘(1476 年—1545 年)撰。有《纪录汇编》本、齐鲁书社 1996 年《四库全书存目丛书》本。

24.《孤树裒谈》10 卷　明李默(？—1556 年)撰。有《续说郛》本、齐鲁书社 1995 年《四库全书存目丛书》本。

25.《丹铅余录》17 卷,续录 12 卷,摘录 13 卷,总录 27 卷　明杨慎(1488 年—1559 年)撰。有上海交通大学出版社 2009 年《中国历史地理文献辑刊》本。

26.《今言》4 卷　明郑晓(1499 年—1566 年)撰。有中华书局 1984 年点校本、齐鲁书社 1995 年《四库全书存目丛书》本。

27.《戒庵老人漫笔》8 卷　一名《戒庵漫录》。明李翊(1505 年—1593 年)撰。有《常州先哲遗书》本、中华书局 1982 年点校本。《四库全书》未收。

28.《松窗梦语》8 卷　明张瀚(1511 年—1593 年)撰。有《武林往哲遗著》本、上海古籍出版社 2002 年《续修四库全书》本、上海古籍出版社 1986 年点校本。

29.《四友斋丛说》38 卷　明何良俊撰。书成于隆庆三年(1569 年)。有《元明史料笔记丛刊》本、中华书局 1959 年点校本。《四库全书》入存目。

30.《贤博编》1 卷　明叶权(1522 年—1578 年)撰。有中华书局 1987 年点校本。《四库全书》未收。

31.《觚不觚录》1 卷　明王世贞(1526 年—1590 年)撰。有《借月山房汇钞》本、上海文明书局 1915 年石印本、巴蜀书社 2000 年《中国野史集成续编》本。

32.《弇山堂别集》100 卷　明王世贞(1526 年—1590 年)撰。有广雅书局本、中华书局 1985 年点校本。

33.《玉堂丛语》8 卷　明焦竑(1540 年—1620 年)撰。有中华书局 1981 年点校本。《四库全书》未收。

34.《典故纪闻》18 卷　明余继登(1544 年—1600 年)撰。有《畿辅丛书》本、中华书局 1981 年点校本。《四库全书》未收。

35.《榖山笔麈》18 卷　明于慎行(1545 年—1608 年)撰。有中华书局1984年点校本。《四库全书》入存目。

36.《粤剑编》4卷　明王临亨(1548年—1601年)撰。有中华书局1987年点校本。《四库全书》未收。

37.《少室山房笔丛》32卷，续集16卷　明胡应麟(1551年—1602年)撰。有广雅书局本、中华书局1958年点校本。

38.《玉镜新谭》10卷　明朱长祚撰。有中华书局1989年点校本。《四库全书》未收。

39.《西山日记》2卷　明丁元荐撰。有《涵芬楼秘笈》本、齐鲁书社1995年《四库全书存目丛书》本。

40.《涌幢小品》32卷　明朱国祯(1558年—1632年)撰。有中华书局1959年排印本、齐鲁书社1995年《四库全书存目丛书》本。

41.《见闻录》8卷　明陈继儒(1558年—1639年)撰。有《宝颜堂秘笈》本。《四库全书》入存目。

42.《客座赘语》10卷　明顾起元(1565年—1628年)撰。有《金陵丛刻》本、中华书局1987年点校本。《四库全书》入存目。

43.《东西洋考》12卷　明张燮(1574年—1640年)撰。书成于明万历四十四年(1616年)。有《国学基本丛书》本、中华书局1981年点校本。

44.《万历野获编》30卷，补遗4卷　明沈德符(1578年—1642年)撰。有中华书局1959年点校本、上海古籍出版社2002年《续修四库全书》本。

45.《敝帚轩剩语》3卷，补遗1卷　明沈德符(1578年—1642年)撰。有《学海类编》本、涵芬楼1920年据道光晁氏活字本影印本。《四库全书》入存目。

46.《五杂俎》16卷　明谢肇淛撰。有中华书局1955年点校本、上海书店出版社2001年标点本。《四库全书》未收。

47.《酌中志》24卷　明刘若愚(1584年—?)撰。有《丛书集成初编》本、上海古籍出版社2002年《续修四库全书》本。

48.《留青日札》40卷(已缺1卷)　明田艺蘅撰。有《中国历代逸史

第八章 明史史料

丛书》本、上海古籍出版社1992年点校本。《四库全书》入存目。

49.《林居漫录》前集6卷，畸集5卷　明伍袁萃撰。有明刻本、齐鲁书社1995年《四库全书存目丛书》本。

50.《泾林续记》1卷　明周玄暐撰。有《丛书集成初编》本、上海古籍出版社2002年《续修四库全书》本。

51.《疑耀》7卷　明张萱撰。有《丛书集成初编》本、上海古籍出版社2002年《续修四库全书》本。

52.《金陵琐事》4卷，续集2卷，二续2卷　明周晖撰。有《历代笔记小说集成》本、上海古籍出版社2002年《续修四库全书》本。

53.《碧里杂存》2卷　明董毅撰。有《盐邑林志》本、齐鲁书社1995年《四库全书存目丛书》本。

54.《崔鸣吾纪事》1卷　明崔嘉祥撰。有天启三年刻本、《盐邑志林》本。《四库全书》未收。

55.《星槎胜览》4卷　明费信撰。书成于明正统元年(1436年)。有《学海类编》本、中华书局1954年校注本。《四库全书》未收。

56.《瀛涯胜览》1卷　明马欢撰。有《宝颜堂秘笈》本、中华书局1955年校注本。《四库全书》入存目。

57.《云间据目抄》5卷　明范濂撰。有《笔记小说大观》本、广陵古籍刻印社1995年影印本。《四库全书》未收。

58.《研堂见闻杂记》1卷　明王家桢撰。有《明清史料汇编》第七集本、上海古籍出版社2002年《续修四库全书》本。

59.《见闻纪训》2卷　明陈良谟(1589年—1644年)撰。有《纪录汇编》本、齐鲁书社1995年《四库全书存目丛书》本。

60.《阅世编》10卷　明末清初人叶梦珠撰。有上海古籍出版社1981年点校本、内蒙古人民出版社2001年排印本。《四库全书》未收。

61.《玉堂荟记》2卷　明末清初人杨士聪撰。有《借月山房汇钞》本、文物出版社1982年影印本、齐鲁书社1995年《四库全书存目丛书》本。

62.《陶庵梦忆》8 卷、《西湖梦寻》5 卷　明末清初人张岱（1597 年—1679 年）撰。有上海古籍出版社 1982 年点校本、中华书局 2007 年点校本。前书《四库全书》未收，后书《四库全书》入存目。

63.《见只编》3 卷　明末清初人姚士粦撰。有《盐邑志林》本。《四库全书》未收。

64.《识小录》4 卷　明末清初人徐树丕撰。有《涵芬楼秘笈》本、上海古籍出版社 2002 年《续修四库全书》本。

65.《嘉定屠城纪略》1 卷　明末清初人朱子素撰。有《历代笔记小说集成》本、吉林摄影出版社 2001 年排印本。《四库全书》未收。

66.《枣林杂俎》6 集　明末清初人谈迁（1593 年—1657 年）撰。有《笔记小说大观》本、齐鲁书社 1995 年《四库全书存目丛书》本、中华书局 2006 年点校本。

67.《三垣笔记》3 卷，附识 3 卷　明末清初人李清（1602 年—1683 年）撰。有《嘉业堂丛书》本、上海书店出版社 1994 年影印本、中华书局 1982 年点校本。《四库全书》未收。

68.《复社纪事》1 卷　明末清初人吴伟业（1609 年—1672 年）撰。有《借月山房汇钞》本、《昭代丛书》本。《四库全书》未收。

69.《日知录》32 卷　明末清初人顾炎武（1613 年—1682 年）撰。有《国学基本丛书》本、上海古籍出版社 1985 年集释本、岳麓书社 1994 年集释点校本。

70.《原李耳载》2 卷　明末清初人李中馥撰。有上海文明书局 1925 年石印本、中华书局 1987 年点校本。《四库全书》未收。

71.《青荚续史》18 卷　明末清初人朱里撰。有清顺治刻本。《四库全书》未收。

72.《定思小纪》1 卷　明末清初人刘尚友撰。有《明季史料丛书》本、《丛书集成续编》本。《四库全书》未收。

第九章 清史史料

（公元1644年—公元1840年）

明万历四十四年（1616年），女真族领袖努尔哈赤称汗建立后金政权。崇德元年（1636年），皇太极于沈阳称帝，改国号为清。清朝建立后，他们分别被追尊为清太祖和清太宗。顺治元年（1644年），清军入关，迁都北京，并很快实现了对全国的统治。清朝国土辽阔，是中国封建社会最后一个王朝。从努尔哈赤起，共历12帝，凡296年；如从清兵入关算起，则历10帝，凡268年。在时代上，清朝已经处于古代社会和近代社会的交替时期：以1840年发生的中英鸦片战争为分界线，在此之前，属于中国古代封建社会，此后就一步步地沦为半封建半殖民地社会。因此，中国古代史史料学对史料的介绍范围，基本上也就到与1840年以前的历史有关的史籍为止。

清兵入关以后，面对以汉族为主体的各族人民的顽强反抗，为稳定统治秩序，及时调整了政策，推行了一系列恢复和发展生产的措施，如停止圈地，实行"更民田"，奖励垦荒，取消晚明的"三饷加派"等沉重赋税负担，蠲免百姓对前朝的历年积欠，以及严惩贪官污吏等，使清朝前期的社会经济获得了迅速发展。据《清实录》记载，全国耕地面积，顺治十八年（1661年）为526万顷，到雍正三年（1725年）达到890万顷；全国丁数，也从顺治十八年的1913万,增加到康熙五十年(1711年)的2462万。到乾隆十四年(1749年),全国人口数更是达到了创纪录的17 000万人。社会经济的发展,国家财富的积累,为史学研究和史书的编撰、刊刻奠定了雄厚的物质基础。

中国自明代起,封建社会已进入到它的衰老时期,进入清代,更是日趋没落。从政治上看,满洲贵族为了实现其对全国的统治,极大地强化了皇帝独裁,使封建专制主义发展到了登峰造极的地步。为了彻底消除反清思想,它屡兴文字狱,迫使知识分子的学术研究远离政治,转向古籍整理和史实的考订。从社会经济上看,在前期,封建经济十分繁荣,资本主义萌芽有了初步发展。鸦片战争以后,随着外国资本主义的入侵,又出现了资本主义生产关系,农民和手工业者的人身依附关系相对有所减弱。但从世界范围来说,中国的科学技术和社会生产力,从明代起已由先进走向落后,进入清代,这种落后趋势更加明显。从民族关系上看,一方面是以满洲贵族为主体的封建统治者在严厉镇压汉族士大夫反清思想的同时,也对他们实行笼络和收买政策,所以汉族知识分子的仕途和生活状况,一般来说要好于元代;另一方面,由于清政府大力削平各种割据势力和叛乱活动,实行改土归流,抗击沙俄等西方殖民主义的武装侵略,使统一的多民族国家更加巩固,各民族之间的联系更加密切。从思想文化上看,虽然理学思想仍处于主导地位,但由于商品经济的发展和西学东渐的出现,中西文化直接发生碰撞,近代西方自然科学已少量传入中国,反映新兴市民要求的启蒙思想开始萌芽。从中外关系看,中国与周边国家的往来更加频繁,西方殖民主义者已经东来,并对中国形成了更为直接的威胁,因而国际关系也远较以前复杂和紧张。这一切,都为清史史料带来一些新的特点。

一、清史史料特点

第一,数量多、保存完整,特别是保存了大量的档案资料和完整的

第九章 清史史料

《清实录》。

清代史料数量之多,保存之完整,是明以前所不能比拟的。以档案资料来说,历史上除明代尚留下少量以外,以前各朝档案已荡然无存,但清代仍有不少。保存至今的清代档案,大致可分为3大类:一类是保存在北京第一历史档案馆和辽宁省档案馆中包括满文老档在内的朝廷档案;一类是各级政府部门的档案,如户籍、钱粮、司法卷宗、往来公文等;一类是有关部门的档案,如四川巴县档案、孔府档案、山西票号档案、河东池盐档案等。可惜上述档案资料,除极少一部分已被整理出版以外,大部分尚未得到开发利用。其他官修史籍和私人撰写的笔记、文集之类也很多。清代官修史籍所以保存完好,除了因为距今天较近,较少散失以外,重视保管也是一个重要原因。《四库全书》姑且不论,就以《清实录》的修撰为例,就足见其一斑。清朝规定,每部实录,都要抄成五份,每份又要抄成满、汉、蒙三种文字。换言之,每部实录,都要抄成 15 部。《清实录》4 363 卷,各抄 15 份,即达 65 445 卷,然后将它们分藏于清宫内廷、皇史宬、内阁、盛京(沈阳)等地,这就是《清实录》所以能完整地保存至今的一个重要原因。

第二,内容广泛,特别是科技史、军事史、民族史和中外关系史的史籍大为增加,学案体史书也正式形成。

清代自然科学的发展虽然比较缓慢,但在医学、数学、天文、历法、农业技术和水利工程等方面仍然取得了不少成就。西方传教士带来的近代科学技术,客观上也为清朝科技的发展增添了某种活力,因此撰写或翻译的科技著作都比明代为多。清朝前期,统一战争、镇压叛乱和农民起义的战争、反抗外来侵略的战争都十分频繁,清统治者往往系统地记载这些战争的经过,从而留下了大量军事文献。清代通过康熙、雍正、乾隆 3 朝的政治活动和统一战争,统一的多民族国家获得进一步巩固和发展。56 个民族共同斗争、共同劳动,形成了一个不可分割的整体,每个民族都为中华民族的独立和强大作出了贡献,并留下了自己灿烂的历史,满、蒙、回、藏以及其他少数民族的历史资料,都比过去为多。清朝前期,虽然对外实行闭关政策,但由于西方殖民主义者已经东来,中外关系仍较明代密切,记载这方面内容的史籍也较明代为多。因此,清代史料,无论种类之多和内容之丰富,都大大超越前代。此外,黄宗羲《明儒学案》一书的撰成,标志着学案体史书的最终形成,对学术思想史的研究起到了重大推动作用。

第三,私人修撰的前代史多,记载当代历史的史籍很少。

由于清统治者实行文化专制主义,屡兴文字狱,先后制造了庄氏《明史》案、查嗣庭案、戴名世《南山集》案、吕留良案等一系列大案,对史学发展造成了严重恶果。当时的知识分子,为免于触犯禁忌,不敢议论政治,不敢记述当代历史,只好埋头于故纸堆中,从事古史考订、古籍整理和辑佚等工作。因此,私人修撰或整理的前代史不少,但记载本朝历史和时政的史籍却很少,即使在野史杂说中也少有涉及。所以,清朝尽管是距今天最近的一个封建朝代,但一些重要史事,如顺治之死,康熙捉鳌拜,雍正继位,乾隆南巡等,至今仍然扑朔迷离,众说纷纭。对此,正如梁启超所说:"前清为一切学术复兴之时代,独于史界之著作,最为寂寥。唐宋去今如彼其远,其文集杂著中所遗史迹,尚累累盈望。清则舍官书及谀墓文外,殆无余物可以相饷;史料之涸乏,未有如清者也。此其故不难察焉:试一检康雍乾三朝诸文字之狱,则知其所以箝吾先民之口而夺之气者,其凶悍为何如。"(《中国历史研究法》,第29至30页)这对研究前清历史增加了一定的难度。

第四,以《四库全书》为代表的各种丛书大量出现,为古籍整理和研究前代史提供了便利。

丛书又称丛刊、丛刻,即将各种单独的著作汇刻在一起,然后冠以总名,称其为某某丛书。中国古代的丛书,始于南宋俞鼎孙、俞经兄弟编选的《儒学警悟》和左圭编选的《百川学海》。进入明清两代,丛书愈刻愈多,编选也各有特色,今天收于《中国丛书综录》的丛书,总数就有2 797种之多。据学者杨家骆统计,中国历代著述存世的书籍有100 000种左右,其中为丛书所收者约为85 000种,依靠单行散刻流传者仅15 000种。在85 000种丛书本中,尚有单行本者约为15 000种。换言之,我国古代

第九章 清史史料

典籍,赖丛书保存而不坠者有70 000种之多(杨家骆:《中国古今著述名数之统计》,载《新中华》第4卷第7期)。而这些丛书,大部分成书于清代。

清代学者李慈铭在论及当时丛书刊刻情况及其功用时说:"国朝乾嘉之间,而其事益盛,其刻益精,老儒大师咸孜孜而弗倦。至于今,士大夫有志于古而稍有力者,无不网罗散佚,掇拾丛残,几于无隐之不搜,无微之不续。而其事遂为天壤间学术之所系。前哲之心力,其一二存者,得以不坠,著述之未成者,荟萃而可传。凡遗经佚史,流风善政,嘉言懿行,瑰迹异闻,皆得以考见其略,而后之人,即其所聚之书,门分类别,各可因才质之所近,以得其学之所归。于是丛书之功,在天下为最巨。"(李慈铭:《式训堂丛书序》)古籍丛书不仅所收书籍的内容十分丰富,包括了文学、历史、哲学、语言、政治、经济、军事、思想、风俗、宗教、科技等各个领域,而且保存了众多的善本、珍本和孤本,其史料价值更是不容低估,从而为古籍整理和前代史的研究提供了极大的便利。当然,由于丛书编选者目的的不同,水平参差,因此有些丛书也存在着或粗制滥造,或以阙卷代全帙,或肆意篡改内容等弊病,在阅读和引用时应该注意。

《四库全书》的编撰由永瑢(乾隆第六子)领衔,纪昀任总纂官,自乾隆三十八年(1773年)开设四库馆起,至五十二年缮写毕,历时15年。共收图书3 457种,79 070卷;另有存目书6 766种,93 551卷①。分经、史、子、集4部,故名"四库"。这部丛书的内容极为广泛,基本上包括了乾隆以前中国古代的重要著作,其中元代以前的书籍搜集更为完备,几占百分之九十以上。全书缮写7部,分藏于北京皇宫文渊阁、圆明园文源阁、沈阳文溯阁、承德避暑山庄文津阁、扬州文汇阁、镇江文宗阁、杭州文澜阁。文汇、文宗、文源都毁于战火;文澜阁所藏亦散失过半,后经补钞得全。其中文渊阁本已由台湾商务印书馆于1983年影印出版,文津阁本、文澜阁

---

① 关于《四库全书》所收图书和存目的种数及卷数,《四库全书总目》、《辞海》等各书记载多有出入,本书采用上海辞书出版社1992年出版的《中国历史大辞典·清史卷》(上)所载的数字。

本也在陆续影印出版。这几部阁本,从内容上看,各有优劣,都值得研究者重视和利用。

《四库全书》的史料价值是毋庸置疑的,但这里有必要指出,这部丛书也存在着不少缺点,除了上面已经提到的在编修时许多史籍遭到销毁和篡改以外,版本上也有许多问题,正如缪荃孙所说:"《四库》所储,有不应收而收者,有应收而不收者,有所收之本不及未收之本者,有所收据《大典》而原书尚有旧刻旧钞者,有无宋元旧刻,止有明刻为祖本者。"(邵懿辰等:《增订四库简明目录标注·缪荃孙序》,上海古籍出版社1979年出版)因此,当我们在阅读《四库全书》本时,不仅要识别被清人篡改和删节的内容,也要留意同种史籍的其他版本,择善而从。

二、清史史料介绍

(一) 基 本 史 料

1.《清实录》4 363卷,另有总目、序、凡例、目录、进表51卷　清朝官修。清代共经历了12朝,除宣统朝外,每朝都有实录。包括《太祖实录》10卷,《太宗实录》65卷,《世祖实录》144卷,《圣祖实录》300卷,《世宗实录》159卷,《高宗实录》1 500卷,《仁宗实录》374卷,《宣宗实录》476卷,《文宗实录》356卷,《穆宗实录》374卷,《德宗实录》597卷,另有一部记载满族先世和发祥的传说,以及努尔哈赤生平事迹的《满洲实录》8卷,合计11朝12部实录。又伪满洲国修有《宣统政纪》70卷。《清实录》为研究清朝历史提供了重要的史料来源。1936年,伪满将11朝实录,包括《宣统政纪》影印出版。台北华文书局又于1964年根据原影印本重印。中华书局也于1986年至1987年加以重印。

2.《清会典》5部　一名《大清会典》。清朝官修。清朝《会典》最早修于康熙二十三年(1684年),雍正、乾隆、嘉庆、光绪迭加重修,先后修成《康熙会典》162卷,《雍正会典》250卷,《乾隆会典》100卷、则例180卷,

第九章 清史史料

《嘉庆会典》80卷、事例920卷、图132卷,《光绪会典》100卷、事例1 220卷、图270卷。而《光绪会典》记载了清朝的全部典章制度,内容最为详尽。是书成于光绪二十五年(1899年),以职官为纲,据实录、国史及内廷有关资料,分述光绪二十二年(1896年)以前宗人府、内阁、军机处、六部、理藩院、都察院、各寺监、八旗都统、内务府、神机营、总理各国事务衙门以及垂帘听政、亲政礼制等史实。所引资料,均按时间排列,是研究有清一代行政组织、政治法规和典章制度的重要史料来源,所附诸图亦颇多参考价值。有《万有文库》本、台北文海出版社1967年影印本。

3.《清史稿》529卷　清末民初人赵尔巽(1844年—1927年)、柯绍忞(1848年—1933年)等修。书成于1927年。记事起于明万历四十四年(1616年)努尔哈赤称汗,建立大金(史称后金),终于1911年清室灭亡。分本纪25卷,志135卷,表53卷,列传316卷。取材以实录为主,兼及清国史馆所修之《方略》、《纪略》、《圣训》、《会典》、人物列传,个别志和人物的史料来源,并非出于常见之史籍。是书汇集了有清一代的重要事件和重要人物,资料丰富,体例完整,对研究和查考清朝历史有重要参考价值。然由于大部分资料今天还不难找到,所以其史料价值远远比不上《二十四史》。加之成书仓促,内容缺漏和错谬之处不少,修史者坚持封建正统立场,故观点也存在不少问题,利用时都必须予以注意。有中华书局1976年至1977年点校本。又有1986年开始出版的,由台湾的"国史馆"和台北故宫博物院合作完成的《清史稿校注》本。2003年年初,国家正式成立了清史编纂委员会,投入大量人力物力,开始组织有关史学家从事继《二十四史》之后的又一部断代史——清史的编纂。这项规模庞大的清史编纂工程,预计将在10年内完成。届时一部观点新颖、内容丰富的清朝全史编纂完成以后,必将有力地推动清史研究工作的深入开展。

4.《东华录》2种

(1)《东华录》32卷　清蒋良骐(1723年—1789年)撰。撰者于乾隆年间在北京东华门国史馆参与国史编纂时,根据《太祖实录》到《世宗实录》5朝6部实录(太宗朝分为天聪、崇德两部实录)和其他文献资料,编纂成这部编年体清史史料长编,上溯清之先世,下迄雍正十三年(1735年),取名《东华录》,俗称《六朝东华录》。是书间有实录不载的内容,史料价值较高。有中华书局1980年点校本。《四库全书》未收。

(2)《十一朝东华录》624卷　近人王先谦(1842年—1917年)撰。撰者在晚清历任史官之职,因不满蒋氏《六朝东华录》之简略,遂加扩充为194卷,亦名《东华录》。后又续修乾隆至同治5朝(1736年—1874年)历史,称《东华续录》,计430卷。两录合一,成《十一朝东华录》624卷。史料非常丰富,主要来源于《实录》,兼及《会典》、《方略》和臣僚奏议等,但由于书中源于清初实录中的有些内容,后来被有意删除,故是书所收清初内容,不能完全包括蒋录。有上海古籍出版社2008年据清光绪十年长沙王氏刻本影印本。至清末,又有朱有朋撰《光绪朝东华录》220卷,有中华书局1958年点校本。

5. 各种方略和纪略

清朝从康熙时起,每当一次军事行动结束以后,为宣扬它的武功,都要下诏设立临时性的方略馆,"纪其始末,纂辑成书"(梁章钜:《枢垣纪略》卷14《规制二》)。称方略或纪略。到乾隆十四年(1749年),清政府把方略馆定为常设机构,由军机大臣兼领总裁。方略和纪略的资料来源,采自当时的军事奏报和朝廷命令,并按年月日次序进行编纂,对于研究当时的各种军事活动,包括抵抗外来侵略、进行统一战争和镇压农民起义等历史,都有重要史料价值。

总计清代方略和纪略,大约有二十余种,其中按内容不同,又可分为两大类:一类属于平定叛乱、削除割据势力、统一和巩固边疆的军事活动;一类属于镇压各族人民起义的军事活动。兹分别介绍如下。

第一,属于平定叛乱、削除割据势力、统一和巩固边疆的军事活动

(1)《平定三逆方略》60卷　书成于康熙二十五年(1686年)。记康熙十二年至二十年清政府平定三藩之乱的经过。有《四库全书珍本初集》本、海南出版社2000年影印本。

(2)《平定海寇纪略》4卷　书成于康熙年间。记康熙二十二年

第九章 清史史料

(1683年)清政府命施琅收复台湾、消灭郑克塽政权的经过。有清刊本。《四库全书》未收。

(3)《亲征(平定)朔漠方略》48卷 书成于康熙四十七年(1708年)。记事始于康熙十六年漠西厄鲁特蒙古准噶尔部首领噶尔丹奉表入贡,迄于三十七年策妄阿拉布坦献噶尔丹之尸。着重记载康熙帝自三十五年至三十六年3次亲征平定噶尔丹叛乱的经过。有康熙四十七年刻本、海南出版社2000年影印本。

(4)《平定罗刹方略》4卷 书成于康熙中。罗刹指沙皇俄国侵略者。主要记载清政府为驱逐沙俄侵略者,在雅克萨等地进行自卫反击战的经过。有清《功顺堂丛书》本、上海古籍出版社2002年《续修四库全书》本。

(5)《平定金川方略》32卷 书成于乾隆十三年(1748年)至十七年之间。金川在四川地区,那里生活着许多少数民族,他们属于吐蕃的一支。乾隆十一年冬,大金川地区的土司莎罗奔作乱,清政府派兵平叛,乾隆十四年莎罗奔降附。是书前26卷记载这次用兵的始末,后6卷为乾隆诗文及诸臣记功诗文。有乾隆十七年武英殿刻本、天津古籍出版社1987年影印本、北京图书馆出版社2006年《清代方略全书》本。

(6)《平定准噶尔方略》前编54卷,正编85卷,续编33卷 书成于乾隆三十七年(1772年)。记康熙三十九年(1700年)至乾隆三十年(1765年)的65年间平定漠西厄鲁特蒙古准噶尔部首领从噶尔丹、策妄阿拉布坦、噶尔丹策零到阿睦尔撒纳等叛乱的经过。有乾隆三十七年武英殿刻本、海南出版社2000年影印本。

(7)《平定两金川方略》152卷 书成于乾隆四十六年(1781年)。记清政府于乾隆二十年至四十四年平定大金川土司索诺木与其头人丹巴沃杂尔煽惑小金川土司僧格桑叛乱的经过。有《武英殿聚珍版》本、天津古籍出版社1987年影印本、全国图书馆文献缩微复制中心1993年影印本。

(8)《平定回疆剿擒逆裔方略》80卷 书成于道光九年(1829年)。

记清政府于道光六年至七年平定新疆维族首领张格尔叛乱的经过。有道光十年刻本、台北文海出版社 1972 年影印本、学苑出版社 2006 年排印本。

第二,属于镇压各族人民起义的军事活动

(1)《临清纪略》16 卷　书成于乾隆四十二年(1777 年)。记乾隆三十九年清政府镇压山东临清清水教起义的经过。有《武英殿聚珍版》本、台北成文出版社 1971 年影印本。

(2)《兰州纪略》20 卷　书成于乾隆四十六年(1781 年)。记乾隆四十年清政府镇压甘肃、青海的回族和撒拉族等少数民族起义的经过。有《武英殿聚珍版》本、宁夏人民出版社 1988 年影印本、海南出版社 2000 年影印本。

(3)《石峰堡纪略》21 卷　书成于乾隆四十九年(1784 年)。记乾隆四十九年清政府镇压甘肃石峰堡回民起义的经过。有《武英殿聚珍版》本、宁夏人民出版社 1987 年点校本。

(4)《平定台湾纪略》70 卷　书成于乾隆五十三年(1788 年)。记乾隆五十一年至五十三年初清政府镇压台湾林爽文起义的经过。有海南出版社 2000 年影印本。

(5)《平苗匪纪略》52 卷　书成于嘉庆二年(1797 年)。记乾隆六十年(1795 年)至嘉庆十一年(1806 年)清政府镇压贵州苗民在石柳邓等人领导下起义的经过。有清光绪二十二年刊本。

(6)《剿平三省邪匪方略》前编 361 卷,续编 36 卷,附编 12 卷　书成于嘉庆十五年(1810 年)。记乾隆末年到嘉庆九年清政府镇压川、楚、陕、甘、豫五省白莲教大起义的经过。有清嘉庆十五年刊本、台北成文出版社 1970 年影印本。

(7)《平定教匪纪略》42 卷　书成于嘉庆二十一年(1816 年)。记嘉庆十八年清政府镇压李文成、林清领导的北方天理教起义的经过。有清刊本、台北成文出版社 1971 年影印本。

(8)《剿平粤匪方略》420 卷　书成于同治十一年(1872 年)。记咸丰、同治两朝镇压太平天国革命的经过。有清同治十一年刊本、广陵古籍刻印社 1985 年影印本。

附：《清朝开国方略》32 卷　书成于乾隆三十八年(1773 年)。记自 1584 年努尔哈赤起兵反明到 1644 年清兵入关的战争。有清刻本、台北文海出版社 1967 年影印本。

（二）重　要　史　料

1.《天聪朝臣工奏议》3 卷　近人罗振玉编。记载后金天聪六年(1632 年)正月至九年三月间诸臣的奏疏，计 97 篇。是书对研究后金社会的政治、经济、军事、外交、文化等方面有重要史料价值。有《史料丛刊初编》本、辽宁大学历史系 1980 年《清初史料丛刊》本。

2.《圣武记》14 卷　清魏源(1794 年—1857 年)撰。是书前 10 卷记述清朝自开国至道光年间的军事史。后 4 卷记述清代的各项军事制度。对研究清代的军事史有一定参考价值。有《四部备要》本、中华书局 1984 年点校本、岳麓书社 2011 年排印本。

3.《碑传集》160 卷，续集 86 卷，集补 60 卷　清钱仪吉(1783 年—1850 年)编撰。是书仿南宋杜大珪《名臣碑传琬琰集》体例，按时序据官爵辑集清天命至嘉庆 6 朝二百余年二千二百余人的传记资料，史料主要来源于五百六十余种墓志铭、墓碑、行状、传记和地方志书，均录原文，并注明出处。对研究清朝人物有重要史料价值。有光绪十九年江苏书局本。后有缪荃孙编撰《续碑传集》86 卷，载道光以来人物。有宣统二年刊本。再有闵尔昌编撰《碑传集补》60 卷，载清末人物。有燕京大学国学研究所 1932 年铅印本、中华书局 1993 年排印本。

4.《国朝先正事略》60 卷　清李元度(1821 年—1887 年)编撰。书成于同治五年(1866 年)。分名臣、名儒、经学、文苑、遗逸、循良、孝义等 7 门，计 500 人，另有附传 608 人。取材于私家传志、地方志书，间及说部。对研究前清人物有一定史料价值。有《四部备要》本、岳麓书社 1991 年点校本。

5.《国朝耆献类徵初编》720卷　清李桓(1827年—1891年)编撰。书成于光绪十六年(1890年)。包括正编19类：宰辅、卿贰、词臣、谏臣、郎署、疆臣、监司、守令、僚佐、将帅、材武、忠义、孝友、儒行、经学、文艺、卓行、隐逸、方技。取材于清国史馆传记及诸家碑传、墓志、文集、杂记等数百余种资料，撰成清代满汉朝野人物达万人以上。一般不收传主子孙的文字，以免失实。凡所采撷，均录全文，并按传主职业、特点分卷，对研究前清历史人物，极富史料价值。书后附有撰者于光绪十七年所编之《国朝贤媛类徵》12卷。有清光绪十年刊本、台北文海出版社1985年影印本、广陵书社2007年排印本。

6.《文献徵存录》10卷　清钱林、王藻编撰。记载嘉庆(1796年—1820年)、道光(1821年—1850年)以前清代著名文学之士孙奇逢、黄宗羲、顾炎武、万斯同、钱大昕等四百六十余人的生平行实，对研究清代的学术思想颇有价值。有咸丰八年嘉树轩刻本。

7.《畴人传》46卷，续传6卷，三编7卷，四编12卷　清阮元(1764年—1849年)等编撰。畴人，指古代科技人物和能工巧匠。书成于嘉庆四年(1799年)，是中国第一部自然科学家的传记集，自传说中的上古羲和起，到清戴震止，共收243人，末4卷附记外国传教士15人，以及他们所介绍的奈端(牛顿)、歌白尼(哥白尼)、欧几里德等22人。取材多本于诸史天文、律历、方技、艺术等志传和《四库全书》所收有关科技著作的作者。是书虽非原始资料，但对研究中国古代科技史尚有一定参考价值。有商务印书馆1955年排印本。后来，阮氏门人罗士琳(1789年—1853年)作《续畴人传》，共收44人，书初刻于道光二十年(1840年)；接着，又有诸可宝(1845年—1903年)作《畴人传三编》，共收109人，书成于光绪十二年(1886年)。上述3书后人加以合刊，统称《畴人传》，合计收录天文、历数等古代自然科学家(包括外国传教士)433人。有《国学基本丛书》本。至1898年，又有黄钟骏撰《畴人传四编》，是阮元等人《畴人传》的续补，共收上古至清代科技人物436人，其中包括西洋畴人157人。以上又有商务印书馆1955年排印本、广陵书局2009年点校本。

8.《大清律例》47卷 一名《大清律集解附例》。清吴达梅等奉敕编纂。《大清律》修成于顺治三年(1646年),后来又续修《现行律例》1 456条,并附入《大清律》。乾隆五年(1740年),更名《大清律集解附例》,首有《六赃图》、《狱具图》、《五刑图》、《丧服图》等8种图像。律文分为7门,计436条,分别为:名例律46条、吏律28条、户律82条、礼律26条、兵律71条、刑律170条、工律13条。每门律文下又附有条例若干条。是研究清代法律制度的最基本史料。有天津古籍出版社1993年点校本、法律出版社1999年点校本。

9.《日下旧闻考》160卷 清于敏中(1714年—1779年)、窦光鼐、朱筠(1729年—1781年)等奉敕撰。"日下"为京都的别称,此处则指北京。是书据清朱彝尊(1629年—1709年)《日下旧闻》增补、考订而成。叙述以北京为中心,兼及京畿各州县的风土人物,包括星土、世纪、形胜、宫室、城市、郊坰、京畿、侨治、边障、户版、风俗、物产、杂缀13门,撼采古籍及金石文字凡一千六百余种,但叙事仅止于明末。新书在原有体例的基础上,以乾隆现制为准,删繁补缺,考订讹误,新增官署、苑囿、存疑等门,内容较原书几增2倍。对研究北京地方史有重要参考价值。有北京古籍出版社1981年标点本。

10.《西域图志》52卷 一名《钦定皇舆西域图志》。清傅恒等奉敕修。书成于乾隆四十七年(1782年)。记载范围包括当时的新疆全部和甘肃嘉峪关以西诸州县。首4卷为天章,其后分为图考、列表、晷度、疆域、山、水、官制、兵防、屯政、贡赋、钱法、学校、封爵、风俗、音乐、服物、土产、藩属、杂录19门。有总图、分图21幅,历代西域图12幅。对研究两汉至清朝前期新疆地区的历史有重要史料价值。有兰州古籍书店1990年影印本、新疆人民出版社2002年校注本。

11.《朔方备乘》80卷 清何秋涛撰。该书是一部边疆地理著作。朔方即西北边疆之意。何秋涛为道光进士,长于边疆地理,是书首先记载了元朝和清初开拓边疆、保卫边疆的功业;接着记述我国东北、蒙古、新疆到中亚、东欧、俄罗斯等地区的史事,并配以图说。咸丰帝赐名《朔方备乘》。对研究汉唐以来中西交通、清代中俄关系史具有重要史料价值。有清光绪石印本、兰州古籍书店1990年影印本。

12.《同文汇考》10编　朝鲜郑昌顺等人编辑。书成于朝鲜李朝正宗十一年(清乾隆五十二年,1787年),以后续有所补。是书辑录自顺治元年(1644年)至乾隆五十二年朝鲜政府与中国清朝政府往来文书,按年代顺序分类编纂成原编;又搜集崇德元年(1636年)至顺治元年间散佚的往来文件编纂成别编;再将使臣行录、闻见录、译官手本及其他各种资料,俱搜集编纂为补编;并将朝鲜与日本往来之文书编纂为附编。其后续有增补,共成10编计96册。对研究清前期的中朝关系具有重要史料价值。有台北珪庭出版社1980年影印本(《中韩关系史料辑要》丛书之一)。

13.《李朝实录》1 893卷　朝鲜李朝官修。李朝从孝宗到哲宗(1649年—1849年)的200年间,大约相当于我国前清时期。《实录》记载了大量与清朝有关的史料,对研究前清历史具有一定史料价值。有日本东京学习院东洋文化研究所于二十世纪五十年代影印朝鲜活字版本、国家图书馆出版社2011年辑录本。关于纯宗一朝实录,有中、朝科学院1959年合作影印本。

14.《明清档案》　张伟仁主编。是书选自台北"中央研究院"历史语言研究所收藏的清内阁大库残档中顺治元年(1644年)至嘉庆五年(1800年)的题奏、揭帖、塘报等文种。按文件的年代、地域、作者及主要内容拟出标题,每件为一单元,暂以活页影印,合一二百件,依编年次序排列,穿孔线装成一册,以待全书出完后,再依编年索引重新排列成册,对研究清朝的政治、经济、军事、文化等都有重要史料价值。自二十世纪八十年代开始,由台北"中央研究院"历史语言研究所陆续影印出版,到1995年已出版324册。

15.《明清史料》　"中央研究院"历史语言研究所编。是书共有甲编至癸编10编,每编10册,共100册。甲乙丙丁4编为1949年以前编辑,1931年至1951年陆续由商务印书馆印行。戊己庚辛壬癸6编,1954年至1975年在台湾陆续编辑出版。是书选自该所收藏清内阁大库残档,

第九章 清史史料

共 8 200 件。主要是明清两朝皇帝处理政务的制、诏、诰、敕及大臣题奏、揭帖,也有外藩诸国的表章、内阁文移稿件等档案文种。各编主要内容为:甲编和丙编是顺治元年(1644 年)至十八年的臣僚奏章;乙编和丁编是有关明末边情的文件;戊编和己编是有关台湾的历史档案;庚编是清政府与东南亚各国关系的档案;辛编是明天启二年(1622 年)至崇祯十七年(1644 年)档案;壬编是明末起义、土司事件方面的文件;癸编是有关明末农民起义、清代奏章、嘉庆年间白莲教起义的文件。对于研究明末清初的政治、经济、军事、文化和与周边各国的关系等有重要史料价值。其中,丁编有商务印书馆 1951 年影印本,戊编、己编、庚编、辛编有中华书局 1987 年影印本。

16. 《明清档案存真选辑》3 集　台北"中央研究院"历史语言研究所编辑。是书分初集、二集和三集 3 部。辑录于该所收藏的清内阁大库残档。初集载明宣德二年(1427 年)至清道光二十九年(1849 年)的诏敕、沈阳旧档、弘光史料、台湾史料以及外国史料共 130 件;第二集内容为满文老档中有关清太祖朝"记功簿"的部分,清太宗天聪五年(1631 年)初设六部的记事原档,"大臣传史料册"等 108 件;第三集内容为天聪二年至光绪十三年(1887 年)的沈阳旧档中有关镇压李自成起义的史料、三藩之乱史料、洪承畴史料等 104 件。有台北"中央研究院"历史语言研究所 1973 年—1992 年影印本。

17. 《清入关前史料选辑》3 辑　潘喆等编。中国人民大学出版社 1984 年至 1991 年排印本。

18. 《清代档案史料丛编》14 辑　中国第一历史档案馆编。有中华书局 1978 年至 1991 排印本。

19. 《曲阜孔府档案史料选编》4 编(24 册)　中国社会科学院历史研究所等编。是书从孔府所藏 20 万件档案中辑录了明嘉靖十三年(1534 年)至 1946 年间的档案资料 9 025 件,按袭封、宗族、属员、刑讼、租税、林庙管理、祀典、宫廷、财务、文书等分类编排而成。分为明、清、民国三个时期,以清代居多。内容涉及孔府历史、管理、机构、地租剥削以及与清政府的关系等诸多方面,对研究中国封建社会后期的政治、经济、思想、宗法关系等方面具有重要史料价值。有齐鲁书社1980年至1988年排印本。

(三) 文集和笔记小说中的史料

清代史料繁多,来源广泛,唐宋以来有重要史料价值的文集和笔记,至此除研究该书作者的经历和学术观点仍然十分有用以外,整体的史料价值就大不如前。加上由于时代剧变,文集、笔记虽多而大都尚未整理刊出,利用上也存在不少困难。为此,本书只介绍一些最主要的文集和笔记。少数由晚清和近代人所撰之文集、笔记也附见。

第一,文集

1.《初学集》110卷,《有学集》50卷 一名《钱牧斋全集》。明末清初人钱谦益(1582年—1664年)撰。有《四部丛刊》本、上海古籍出版社2003年点校本。《四库全书》未收。

2.《琅嬛文集》6卷 明末清初人张岱(1597年—约1689年)撰。有《中国文学珍本丛书》第一辑本、岳麓书社1985年点校本。《四库全书》未收。

3.《陈洪绶集》10卷,拾遗1卷 一名《宝纶堂集》。明末清初人陈洪绶(1599年—1652年)撰。有清光绪刻本、浙江古籍出版社1994年点校本。《四库全书》未收。

4.《霜红龛集》40卷 明末清初人傅山(1607年—1684年)撰。有清宣统三年山阳丁氏刊本、山西人民出版社1985年排印本。《四库全书》未收。

5.《陈忠裕公全集》30卷 一名《陈子龙文集》。明末清初人陈子龙(1608年—1647年)撰。有《适园丛书》本、华东师范大学出版社1988年排印本。《四库全书》未收。

6.《黄宗羲全集》12册 明末清初人黄宗羲(1610年—1695年)撰。有浙江古籍出版社1985年至1994年点校本。另有《黄梨洲文集》(一名《南雷文定》)22卷。有《四部备要》本、中华书局1959年排印本、浙江古

第九章 清史史料

籍出版社2005年点校本。《四库全书》未收。

7.《稽古堂文集》2卷 明末清初人方以智(1611年—1671年)撰。有《桐城方氏七代遗书》本。《四库全书》未收。

8.《赖古堂集》24卷 明末清初人周亮工(1612年—1672年)撰。有上海古籍出版社1979年据清康熙本影印本。《四库全书》未收。

9.《亭林文集》11卷 明末清初人顾炎武(1613年—1682年)撰。有《四部备要》本、上海古籍出版社2010年《清代诗文集汇编》本。

10.《无何集》14卷 明末清初人熊伯龙(约1617年—约1669年)撰。有《湖北先正遗书》本、中华书局1979年标点本。《四库全书》未收。

11.《政书》8卷 清于成龙(1617年—1684年)撰。有康熙四十六年重编本。

12.《寒松堂集》92卷 清魏象枢(1617年—1687年)撰。有《畿辅丛书》本。《四库全书》未收。

13.《壮悔堂文集》10卷 清侯方域(1618年—1654年)撰。有《四部备要》本、广陵古籍刻印社1984年影印本、上海古籍出版社2010年《清代诗文集汇编》本。《四库全书》未收。

14.《学余堂文集》28卷,诗集50卷,外集2卷 一名《施愚山集》。清施闰章(1618年—1683年)撰。有康熙四十七年刊本、黄山书社1992年点校本。

15.《船山遗书》70种358卷 清王夫之(1619年—1692年)撰。有上海太平洋书店1933年铅印本、北京出版社1999年标点本(部分)。《四库全书》未收。

16.《西河文集》259卷 一名《西河合集》。清毛奇龄(1623年—1716年)撰。有书留草堂刊本、上海古籍出版社2010年《清代诗文集汇编》本。

17.《魏叔子集》33卷 清魏禧(1624年—1680年)撰。有清道光二十五年绂园书塾重刊本、广陵古籍刻印社1984年影印本。《四库全书》未收。

18.《曝书亭集》80卷,附录1卷 清朱彝尊(1629年—1709年)撰。有《四部丛刊》本、上海书店1989年影印本、上海古籍出版社2010年《清代诗文集汇编》本。

19.《三鱼堂文集》12卷,外集6卷,附录1卷 清陆陇其(1630年—1693年)撰。有康熙五十二年刊本、上海古籍出版社2010年《清代诗文集汇编》本。

20.《道援堂集》10卷 清屈大均(1630年—1696年)撰。有康熙刻本。《四库全书》未收。

21.《安序堂文钞》30卷 清毛际可(1632年—1708年)撰。有清康熙二十八年刻本、齐鲁书社1997年《四库全书存目丛书》本。

22.《受祺堂文集》34卷 清李因笃(1633年—1721年)撰。有道光七年刻本、齐鲁书社1997年《四库全书存目丛书》本。

23.《渔洋文略》14卷 清王士禛(1634年—1711年)撰。有《渔洋全集》本、中华书局1982年点校本。

24.《西陂类稿》50卷 清宋荦(1634年—1713年)撰。有清康熙五十年家刻本、台湾学生书局1973年影印本、上海古籍出版社2010年《清代诗文集汇编》本。

25.《午亭文编》50卷 清陈廷敬(1639年—1712年)撰。有康熙四十七年刊本、上海古籍出版社2010年《清代诗文集汇编》本。

26.《张文贞集》12卷 清张玉书(1642年—1711年)撰。有乾隆五十七年刊本。

27.《榕村集》40卷 清李光地(1642年—1718年)撰。有《榕村全书》本。

28.《思复堂文集》10卷,附录1卷,末1卷 清邵廷采(1648年—1711年)撰。有《绍兴先正遗书第四集》本、上海古籍出版社2010年《清代诗文集汇编》本。《四库全书》未收。

29.《湖海集》13卷 一名《孔尚任诗文集》。清孔尚任(1648年—1718年)撰。有古典文学出版社1957年排印本、中华书局1962年点校本。《四库全书》入存目。

30.《敬业堂集》50卷　清查慎行(1650年—1707年)撰。有《四部丛刊》本、上海古籍出版社2010年《清代诗文集汇编》本。

31.《正谊堂文集》24卷　清张伯行(1651年—1725年)撰。有《正谊堂全书》本、《丛书集成初编》本、上海古籍出版社2010年《清代诗文集汇编》本。《四库全书》未收。

32.《存砚楼文集》16卷　清储大文撰。有乾隆刊本、上海古籍出版社2010年《清代诗文集汇编》本。

33.《通志堂集》20卷　清纳兰性德(1654年—1685年)撰。有上海古籍出版社1979年据康熙十三年本影印本、齐鲁书社1997年《四库全书存目丛书》本、上海古籍出版社2010年《清代诗文集汇编》本。

34.《楝亭集》15卷　清曹寅(1658年—1712年)撰。有上海古籍出版社1978年影印清康熙本、北京图书馆出版社2007年笺注本。《四库全书》未收。

35.《饴山堂集》32卷　一名《赵执信全集》。清赵执信(1662年—1744年)撰。有《四部备要》本。《四库全书》有其手定之《因园集》13卷本。

36.《望溪集》30卷　一名《方苞集》。清方苞(1668年—1749年)撰。有《四部丛刊》本、《四部备要》本、上海古籍出版社1983年点校本。《四库全书》作8卷本。

37.《澄怀园文存》18卷　清张廷玉(1672年—1755年)撰。有《澄怀园全集》本、上海古籍出版社2010年《清代诗文集汇编》本。《四库全书》未收。

38.《沈归愚全集》75卷　清沈德潜(1673年—1769年)撰。有清教忠堂精刻本、上海古籍出版社2010年《清代诗文集汇编》本。《四库全书》未收。

39.《鹿洲初集》20卷　清蓝鼎元(1680年—1733年)撰。有雍正十年刊本、上海古籍出版社2010年《清代诗文集汇编》本。

40.《青溪集》12卷　清程廷祚（1691年—1767年）撰。有《金陵丛书乙集》本、黄山书社2004年点校本。《四库全书》未收。

41.《樊榭山房全集》39卷　清厉鹗（1692年—1752年）撰。有《四部备要》本、上海古籍出版社2010年《清代诗文集汇编》本。《四库全书》本有缺载。

42.《松泉文集》22卷，诗集26卷　清汪由敦（1692年—1758年）撰。有乾隆刊本、上海古籍出版社2010年《清代诗文集汇编》本。

（以下各文集《四库全书》皆不收）

43.《郑板桥集》不分卷　清郑燮（1693年—1765年）撰。有中华书局1962年标点本。

44.《道古堂文集》48卷　清杭世骏（1695年—1772年）撰。有清光绪二十七年活字本、上海古籍出版社2010年《清代诗文集汇编》本。

45.《海峰先生文集》10卷　一名《刘大櫆集》。清刘大櫆（1698年—1779年）撰。有清大亭山馆刻本、上海古籍出版社1990年标点本。

46.《芝庭先生集》18卷，附录1卷　一名《南韵文稿》。清彭启丰（1701年—1784年）撰。有《长洲彭氏家集》本。

47.《鲒埼亭集》88卷　清全祖望（1704年—1755年）撰。有《四部丛刊》本、《国学基本丛书》本、上海古籍出版社2000年《全祖望集汇校集注》本。

48.《小仓山房诗文集》80卷　清袁枚（1716年—1797年）撰。有《四部备要》本、上海古籍出版社1988年点校本。

49.《戴东原集》12卷　清戴震（1724年—1777年）撰。有《四部丛刊》本、《四部备要》本、上海古籍出版社2002年《续修四库全书》本。

50.《纪文达公遗集》32卷　清纪昀（1724年—1805年）撰。有嘉庆十七年刊本、上海古籍出版社2010年《清代诗文集汇编》本。

51.《春融堂集》68卷　清王昶（1724年—1806年）撰。有嘉庆十二年刊本、上海古籍出版社2010年《清代诗文集汇编》本。

52.《瓯北集》50卷　清赵翼（1727年—1814年）撰。有嘉庆刊本、

第九章 清史史料

上海古籍出版社 2010 年《清代诗文集汇编》本。

53.《潜研堂集》50 卷　清钱大昕（1728 年—1804 年）撰。有《潜研堂全书》本、上海古籍出版社 2010 年《清代诗文集汇编》本。

54.《惜抱轩全集》37 卷　一名《姚鼐集》。清姚鼐（1732 年—1815 年）撰。有《四部备要》本、黄山书社 1986 年选注本。

55.《复初斋全集》97 卷　清翁方纲（1738 年—1818 年）撰。有《嘉业堂丛书》本。

56.《洪北江遗集》66 卷　一名《洪亮吉集》。清洪亮吉（1746 年—1809 年）撰。有光绪十五年刊本、《四部丛刊》本、世界书局 1937 年排印本、中华书局 2011 年点校本。

57.《渊雅堂集》56 卷　清王芑孙（1755 年—1817 年）撰。有嘉庆九年刊本。

58.《独学庐诗文集》46 卷　清石韫玉（1756 年—1837 年）撰。有乾隆六十年刊本。

59.《王文简公遗文集》8 卷　清王引之（1766 年—1834 年）撰。有《高邮王氏家集》本。

60.《揅经室集》54 卷（包括一集 14 卷、二集 8 卷、三集 5 卷、四集 2 卷、诗 11 卷、续集 9 卷、外集 5 卷）　清阮元（1764 年—1849 年）撰。有《四部丛刊》本。

61.《养一斋文集》26 卷　清李兆洛（1769 年—1841 年）撰。有光绪四年刻本、《四部备要》本。

62.《思适斋集》18 卷　清顾广圻（1770 年—1839 年）撰。有道光二十九年上海徐氏校刊本。

63.《林文忠公政书》3 集共 37 卷　一名《林则徐全集》。清林则徐（1785 年—1850 年）撰。有光绪十一年刻本、商务印书馆 1939 年排印本、中国书店 1991 年排印本、海峡文艺出版社 2002 年排印本。

64.《龚自珍全集》11 辑　一名《定庵全集》、《定庵文集》。清龚自珍（1792 年—1841 年）撰。有《四部备要》本、中华书局 1959 年点校本、辽宁人民出版社1994年排印本。

65.《魏源全集》10卷　一名《古微堂内外集》、《魏默深文集》、《魏源集》。清魏源(1794年—1857年)撰。有中华书局1976年排印本、岳麓书社1989年点校本。

66.《东塾集》6卷　清陈澧(1810年—1882年)撰。有光绪十八年菊坡精舍刻本、台北文海出版社1970年影印本。

67.《曾文忠公全集》185卷　一名《曾国藩全集》。清曾国藩(1811年—1872年)撰。有台北文海出版社1966年至1967年影印本、岳麓书社1985年至1991年《曾国藩全集》(家书、日记、奏稿)各分册点校本、中国书店2011年点校本。

68.《胡文忠公遗集》135卷　一名《胡文忠公全集》、《胡林翼全集》。清胡林翼(1812年—1861年)撰。有大东书局1936年排印本、岳麓书社1999年排印本。

69.《左宗棠全集》109卷　一名《左文襄公全集》。清左宗棠(1812年—1885年)撰。有台北文海出版社1979年影印本、上海书店1986年至1996年影印本、岳麓书社1996年排印本。

70.《李文忠公全集》165卷　一名《李鸿章全集》。清李鸿章(1823年—1901年)撰。有光绪三十四年金陵刻本、台北文海出版社1980年影印本、安徽教育出版社2008年排印本。

71.《张文襄公全集》228卷　一名《张之洞全集》。清张之洞(1837年—1909年)撰。有华文斋1928年刻本、中国书店1990年影印本、武汉出版社2008年点校本。

72.《庸庵全集》2册　清薛福成(1838—1894年)撰。有清光绪二十四年刻本、台北华文书局1971年影印本。另有《薛福成选集》，有上海人民出版社1987年标点本。

第二，笔记小说(考据类附)

1.《北游录》9卷　明末清初人谈迁(1594年—1657年)撰。有中华书局1960年点校本。《四库全书》未收。

第九章 清史史料

2.《山志》初集6卷,二集6卷　清王弘撰(1622年—1702年)撰。有中华书局1999年点校本。《四库全书》未收。

3.《胜朝彤史拾遗记》6卷　清毛奇龄(1623年—1713年)撰。有《西河合集》本、《艺海珠尘》本。《四库全书》入存目。

4.《广东新语》28卷　清屈大均(1630年—1696年)撰。有中华书局1985年点校本。《四库全书》未收。

5.《池北偶谈》　清王士禛(1634年—1711年)撰。有《渔洋全集》本、中华书局1982年点校本。

6.《居易录》上17卷、下17卷　清王士禛(1634年—1711年)撰。有《渔洋全集》本、学苑出版社2010年《中国华东文献丛书》本。

7.《香祖笔记》12卷　清王士禛(1634年—1711年)撰。有《渔洋全集》本、上海古籍出版社1982年点校本。

8.《古夫于亭杂录》6卷　清王士禛(1634年—1711年)撰。有中华书局1988年点校本。

9.《分甘余话》4卷　清王士禛(1634年—1711年)撰。有中华书局1989年点校本。

10.《板桥杂记》3卷　清余怀撰。有《丛书集成初编》本、上海古籍出版社2000年校注本。《四库全书》入存目。

11.《广阳杂记》5卷　清刘献廷(1648年—1695年)撰。有中华书局1957年点校本。《四库全书》未收。

12.《不下带编》7卷、《巾箱说》1卷　清金埴(1663年—1740年)撰。有广雅书局本、商务印书馆1959年重印本、中华书局1982年点校本。《四库全书》未收。

13.《柳南随笔》6卷,续笔4卷　清王应奎(1683年—1760年)撰。有《丛书集成初编》本、中华书局1983年点校本。《四库全书》未收。

14.《巢林笔谈》6卷,续编2卷　清龚炜(1704年—1769年后)撰。有中华书局1981年点校本。《四库全书》未收。

15.《西征随笔》1卷　清汪景祺撰。书成于1724年。有故宫博物院

1928年铅印本、河北教育出版社1996年影印本。

16.《永宪录》4卷,续编不分卷　清萧奭撰。书成于1752年。有《古学汇刊》本、中华书局1959年点校本。

（以下各笔记《四库全书》皆不收）

17.《茶余客话》22卷,补遗1卷　清阮葵生撰。有《昭代丛书》本、中华书局1959年排印本、上海古籍出版社2007年《清代笔记小说大观》本。

18.《蛾术编》82卷　清王鸣盛(1722年—1797年)撰。有《昭代丛书》本、商务印书馆1958年排印本、学苑出版社2005年据道光二十一年刊本影印本。

19.《十七史商榷》100卷　清王鸣盛(1722年—1797年)撰。有广雅书局本、商务印书馆1959年排印本、凤凰出版社2008年点校本。

20.《阅微草堂笔记》24卷　清纪昀(1724年—1805年)撰。有光绪二十四年铅印本、中国华侨出版社1994年注释本、上海古籍出版社2010年《中国古典小说名著丛书》本。

21.《陔余丛考》43卷　清赵翼(1727年—1814年)撰。有广雅书局本、商务印书馆1957年排印本、学苑出版社2005年《清代学术笔记丛刊》本。

22.《簷曝杂记》6卷,续1卷　清赵翼(1727年—1814年)撰。有中华书局1982年点校本。

23.《廿二史札记》36卷,补遗1卷　清赵翼(1727年—1814年)撰。有《四部备要》本、中华书局1984年校证(订补)本、凤凰出版社2008年点校本。

24.《廿二史考异》100卷　清钱大昕(1728年—1804年)撰。有广雅书局本、商务印书馆1958年排印本、上海古籍出版社2004年点校本。

25.《井蛙杂记》10卷　清李调元(1734年—1802年)撰。有光绪八年刻本、《函海》本。

26.《南越笔记》16卷　清李调元(1734年—1802年)撰。有《函海》

本、《丛书集成初编》本。

27.《读书杂志》82卷,余编2卷　清王念孙(1744年—1832年)撰。有江苏古籍出版社1985年据王氏家刻本影印本。

28.《西陲要略》4卷　一名《新疆要略》。清祁韵士(1751年—1815年)撰。有《粤雅堂丛书》本、天津古籍出版社1987年影印本。

29.《扬州画舫录》18卷　清李斗撰。有中华书局1960年点校本。

30.《藤阴杂记》12卷　清戴璐撰。书成于1796年。有《说库》本、中华书局1985年点校本。

31.《陶庐杂录》6卷　清法式善(1753年—1813年)撰。有中华书局1959年点校本。

32.《槐厅载笔》20卷　清法式善(1753年—1813年)撰。有嘉庆四年刊本、台北文海出版社1969年影印本、上海古籍出版社2002年《续修四库全书》本。

33.《清秘述闻》三种:《清秘述闻》16卷　清法式善(1753年—1813年)撰。有中华书局1982年《清秘述闻三种》点校本。《清秘述闻续》16卷　清王家相、魏茂林、钱维福撰。有中华书局1982年《清秘述闻三种》点校本。《清秘述闻再续》3卷　清徐沅、徐颂威、张肇棻撰。有中华书局1982年《清秘述闻三种》点校本。

34.《西域闻见录》8卷　清七十一撰。书约成于1777年。有《青照堂丛书》本、嘉庆十九年味经书堂刊本、学苑出版社2006年《清朝治理新疆方略汇编》本。

35.《履园丛话》24卷　清钱泳(1759年—1844年)撰。有中华书局1979年点校本。

36.《榆巢杂识》2卷　清赵慎畛(1761年—1825年)撰。有中华书局2001年点校本。

37.《乡言解颐》5卷　清李光庭撰。有道光刻本、中华书局1982年点校本。

38.《吴下谚联》4卷　清王有光撰。有中华书局1982年点校本。

39.《养吉斋丛录》36卷 清吴振棫撰。有北京古籍出版社1983年点校本。

40.《癸巳类稿》15卷、《癸巳存稿》15卷 清俞正燮(1775年—1840年)撰。《类稿》有辽宁教育出版社2001年点校本,《存稿》有海南国际新闻出版中心1996年排印本。

41.《西陲总统事略》12卷 一名《伊犁总统事略》。清汪廷楷撰,松筠(1775年—1840年)续撰。书成于1808年。有中国书店1959年影印本。

42.《初月楼闻见录》10卷,续录10卷 清吴德旋(1767年—1840年)撰。有广陵古籍刻印社1984年影印本。

43.《枢垣记略》28卷 清梁章钜(1775年—1849年)撰。有中华书局1984年点校本。

44.《归田琐记》8卷 清梁章钜(1775年—1849年)撰。有中华书局1981年点校本。

45.《浪迹丛谈》11卷,《续谈》8卷,《三谈》6卷 清梁章钜(1775年—1849年)撰。有中华书局1981年点校本。

46.《啸亭杂录》10卷,《续录》5卷 清昭梿(1776年—1829年)撰。有中华书局1980年点校本。

47.《竹叶亭杂记》8卷 清姚元之(1776年—1852年)撰。有中华书局1982年点校本。

48.《东槎纪略》5卷 清姚莹(1785年—1853年)撰。有清同治刊本、上海书店1994年《丛书集成续编》影印本、学苑出版社2010年《中国华东文献丛书》本。

49.《海国四说》14卷 清梁廷枏(1796年—1861年)撰。有中华书局1993年点校本。

50.《石渠余纪》6卷 一名《熙朝纪政》。清王庆云(1798年—1858年)撰。有光绪二十八年同文仁记石印本、北京古籍出版社1985年排印本、四川民族出版社《中国少数民族古籍集成》本。

51. 《冷庐杂识》8 卷　清陆以湉(1801 年—1865 年)撰。有中华书局 1984 年点校本。

52. 《听雨丛谈》12 卷　清福格撰。书成于 1860 年左右。有中华书局 1959 年点校本。

53. 《庸闲斋笔记》12 卷　清陈其元(1811 年—1881 年)撰。有中华书局 1989 年点校本。

54. 《越缦堂读书记》　清李慈铭(1829 年—1894 年)撰。有商务印书馆 1959 年排印本、中华书局 2006 年《学术笔记丛刊》本。

55. 《越缦堂读史札记》11 种 30 卷　清李慈铭(1829 年—1894 年)撰。有国立北平图书馆 1931 年铅印本、北京图书馆出版社 2003 年上下两卷本。

56. 《蕉轩随录》12 卷、《续录》2 卷　清方濬师(1830 年—1889 年)撰。有中华书局 1995 年点校本。

57. 《郎潜纪闻》53 卷(包括一笔 14 卷、二笔 16 卷、三笔 12 卷、四笔 11 卷)　清陈康祺(1840 年—?)撰。一、二、三笔有中华书局 1984 年点校本。四笔有中华书局 1990 年点校本。

58. 《柳弧》6 卷　清丁柔克(1840 年—?)撰。有中华书局 2002 年点校本。

59. 《世载堂杂忆》12 卷　近人刘愚生撰。有中华书局 1960 年点校本。

60. 《蕉廊脞录》8 卷　近人吴庆坻(?—1924 年)撰。有中华书局 1990 年点校本。

第十章 各类地方志书中的史料

一、方志的起源、性质和种类

记载地方行政区划和沿革、历史、地理、物产、人物、风俗等内容的史书,称为地方志书,简称方志。《隋书·经籍志》称具有地方志书性质的书为"郡国之书",将其列入史部"杂传"类,以与"地理"类相区别。唐代的刘知幾在《史通》中将史部"杂述类"分成10门,"郡书"被列为第5门,以与第9门"地理书"和第10门"都邑簿"相区别,足见方志与地理书虽有联系,却有很大区别。《隋书·经籍志》对"郡国之书"的载录极为广泛,从《山海经》到魏晋时期的大量地志、地记都无不囊括于其中。为什么会出现如此众多的"郡国之书"呢?刘知幾认为那是为了"矜其乡贤,美其邦族"(《史通》卷一〇《杂述》)。后人所以积极撰修方志,十之八九确实离不开这一目的。但是,自唐代中后期出现藩镇割据以后,方志的修撰又增加了军事意义,这当然是生活于盛唐时期的刘知幾无法预测到的。

(一)方志的起源和性质

关于方志的起源,由于定义不同,史学界对它的看法尚有分歧:有的学者以为萌芽于《禹贡》与《山海经》,东汉时候成书的《越绝书》及《吴越春秋》,已具有了史志的规模(参见傅振伦《中国方志集成·序言》,上海书店出版社1999年出版)。有的学者以为,方志的起源有多个方面,如黄苇先生说:"方志源头较多,不仅有《周官》、《禹贡》、《山海经》,还有《九丘》之书和古舆地图等等。这还只是就已知情况而言,如果进一步广泛深入考察,或者还可以找到如民间传说等一类的来源。至此,似可归结说:方志并非起于一源,而是多源。"(黄苇:《方志渊源考辨》,载《中华文史论丛》1981年第3期)有的以为方志是一种"具备亦地、亦史特点的著作",它起源于两汉的地记,唐代出现的图经当是比较完整意义上的方志(参见仓修良、魏得良《中国古代史学史简编》,黑龙江人民出版社1983年出版)。这场争论虽然迄今尚无定论,但笔者以为,任何史书形式的出现,都有其历史渊源,以方志形式记载地方史事,也多少会吸取以往史书的形式,这是不成问题的,人们不应将它与以前的史书完全割裂开来。两汉尤其是魏晋时期,方志特点更加明显的地记所以会大量涌现,与两汉以来州郡的划分使地方观念深入人心,尤其与士族门阀势力的出现有重大关系,因此,从这个意义上,说方志起源于两汉的地记恐怕比较妥当。

亦地亦史是方志最基本的性质,它也充分反映在方志的特点上。作为方志,具有这样3个基本特点:一是它的地方性,二是它的乡土性,三是它的杂记性。具体地说,从记载的地域范围来看,仅局限于一州、一府、一县、一镇、一乡,即使是全国性的总志和后来出现的全省性通志,实际上仍然为分地记载。从内容而言,都是记载与本乡、本土直接有关的历史、地理、遗迹和人事,所以具有浓厚的乡土特色。另外,内容之杂可谓包罗万象,只要事关乡土之事,无一不能记载。凡是具备以上3个特点的史书,当属于方志之列。

(二) 方志的种类

如果将地方志书按所记范围、内容和形式的不同加以区分,可以分为全国性的总志、全省性的通志和府州县志3大类。所谓全国性的总志,一般以西晋挚虞编撰的《畿服经》作为它的雏形。据《隋书·经籍志二》载:

"晋世挚虞,依《禹贡》、《周官》作《畿服经》,其州郡及县分野、封略、事业、国邑、山陵、山泉、乡、亭、城、道里、土田、民物、风俗、先贤旧好,靡不具悉,凡一百七十卷。"从该书内容来看,它上承班固《汉书·地理志》,下启唐宋全国性总志,直至影响到元明清三代《一统志》的编撰,可惜该书至迟到唐初已经亡佚。唐代的《元和郡县志》,则是现存最早的一部全国性总志。

全省性的通志开始于明代,都由省一级的政府负责纂修,现存最早的一部通志是《山西通志》,修于成化十一年(1475年)。有些通志在修成后,每隔一段时间又要重修,如《四川通志》仅明代就修了4次。进入清代,朝廷下诏要各省修纂通志,直到民国年间,有些省仍在续修通志,如龙云等纂修的《云南通志》,就成书于1949年。通志的体例大致介于总志和府州县志之间。以《浙江通志》为例,嘉靖四十年(1561年)所修之书,分地理、建置、贡赋、祠祀、官师、人物、选举、艺文、经武、都会、杂志等11志。乾隆元年(1736年)续修之书,分图说、星野、疆域、建置、山川、形胜、城池、学校、官署、关梁、古迹、水利、海塘、田赋、户口、蠲恤、积贮、漕运、盐法、榷税、钱法、驿传、兵制、海防、风俗、物产、祥异、封爵、职官、选举、名宦、人物、寓贤、方技、仙释、列女、祠祀、寺观、陵墓、经籍、碑碣、艺文、杂记等43门。上述两部《浙江通志》在志或门下,对相关内容皆以府、县为单位进行记载。

人们通常所称的方志,主要指府州县志而言,它大致形成于唐代,因为书中既有地图又有文字,所以当时人称其为图经。图经发展到宋代,编撰体例更趋完备,内容基本定型。明清时期,修志达到鼎盛,除每个府州县都有方志以外,一些乡镇、寺院、名山、名湖、大川也都修有志。宋代以后的方志,不仅种类比以前多,内容也更加丰富,诸如舆图、疆域分野、建置沿革、四至八到、山川河流、名胜古迹、职官、选举、风俗、人物、户口、贡赋、物产、赋役、方伎、金石、艺文、寺院、园苑、灾异等,常载录其中,蕴藏着大量的地方性史料,特别引人注意。

地方杂记虽然不能称作方志,但它与一般的游记不同,所载内容仅限于某一特定地区的地理、历史和风土人情,可以视作地方性史料,从史料的种类考虑,本书也将其归入方志一类加以介绍。

保存至今的宋元古方志甚少,其史料价值尤其显得珍贵,若要查考,可利用张国淦先生所著《中国古方志考》(中华书局1963年出版)。1990年中华书局影印出版的《宋元方志丛刊》共搜集了各种宋元古方志41部,几乎将现存的宋元主要古方志搜集完毕。据近人傅振伦先生在《中国地方志集成·序言》中统计,历代方志有九万余种,现存旧方志尚有8 264种,不下11万卷。《中国地方志集成》由江苏古籍出版社、上海书店出版社、巴蜀书社等多家出版社联合出版,从1991年到2002年,已先后出版方志一千八百余种,颇便读者查阅利用。历史上的方志极大部分修于明清两代,由于数量浩繁,本书只限于对宋元以前古方志的介绍。

二、方志的史料价值

地方志书的史料价值很高,大致有以下五个方面。

第一,中国是一个大国,各地政治、经济、文化的发展极不平衡,要全面、正确地了解当时的社会性质、政治状况、经济发展水平和文化繁荣程度,分地研究极为重要,否则容易犯以偏概全的错误。例如,以往学术界对古代史的分期、资本主义的萌芽、南北社会经济发展的不平衡性、南宋农民是否存在"重新农奴化"等一系列问题,看法始终有分歧,这与没有分地研究有很大关系。

第二,一般国史、实录、会要和编年体、纪传体、纪事本末体等史书所载,都以王朝为中心,其内容多是以统治阶级为主体的言论和事件。而方志是以地域社会为中心,凡直接关系到人民群众的生产劳动、民生利病、风俗习惯等史料,在方志中都被大量地保存了下来。

第三,一些在其他史书中缺载或零星记载的史料,常常收入地方志书之中,足以补他书之缺,或通过集中统计,上升为极有价值的资料。例如关于南宋是否曾在上海设置市舶机构的问题,日本学者藤田丰八在《宋代之市舶司与市舶条例》(载《东洋学报》第 26 期,1915 年出版)一文中,根据《宋会要辑稿》未见记载而加以否定。后来人们从明孝宗弘治《上海县志》中,看到南宋人董楷的一篇文章,其中说到:"咸淳五年八月,楷忝(华亭县)市舶使。"按南宋的华亭县,就是今天的上海市,说明至迟到度宗咸淳五年(1269 年),上海已有市舶机构的设置。至于户口数、取士人数、商税田赋、灾异次数等,通过对各部方志的爬梳统计,"集腋成裘",所获得的数字资料,更是弥足珍贵。

第四,地方志书既是地方史,又是地方沿革地理和经济地理著作,所载古今河流、地名及城镇的变化十分详细,这对研究疆域和区划的变化、城镇的兴衰、经济的发展状况都具有重要意义。如江苏震泽县,据乾隆《震泽县志》卷四记载,元时还只是一个村落,"时村市萧条,居民数十家";明成化中(1465 年—1487 年),增至"三四百家";嘉靖间(1522 年—1566 年),"倍之而又过焉";清朝前期,又增至两三千家;到雍正年间(1723 年—1735 年),终于由吴江县分出,建震泽县。从中可以看到明清时期,我国长江三角洲地区,随着商品经济的发展,乡村、城镇日益繁荣的景象。

第五,通过地方志书的记载,易于探明有关矿藏所在,了解各种名胜古迹的渊源,掌握水旱等自然灾害的规律,对于寻找矿藏,开发旅游资源,防治自然灾害等,都有重要的现实意义。如根据浙江省有关方志记载,明清两朝 543 年间,共发生过各种自然灾害 554 次,其中水灾 272 次,占 49.1%;旱灾 166 次,占 30%;蝗灾 33 次,占 5.9%;瘟疫 29 次,占 5.2%;其他灾害 54 次,占 9.8%。由此可见,对于浙江地区来说,水灾的危害最大,是最主要的防治对象。方志还可以帮助人们了解古代名胜所在地及其历史典故,以增加人文景观的含量,在各地的旅游规划和开发中,应该充分加以利用。

不过,对于方志的史料价值,也要作具体分析,著名史学家刘子健先生在充分肯定方志史料价值的同时,指出它有缺乏考证和褒贬过当等缺点,他说:"其实,方志里的记载,往往抄袭,并无经过考证。有的数字,照抄官府例行的报告,无从核实。地理风俗,或得诸传说,或偶据人言,不一定完全正确。许多诗文,并不出色。若干事迹,未免溢美。方志最大的毛病,是隐恶扬善,远过于正史的褒贬。"(刘子健:《秦桧的亲友》,收入《两宋史研究汇编》,台北联经事业出版公司1987年版)说明在利用方志所载史料时,同样需要审慎。

三、各类方志和地方杂记

(一) 全国性的总志

1. 《元和郡县志》34卷　原有地图,故曾称《元和郡县图志》。唐李吉甫(758年—814年)修。书成于唐宪宗元和八年(813年),以贞观十三年(639年)所制行政区划为准,分10道47节镇,分别以府州为单位,下载户口、沿革、境界、四至八到、贡赋。再分叙辖县建置、州府里程、山川、河流、城邑、名胜古迹、历代大事等,是中国现存最早的较完整的地理总志,对研究唐代的山川地理、郡县建置和有关史事都有重要史料价值。原书40卷,宋后图和目录并亡,又佚卷十九、二十、二十三、三十四至三十六和卷十八、二十五各半卷。有《畿辅丛书》本、《丛书集成初编》本、中华书局1983年点校本。

2. 《太平寰宇记》200卷,目录2卷　北宋乐史(930年—1007年)修。《四库全书》和其他各本原缺8卷,后经宋刊残本补入,尚缺2卷半。书始撰于北宋太平兴国四年(979年),成书不迟于雍熙三年(986年)。按宋初行政区划分篇,仿《元和郡县志》体例,叙事以州、府、军、监为单位,均载其沿革、属县、境界、四至八到、户口、风俗、姓氏、人物、土产、山川道里等。博采史书、地志、文集、碑刻、诗赋、杂说约200种,是一部比较完整的地理总志,对研究宋和宋以前的郡县沿革、地方政治、经济、文化、风俗、人物等都有一定史料价值。有《丛书集成初编》本、金陵书局本、中华书局2000年影印宋刊残本(31卷)。

3.《元丰九域志》10卷 一名《九域志》、《皇朝九域志》。北宋王存（1023年—1101年）主修。书成于宋神宗元丰三年（1080年）。参用唐《十道图》、宋《九域图》例，按宋神宗熙宁间府路行政区划分篇，首叙4京，次分叙23路，终以省废州军、化外州军、羁縻州。依次载府州沿革、道里、户口（包括主、客户）、土贡、辖县、距今里程及四至八到，所辖乡、镇、堡、寨、山川等。对县镇升降，州、县、军、监关系和县辖镇、监、场务叙载略备。对研究北宋中期历史地理和地方历史有一定史料价值。由于该书比较简略，宋哲宗绍圣四年（1097年），黄裳即拟辑录各地山川、民俗、物产、古迹等，以补其缺，名为《新定九域志》，简称新志，于是亦称本书为旧志。新志增"古迹"一门，其他部分也较旧志为加详。有《丛书集成初编》本、中华书局1984年点校本。

4.《舆地广记》38卷 北宋欧阳忞修。书约成于宋徽宗政和年间（1111年—1118年）。前3卷概述历代政区疆域。卷四胪列北宋州府郡县名。以下按元丰间4京23路行政区划分篇，简述诸路州军建置沿革，并附化外州县如辽所占据的燕云十六州。全书着重于历史沿革和军事形势的记载，对四至八到、道里、户口、风俗、土产等概不载述。有《国学基本丛书》本、台北文海出版社1980年影印本、四川大学出版社2003年点校本。

5.《舆地纪胜》200卷 南宋王象之修。共叙25府、34军、106州、1监，计166个州郡。于每个州郡下依次叙载其沿革和辖县沿革、监司军帅沿革、风俗形胜、景物、古迹、官吏、人物、仙释、碑记、诗、四六等。并根据具体情况增减其门类或附以其他内容。多取材于第一手资料和金石史料，对有关内容还作了精确的考证，故史料价值较高。是书综合了以往各种方志的体例，增加了不少门类，从而确立了以后历史地理总志的修撰体例。是书有阙失，近人著《舆地纪胜辑补》4卷，可供参考。有《粤雅堂丛书》本、中华书局1992年影印本、四川大学出版社2003年点校本。《四库全书》未收。

6.《方舆胜览》70卷 南宋祝穆（1181年—1256年）修。书成于宋

第十章 各类地方志书中的史料

理宗嘉熙三年(1239年)。是书博采经史子集、稗官小说、金石、郡志、图经,按南宋17路行政区划,分记所辖府州军监,列为建置沿革、郡名、风俗、形胜、土产、山川、学馆、堂院、亭台、楼阁、轩榭、馆驿、桥梁、寺观、祠墓、古迹、名宦、人物、名贤、题咏、四六等内容。所记内容较略,惟于名胜古迹一门,备记古今诗赋、记叙及俪语,以反映风物之胜,颇具特色。但考订较疏,不无舛误。有台北文海出版社1980年影宋本、上海古籍出版社1991年影印宋本。

7.《大元大一统志》残本 一名《元一统志》。元官修。书初成于至元三十一年(1294年),计755卷。大德七年(1303年)续修,增至1 300卷,并附彩绘地图。仿唐宋旧志成例,按中书省、行中书省和所辖各路的现行政区分篇,以府、州为记叙单位,分为建置沿革、坊郭乡镇、里至、山川、土产、风俗形胜、古迹、宦迹、人物、仙释等目,多取材于前代和本朝地方志,极富史料价值。《元史·地理志》多取材于此书,亦为后来明清两代官修地理总志之蓝本。今已散佚成残本,但仍保存了有关地理物产、阶级斗争、城市生活和宗教风俗等方面的部分内容。有中华书局1966年校辑重编十卷标点本、上海书店出版社1994年影印本。《四库全书》未收。

8.《大明一统志》90卷 明官修。书成于天顺五年(1461年)。体例沿袭《大元大一统志》,以南北两京及十三布政司分区,每府、直隶州分建置沿革、郡名、形胜、风俗及古迹、人物诸目,最后附以"外夷"各国。对研究明代各地的历史、地理、风土、人物有一定史料价值。有明万历十六年杨氏归仁斋刊本、湖北省图书馆1989年有缩微胶卷。另有三秦出版社1990年影印本。

9.《大清一统志》560卷 一名《嘉庆重修一统志》。清官修。是书始修于康熙二十四年(1685年),乾隆八年(1743年)成书,计340卷,称康熙《大清一统志》;续修于乾隆二十九年,四十九年成书,增为500卷,称乾隆《大清一统志》;再修于嘉庆十六年(1811年),道光二十二年(1842年)成书,续增为560卷,称《嘉庆重修一统志》。体例以各直省和地方为单位分别叙述,首京师,次盛京、各直省、蒙古诸部,并附录有外交关系之各国。分目27门,叙述各地的政权建置、地理环境、户口田赋、职官名宦、风土物产、名胜古迹。是内容最为丰富的官修地方总志,对研究前清的经济、赋税、地理、人物、民俗风情,尤其是地方历史都有重要史料价值。有光绪二十三年石印本、《四部丛刊》本、上海古籍出版社2008年影印本。

10.《天下郡国利病书》120卷　清顾炎武(1613年—1682年)撰。是书历经43载撰写,至顾氏逝世之岁仍为未定稿。杂取二十一史、《明实录》全国各府州县志和历朝奏疏中有关民生利病的部分,分地理形势、水利、粮额、屯田、设官、边防、关隘等类,编撰成书。按明南北直隶、13布政司分区记载。对于研究明代各地的历史、地理沿革、经济和军事形势有一定参考价值。有上海科学技术文献出版社2002年排印本。《四库全书》入存目。

11.《读史方舆纪要》130卷　清顾祖禹(1631年—1692年)撰。前9卷记历代州域形势,上古至明政区沿革。后7卷为山川分野。其余114卷分叙省、府、州、县。每省先冠总叙,概述各省在历史上的地位和作用。继之以府、州、县为单位,记其山川城镇,着重分析山川险要,攻守利害,详述历代兴亡与地理环境的关系。全书约280万字,地名3万条,内容丰富,考订精详,虽系辑录历代史书所得,但融入了著者的大量研究成果,对研究中国古代历史地理,是一部最为重要的参考书。有《国学基本丛书》本、中华书局1957年据《国学基本丛书》本影印本。《四库全书》未收。

(二) 各省通志

1.《畿辅通志》46卷,首1卷　清于成龙(1617年—1684年)等纂修。有康熙二十一年刻本。《四库全书》未收。又有清唐执玉、李卫(1686年—1738年)等纂修《畿辅通志》120卷。书成于雍正十三年(1735年)。有雍正十三年刻本、上海古籍出版社1991年据商务印书馆本影印本。

2.《江南通志》76卷　清于成龙等纂修。书成于康熙二十三年

第十章　各类地方志书中的史料

(1684年)。有康熙二十三年江南通志局刊本。《四库全书》未收。又有尹继善等纂修《江南通志》200卷。书成于乾隆元年(1736年)。有乾隆元年江南通志局刊本、河北人民出版社1985年影印本。

3. 《江西通志》162卷　清谢旻等纂修。书成于雍正十年(1732年)。有雍正十年刻本、齐鲁书社1996年《四库全书存目丛书》本。

4. 《浙江通志》69卷(原书72卷)　明胡宗宪(？—1565年)、薛应旂等纂修。有嘉靖四十年刻本。《四库全书》未收。又有清李卫(1686年—1738年)等纂修《浙江通志》280卷。书成于雍正十三年(1735年)。有乾隆元年刻、上海古籍出版社1991年影印本。

5. 《福建通志》78卷　清郝玉麟等纂修。书成于乾隆二年(1737年)。有乾隆二年刻本、广陵古籍刻印社1989年影印本。又有清沈廷芳(1702年—1772年)等纂修《福建续志》92卷,首5卷。书成于乾隆年间,有乾隆刻本。《四库全书》未收。

6. 《湖广通志》120卷,首1卷　清迈柱等纂修。书成于雍正十一年(1733年)。有雍正十年刻本。又有清徐国相等纂修《湖广通志》80卷,首1卷。修于康熙年间,湖南图书馆有缩微胶卷。另有书目文献出版社1991年影印本。

7. 《河南通志》45卷　明邹守愚等纂修。书约成于嘉靖三十四年(1555年)。有嘉靖三十五年刻本。《四库全书》未收。又有清田文镜、王士俊等纂修《河南通志》80卷。书约成于雍正十一年(1733年)。有雍正十一年刻本、广陵古籍刻印社1987年影印本。

8. 《山东通志》40卷　明陆釴等纂修。有嘉靖十二年刊本、齐鲁书社1996年《四库全书存目丛书》本。又有清赵祥星等纂修《山东通志》64卷。有康熙十七年刊本。《四库全书》未收。又有岳浚等纂修《山东通志》36卷。书成于乾隆元年(1736年)。有乾隆元年刻本、商务印书馆1934年影印本。

9. 《山西通志》17卷　明胡谧等纂修。书成于成化十一年(1475年)。有成化刻本。《四库全书》未收。又有清觉罗石麟等纂修《山西通志》230卷。书成于雍正十二年(1734年)。有雍正十二年刻本。

10.《陕西通志》40卷　明赵廷瑞等纂修。有嘉靖二十一年刻本。《四库全书》未收。又有清刘于义等纂修《陕西通志》100卷。书成于雍正十二年(1734年)。有乾隆刻本、三秦出版社2006年影印本。

11.《甘肃通志》50卷　清许容等修。有乾隆元年刻本、广陵古籍刻印社1989年《四库全书》影印本。

12.《四川通志》47卷，首1卷　清黄廷桂等纂修。书成于雍正十一年(1733年)。有乾隆元年刻本。又有清常明等纂修《四川通志》204卷，首22卷。有嘉庆二十一年刻本、巴蜀书社1984年影印本。

13.《广东通志初稿》40卷，首1卷　明戴璟等纂修。有嘉靖本。《四库全书》未收。又有清郝玉麟等纂修《广东通志》64卷。书成于雍正九年(1731年)。有雍正九年刻本、书目文献出版社1998年影印本。又有清阮元等纂修《广东通志》334卷，首1卷。书成于道光二年(1822年)。有上海商务印书馆1934年影印本、海南出版社2006年《海南地方志丛刊》本。

14.《广西通志》60卷　明林富等纂修。有嘉靖十一年刻本、齐鲁书社1999年《四库全书存目丛书》本。又有清金鉷等纂修《广西通志》128卷，首1卷。雍正十一年(1733年)成书。有雍正十一年刻本、《四库全书》本。

15.《云南通志》30卷，首1卷　清鄂尔泰(1680年—1745年)等纂修。书成于乾隆元年(1736年)。有乾隆元年刻本、广陵古籍刻印社1988年影印本。另有《云南通志》242卷，卷首4卷。清岑毓英等纂修。有光绪二十年刻本。《四库全书》未收。

16.《贵州通志》12卷　明谢东山等纂修。有嘉靖三十四年刻本、上海书店出版社1990年影印本。《四库全书》未收。又有明王来贤等纂修《贵州通志》24卷。有万历二十五年刻本、北京图书馆出版社2002年影印本。《四库全书》未收。又有清鄂尔泰(1680年—1745年)等纂修《贵州通志》46卷。有乾隆六年刻本、台北商务印书馆1983年影印本。

17.《安徽通志》260卷,首6卷 清陶澍(1779年—1839年)等修。书成于道光九年(1829年)。有道光十年刻本。

(三) 府 州 县 志

1.《云间志》3卷 云间即今上海松江。南宋杨潜、朱瑞常等修纂。书成于绍熙四年(1193年)。有中华书局1990年《宋元方志丛刊》本。《四库全书》未收。

2.《长安志》20卷,附元李好文编绘《长安志》图3卷 长安即今陕西西安,北宋宋敏求(1019年—1079年)修纂。书成于熙宁九年(1076年)。有中华书局1990年《宋元方志丛刊》本。

3.《类编长安志》10卷 元骆天骧修纂。书成于元贞二年(1296年)。有中华书局1990年《宋元方志丛刊》本、中华书局1990年点校本。《四库全书》未收。

4.《雍录》10卷 雍即今陕西关中地区。南宋程大昌修纂。书成于宋孝宗时期(1163年—1189年)。有中华书局1990年《宋元方志丛刊》本。

5.《齐乘》6卷,附释音1卷,考证6卷 此齐地指以今山东济南、青州为中心以及附近地区。元于钦修纂。于潜释音,清周嘉猷考证。书成于至元五年(1339年)。有中华书局1990年《宋元方志丛刊》本。

6.《景定建康志》50卷 建康即今江苏南京。南宋马光祖、周应合等修纂。书成于景定二年(1261年)。有中华书局1990年《宋元方志丛刊》本。

7.《至正金陵新志》15卷 金陵即今江苏南京。元张铉修纂。书成于至正四年(1344年)。有中华书局1990年《宋元方志丛刊》本。

8.《吴郡图经续记》3卷 吴郡即今江苏苏州。北宋朱长文修纂。书成于元丰七年(1084年)。有江苏古籍出版社1986年点校本、中华书局1990年《宋元方志丛刊》本。

9.《吴郡志》50卷 南宋范成大(1126年—1193年)修纂,汪泰亨等增订。书成于绍熙三年（1192 年），宋理宗绍定二年（1229 年）续修。有江苏古籍出版社 1986 年点校本、中华书局 1990 年《宋元方志丛刊》本。

10.《淳祐玉峰志》3 卷　南宋项公泽、凌万顷、边实等修纂。玉峰即今江苏昆山。书成于淳祐十一年（1251 年）。有中华书局 1990 年《宋元方志丛刊》本。《四库全书》未收。

11.《咸淳玉峰续志》1 卷　南宋谢公应修、边实等修纂。书成于咸淳八年（1272 年）。有中华书局 1990 年《宋元方志丛刊》本。《四库全书》未收。

12.《至正昆山郡志》6 卷　元杨譓修纂。书成于至正元年（1341 年）。有中华书局 1990 年《宋元方志丛刊》本。《四库全书》未收。

13.《琴川志》15 卷　南宋孙应时修纂，鲍廉增补，元卢镇续修。琴川即今江苏常熟。书成于庆元二年（1196 年），宋理宗宝祐二年（1254 年）增补。元至正二十三年（1363 年）续修。有中华书局 1990 年《宋元方志丛刊》本。

14.《无锡志》4 卷　元修纂者佚名。成书时间不详。有中华书局 1990 年《宋元方志丛刊》本。《四库全书》未收。

15.《嘉定镇江志》22 卷　南宋史弥坚、卢宪等修纂。书成于嘉定六年（1213 年）。有中华书局 1990 年《宋元方志丛刊》本。

16.《至顺镇江志》21 卷，首 1 卷　元脱因、俞希鲁修纂。书成于至顺三年（1332 年）。有中华书局 1990 年《宋元方志丛刊》本、江苏古籍出版社 1990 年点校本。

17.《咸淳毗陵志》30 卷　南宋史能之修纂。毗陵即今江苏常州。书成于咸淳四年（1268 年）。今缺卷二十。有中华书局 1990 年《宋元方志丛刊》本。《四库全书》未收。

18.《乾道临安志》15 卷　临安即今浙江杭州。南宋周淙修纂。书成于乾道五年（1169 年）。今存一至三卷。有浙江人民出版社 1983 年《南宋古迹考》标点本、中华书局 1990 年《宋元方志丛刊》本。《四库全书》未收。

第十章　各类地方志书中的史料

19.《淳祐临安志》52卷　南宋施谔修纂。但据考证,实为赵与篪、陈仁玉等修纂(参见陈杏珍《淳祐临安志的卷数和纂修人》,载《文献》第九辑,1981年出版)。书成于淳祐十二年(1252年)。今存五至十卷。有浙江人民出版社1983年《南宋古迹考》标点本、中华书局1990年《宋元方志丛刊》本。《四库全书》未收。

20.《咸淳临安志》100卷　南宋潜说友修纂。书成于咸淳四年(1268年)。原缺5卷,即:卷六四、九〇、九八、九九、一百。其中卷六四为人物列传,后来清人据《梦粱录》目次,以明成化《杭州府志》所载内容补撰,故今本实缺4卷。有中华书局1990年《宋元方志丛刊》本。

21.《淳熙严州图经》3卷　严州即今浙江建德。南宋陈公亮、刘文富等纂修。书成于淳熙十二年(1185年)。有中华书局1990年《宋元方志丛刊》本。

22.《景定严州续志》10卷　南宋钱可则、郑瑶、方仁荣等修纂。书成于景定三年(1262年)。有中华书局1990年《宋元方志丛刊》本。

23.《至元嘉禾志》32卷　嘉禾即今浙江嘉兴。元单庆、徐硕等修纂。书成于至元二十五年(1288年)。有中华书局1990年《宋元方志丛刊》本。

24.《澉水志》2卷　澉水即今浙江海盐澉浦镇(宋时属嘉兴府)。南宋罗叔韶、常棠等修纂。书成于绍定三年(1230年)。有中华书局1990年《宋元方志丛刊》本。按此志为宋代流传至今的惟一镇志,姑附于此。

25.《嘉泰吴兴志》20卷　吴兴即今浙江湖州。南宋谈钥修纂。书成于嘉泰元年(1201年)。有中华书局1990年《宋元方志丛刊》本。

26.《乾道四明图经》12卷　四明即今浙江宁波。南宋张津等修纂。书成于乾道五年(1169年)。有中华书局1990年《宋元方志丛刊》本。

27.《宝庆四明志》21卷　南宋胡榘、方万里、罗浚等修纂。书成于宝庆三年(1227年)。有中华书局1990年《宋元方志丛刊》本。

28.《开庆四明续志》12卷　南宋吴潜(1196年—1262年)、梅应发、刘锡等修纂。书成于开庆元年(1259年)。有中华书局1990年《宋元方志丛刊》本。

29.《大德昌国州图志》7卷,首1卷,末1卷 昌国即今浙江定海。元冯福京、郭荐等修纂。书成于大德二年(1298年)。有中华书局1990年《宋元方志丛刊》本。

30.《延祐四明志》20卷 元马泽、袁桷等修纂。书成于延祐七年(1320年)。有中华书局1990年《宋元方志丛刊》本。

31.《至正四明续志》12卷 元王元恭、王厚孙、徐亮等修纂。书成于至正二年(1342年)。有中华书局1990年《宋元方志丛刊》本、上海古籍出版社2002年《续修四库全书》本。

32.《嘉泰会稽志》20卷 会稽即今浙江绍兴。南宋沈作宾、施宿等修纂。书成于嘉泰元年(1201年)。有中华书局1990年《宋元方志丛刊》本。

33.《宝庆会稽续志》8卷 南宋张淏修纂。书成于宝庆元年(1225年)。有中华书局1990年《宋元方志丛刊》本。

34.《剡录》10卷 剡即今浙江嵊州。南宋史安之、高似孙等修纂。书成于嘉定七年(1214年)。有中华书局1990年《宋元方志丛刊》本。

35.《嘉定赤城志》40卷 赤城即今浙江台州(临海)。南宋陈耆卿等修纂。书成于嘉定十六年(1223年)。有中华书局1990年《宋元方志丛刊》本。

36.《新安志》10卷,附录1卷 新安即今安徽徽州(歙县)。南宋赵不悔、罗愿等修纂。书成于淳熙二年(1175年)。有中华书局1990年《宋元方志丛刊》本。

37.《淳熙三山志》42卷 三山即今福建福州。南宋梁克家(1128年—1187年)修纂。书成于淳熙九年(1182年)。有中华书局1990年《宋元方志丛刊》本。

38.《仙溪志》4卷 仙溪即今福建仙游。南宋赵与泌、黄岩孙等修纂。书成于宝祐五年(1257年)。有中华书局1990年《宋元方志丛刊》本、上海古籍出版社2002年《续修四库全书》本、福建人民出版社1989年点校本。

39.《临汀志》7卷 临汀即今福建长汀。南宋胡太初、赵与沐修纂。书约成于宋宝祐三年(1255年)至开庆元年(1259年)间。收入中华书局1986年出版的《永乐大典》(残本)卷7890至7895。有福建人民出版社1990年整理本。《四库全书》未收。

40.《河南志》4卷 此处之河南,指今之河南洛阳地区。元修纂者佚名。成书时间不详。有中华书局1990年《宋元方志丛刊》本。《四库全书》未收。

41.《寿昌乘》不分卷 寿昌即今湖北武昌。南宋修纂者佚名。书成于宝祐间(1253年—1258年)。有中华书局1990年《宋元方志丛刊》本、上海古籍出版社2002年《续修四库全书》本。

42.《大德南海志》20卷 南海即今广东广州。元陈大震修纂。书成于大德八年(1304年)。此本今存六至十卷。有中华书局1990年《宋元方志丛刊》本。《四库全书》未收。

(四) 地 方 杂 记

1.《越绝书》15卷 一说为东汉袁康所撰,吴平所定,但也有人以为非出于一人一时之手。记吴、越两国交兵情况和伍子胥、子贡、范蠡、文种、计倪等人的活动,有关吴越经济和山川、地理、城池、物产等的记载也比较详细。对研究吴、越两国的历史和地方史有一定参考价值。但记事多采自传闻,与《吴越春秋》所记相出入。有《四部丛刊》本、上海古籍出版社1985年点校本。

2.《华阳国志》12卷,附录1卷 东晋常璩撰。撰者原为成汉官员,后投降东晋。是书在原著《蜀李书》基础上扩充资料而成,撰于永和十年(354年),是我国现存最早的地志之一。华山之南谓之华阳,包括今天陕西秦岭以南汉中、四川、云南、贵州广大地区。是书记载了从远古到东晋华阳地区尤其是巴、蜀地区的史事,分《巴志》、《汉中志》、《蜀志》、《南中志》、《公孙述、刘二牧志》、《刘先主志》、《刘后主志》、《大同志》、《李特、雄、期、寿、势志》、《先贤士女总赞》、《后贤志》、《序志并益、梁、宁三州先汉以来士女目录》等12篇，迄于永和三年。对研究东晋以前尤其是三国时期华阳地区的历史、人物、地理、风俗、物产和少数民族，具有重要史料价值。但该书考证欠精，记载有失实处。今人撰《华阳国志校注》，颇便参考。有《四部丛刊》本、巴蜀书社1984年校注本。

3.《洛阳伽蓝记》5卷　北魏杨衒之（？—555年）撰。"伽蓝"系梵语，意为寺院。北魏时，佛教大盛，全国有寺院一万三千余座，寺僧多达上百万人，许多寺院都造得极为庄严华丽。洛阳一地就有上千座寺院。佛教盛行，寺院众多，极大地加重了劳动人民的负担，给他们带来了无穷灾难。经过"河阴之变"，由于统治集团内部的互相残杀，繁华的洛阳成了一堆瓦砾，伽蓝也成为一片废墟。是书主要记载了洛阳伽蓝在"河阴之变"前后的兴废情形，揭露了统治者的腐朽生活，兼及当时政治、经济、军事、人物、风俗、地理和建筑等，多是撰者的亲身经历，对研究北魏后期历史具有一定史料价值。有《四部备要》本、中华书局1963年校释本、山东友谊出版社2001年注释本。

4.《蛮书》10卷　一名《蛮志》、《南蛮记》、《云南志》，唐樊绰撰。书成于唐懿宗咸通三年（862年），属载记类史书。是书系统地记载了唐代云南地区的山川、江河、城镇、交通、风俗、物产和历史，特别是南诏社会的发展情况、制度、军事及与唐朝的经济文化交流，对于研究唐代云南地方的历史具有重要史料价值。有《武英殿聚珍版》本、中华书局1962年校注本、巴蜀书社1998年影印本。

5.《吴地记》1卷，后集1卷　唐陆广微撰。是书记今江苏苏州地区各县的地理沿革及城邑坊巷、人口赋税、人物掌故、名胜古迹。起自周敬王六年（前514年）迄于唐乾符三年（876年），多能溯古及今，于吴县、长洲尤详。有《古今逸史》本、江苏古籍出版社1986年校注本。

6.《游城南记》1卷　北宋张礼撰。撰者于元祐元年（1086年）游长安城南，访唐代京城旧址，因作记而自为之注，凡门坊、寺观、园苑、村墟及前贤遗迹，记载及考辨较详，间有金朝人的补作。有《宝颜堂秘笈》本、上海古籍出版社 1993 年标点本。《四库全书》未收。

7.《东京梦华录》10 卷　南宋孟元老撰。书成于宋高宗绍兴十七年（1147 年）。追记北宋汴京（今河南开封）的政治、文化、风俗民情和繁华景象。有上海古典文学出版社 1956 年标点本、中华书局 1982 年重印邓之诚注录本。

8.《揽辔录》1 卷　南宋范成大（1126 年　1193 年）撰。是书记载了撰者作为南宋使节于孝宗乾道六年（1170 年）自宋、金分界线的泗州进入金朝直至金朝统治中心的中都（北京市）的全部行程，还考察了沿途的一些名胜古迹，对研究金代历史地理有较高史料价值，可惜已残缺甚多。本书为《范成大笔记六种》之一，前面已有著录。有《知不足斋丛书》本、《宝颜堂秘笈》本、中华书局 2002 年点校本。

9.《入蜀记》6 卷　南宋陆游（1125 年—1210 年）撰。记撰者于乾道六年（1170 年）闰五月至十月自故乡山阴（浙江绍兴）至夔州（重庆奉节）赴任途中的道路交通、风土人情、朋友往来和路途见闻。有《知不足斋丛书》本、春风文艺出版社 1987 年译注本、湖北人民出版社 2005 年校注本。

10.《骖鸾录》1 卷　南宋范成大（1126 年—1193 年）撰。是书记载了撰者于南宋孝宗乾道八年十二月，自家乡平江府（江苏苏州）出发，前往广南西路桂林府赴任，中经今江苏、浙江、江西、湖南、广西五省的沿途人事和见闻，对研究这些地区的历史地理有一定史料价值。本书为《范成大笔记六种》之一，前面已有著录。有《知不足斋丛书》本、《宝颜堂秘笈》本、中华书局 2002 年点校本。

11.《桂海虞衡志》1 卷　南宋范成大（1126 年—1193 年）撰。撰者于南宋孝宗乾道年间出任广西经略使期间，考察了今广西和海南地区的植物、动物、矿产、土产、手工业生产、音乐、地质地貌、山川道路、历史沿革、治理状况以及瑶、苗、彝、壮、黎等民族的民俗风情。本书为《范成大笔记六种》之一，前面已有著录。有《知不足斋丛书》本、《宝颜堂秘笈》本、中华书局 2002 年点校本。

12.《吴船录》2 卷　南宋范成大（1126 年—1193 年）撰。是书内容有多个方面。一是记载撰者于南宋孝宗淳熙四年(1177年)五月至七月游历以成都平原为中心,兼及青城山、峨眉山等宗教圣地的见闻。二是追记宋太祖乾德二年(964年)至开宝九年(976年)间僧人继业赴天竺(印度)求舍利和贝多叶书的经历,对研究宗教史和中外交通史当有重要史料价值。三是记载撰者于是年七月至十月间途经嘉州、叙州、泸州等川南地区,自三峡出川,经今湖北、江西、安徽、江苏回到故乡平江府的沿途见闻。本书为《范成大笔记六种》之一,前面已有著录。有《知不足斋丛书》本、《宝颜堂秘笈》本、中华书局2002年点校本。

13.《萍洲可谈》3卷　南宋朱彧撰。记撰者随父远宦所至见闻,以岭南及中外交通、风土人情和蕃坊等资料为最珍贵。有《百川学海》本、上海古籍出版社1989年点校本。

14.《诸蕃志》2卷　南宋赵汝适撰。是书为撰者提举福建路市舶兼权泉州市舶时所作。上卷记倭国、交趾、占城等五十余国的国情和习俗,下卷记脑子、乳香、没药等外国物产。虽多得自传闻,但对研究中外关系、各国国情和对外贸易有参考价值。有《学津讨原》本、上海古籍出版社1993年排印本、中华书局1996年校释本。

15.《中吴纪闻》6卷　南宋龚明之撰。记吴中故老言行及当地风土人情。书约成于宋孝宗淳熙九年(1182年)。有《墨海金壶》本、上海古籍出版社1986年点校本。

16.《岭外代答》10卷　南宋周去非撰。记宋代的海外交通、两广社会和南海诸国情况。原书久佚,今本从《永乐大典》录出。有《知不足斋丛书》本、中华书局1999年校注本。

17.《武林旧事》10卷　宋末元初周密(1232年—1308年)撰。书约成于元世祖至元十七年(1280年)至二十七年。追记南宋都城临安的政治、文化、风俗民情和繁华景象。有《知不足斋丛书》本、浙江西湖书社1981年标点本、上海古籍出版社1993年影印本。

18.《梦粱录》20卷　宋末元初吴自牧撰。书成于元顺帝元统二年(1334年)。追记南宋都城临安(今浙江杭州)的政治、文化、风俗民情和

第十章　各类地方志书中的史料

繁华景象。有《知不足斋丛书》本、浙江人民出版社1980年标点本。

19.《都城纪胜》1卷　南宋耐得翁撰。书成于宋理宗端平二年（1235年）。记南宋都城临安的时俗风尚和繁荣景象。有《武林掌故丛编》本、浙江人民出版社1983年标点本、上海古籍出版社1993年影印本。

20.《西湖老人繁胜录》残本　南宋撰者佚名。记南宋都城临安的时俗风尚和繁华景象。原书久佚，今本从《永乐大典》录出，有《武林掌故丛编》本、浙江人民出版社1983年标点本。

21.《大理行记》1卷　一名《南诏纪行》。元郭松年撰。是撰者游历云南大理地区的见闻录，对当地的山川风土记载颇详，为研究大理历史和民族关系提供了重要史料。有《奇晋斋丛书》本、《丛书集成初编》本、上海古籍出版社2002年《续修四库全书》本、云南民族出版社1986年校注本。

22.《河朔访古记》3卷　元迺贤（1309年—？）撰。撰者系哈剌鲁（葛逻禄）族著名诗人，世居金山（今阿尔泰山）之西，后寓居河南南阳，最后迁居浙江。他于元顺帝至正五年（1345年）自绍兴出发，游历山东、河南、河北、山西各地，考察山川古迹，撰成此书，记述见闻。对元代国家典礼、官署城池、朝廷政事和百官事迹的记载也很详备。是书原作16卷，现仅存残篇，上卷记真定路，中卷记彰德路，下卷记河南路。所记以文物考古为主，但也有部分当时的风土人情资料。有《武英殿聚珍版》本、上海古籍出版社1993年标点本。《四库全书》为2卷本。

23.《汴京遗迹志》24卷　明李濂撰。书成于1546年。记自五代朱梁至金朝数百年间开封建置沿革之由，兴废存亡之迹，通过汇考胪编而成。有明嘉靖二十五年刻本、中华书局1999年点校本。

24.《西湖游览志》24卷、《西湖游览志余》26卷　明田汝成撰。前者刻于明嘉靖二十六年（1547年）。两书记杭州西湖的名胜掌故传说和南宋朝野的轶闻故事。皆有明万历刻本、上海古籍出版社2017年点校本。

25.《滇略》10卷　明谢肇淛撰。撰者搜集有关云南文献，咨询当地耆旧,将所得资料撰成 10 门:即版略,志疆域;胜略,志山川;产略,志物产;俗略,志民俗风情;绩略,志名宦;献略,志乡贤;事略,志故实;文略,志艺文;夷略,志苗族;杂略,志琐闻。引证有据,对研究云南地方史有一定史料价值。有《善本丛书》本、云南大学历史系民族历史研究室 1979 年油印本。

26.《吴兴备志》32 卷　明董斯张(1586 年—1628 年)撰。是书辑录吴兴(今浙江湖州)故事,分帝胄、宫闱、封爵、官师、人物、水利、选举、金石等 26 徵,采摭极富,于吴兴一郡遗闻琐事,征引略备。每门皆全录古书,载其原文,有所考证则附著于下。对研究吴兴地方史有很大史料价值。有《吴兴丛书》本、文物出版社 1986 年重印本。

第十一章 类书和《十通》中的史料

一、类　　书

(一) 古类书及其史料价值

所谓类书,就是把历史文献中的各种资料,以一定方式分门别类地汇辑在一起而编成的书籍,类似今天的百科全书或资料汇编。古代类书的编纂方法一般有两种,一种是按内容分类编排,如分成帝王、百官、选举、赋役、艺文、刑法、天文、地理、花、草、虫、鱼等门类,我们在前面已经介绍过的《太平御览》、《册府元龟》等书即为其类;另一种是以字韵编排。这种编排方式始于唐颜真卿的《韵海镜源》(已佚),最有名的当推明《永乐大典》和清《佩文韵府》两书。如《永乐大典》即以《洪武正韵》为纲,"以韵统字,以字系事"(程敏政:《篁墩文集》卷二三《诗坛丛韵序》),进行编排。

类书既然是分门别类编纂的,其内容往往包含有经、史、子、集四部,因而要将其归入任何一部都不是最为妥当。最初,人们曾经将它归入史部,如《晋中经新簿》就将《皇览》归入史部。隋唐以后,又将它归入子部,与杂家类并列,如《隋书·经籍志三》,就将《皇览》120卷列入子部杂家类。但是,这样归类也不尽妥当,于是有人提议将类书单独列为一部,由四部分类变为以经、史、子、集、类五部分类,如南宋的郑樵和近人姚名达先生都有这种主张,但实际上并没有人实行。因此,直至今天,类书仍归入子部中,正如《四库全书总目》卷一三五《类书类》小叙所说:"类事之书,兼收四部,而非经、非史、非子、非集,四部之内乃无类可归。……则不如仍旧贯矣。"

历史上为什么会出现许多类书,有学者将它归结为这是封建社会"学术专制"下形成的"怪胎",是当时学者在被剥夺了自由思考、发表不同见解的权利后,"惟一能做的一件事"。笔者对此说却不敢苟同。我们认为,学术研究,论著编撰,可以有多种形式和目的,封建社会确实存在"学术专制",但并非因此只能从事类书编纂这一学术活动,古代大量学术著作的出现,就驳倒了这一所谓"华山一条路"的说法。历史上之所以会出现许多类书,主要是为了适应当时政治和文化的需要,是为了让各种不同的人更便捷地获取各种不同知识的需要。正因为如此,所以类书,尤其是宋元以前的古类书,对史学研究和古籍整理都有重大意义,其史料价值主要可以归纳为以下三个方面。

第一,可以用来辑录已佚的古籍、遗文。

古籍散佚十分严重,人们除了在考古发掘中偶然获得一部分古籍、遗文以外,主要通过从流传至今的古类书中辑录所得。对此,宋人已有这种体会,如南宋的洪迈说:"国初承五季乱离之后,所在书籍印板至少。宜其焚炀荡析,了无孑遗。然太平兴国中编次《御览》,引用一千六百九十种,其纲目并载于首卷,而杂书、古诗赋又不及具录。以今考之,尤传者十之七八矣。"(洪迈:《容斋五笔》卷七《国初文籍》)又据乾嘉学者孙星衍说,明清以后人由唐、宋古类书中辑录所得的佚书,约占全部古籍的十之五(孙星衍:《五松园文稿》卷一《孙忠愍侯祠堂藏书记》)。晚清学者周星诒也以为:人们仅从《初学记》和《北堂书钞》、《艺文类聚》、《御览》四书中,辑得今天不传的经、史、子、集就有十之三四之多(参见周星诒《初学记》后题跋)。清人修《四库全书》,即从《永乐大典》中辑出历代佚书

第十一章 类书和《十通》中的史料

388种,另有存目书127种,合计达到515种(今有学者以为有一千余种),如著名的《旧五代史》、《续资治通鉴长编》,基本上由《永乐大典》"五"、"宋"两字韵中录出。研究宋史的重要史料来源之一的《宋会要辑稿》,也是从该书的有关字韵中录出。

第二,可以用来校勘古籍。

由于编入古类书的书籍及其篇章,都来自当时或更早的版本,若类书版本完善,当可借以校正原书在后人传抄和翻刻时所造成的讹误。近人胡道静先生对此曾经举过一个颇有代表性的例子,他说:"《逸周书·大武篇》自'武有六制'起至'后动燃之'三百七十五字,今本文多讹脱,后人因其前后不应,据后以删前,其余以意删改者甚多,遂不可读。诸家皆不能厘正。原本《北堂书钞》武功部一、二、五、六都引有这三百七十五字的片段。高邮王念孙细加籀绎,据以谊正,《大武篇》乃恢复原来面目,厘然可诵。移正之文及其依据并理由,载入《读书杂志》卷一。"(胡道静:《中国古代的类书》,中华书局1982年出版,第29页)故清人谭献亦以为:"《读书杂志》校《大武篇》,补脱最为有功,只是细考旧类书耳。"(谭献:《复堂类稿·日记》卷一)

第三,可以从中找到有价值的史料。

从类书中辑录所得的古籍、遗文,本身就包含有多种史料,即使零散的记载,也往往具有十分宝贵的史料价值,这是毋庸赘言的事实。如中国音乐研究所主要从26种古代的类书中,搜集到有关音乐方面的史料,编成《中国古代音乐史料辑要》第一集,已在1962年由中华书局影印出版。再如在《古今图书集成》这部当今存世的最大类书中,就收录了周桓王至清康熙三千年时间历代有关蝗灾的史料340则,这对研究历史上有关农业生产的灾害,就很有价值。笔者在研究宋代科举制度时,遇到有《续资治通鉴长编》或《宋会要辑稿》等宋代重要典籍所缺载的史料时,也经常能够从南宋人所编纂的《山堂考索》、《古今源流至论》和《玉海》等类书中获得。

(二) 宋代类书大盛的原因

一般认为,魏王曹丕命人在延康元年(220年)到黄初三年(222年)间编成的《皇览》,是中国古代最早的一部类书,但今天已基本亡佚。南北朝时,编撰类书的风气尚未形成。进入隋、唐,各种类书显著增多,收录在《新唐书·经籍志》丙部类书类中的,就有《艺文类聚》、《北堂书钞》、《初学记》等四十余部。入宋,类书大盛,特别是从太宗朝起,编撰类书的风气更是一朝胜于一朝。《宋史·艺文志六》所载的宋人类书,竟超过了300部,数量之多,种类之繁,即使后来的明、清两代,也难望其项背。

两宋类书所以大盛,与当时统治阶级提倡文治有着非常密切的关系。由于提倡文治,就需要编修可以提供吸取统治经验的类书;由于提倡文治,促使了科举制度的发展和应举人数的猛增,于是一些老儒和书坊联手,编修和刻印出了一部又一部颇似今天高考复习用书的类书,以供市场的需要。

对于宋太宗所以要竭力提倡编撰类书,南宋人有一种解释,王明清在《挥麈后录》卷一说:"朱希真先生云:'太平兴国中,诸降王死,其旧臣或宣怨言。太宗尽收用之,置之馆阁,使修群书,如《册府元龟》、《文苑英华》、《太平广记》之类。广其卷帙,厚其廪禄赡给,以役其心,多卒老于文字之间云。'"但是此说不可据信:一是《册府元龟》非宋太宗时所修,当以《太平御览》为是。二是《太平御览》及《太平广记》同时开始,其时北汉尚未归降,吴越也未纳土,只有后蜀孟昶、南汉刘鋹、南唐李煜3个降王。而孟昶卒于太祖朝,与宋太宗无涉,刘鋹卒于太平兴国五年(980年)三月,已在下诏修三大书之后。三是归降北宋的诸国旧臣,大多是背恩负义、寡廉鲜耻之徒,并无必要以翰墨之任以安其心。聂崇岐先生以为:"太宗之敕修群书,不过为点缀升平,欲获'右文令主'之名。"(聂崇歧:《太平御览引得·序》,燕京大学引得编纂处1935年出版)胡道静先生更将它与宋太宗以不正当的手段夺取皇位之事相联系,认为此举是太宗为"安定太祖旧臣之心",有其"心理及其政治作用"(胡道静:《中国古代的类书》,第17页)。笔者以为,聂、胡两先生的说法似乎都可商榷。"点缀升平"乃历代统治者惯用的伎俩,并不始于宋太宗;至于以广修类书来"安定太祖旧臣之心",则稍稍有点牵强。若仅以宋太宗个人原因作解释,而不与整个宋代类书的发展情况联系起来加以考察,恐怕尚不够全面。

社会发展到宋代,广修类书不仅有其必要性,在技术上也存在着可能性,这就是宋代的雕版印刷技术已经臻于完善,装订形式也有了显著改进,从而为类书的大量刻印提供了技术保障,对此本书在第二编将作具体论述。

进入明清以后,一方面宋代所编修的"四大书"和其他一些类书同样可供当时的统治者所利用,加之科举改以八股文取士,士人应试所需的知识面越来越狭窄,他们只需熟读朱熹的《四书集注》,并掌握作八股文的一套技巧,即使不知汉、唐为何物,不知唐宗、宋祖为何人,照样可以取胜场屋,于是社会上对类书的需要量大为减少。这便是后来明清类书数量上不及两宋之多的重要原因。但是,明清封建统治者为保存文化典籍而编撰的某些类书,从规模上来说,却大大超过了宋代。(参见何忠礼、郑瑾《略论宋代类书大盛的原因》,载《浙江大学学报》2002年第6期)

(三)重要类书介绍

1.《编珠》原为4卷。今存2卷,补遗2卷,续编2卷 隋杜公瞻奉敕编撰,清高士奇(1645年—1704年)补、续。书成于隋大业七年(611年)。清康熙时,高士奇奉命检阅内库书籍,于废纸堆中得到《编珠》卷一、卷二两卷,仅为原书之半,士奇补编2卷,复成4卷,分天地、山川、居处、仪卫、音乐、服玩、珍宝、缯采、酒膳、黍稷、菜蔬、果实、车马、舟楫14部。后又"广其类之未具者二卷",成《续编珠》。有钱塘高氏清吟堂刊本、广陵古籍刻印社1991年影印本、上海交通大学出版社2009年影印本。

2.《北堂书钞》160卷(原作174卷) 隋末唐初虞世南(558年—

638年)编撰。这是我国现存古代最早的一部类书,分帝王、后妃、政术、刑法、封爵、设官、礼仪、艺文、乐、武功、衣冠、仪饰、服饰、舟、车、酒食、天、岁时、地19部,计851类。所引之书除集部外,其他各部尚有八百余种,今极大多数已经亡佚。有中国书店1989年影印本、学苑出版社1998年影印光绪十四年刊本、上海交通大学出版社2009年影印本。

3.《艺文类聚》100卷　唐欧阳询(557年—641年)等奉敕编撰。书成于唐武德七年(624年)。分天、岁时、地、州、郡、山、水、符命、帝王、后妃、储宫、人、礼、乐、职官、封爵、治政、刑法、杂文、武、军器、居处、产业、衣冠、仪饰、服饰、舟车、食物、杂器物、巧艺、方术、内典、灵异、火、药香草、宝玉、百谷、布帛、果、木、鸟、兽、鳞介、虫豸、祥瑞、灾异46部(一作44部或48部),每部又分若干子目,凡七百二十余项。每目下,"事居于前,文列于后",辑录经史百家等书中有关故事、解释、传说等资料以记事。摘抄有关诗文、赋颂、歌赞等多种文体之句,段以为文。引征唐以前文献1 431种,这些书今天已十不存一。有中华书局1965年影印宋本校勘断句本、上海交通大学出版社2009年影印本。

4.《初学记》30卷　唐徐坚(659年—729年)等奉敕编撰。书成于唐开元十五年(727年)。分天、岁时、地、州郡、帝王、中宫、储宫、帝戚、职官、礼、乐、人、政理、文、武、道释、居处、器用、服食、宝器、果木、兽、鸟23部,计313子目。每一子目内又分"叙事"、"事对"、"诗文"3部分。"叙事"记历史故事;"事对"汇对文偶句;"诗文"集古今韵诗,每引必注出处。有中华书局1962年点校本、京华出版社2002年排印本、上海交通大学出版社2009年影印本。

5.《白孔六帖》100卷　一名《唐宋白孔六帖》。唐白居易(772年—846年)编撰,北宋孔传续编。白氏、孔氏各编撰30卷,南宋末年又将两书合编成百卷,计1 399门。是书所录皆为五代以前经史事类、成语故事、诗文佳句,有关文献今天大多佚失。有明嘉靖十三年南宫白氏刊本、台北商务印书馆1983年影印本、上海交通大学出版社2009年影印本。

6.《太平御览》1 000卷　初名《太平总类》,又称《太平类编》。北宋

第十一章 类书和《十通》中的史料

李昉(925年—996年)等奉敕编撰。宋太宗为显示自己好学,并吸取历史上的统治经验,命人编成这部类书,每天进呈3卷,且成书于太平兴国八年(983年),故有此名。分天、时序、地、皇王、偏霸、皇亲、州郡、居处、封建、职官、兵、人事、逸民、宗亲、礼仪、乐、文、学、治道、刑法、释、道、仪式、服章、服用、方术、疾病、工艺、器物、杂物、舟、车、奉使、四夷、珍宝、布帛、资产、百谷、饮食、火、休徵、咎徵、神鬼、妖异、兽、羽族、鳞介、虫豸、木、竹、果、菜、香、药、百卉55部,共5 426类,计470万字,是北宋前期著名的四大书之一。是书引用他书达2 579种之多,今十之八七已佚。对于研究隋唐五代以前的古事、古史、校勘典籍、辑佚古书、考订名物,都有重要史料价值。有《四部丛刊三编》影宋本、河北教育出版社2000年点校本、中华书局2002年影印本。

7.《册府元龟》1 000卷 北宋王钦若(962年—1025年)、杨亿(974年—1020年)等编撰。书成于大中祥符六年(1013年)。是书初名《君臣事迹》,后改今名。"元龟"为龟鉴之义,意为供统治者鉴戒之用的典籍宝库。约940万字,是北宋前期著名的四大书之一。是书采录上古至五代历朝故事,分帝王、闰位、僭伪、列国君、储宫、宗室、外戚、宰辅、将帅、台省、邦计、宪官、谏诤、词臣、国史、掌礼、学校、刑法、卿监、环卫、铨选、贡举、奉使、内宦、牧守、令长、宫臣、幕府、陪臣、总录、外臣31部,计1 104门,以年代为序进行记载。是书有关先秦及秦汉历史,并无新的资料补充,史料价值不大。对隋唐五代史所补充的新史料最多,书中所引史书已大都不传于世,因此对于校勘、辑佚古籍,或是研究隋唐五代历史都具有重要史料价值。有《四库全书》本、中华书局1989年据宋残本及明本影印本、凤凰出版社2006年校订本。

8.《事类赋》30卷 北宋吴淑(947年—1002年)编撰。以骈四、俪六为之,明显是为科场之需而作。分天、岁时、地、宝货、乐、服用、什物、饮食、禽、兽、草木、果、鳞介、虫14部,共100目。每目为一字,每字作一赋,叙古往之事,论天地人万物之理,逐句引言加以注释,附以引用书名。有广陵古籍刻印社1989年影印《四库全书》本、书目文献出版社1990年影印元刻本、上海交通大学出版社2009年影印本。

9.《事物纪原》10卷　北宋高承编撰。书约成于宋神宗时。记世间事物的原始发展过程，汇辑217种事物起源资料编撰而成。南宋及以后人又续有增补，记事多达一千七百六十余种。分天地生植、正朔历数、帝王后妃、嫔御命妇、朝廷注措、治理政体、利源调度、公式姓讳、礼祭郊祀、崇奉褒册、乐舞声歌、舆驾羽卫、旗旒采章、冠冕首饰、衣裘带服、学校举贡、经籍艺文、官爵封建、勋阶寄禄、师保辅相、法从清望、三省纲辖、符宪储闱、九寺卿少、秘殿掌贰、五监总率、环卫中贵、横行武列、东西使班、节钺帅漕、抚字长民、京邑馆阁、会府台司、库务职局、州郡方域、真坛净社、灵宇庙貌、道释科教、伎术医卜、舟车帷幄、什物器用、岁时风俗、宫室居处、城市藩御、农业陶渔、酒醴饮食、吉凶典制、博弈嬉戏、戎容兵械、战阵攻守、军伍名额、律令刑罚、布帛杂事、草木花果、虫鱼禽兽55部，每部又分若干类子目。有《丛书集成初编》本、中华书局1989年点校本、上海交通大学出版社2009年影印本。

10.《职官分纪》50卷　北宋孙逢吉编撰。分门别类记载自西周到北宋哲宗朝为止的历代官制沿革和与官制有关的士林掌故。采集史籍百余种而成，其中又以采录宋代官制和事迹为多。有《四库全书珍本初集》本、中华书局1988年影印本。

11.《海录碎事》22卷　南宋叶廷珪编撰。作者为宋徽宋政和五年（1115年）进士，卒于宋高宗绍兴后期。他一生喜搜书、读书，然后择其可用者手抄之，编成是书。分天、地、衣冠服用、饮食器用、圣贤人事、帝王、臣职、鬼神道释、百工医技、商贾货财、音乐、农田、文学、武、政事礼仪、鸟兽草木16部，共75门。其中所录内容，多有今书不传者。有明万历二十六年刊本、中华书局2002年点校本。

12.《历代制度详说》12卷　南宋吕祖谦（1137年—1181年）编撰。记载历代制度，后作评议，对宋代制度记载尤详。分科目、学校、赋役、漕运、盐法、酒禁、钱币、荒政、田制、屯田、兵制、马政等13门（今缺一门）。有《续金华丛书》本、浙江古籍出版社2008年《吕祖谦全集》本。

第十一章 类书和《十通》中的史料

13. **《事林广记》42卷,包括前集13卷、后集13卷、续集8卷、别集8卷** 南宋陈元靓编撰。这是一部日用百科全书型的古代民间类书。原书经后人不断增补,盛行于宋至明初,内容涉及国家典制、日常生活以及天文、历代纪年等,采集资料相当广泛,对于今天研究宋元社会文化具有较高的史料价值。该书有两大特点:一是包含较多的市井状态和生活顾问的资料,二是开拓了类书附载插图的先河。但也存在一些缺点,一是浸染有相当浓厚的封建色彩,二是由于出诸坊肆,编刊草率的毛病较多。有《学海类编》本、中华书局1999年影印元至顺本、江苏人民出版社2011年影印本。《四库全书》未收。

14. **《锦绣万花谷》150卷,包括前集40卷、后集40卷、续集40卷、别集30卷** 南宋编撰者佚名,明人有增补。前集分天道、天时、地道等242类;后集分人伦、娼妓等326类;续集分居处、香茶、姓氏等47类;别集则记职官、地理、类姓等内容,有196类。每类首记事物,次录诗文。是书有些史料来源今天已不存,可资参考。有明嘉靖丙申刊本、广陵书社2008年影印本。

15. **《事文类聚》236卷,包括前集60卷、后集50卷、续集28卷、别集32卷、新集36卷、外集15卷、遗集15卷** 一名《古今事文类聚》,南宋祝穆编撰,新集、外集,元富大用编撰,遗集祝渊编撰。前、后、续集凡48部,计子目885;新、外集凡22部,计子目224;遗集凡19部,计子目118。每类首录群书要语,或叙内容梗概,或述历代沿革,以为总论;次辑古今事物;终录诸家文集。引文完整,皆注明出处,记宋代制度沿革和诗文最多。有明刊本、北京图书馆出版社2005年影印本。

16. **《永嘉八面锋》13卷** 南宋陈傅良(1137年—1203年)编撰。分88个提纲,每纲又有若干子目,皆预拟科举考试答策之文。是书虽然全是科举时文,但内容多为时务,并体现了永嘉事功学派的思想。有明卢雍校刊本、中国戏剧出版社2003年排印本。

17. **《记纂渊海》100卷** 南宋潘自牧编撰。分天道5卷、地理20卷、人事64卷、物类11卷。书中不乏宋代史料。有上海古籍出版社1988年影印明万历本。本书另有宋刻本 195 卷,有书目文献出版社 1998 年影印本。

18.《名贤氏族言行类稿》60 卷　南宋章定编撰。书成于宁宗嘉定二年(1209 年)。以姓氏分韵排纂,各叙源流于前,再以历代名人言行依姓氏分录其下,将谱牒、传记合而为一。所列凡 1 189 姓,其中单姓 1 121,复姓 68。对宋代人物记述颇详,往往为史传所不载。只有《四库全书》本。

19.《群书会元截江网》35 卷　南宋编撰者佚名。书分 65 门,分录历代事实、宋朝事实、经传格言、名臣奏议、诸儒至论。每事皆具首尾,分段标识,于宋代典故引用尤详。有明弘治十一年刊本、上海古籍出版社 1991 年影印本。

20.《朝野类要》5 卷　南宋赵昇编撰。书成于理宗端平三年(1236 年)。分班朝、典礼、故事、称谓、举业、医卜、入仕、差除、升转、爵禄、职任、法令、文书、政事、杂制、帅幕、降免、退闲、忧难、余纪 20 门,记宋代朝野故事和有关典章制度。《四库全书》入子部杂家类。有《武英殿聚珍版》本、《知不足斋丛书》本、中华书局 2007 年点校本。

21.《山堂考索》212 卷,包括前集 66 卷、后集 65 卷、续集 56 卷、别集 25 卷　一名《群书考索》。南宋章如愚编撰。前集分六经、经史、诸子百家、正史、圣翰、类书、文章、礼、仪卫、礼器、乐、律历、历数、天文、地理 15 门;后集分官制、士、姓、兵制、民、财、赋税、财用、刑 9 门;续集分经籍、诸史、文章、律历、历、五行、礼乐、封建、官制、兵制、财用、舆地、君道、臣道、圣贤 15 门;别集分图书、经籍、诸史、礼乐、历、人臣、土、财用、夷狄、边防 10 门。记载各类典章制度,有关宋代内容尤详。有明慎独斋本、上海古籍出版社 1988 年影印本、中华书局 1992 年影印本、上海交通大学出版社 2009 年影印本。

22.《古今合璧事类备要》366 卷,包括前集 69 卷、后集 81 卷、续集 56 卷、别集 94 卷、外集 66 卷　南宋谢维新编撰,别集、外集虞载编撰。谢维新所编撰部分成于理宗宝祐五年(1257 年),外集则稍后。前集 40 门,计子目491,以记天地万物等自然现象为主;后集48门,计子目416,以记典章职官制度为主;续集6门,计子目570,以记姓氏称谓和人事为主;别集6门,计子目410,以记廊邑建筑和花草果木为主;外集16门,计子目430,以记刑法赋役和日常用品为主。每目前为事类,后为诗集,所收皆兼及宋代,内容极为丰富。有明嘉靖丙辰衢州夏氏刊本、上海古籍出版社1989年影宋本、北京图书馆出版社2006年影宋本。

23.《古今源流至论》40卷,包括前集10卷、后集10卷、续集10卷、别集10卷　一名《新笺决科古今源流至论》。南宋林駉编撰,别集黄履翁撰。以条目的形式,分别记载历代职官、财政、军事、文化、思想等各种典章制度,对有宋一代的朝章国典尤为详明,多有他书所不载者。有明嘉靖刊本、上海古籍出版社1989年影印本、北京图书馆出版社2005年影印本。

24.《玉海》200卷,附《辞学指南》4卷　南宋王应麟(1223年—1296年)编撰。分天文、律历、地理、帝系、圣文、艺文、诏令、礼仪、车服、器用、郊祀、音乐、学校、选举、官制、兵制、朝贡、宫室、食货、兵捷、祥瑞21门。所记历代典章制度,取材广泛,采辑丰富,征引完整,尤其是关于宋代史事,皆本于实录、国史,不少内容为他书所未载。有浙江书局本、江苏古籍出版社和上海书店1987年影印浙江书局本。

25.《翰苑新书》156卷,包括前集70卷、后集上26卷、后集下6卷、别集12卷、续集42卷　南宋编撰者佚名。前集皆为供书启之用的名词和掌故;后集为供表笺之用的名词和掌故,并附宋人表笺之文;别集录宋人札状、致语、表文、青词、疏语、册文、祝文、祭文;续集录宋人书启。是书于宋代史实典故,记载较为完备。有明万历刻本、上海古籍出版社1991年影印本。

26.《全芳备祖》前集27卷、后集31卷　南宋陈景沂编撰。前集记花卉部,后集分记果、卉、草、木、农桑、蔬、药7部。汇集宋代的各种花草、树木、谷物、蔬菜、药材等故事和诗赋而成。有农业出版社1982年影宋本。

27.《新编事文类要启札青钱》51卷，包括前集10卷、后集10卷、续集10卷、别集10卷、外集11卷　元编撰者佚名。此书是含有契约书式的日用百科全书，对研究元代契约关系和有关法律制度有重要史料价值。有元泰定元年建安刘氏日新堂刊本、齐鲁书社1995年影印本。《四库全书》未收。

28.《永乐大典》残存本（原书有22877卷，另有目录、凡例60卷）明解缙（1369年—1415年）等奉敕编撰。明永乐六年（1408年）成书。是书为中国古代最大的一部类书，是中国古代文化成果之宝库，共收录宋元以前重要古籍七八千种，辑成22877卷，约37000万字，装成11095册。包罗经、史、子、集、天文、地志、阴阳、医卜、僧道、戏剧小说、技艺等典籍。它以《洪武正韵》为纲，按韵分列单字，每一单字下详注音韵训释，备录篆、隶、楷、草各种字体，依次将天文、地理、人事、名物等史籍或篇章，随类收录，从而保存了我国宋元以前大量文献资料。《永乐大典》编成后，初藏南京，后移北京。嘉靖四十一年（1562年），重录副本一部，至隆庆元年（1567年）告成，正本仍移藏宫内，副本藏于皇史宬。明末，正本不知所终。至清乾隆间，副本也已佚失2422卷。1900年，八国联军侵入北京，部分副本或毁于兵火，或被劫走，至清末仅存64册。据不完全统计，当前存世的《大典》尚有八百余卷。中华书局根据历年从国内外征集到的730卷（包括复制件），于1959年至1960年影印缩制出版了《永乐大典》残存本精装十册。1986年又重新影印出版，内容增加到797卷。2003年，上海辞书出版社又影印了现藏于美国、日本、爱尔兰等国的17卷，其中16卷是首次公之于世，另有1卷过去虽已收入，但有缺页，这次觅得全帙而重新收入。3次重印合计使《永乐大典》残存本的影印出版增加到了813卷。

29.《荆川稗编》120卷　明唐顺之编撰。是书仿《山堂考索》，分类采录群言，"巨细兼存"。始为《六经》，凡为类27；终为六官，凡为类25。有明万历九年茅一相刊本、上海古籍出版社2002年《续修四库全书》本。

30.《经济类编》120卷　明冯琦（1559年—1604年）编撰，冯瑗等编

第十一章 类书和《十通》中的史料

校。是书取《册府元龟》之义例,以为经国济民之用。其资料除正史外,还采录杂史、诸子百家,内容极为丰富。分帝王、政治、储宫、宫掖、臣寔、谏诤、铨衡、财赋、礼、仪、乐、文学、武功、边塞、刑罚、工虞、天、地、人伦、人品、人事、道术、杂言23类。有《四库全书》本、上海交通大学出版社2009年影印本。

31.《图书编》127卷 明章潢(1527年—1608年)编撰。书成于明万历十三年(1585年)。是书取左图右书之意,凡诸书有图可考者,皆加以汇辑,是著名的图谱之籍。分经义、象纬历算、地理、人道4门,每门又分若干类。另附易象类编、学诗多识各1卷于书末,但与图谱无涉。有广陵古籍刻印社1988年影印本。

32.《三才图会》106卷 明王圻编撰,其子王思义续编。书成于万历三十七年(1609年)。是书汇集了诸书图谱,分天文、地理、人物、时令、宫室、器用、身体、衣服、人事、仪制、珍宝、文史、鸟兽、草木14门,先列图像,次撰说明,采集广博,颇有参考价值。有明万历刊本、上海古籍出版社1988年影印本、齐鲁书社1995年《四库全书存目丛书》本。

33.《山堂肆考》228卷,补遗12卷 明彭大翼编撰,张幼学增定。书初成于明万历二十三年(1595年),四十七年由张幼学终成。分宫、商、角、徵、羽五集,共45门。宫集为天文、时令、地理、君道、帝属、臣职;商集为臣职、仕进、科第、学校、政事、亲属;角集为亲属、人品、形貌、性行、文学、字学、谥法、人事、诞育、民业;徵集为释教、道教、神祇、仙教、鬼怪、典礼、音乐、技艺、宫室、器用、珍宝、币帛、衣服、饮食;羽集为饮食、百谷、蔬菜、花品、草卉、果品、树木、羽虫、毛虫、鳞虫、甲虫、昆虫、补遗。每门又分子目若干。每一子目有小序一篇。是书内容丰富,材料多注明出处。有明万历二十三年刊本、上海交通大学出版社2009年影印本。

34.《广博物志》50卷 明董斯张(1586年—1628年)编撰。是书辑录自先秦至隋朝的历代典籍文献中有关记载事物起源的资料,分天道、时序、地形、斧扆、灵异、职官、人伦、高逸、方伎、闺壶、形体、艺苑、武功、声乐、居处、珍宝、服饰、器用、食饮、草木、鸟兽、虫鱼22门,计子目167。征引皆直录原书,抄引全文,并注明出处。有清乾隆二十六年刊本、岳麓书社1991年影印《四库全书》本、上海交通大学出版社2009年影印本。

35.《唐类函》200卷　明俞安期编撰。是书以《艺文类聚》为主,《北堂书钞》、《初学记》、《白孔六帖》次之,删重存异,又以《通典》、《岁华纪丽》补阙而成。分天、岁时、地、帝王、后妃、储宫、帝戚、设官、封爵、政术、礼仪、乐、文学、武功、边塞、人、释、道、灵异、方术、巧艺、京邑、州郡、居处、产业、火、珍宝、布帛、仪饰、服饰、器物、舟、车、食物、五谷、药菜、果、草、木、鸟、兽、鳞介、虫豸43部,每部又分若干子目。有明万历四十六年德聚堂刻本、团结出版社1993年影印本、齐鲁书社1995年《四库全书存目丛书》本。

36.《潜确居类书》120卷　明陈仁锡(1581年—1636年)编撰。是书以本朝《唐类函》采摭内容仅止隋末唐初,故广搜博采经史百家、诗文别集,增至明代。分玄象、岁时、区宇、人伦、方外、艺习、禀受、遭遇、交与、服饰、饮啖、艺植、飞跃13部,增其阙遗,补其未备,部下又分类,凡一千四百余子目。收录有关故事、诗文,征引皆注书及篇目。其中第十一卷、十四卷已遭抽毁。有明崇祯五年长洲陈氏刊本、湖北省图书馆1988年缩微胶卷。《四库全书》未收。

37.《渊鉴类函》450卷,总目4卷　清张英(1637年—1708年)等奉敕编撰。是书取材于《太平御览》等17种类书及总集、子史稗编等明嘉靖以前古籍,依《唐类函》体例,增其所无,详其所略。分天、岁时、地、帝王、后妃、储宫、帝戚、设官、封爵、政术、礼仪、乐、文学、武功、边塞、人、释教、道教、灵异、方术、巧艺、京邑、州邑、居处、产业、火、珍宝、布帛、仪饰、服饰、器物、舟、车、食物、五谷、药、菜蔬、果、草、花、木、鸟、兽、鳞介、虫豸45部,每部又分若干子目。每类首为释名、总论,以《说文》、《尔雅》等居前列,以经、史、子、集居后。次列典故、文句,资料丰富,皆注明出处。有清康熙四十九年内府刻本、上海古籍出版社2008年影印《四库全书》本。

38.《佩文韵府》444卷,附《韵府拾遗》106卷　清张玉书(1642年—

第十一章　类书和《十通》中的史料

1711年)、张廷玉(1672年—1755年)等奉敕编撰。书终成于康熙五十九年(1724年)。以元阴时夫《韵府群玉》与明凌稚隆《五车韵瑞》为基础,再汇抄类书中有关材料增补而成。"佩文"为康熙帝书斋号,故名。全书收字10 258个,搜集2至4字之词约四十八万余条,引书一百五十余种,近2 115万字。分韵为106,按词语最后一字归韵,每字下注出反切音和较早的字义,下收尾字与标目字相同之词。每词下引古书用例,少者一两条,多者数十条,引文一般只注书名,引诗只标作者。全书史料价值不大,但对查找典故及诗句、词句的出处很有用。有商务印书馆《万有文库》本、上海古籍出版社1983年影印本。

39.《古今图书集成》10 000卷,总目40卷,附考证24卷　一名《古今图书汇编》。清陈梦雷(1651年—1741年)原编,蒋廷锡(1669年—1723年)等奉敕校勘重编。书初成于清康熙四十五年(1706年),至雍正四年(1726年)校勘重编成。这是中国古代仅次于《永乐大典》规模最大的一部类书,有约16 000万字。全书分6汇编,32典,6 109部。一、历象汇编:分乾象、岁功、历法、庶征4典,计120部;二、方舆汇编:分方舆、职方、山川、边裔4典,计1 187部;三、明伦汇编:分皇极、宫闱、官常、家范、交谊、氏族、人事、闺媛8典,计2 987部;四、博物汇编:分艺术、神异、禽虫、草木4典,计1 120部;五、理学汇编:分经籍、学行、文学、字学4典,计235部;六、经济汇编:分选举、铨衡、食货、礼仪、乐律、戎政、祥刑、考工8典,计450部。每部隶汇考、总论、图表、列传、艺术、选句、纪事、杂录以及外编9事。所录多将原书整部、完篇、全段抄入,并注明出处,颇便查核。有雍正四年内府铜活字本、上海同文书局光绪十六年仿铜活字本石印本、上海中华书局1934年影印清初殿版铜活字本、齐鲁书社2006年影印本。人民卫生出版社自1959年至1991年出版了《医部全录》12册点校本。《四库全书》未收。

40.《子史精华》160卷　清康熙帝(1654年—1722年)敕编。是书辑录先秦诸子和历代野史杂说中的历史故事、自然知识、学术文化等"名言隽句"、成语典故,类编成书。分天、地、帝王、皇亲、岁时、礼仪、设官、政术、文学、武功、边塞、伦常、品行、人事、乐、释道、灵异、方术、巧艺、形式、言语、妇女、动植、仪饰、服饰、居处、产业、食馔、珍宝、器物30部,部下又分280类。有清雍正五年武英殿刻本、《摛藻堂四库全书荟要》本、北京古籍出版社1991年影印光绪十年上海同文书局本、上海交通大学出版社2009年影印本。

41.《格致镜原》100卷　清陈元龙(1652年—1736年)编撰。是书辑录古今经史、杂记、俗说、野史、字书等文献中的各种器具、名物内容、源流等有关资料。每物必溯其起源。分乾象、坤舆、身体、冠服、宫室、饮食、布帛、舟车、朝制、珍宝、文具、武备、礼器、乐器、耕织器物、日用器物、居处器物、香奁器物、燕赏器物、玩戏器物、谷、蔬、木、草、花、果、鸟、兽、水族、昆虫30类,类下又分子目886。引文多据原书善本,并列书名于文前。有清光绪二十二年上海大同书局本、台北商务印书馆1971年影印雍正十三年海宁陈氏刻本、广陵古籍刻印社1987年影印本、河南教育出版社1993年《中国科学技术典籍通汇》本。

42.《事物异名录》40卷　清厉荃原辑,关槐增编。是书收录有关类书及经史子集诸书中的记载,对同一事物在不同时代、不同地域的不同称呼,分类予以编辑。分乾象、岁时、坤舆、郡邑、形貌、伦属、爵位、品术、礼制、音乐、政治、人事、宫室、饮食、服饰、舟车、耕织、渔猎、器用、书籍、文具、武器、蔬谷、布帛、珍宝、玩戏、年齿、佛释、仙道、神鬼、药材、百草、树木、花卉、果菜、禽鸟、兽畜、水族、昆虫39部,部下又分若干类。有清乾隆四十一年四明古欢堂刊本、中国书店1990年影印本、岳麓书社1991年点校本、上海交通大学出版社2009年影印本。《四库全书》未收。

43.《事物原会》40卷　清汪汲编撰。是书凡2 006目,每目排比诸家记载,记叙事物起源始末,并注明出处。有《古愚丛书》本、广陵古籍刻印社1988年影印本、上海交通大学出版社2009年影印本。《四库全书》未收。

第十一章　类书和《十通》中的史料

二、《十　通》

(一)《十通》的形成及其史料价值

所谓《十通》,是对 10 部专门记载古代典章制度沿革变迁的通史的总称,它们全部属于政书类的史籍。第一部是唐代杜佑编撰的《通典》,第二部是南宋郑樵编撰的《通志》,第三部是宋末元初人马端临编撰的《文献通考》,后人将它们合称为《三通》。清乾隆时,仿《通典》体例,官修《续通典》;仿《通志》体例,官修《续通志》;仿《文献通考》体例,官修《续文献通考》,后人将它们合称为《续三通》。至乾隆后期,再续修《清朝通典》、《清朝通志》和《清朝文献通考》,人称《清三通》。《续三通》与《清三通》合称《六通》,加上前《三通》,则合称《九通》。民国时刘锦藻又编《清续文献通考》,1935 年商务印书馆将它与《九通》一起印行,是为《十通》。

前《三通》的编修,皆条贯古今,溯源明流,按历史顺序排列,往往以"典"、"考"、"略"、"纪"、"传"等为门类或总目,其下又分立若干个子目。尔后《六通》,在时间上则相应衔接前书,续加记载。杜佑撰《通典》的目的,是想通过对历代典章制度的研究,总结经验教训,以求富国安民之术,也就是他所谓的"往昔是非,可为来今龟镜,布在方册,亦粗研寻"(《旧唐书·杜佑传》);"实采群言,徵诸人事,将施有政"(杜佑:《通典·序》)。但是,当《通典》作为一种新的史书体裁出现以后,很快为后世所模仿,其余 8 部,多数与《通典》一样,出于官方行政的需要而编撰,只有《通志》等少数著作是学术界为学术研究之需而编撰。

《十通》所载内容,基本上属于典制的范围。以《通典》为例,所记内容皆为唐德宗以前历代政治、经济、军事、文化等制度及其沿革。它的史料来源,大部分取于各部正史的志,把分散在各史的材料集中起来,综合叙述,以说明沿革变迁。此外,还采录了文集和奏议中的有关材料。唐以后相继出现了会要、会典之类专门记载当代典章制度的史籍以后,《十通》中有关典籍的史料来源就扩大到了这些史籍。

由于《十通》中的史料多以官方记载为基础,或注明某人曰(但对出自何书则未加注明),从研究制度史的角度而言,其史料的可信程度较高。以《通典》而论,《四库全书》馆臣即以为此书"博取《五经》群史及汉魏六朝人文集奏疏之有裨得失者,每事以类相从。凡历代沿革,悉为记载,详而不烦,简而有要,原原本本,皆为有用之实学,非徒资记问者可比。考唐以前之掌故者,兹编其渊海矣"(《四库全书总目》卷八一《通典》)。再如《通志》,虽然本纪、人物列传及年谱(相当于表)、世家、载记之类的这部分内容,因取材于前十九史,史料价值并不高,其体例也有异于《通典》,故《四库全书》将它归入"别史类"。但是,《通志》中的另一个部分即二十略(相当于志),却有不少珍贵的内容和高出同时代人的精辟见解,所分类别亦颇似《通典》,具有重要的史料价值和学术价值。再如《文献通考》,此书也是关于典章制度的通史,唐以前的内容,转录《通典》居多,而对宋代典章制度,完全是撰者自己搜集所得,而且内容很丰富,这正是该书史料价值最大之处,对此,《四库全书》馆臣也给予充分肯定,以为:"其所载宋制最详,多《宋史》各志所未备。案语亦多能贯穿古今,折衷至当。"(《四库全书总目》卷五〇《通志》)此后各通,所载内容的时间跨度都不大,其明清部分的主要史料来源,如实录、会典之类依然存世,故价值已大不如前《三通》。

(二)《十通》介绍

1.《通典》200卷 唐杜佑(735年—812年)撰。书约成于唐贞元十七年(801年)。记事上起传说中的黄帝,下迄唐玄宗天宝末年,肃宗、代宗、德宗三朝时候的某些内容,间亦附载于注中。分为食货、选举、职官、礼、乐、兵刑、州郡、边防8典(一说兵、刑为二,则有9典)。典下系子目,有一千五百余条记事。凡引典籍超过200种,今绝大部分已佚。所记历代典章制度沿革变迁翔实可靠,唐代部分的史料价值尤高。有清武英殿

《三通》合刻附考证本、商务印书馆1935年《万有文库》十通本、中华书局1986年《万有文库》十通本影印本。

2.《通志》200卷 南宋郑樵(1104年—1162年)撰。书成于宋高宗绍兴三十一年(1161年)。包括本纪18卷、年谱4卷、略52卷、世家3卷、列传115卷、载记8卷,共500万字。记事上起三皇;纪传下迄于隋;略则终于北宋。全书精华在诸略,将正史的志改称为略,把以前志的范围扩大到前所未有的程度。20略有:氏族、六书、七音、天文、地理、都邑、礼、谥、器服、乐、职官、选举、刑法、食货、艺文、校雠、图谱、金石、灾祥、昆虫草木。其中氏族、六书、七音、都邑、昆虫草木五略为首创,艺文、校雠、图谱、金石等略亦有可取。其余诸略多本《通典》而较之为略。纪传、年谱、世家等全系连缀《史记》以下各部正史中的材料而成,仅有校勘之助。有清武英殿《三通》合刻附考证本、商务印书馆1935年《万有文库》十通本、中华书局1986年《万有文库》十通本影印本。

3.《文献通考》348卷 宋末元初马端临(约1254年—1340年)撰。书成于元成宗大德十一年(1307年)。记载上起三皇,下迄南宋嘉定年间(1208年—1224年)历代典章制度的沿革。分田赋、钱币、户口、职役、征榷、市籴、土贡、国用、选举、学校、职官、郊社、宗庙、王礼、乐、兵、刑、经籍、帝系、封建、象纬、物异、舆地、四裔24考。作者认为,引古经史,谓之文;参以诸臣奏议、诸儒议论,谓之献。从中可见其史料来源。自经籍至物异5考系出新创。取材于中唐以前者,多据《通典》,而更据经史稍加增益。中唐以后者,则另采史传、臣僚奏议、稗官记录和两宋国史等。有关宋代的内容,许多为《宋史》各志所未载,且可补今《宋会要辑稿》之缺失,更富史料价值。有清武英殿《三通》合刻附考证本、商务印书馆1935年《万有文库》十通本、中华书局1986年《万有文库》十通本影印本。

4.《续通典》150卷 清嵇璜(1711年—1794年)、刘墉(1720年—1805年)等奉敕撰,纪昀(1724年—1805年)等校订。书成于乾隆三十二年(1767年)。体例与《通典》同,但将兵、刑分为两门,共成9门。记载自唐肃宗至德元年(756年)至明崇祯十七年(1644年)典章制度的沿革。

取材多据正史,于《唐六典》、《唐会要》、《五代会要》、《太平御览》、《册府元龟》、《契丹国志》、《大金国志》、《元典章》、《明会典》等书中的有关内容,悉加收录,但实际并未超出《续文献通考》范围,两书迭有重复。全书以明代部分史料为最集中,有较高史料价值。有清光绪十二年浙江书局本、商务印书馆1935年《万有文库》十通本、中华书局1986年《万有文库》十通本影印本。

5.《续通志》640卷　清嵇璜(1711年—1794年)、刘墉(1720年—1805年)等奉敕撰,纪昀(1724年—1805年)等校订。书成于乾隆五十年(1785年)。包括本纪70卷、后妃传10卷、略100卷、列传460卷。体例与《通志》同。纪传部分始于唐初,终于元末,均抄录诸史,史料价值不大。诸略始于五代,终于明末,内容与《续通典》、《续文献通考》多有重复。有清光绪十二年浙江书局本、商务印书馆1935年《万有文库》十通本、中华书局1986年《万有文库》十通本影印本。

6.《续文献通考》250卷　清张廷玉(1672年—1755年)、齐召南(1703年—1768年)等奉敕撰,纪昀(1724年—1805年)等校订。书成于清乾隆三十二年(1767年)。体例与《文献通考》同,仅从郊社、宗庙两考中分别分出群祀、群庙两考,共成26考。记载自南宋嘉定年间(1208年—1224年)至明崇祯十七年(1644年)包括南宋后期、辽、金、元、明有关典章制度的沿革。但间有北宋以降至南宋前期的内容。部分材料采自成书于明万历十四年(1586年)的王圻《续文献通考》,但有改编增补。增加史料来自各代正史以及说部、文集、史评、语录、杂编等,并有所考证,对《文献通考》所未详的方面亦有补正。有清光绪十三年浙江书局本、商务印书馆1935年《万有文库》十通本、中华书局1986年《万有文库》十通本影印本。

7.《清朝通典》100卷　原名《皇朝通典》。清嵇璜(1711年—1794年)、刘墉(1720年—1805年)等奉敕撰,纪昀(1724年—1805年)等校订。书成于乾隆五十二年(1787年)。记清开国至乾隆五十年有关典章制度的沿革。体例同《续通典》,共分9典。多取材于《大清通礼》、《大清会典》等书。子目中根据清朝所行典制,删去了如《榷酤》《算缗》《封禅》等未行之事。兵典则专记八旗军事制度;州郡典只转录《大清一统志》的内容,而不叙历代沿革。但是书内容与《清朝文献通考》重复较多。有商务印书馆1935年《万有文库》十通本、中华书局1986年《万有文库》十通本影印本、上海古籍出版社1988年影印本。

8.《清朝通志》126卷　原名《皇朝通志》。清嵇璜(1711年—1794年)、刘墉(1720年—1805年)等奉敕撰,纪昀(1724年—1805年)等校订。书成于乾隆五十二年(1787年)。记事起于清初,终于乾隆五十年。体例不同于《通志》《续通志》,省去本纪、列传、世家、年谱,仅存与《通典》、《文献通考》性质相类似的20略。内容除氏族、六书、七音、校雠、图谱、金石、昆虫草木诸略外,大体与《清朝文献通考》相重复。有商务印书馆1935年《万有文库》十通本、中华书局1986年《万有文库》十通本影印本、上海古籍出版社1988年影印本。

9.《清朝文献通考》300卷　原名《皇朝文献通考》。清张廷玉(1672年—1755年)、齐召南(1703年—1768年)、嵇璜(1711年—1794年)、刘墉(1720年—1805年)等奉敕撰,纪昀(1724年—1805年)等校订。书成于清乾隆五十二年(1787年)。记载自清初至乾隆五十年(1785年)间有关典章制度的沿革。原与《续文献通考》"共为一编",后单独成书。体例与《续文献通考》同,共26考,其子目有损益,增入的有八旗田制、银色银值、回都普儿、八旗壮丁、外藩、八旗官学、崇奉圣客之礼、蒙古王公等目,而凡为清制所无者,即去其目。取材多据实录、国史、起居注、档案、其他官修诸书、省修诸志、文集等。其史料价值几与《清会典》相当。《清朝通典》和《清朝通志》大多抄自该书。有商务印书馆1935年《万有文库》十通本、中华书局1986年《万有文库》十通本影印本、上海古籍出版社1988年影印本。

10.《清朝续文献通考》400卷　原名《皇朝续文献通考》。近人刘锦藻(1854年—1929年)撰。书成于1921年。记载自清乾隆五十一年(1786年)至宣统三年(1911年)间有关典章制度的沿革,上与《清朝文献通考》相接。分 30 考,较前书多出外交、邮传、实业、宪政 4 考。在诸考中又增入厘金、洋药、银行、海运、资选、书院、图书、学堂、归政、训政、亲政、典学、陆军、海军、长江水师、船政等 136 子目,均系应时势而增。是书以体系完整、材料丰富见称,但部分已属于近代史史料范围。有商务印书馆 1935 年《万有文库》十通本、中华书局 1986 年《万有文库》十通本影印本、浙江古籍出版社 2000 年影印本。

第二编
史料的鉴别和利用

第一章　鉴别史料,正其讹误

一、史料错误的普遍性

从事史学研究,撰写史学论著,不仅要有丰富的史料,而且要求这些史料必须正确,符合历史事实,否则就会误入歧途,得不出科学的结论。可是,由于主观和客观的原因,史书中错误的记载很多,甚至有的史书本身就是伪撰的。

伪书自古就有。明人胡应麟谓:"余读秦汉诸古书,核其伪几十七焉。"(胡应麟:《少室山房笔丛》卷一六《四部正讹下》)清人万斯同的《群书质疑》、崔述的《考信录》、姚际恒的《古今伪书考》及张心澂的《伪书通考》、梁启超的《古书真伪及其年代》等论著,都为我们提供了这方面的信息。近年由邓瑞全、王冠英主编的《中国伪书综考》(黄山书社 1998 年出版),将全部伪、部分伪、作者伪、时代伪、疑伪、误题撰人的古籍,全部作为伪书统计,竟有 1 200 种之多。

历史上的伪书,大约可分以下几种情况:一类是内容纯属胡编乱造。如署名为隋朝王通所撰实际上是北宋人阮逸伪撰的《元经》,就是这样一部书。这类伪撰的史书,基本上无史料价值可言。一类是伪托他人所撰之书,如伪托孔子所撰之《孔子家语》、伪托管仲所撰之《管子》、伪托刘向所撰之《列仙传》、伪托工通所撰之《文中子》、伪托王安石所辑之《唐百家诗选》、伪托吕祖谦所撰之《卧游录》，伪托李贽所撰之《读升庵集》等，它们的史料价值则要视具体情况而定。一类是真假掺半的史书，如东晋元帝时期，豫章内史梅赜向朝廷献出了一部《古文尚书》，共58篇。自宋以来，人们对其真实性一直存有怀疑，经清代著名学者阎若璩（1636年—1704年）考证，证明其中的25篇古文尚书和所附《孔安国传》为伪撰，另外33篇则是吸收了原来今文《尚书》的28篇，再加以离析而成，从而将该书定为伪《古文尚书》。伪《古文尚书》伪撰的部分，则是梅赜根据当时他能够看到的一些散佚的《尚书》文字加上自己的发挥和杜撰而成，其史料价值当然要大打折扣。一类是内容虽然真实，但书名却作了假，时代也发生了变化。如某图书馆收藏有一部书名为《国史通典》的书，著者称是南宋时人，乍一看，似乎是一部极为罕见的宋朝史籍，可是书中所载却是杜佑《通典》的内容。这样的伪书，对研究宋史而言，史料价值也不大。一类是史书内容后人作了附益，这种部分作伪的史书在伪书中所占比例最大，如著名的《玉台新咏》、《艺文类聚》、《江湖小集》、《涑水记闻》等书，都有伪作的成分。其中又以文集中有意无意地掺入他人作品或伪撰的情况最为严重，从《扬子云集》、《蔡中郎集》、《诸葛亮集》直到《杜工部集》、《苏轼文集》都有这种现象。这些伪撰的部分，有些可能是被后人错误搜入，有些可能是后人有意捏造，它们的史料价值是受损还是增值，则要依据其所附益的内容而定。最后一类是窃他人所撰之书，略作改头换面，以为己作。如清初屈大均所撰之《广东新语》曾被列为禁书，乾隆年间李调元视学广东，获此书刻本，略加窜改，便成己书，更名《粤东笔记》。

  伪书的出现有其经济原因，也有其政治原因。历史上，古籍屡遭劫难，失去的要比传世的多得多。每当一个新王朝建立以后，为标榜文治，粉饰太平，总要向民间搜寻图书，对献书者加以重奖，或授官职，或赏钱帛。如宋太宗太平兴国九年（984年）正月下诏说："国家勤求古道，启迪化源，国典朝章，咸从振举，遗编坠简，宜在询求。……仍具录所少书于待

第一章　鉴别史料，正其讹误

漏院，榜示中外。若臣僚之家有三馆阙书，许上之，及三百卷以上者，其进书人送学士院引验人才、书判，试问公理。如堪任职官者，与一子出身，或不亲儒墨者，即与安排。如不及三百卷者，据卷帙多少，优给金帛。"(《宋会要辑稿》崇儒四之一六)于是有些文人在向朝廷献书时，或伪造古籍，或以缺充全，或虚增卷数，或改换书名，以求多得奖励。在他们所献的书中，就难免夹杂着伪书。政治原因则有几种情况：一种是借名人以行世，如兵书假冒诸葛亮所撰，医书假冒孙思邈所撰。另一种是为了政治斗争的需要，如三国王肃借孔子之口编造《孔子家语》以攻击郑玄就是一例。本书后面将要提到的《辨奸论》，也是北宋后期保守派为攻击王安石而假借苏洵之名蓄意炮制的。

伪书毕竟是少数，但在并非作假的史书中，也充斥着大量错误的和作假的内容，无论是官修的实录、国史，无论是出于著名史家所撰的各类史书，无论是出于名家所写的小说、笔记，无论是出于孝子慈孙或亲朋好友所作的家谱、行状、墓志铭、神道碑，讹误的记载可谓比比皆是。

以实录为例，自唐以来，宰相监修，帝王亲观成了制度，再加上修史者的政治倾向不同、个人好恶和修史时的政治氛围有异，要其秉笔直书，几乎成为不可能之事，故南宋著名史学家李心传说："实录往往差误。"(《宋会要辑稿》职官一八之五八)如宋神宗的实录有3部：一部是元祐年间(1086年—1094年)范祖禹等所撰的《神宗实录》，史称旧录；一部是绍圣年间(1094年—1098年)曾布等人所撰的《神宗实录》，时人称新录；一部是绍兴六年(1136年)赵鼎等人所撰的《神宗实录》，它在新录的基础上重修，"旧文以墨书，删去者以黄书，新修者以朱书，世号朱墨史"(《宋史·范冲传》)。这3部《神宗实录》围绕对熙宁变法和王安石的评价等内容，在不少地方都大相径庭。此外，北宋的《太祖实录》、《哲宗实录》和《徽宗实录》也各有两部，前后记事或有抵牾，或有讳饰。宋代的实录是如此，其他各朝也一样，如《四库全书》馆臣在批评明代所修的实录时说："明自永乐间改修太祖实录，诬妄尤甚。其后累朝所修实录，类皆阙漏疏芜。"(《四库全书总目》卷五一《弇山堂别集》)梁启超则认为，在实录中

"故意湮灭或错乱其证据者","至清代而尤甚"(《中国历史研究法》,第85至86页)。总之,实录并非完全实录,已成为史家的共识。

由于实录所载不确,这样便必然会使以它为依据而撰成的国史、正史和私人所撰的史书出现错讹。如唐武德九年(626年)八月下旬初,唐太宗即位不久,突厥就大举向长安进犯,突厥颉利可汗统帅的军队直逼渭水便桥而来,形势十分危急,据《旧唐书·太宗纪上》载:"(颉利)遣其酋帅执失思力入朝为觇,自张形势,太宗命囚之。亲出玄武门,驰六骑幸渭水上。与颉利隔津而语,责以负约。俄而众军继至,颉利见军容既盛,又知思力就拘,由是大惧,遂请和,诏许焉。"历史上这条脍炙人口的记载,表现了唐太宗面对险情,毫无惧色的英雄气概,南宋画家刘松年还据此画了《便桥见虏图》,画出想象中的唐太宗在便桥上斥退颉利可汗的情景。但是据今人考证,却与事实大有出入,原来突厥这次兴师的目的并非为了进据中原,而只是为了"索要物质财富"。执失思力受颉利派遣入朝,不是为探听唐军虚实,而是肩负了谈判的使命,"为双方议和罢兵发挥了穿针引线的作用"。唐太宗在明确了突厥的意图以后,才敢于率六骑与颉利在渭水便桥对峙交言,亦即"单独面议"。突厥索要金帛的目的一旦达到,也就"自动退兵"(参见牛致功《关于唐与突厥在渭水便桥议和罢兵的问题》,载《中国史研究》2001年第3期)。由此可知,所谓太宗囚执失思力,责颉利"负约",颉利"由是大惧"云云,皆为缘饰之词。史书所载有关唐太宗的种种"雄才大略",或多或少都带有当时史官着意美化的成份。

再以笔记、小说而言,有些是信手拈来的历史片断,有些则出自亲历者之手,可以为我们提供一些官修史书所不载的珍贵史料,但相当多的内容却得之传闻,来源不太可靠,再加上记忆偶误和好事者的夸张,有的甚至将主观推测与客观事实混为一谈,竭尽夸张性的语言:"言峻则嵩高极天,论狭则河不容舫,说多则子孙千亿,称少则民靡孑遗。"(刘勰:《文心雕龙·夸饰篇》)其记载失实便可想而知。如司马光《涑水记闻》卷三《王嗣宗》条谓:"(嗣宗)太祖时举进士,与赵昌言争状元于殿前,太祖乃命二人手搏,约胜者与之。昌言发秃,嗣宗殴其幞头坠地,趋前谢曰:'臣胜

第一章 鉴别史料,正其讹误

之!'上大笑,即以嗣宗为状元,昌言次之。"实际上,王嗣宗乃宋太祖开宝八年(975年)进士第一人,赵昌言则于宋太宗太平兴国三年(978年)举进士,两人殿试非同朝,及第时间相隔有3年,怎么会因抢夺状元打起架来?(参见拙文《王嗣宗手搏得状元辨析》,载《浙江学刊》1984年第3期)元代史臣不作考辨,沿袭《涑水记闻》之误,也将此事载入《宋史·王嗣宗传》,从而造成以讹传讹。又如沈括《梦溪笔谈》卷九载:"柳开少好任气,大言凌物。应举时以文章投主司于帘前,凡千轴,载以独轮车。引试日,衣襴自拥车以入,欲以此骇众取名。时张景能文,有名,惟袖一书,帘前献之,主司大称赏,擢景优等。时人为之语曰:'柳开千轴,不如张景一书。'"按柳开(947年—1000年)是北宋初年古文运动的开创者之一,据张景所撰《柳公行状》载,他于宋太祖开宝六年(973年)考取进士,在此之前,文名早已远播,人称其文章"世无如者已二百余年"(柳开:《河东集》卷一六《柳公行状》)。张景(971年—1019年)系柳开门生,他于宋真宗咸平元年(998年)登进士第,当柳开举进士时,张景只有3岁,两人怎能同年应举?可谓犯了一个极其低级的错误!再如以博通"本朝典故,前辈言行"著称的南宋学者王明清,自言所著《挥麈录》一书中的内容"无一事一字无所从来"。但是,仅据近人张家驹先生以李心传《建炎以来系年要录》及《旧闻证误》为主,杂取他书为辅,与之比较,就发现该书的错误和疏漏之处有92条之多(参见张家驹《王明清〈挥麈录〉辨证标题》,载《燕京学报》1940年第27期)。司马光、沈括、王明清3人,一位是著名的政治家兼史学家,一位是著名的政治家兼科学家,一位是出身"中原旧族,多识旧闻"(《四库全书总目》卷一四一《挥麈三录》)的著名学者,《涑水记闻》、《梦溪笔谈》和《挥麈录》也是宋代最负盛名的3部笔记,可是内容失实竟如此严重,其他人的笔记更是可想而知。故南宋学者洪迈以为:"野史杂说,多有得之传闻及好事者缘饰,故类多失实,虽前辈不能免,而士大夫颇信之。"(洪迈:《容斋随笔》卷四《野史不可信》)另一学者费衮亦言:"野史杂说多有得之传闻,初未尝考究其实,而相承以为然者。"他以有笔记误载唐忠武军节度使薛能为秦宗权所杀一事为例,深有感触地说:"杂说中如此类甚多,殆不胜掊击也。"(《梁溪漫志》卷九)业师徐规先生曾告余曰:笔记小说所载内容,失实者常占十之三四,有时甚至更多。这是他尽数十年精力从事宋史研究和古籍校勘所得印象,绝非危言耸听。

至于家谱、行状、墓志铭和神道碑一类出自家传系统的史料,对了解一个人的身世,虽然不乏史料价值,但大多有拔高和美化的成分。虽然古人也提倡修家谱要求真求实,故曰:"夫崇韬拜汾阳之墓,何如狄青却梁公之图。"实际上,像郭崇韬那样的做法真是俯拾即是,像狄青那样的实事求是,却为凤毛麟角。在记及先世时,他们强半高攀远附,以光先族。欧阳修所撰之族谱,可作一例,据周密说:"欧公著族谱,号为精密。其言询生通,自通三世生琮,为吉州刺史,当唐末,黄巢陷州县,率州民捍贼,乡里赖以保全,琮以下谱亡。自琮八世生万,为安福令,公为安福九世孙。以是考之,询在唐初,至黄巢时,几三百年,仅得五世。琮在唐末,至宋仁宗才百四十五年,乃为十六世,恐无是理。后世谱牒散亡,其难考如此。欧阳氏无他族,其源流甚明,尚尔,矧他姓邪?"(周密:《齐东野语》卷一一《谱牒难考》)欧阳询(557年—641年)是初唐著名的书法家,他所创立的"欧体"对后世影响很大。欧阳修是唐宋八大家之一,不仅是一位卓越的政治家和文学家,也是一位杰出的史学家,可是从上引周密这段话看来,欧阳询是否为欧阳修之先世,是大可怀疑的。更有甚者,许多家谱,在追溯先祖时,或说是尧舜时候之大臣,或言为西周王室之裔孙,令人发噱。再以行状、志铭言之,它们虽多由名家所撰,但提供的材料仍为事主子孙。言其履历、战功和政绩,则隐恶扬善,只褒不贬,甚至不惜粉饰。如明明由于贪赃渎职而遭贬黜,往往说成"因与长官不合,遂挂冠而去";明明屡试不第,却说成是"淡泊功名,终身不事科举"云云,以行掩饰。有关南宋"抗战派"代表张浚的事迹,《宋史·张浚传》有着十分详细的记载,其史料来源主要取材于宋朝的国史列传;国史列传中的记载,则完全来自朱熹所撰洋洋4万余言的《张魏国公行状》。而该《行状》内容则由张浚之子、朱熹挚友张栻所提供。由此可见,《宋史》中有关张浚的事迹,基本上出

第一章 鉴别史料,正其讹误

自家传系统。后来朱熹读了《高宗实录》后,将自己所写的行状与之对照,发觉"其中煞有不相应处",才知道上了张栻的当,自此他对行状一类文字,再也"不敢轻易下笔"(《朱子语类》卷一三一《中兴至今日人物上》)。出自家传系统材料之不可尽信,南宋佚名在《涧上闲谈》中早有明确论述,他说:"近世修史,本之实录、时政纪等,参之诸家传记、野史及铭志、行状之类。野史各有私好恶,固难尽信;若志状,则全是本家子孙门人掩恶溢美之辞,又不可尽信。与其取志状之虚言,反不若取野史、传记之或可信者耳。"(转引自周密:《齐东野语》卷二《符离之师》)

这里附带说一下,不仅文字史料有讹误和作假,就是通过考古所得的实物史料也不能幸免。据新华社 2002 年 5 月 25 日报导:日本"东北旧石器文化研究所"前副理事长藤村新一曾声称自己"发掘"出大批旧石器时代的遗迹和遗存,从而将日本历史推进到了 70 万年以前,此举震动了日本整个考古学界。后来经人揭发并通过日本考古协会特别调查证实,这些所谓的"遗迹"和"遗存",纯属藤村新一造假所致,完全不能凭信。这种在考古中作假的情况,在我国虽不多见,但恐怕或多或少地也有存在。

研究历史,犹如与古人对话。我们通过史料向古人了解情况,古人所提供的信息可能是正确的,也可能是不够正确甚至是完全错误的。假如有一天古人也向今人问话,你们所提供的信息,记录的材料是否都是正确的呢?我们同样不能作出完全肯定的回答。例如,某报在 2003 年 1 月 24 日第 13 版上刊登了一篇题为《都市人越活越滋润》的署名文章,文中说,今天"一个 35 岁左右,在城市机关工作的主妇","她在一个普通工作日的早晨是这样度过的:7 点 30 分,起床,在健身器材上做一下运动。7 点 45 分,整理房间,洗漱,挑选衣服,化妆。这时丈夫已经领着孩子在楼下的小店里吃完早餐,开着自家的小车朝孩子的学校进发。8 点 15 分,主妇打扮妥当,下楼去吃早点。8 点 25 分去上班,途经社区服务社时,顺便定好晚餐用的净菜。8 点 55 分,她精神焕发地坐在自己的办公桌前,在刚沏好的咖啡升腾着的雾气中,面对同事自信地微笑"。如果三五百年以后的人们,以这篇文章作为史料,研究 21 世纪初中国妇女的生活状况时,他们一定会得出这样的结论:当时,在机关工作的年轻主妇,日子过得已非常潇洒:她们早上起来后,人人都在健身;家家户户都有自备的小汽车;自己不必再买菜,只要到社区定购就是;早上上班时间是 9 点左右;到办公室后的第一件事便是煮咖啡喝。事实上,今天在城市机关工作的主妇中,有这样优越的生活条件和工作环境的人能有几个?今之新闻,即后之史料,"后之视今,亦由今之视昔",不正确的史料,任何时候都有可能产生。

总之,任何一种历史事实,一经写成文字或几经口传以后,其真实性和完整性往往会产生问题,有的甚至变得面目全非,与历史事实大相径庭。所以,早在二千三百多年前,孟子曾经说过:"尽信书,则不如无书。"(《孟子·尽心下》)当代著名史学家陈垣先生积多年治史的经验,告诫他的学生说:"考寻史源,有二句金言:毋信人之言,人实诳汝。"(《陈垣史源学杂文·前言》,人民出版社 1980 年出版)他们的这些话,实为至理名言。

由此可见,史书中的错误可谓普遍地存在着,不存在什么百分之百的权威性。史学工作者在找到自己所需史料以后,必须对它们进行认真的鉴别,并掌握去粗取精、去伪存真的本领。

二、史料引用致误的几种主要原因

(一)史料本身无误,由于没有正确理解原意或者标点不正确而造成错误

虽然,造成这一错误并非史料本身有什么问题,而是引用者受水平所限或者另有目的所致,但造成的后果却一样,即都不能得出正确的结论来。误引史料又可分为两种情况:一种是由于研究者没有正确理解原意或正确句逗而造成的错误;一种是研究者有意曲解原意而造成的错误。

第一章 鉴别史料，正其讹误

没有正确理解史料原意而出现误引的情况，可举以下几例以说明之。

其一，《汉书·百官公卿表》所载"二十等军功爵"的爵名，是依据先右后左的次序排列的，如"十左庶长，十一右庶长"之类。接着还有"皆秦制，以赏功劳"的话。有些学者往往引用这条史料，以证明"(秦)统一之后军事职官尚右"的观点（参见张焯《秦汉魏晋官制尚左尚右问题》，载《中国史研究》1988年第2期）。实际上，秦朝不仅行政职官尚左，军事职官同样也尚左。《汉书》所载爵位制度，乃是汉制，并非秦制，其后虽有"皆秦制"的话，只是表明"汉承秦制"之意，不是说汉代对秦制一成不变。所谓"皆秦制"者，乃是指爵位名号多依秦旧，但"左"、"右"的尊卑却根据需要可以进行调整。如秦朝的丞相尚左，但汉初的丞相却尚右，若从秦汉都实行"三公九卿制"这一点而言，同样可以说"皆秦制"。因此，由于错将汉制当作秦制，加上对"皆秦制"三字理解不确，所以得出了秦朝军事职官尚右的错误结论。

其二，《苏东坡集》卷三〇《答秦太虚书》一首云："初到黄(州)，廪入既绝，人口不少，私甚忧之。但痛自节俭，日用不过百五十钱，每月朔，便取四千五百钱，断为三十块，挂屋梁上，平旦用画叉挑取一块，即藏去叉，仍以大竹筒别贮，用不尽者以待宾客，此贾耘老法也。"有学者据此以为，苏轼全家在黄州时一天的生活费只需150钱，"每月四千五百文尚能维持一家的最低生活"，从而得出宋神宗元丰年间（1078年—1085年）黄州物价相当便宜的结论。实际上，此处的"日用"钱，乃是苏轼个人一天的零用钱，并非全家一天的生活费。试想：除了乞丐，哪有一个家庭的柴米油盐是吃一天，买一天的呢？由于引用者对这条史料的原意理解有误，所以对当时黄州物价水平高低的估价就产生了偏差。（参见拙文《围绕苏轼在黄州的日用钱问题及其他》，载《杭州大学学报》1989年第4期）

其三，明人陆深《河汾燕闲录》卷上云："隋文帝开皇十三年十二月八日敕：'废像遗经，悉令雕撰。'即印书之始，又在冯瀛王(道)之先矣。"陆深据隋文帝敕文以为，雕版印刷在隋朝已经产生，比五代时候宰相冯道奏请雕版的《国子监九经》要早了三百余年。此论一出，包括叶德辉、毛春翔、吴则虞诸先生在内的一些近代学者皆信以为然，并以此作为隋朝已经有了雕版印刷的证据。然而，这里的"雕撰"并非雕版，而是雕刻和撰写之意。原来当北周武帝宇文邕在位时，曾经开展了一场大规模的灭佛运动，大批僧尼被还俗，大量佛像被捣毁或被熔化，许多佛经遭到毁灭。隋朝建立后，十分佞佛的文帝，曾多次下诏命各地恢复早年被破坏了的寺庙，重造佛像和经卷，而佛像需要雕刻，佛经需要撰写，这就是"雕撰"的真正含义。由于陆深对诏令中"雕撰"两字理解不确，将它作为隋朝已有雕版印刷的史料，遂造成失误。

另有一种是引用者故意曲解史料原意，为自己的论点制造根据。最明显的表现是在上个世纪的"文化大革命"期间，当时"四人帮"御用学者为政治斗争的需要，一面批判帝王将相、才子佳人，竭力宣扬"是奴隶们创造了历史"，一面却竭力吹捧秦始皇，竟说"焚书坑儒"是一项"伟大的革命行动"。再如，在批判所谓"彭德怀右倾机会主义路线"时，因为毛泽东说过"海瑞就是彭德怀"这样一句话，于是他们就大批海瑞，凡是属于海瑞为民请愿的史实，都称其为"狡猾手段"和"欺骗人民的软刀子"，进而作出清官比贪官还坏的结论。实际上，他们是否真是这样认识，非常值得怀疑。

古人写的文章虽然没有标点，但读的时候却并非一口气读到底，而是根据文意，在句与句之间稍作停顿，这就是所谓句读。古人很重视句读，常常让年轻学子用朱笔对有关文章作句读，以检查和训练他们对文章的理解能力。古人说："学识何如观点书。"（李济翁：《资暇集》卷上）清人顾炎武说："句读之不通，而欲从事于九丘之书，真可谓千载笑端矣。"（顾炎武：《日知录》卷三一）足见句读对学习和理解古籍的重要性。可是句读的难度很大，无论古人或今人，在句读上出问题的颇不少，这样就容易造成对史料理解的错误。南宋人刘昌诗在《芦浦笔记》卷一列举了古人句读错误的两个例子。一是"冯妇"条，时人句读为："《孟子》：晋人有冯妇者，善搏虎，卒为善士。则之野，有众逐虎。……其为士者笑之。"刘昌诗以为，此处之"则之野"不通，当作如下句读为是："《孟子》：晋人有冯

第一章 鉴别史料,正其讹误

妇者,善搏虎,卒为善。士则之野,有众逐虎。……其为士者笑之。"一是《约法三章》条,班固作《汉书·刑法志》,内谓:"汉兴,高祖初入关,约法三章,曰:杀人者死,伤人及盗抵罪。"人们都据此以为这里的"约",乃"省约"之"约",即废除秦朝苛法,省约以为三章。此后"约法三章"还成了一条成语。然而考《史记·高帝纪上》载,汉高祖元年十月,刘邦入关后说:"吾与诸侯约,先入关者王之,吾当王关中;与父老约,法三章耳:杀人者死,伤人及盗抵罪。"《汉书·高帝纪上》所记同。刘昌诗以为刘邦所言之约,并非省约之"约",乃是约定之"约",即先与诸侯约定,先入关者王关中;后与父老约定,废除秦的苛法,只立三章。班固在《刑法志》中,将"与父老约,法三章耳"8字连成一句读,并进一步简化成"约法三章",显然使原意遭到了歪曲。

古人有句读之误,今人则有标点之误,尤其对一些名物制度由于不甚了解其意而乱点一通的情况时有发生。如某出版社出版之《司马光奏议》卷三八《乞以十科举士札子》中,有这样一段经过标点的文字:"应职事官,自尚书至给舍谏议寄禄官,自开府仪同三司至太中大夫职,自观文殿大学士至待制,每岁须得于十科内举三人。"竟将以上所有官职全部包括在"职事官"这一名目之下,把宋代官、职、差遣三者搞得混乱不堪。正确的标点应是:"应职事官,自尚书至给、舍、谏议;寄禄官,自开府仪同三司至太中大夫;职,自观文殿大学士至待制,每岁须得于十科内举三人。"再如上海古籍出版社1978年标点本《容斋四笔》卷四《今日官冗》条云:"……特奏名三举,皆值异恩,虽助教亦出官归正,人每州以数十百,病在膏肓,正使俞跗、扁鹊,持上池良药以救之,亦无及已。"此处之"虽助教亦出官归正"一句,颇令人费解。按宋代有"归正人"一词,系指流落邻国(南宋多指金朝),后来脱身回到宋朝之人;或原系契丹、金朝之官民,投奔宋朝之人。助教出官,怎么能称"归正"呢?后句"人每州以数十百",依语气当指助教而言,而这与事实也大不合,南宋每州何来数十百助教?原来这两句当作如下标点:"虽助教亦出官,归正人每州以数十百。"

从上述数例可以看出,如果史料断句有误,引用时也会发生错误。

(二) 史料本身无误，由于引用者推断不准确而造成失误

对于内容带有普遍性的史料，一般来说可以举一反三加以引用，而对于内容带有特殊性的史料，就只能用于特定场合，如果推断不确，就会造成失误。如在我国夏商西周的选举中，虽然普遍实行世卿世禄制，可是偶尔也有"选贤与能"的情况出现，如商汤以伊尹为相，武丁以傅说为相，周文王以吕尚为师等，这些史料的正确性虽然都毋庸置疑，但如果有人通过上述史料推断，以为在三代的选举制度中，大量地实行了"选贤与能"的做法，就有违史实。再如清雍正十一年（1733 年）四月曾谕内阁曰："朕览本朝人刊写书籍，凡遇胡、虏、夷、狄等字，每作空白，或改易形声，如以夷为彝，以虏为卤之类，殊不可解。揣其意盖为本朝忌讳，避之以明其敬慎，不知此固背理犯义，不敬之甚者也。嗣后临文作字，及刊刻书籍，如仍蹈前辙，将此等字空白及更换者，照大不敬律治罪。"雍正这段上谕说得如此严厉和明白无误，史料的正确性当然无可怀疑。但是，如果有人从清统治者遵守祖训的前提出发，以这条史料为依据，推断出从乾隆朝起，史书中再也没有删节或改写类似胡、虏、夷、狄等字的现象，真可谓是大错特错。只要我们打开乾隆年间所编纂的《四库全书》，就会发现这种删改仍然俯拾即是。

此外，如有人将史籍所载丰收地区的粮价，推断为当时全国性的粮价；将个别水利条件好、土质肥沃地区的粮食产量，推断为各地的普遍产量；将只有宰执大臣才能享受到的优厚俸禄，推断为全国所有官吏的俸禄都很高；将少数农家子弟通过科举侥幸跻身仕途的例子，推断为在科举制度下，取士已无贫富之分；将某一历史人物偶尔说了一句同情穷人的话，就说他是代表了人民群众的利益。如此等等。他们所引用的史料似乎并不错，但由于推断不确，一样会造成失误。

(三) 史料内容比较含蓄，由于引用者缺乏深入辨析而造成失误

有些史家，慑于某种压力，或因为某种忌讳和需要，对一些史事的记

第一章 鉴别史料,正其讹误

载比较隐晦含蓄,往往以故弄玄虚的文字和荒诞不经的内容加以掩饰。对此,有人在引用时,由于缺乏深入辨析,或置之不理,或信以为真,从而造成失误。如《史记·高祖纪上》载:"高祖……父曰太公,母曰刘媪。其先刘媪尝息大泽之陂,梦与神遇,是时雷电晦冥,太公往视,则见蛟龙于其上。已而有身,遂产高祖。"刘邦生时,距司马迁撰《史记》之时不过150年左右,没有像夏商周二代那样遐远,所以对于刘邦的身世,即使部分采自传说,也不可能与事实相差太远,既然不会有龙与人交之事,那么这条史料必然有其特定的含义(秦汉以降,帝王以这种方式诞生,史书记载没有第二例)。可是,对于这样一条意味深长的"实录",千百年来只被人们视作神化开国皇帝刘邦的一个手法,而忽略了刘邦并非太公所生的事实。近人王云度先生经过周密考证后指出:"刘邦原本并非太公之子;(淮南王)刘长原本并非刘邦之子。这些都是一点即破之事。然而二千年来一直未能点破,可能与人们长期来善于习惯性思维,缺乏创造性思维有关。所以说只要我们不囿于成见,善于变换角度看待史料,思考问题,则在被前人翻烂了的《史记》、《汉书》中一定还能不断有所发现。"(参见王云度《刘邦血亲析疑》,载《中国史研究》1997年第4期)我们认为他的这一结论是可以服人的。所谓"习惯性思维",也就是先入为主和以史料论史料的思维方式。由于缺乏对一些颇具疑窦的史料作出必要的辨析和考证,在研究中就容易造成偏差。

再如宋高宗赵构生母韦氏,自靖康之变被金人俘掳北去,直到"绍兴和议"签订后的次年才返回南宋,她在金朝生活时间长达16年之久。其间,金方一再传出消息,说她已经下嫁金朝贵族。对于这样一条基本上可以相信的史料,南宋士大夫以为此皆"粘罕编造秽书,诬蔑韦后"所致,理由是:"韦后北狩年近五十,再嫁虏酋,宁有此理?"(确庵、耐庵:《靖康稗史之六·呻吟语》)宋人从臣子之心出发,竭力加以讳饰辩解,当然不难理解。但时至今日,还有一些学者宁可相信南宋人的解释,而不愿相信金人的话,就使人感到不可理喻。因为既然兀术可以一再率军南下,穷追猛打,以俘掳赵构、灭亡南宋为最终目的,那么残暴好色的女真奴隶主贵族对于完全掌握在自己手中的俘虏,何必因其"年老"(38岁)而轻易将她放过,仅仅用"编造秽书"加以侮辱而已(参见拙文《环绕宋高宗生母韦氏年龄的若干问题》,载《文史》第39辑,1994年出版)!这种自觉不自觉地站在南宋立场上看问题的"习惯性思维",也妨碍了对史料的判断和选择,从而造成失误。

(四)没有直接引用原书,造成以讹传讹

有些人在撰写论著时,因为手头一时找不到记载某条史料的原书,或是贪图省时省力,有时会将他人论著中所引用的史料一抄了之,这种情况在某些年轻学子身上表现得尤为明显。可是要知道,任何一种论著中所引用的史料,由于撰者转录时的粗心,或排版时的失误,加上校对的疏忽等原因,都可能产生误引、脱漏、羡衍、倒乙之类的错误,如果将这些有错误的引文直接照抄,就会以讹传讹。这方面的例子很多,毋庸赘举。还有一些汇编、汇抄之类的史籍,如《宋朝事实类苑》、《宋稗类钞》、《宋人轶事汇编》、《清稗类钞》等书,因其所载史事比较集中,研究者往往喜欢加以引用,但是这类史书在编撰时已对原书内容作了删节或改编,文字上并不完全相同,如果将它当作原文加以转引,也会造成失误。另外,还有一些史籍中所引内容,撰者已有意识地进行了节略,但往往仍以原文的面貌出现,后来的整理者甚至还将它们加上引号,乍一看似乎就是原文,如点校本《宋元学案》、《明儒学案》等书就有这种情况。对此,引用时要特别加以注意。

(五)因版本不善而造成史料的错误或脱漏

一部史籍往往有多种版本,其中就有优劣、全缺之分。某些抄本或刊本,由于抄刻疏忽,或为了牟利而粗制滥造,或以残本充全本,常使内容产生脱漏或舛误。如南北朝时候有一个权贵,他读了一篇载有《蜀都赋》的抄本,里面有"蹲鸱"两字,并作注曰"芋也",但将"芋"字误写成"羊"字。一次,有人送羊肉一方馈赠这位权贵,他在复信中用了"损惠蹲鸱"一语

第一章 鉴别史料，正其讹误

以示感谢，同时也显示自己学识之渊博。可是明明送去的是羊肉，怎么变成了芋头呢？收信人读后竟丈二和尚摸不着头脑。又，《吕氏春秋·察传》有这样一条记载："有读史记者曰：'晋师三豕涉河。'子夏曰：'非也，是己亥也。夫己与三相近，豕与亥相似。'"古代有一句成语，叫"鲁鱼亥豕"，就是指这类错误。根据笔者经验，在古籍中，类似"二"与"三"、"二与五"、"十与千"这些因字形相似而造成"鲁鱼亥豕"式的错误实在不少。

版本不善，还表现在卷帙的残缺上。上个世纪八十年代初，史学界对宋江最后是否投降朝廷的问题有过一场激烈争论，邓广铭先生力主宋江没有投降，有些学者则认为宋江确实投降了。后来，有一位学者在《中华文史论丛》第一辑上发表了题为《从李若水的〈捕盗偶成〉论历史上的宋江》一文，文章引用北宋末年官员李若水《忠愍集》卷二《捕盗偶成》中这样一段诗文："去年宋江起山东，白昼横戈犯城郭。杀人纷纷剪草如，九重闻之惨不乐。大书黄纸飞敕来，三十六人同拜爵。狞卒肥骖意气骄，士女骈观犹骇愕。"证明宋江接受了北宋政府的招安。至此，邓先生才承认宋江确实投降了，并诚恳地作了自我批评。论者或问：邓先生是著名的宋史专家，他对宋人文集几乎已经读遍，岂连《忠愍集》里的这首诗也没有见过？原来《忠愍集》有《四库全书》本、《乾坤正气集》本、《畿辅丛书》本和《正谊堂全书》本四种，只有《四库全书》本为3卷本，其余皆为1卷本，诗词就收录在《四库全书》本的第二卷里，邓先生因为恰恰没有读过《四库全书》本，所以才不知道有这首《捕盗偶成》的诗。

（六）史料本身就有错误

这是史料引用致误的最主要原因。史料本身的错误，造成的原因有多种多样，但主要有两种：一种是有意错乱史实，即作者屈服于统治者的权势，或为了个人名利，或为了个人恩怨，或出于宗派利益，故意湮没、歪曲、美化、丑化乃至捏造史实。另一种是无意识地错乱史实，即作者依据错误的记载和传闻，或记忆、抄写偶误所致。

有意识被错乱的史实,在史书中可谓比比皆是。如魏收为了抬高自己的门第,不惜远攀高附,在《魏书·自序》中说:"汉初,魏无知封高良侯,子均,均子恢,恢子彦,彦子歆……歆子悦……悦子子建……(子建)二子收、祚。"对此,正如南宋人洪迈所言:"无知于收,为七代祖,而世之相去七百余年。其妄如是。则其述他人世系与夫事业,可知矣!"(洪迈:《容斋三笔》卷二《魏收作史》)南朝齐梁间的萧子显撰《南齐书》,对其父嶷亦竭尽美化之能事,在不过30万言的《南齐书》中,《萧嶷传》就达九千余字,赞语中说他是"周公以来则未知所匹也",肉麻吹捧可谓无以复加。再如明朝建文帝即位后,为防止诸藩王尾大不掉,用齐泰、黄子澄策,实行削藩措施。于是燕王朱棣"举兵反",经过四年战争,取代了建文帝,自立为帝。在明朝的国史和实录中,都将这场地方割据势力与中央争夺统治权的战争,称之为"靖难之役",叛乱成了"靖难",这就是中国史书上常常演绎的"成者为王,败者为寇"的生动一例。更有甚者,有些修史者出于党派倾轧或个人恩怨,甚至不惜伪造历史。如北宋末年,邵伯温为攻击王安石,假借苏洵之名,伪撰《辨奸论》一篇,文中说苏洵生前已预知当时还是一名普通官员的王安石乃不近人情的"大奸慝","鲜不为天下患"。邵伯温为使人相信《辨奸论》确实出于苏洵之手,同时又假托张方平之名,伪撰《文安先生(苏洵)墓表》(表中有关于《辨奸论》的内容),假托苏轼之名,伪撰《谢张太保(方平)撰先人墓表书》各一篇,以资佐证,作伪手段之高明,可谓天衣无缝。于是南宋人都相信《辨奸论》为苏洵所撰,甚至作为一代史学大家的李焘对此也深信不疑,在《续资治通鉴长编》中加以收录。但经过清人李绂、蔡上翔,特别是经过邓广铭先生的详细考证,证明《辨奸论》确系托名伪撰。(参见《〈辨奸论〉真伪问题的重提与再判》,载《邓广铭治史丛稿》,北京大学出版社1997年出版)

　　至于无意识被错乱的史实,其造成原因也有很多:有些是所据材料不够正确;有些是受本人知识和时间所限;有些是在记载和引用中或多或少地掺进了撰者的个人感情;更多的则是抄写时粗心大意而导致笔误。故南宋末年的周密有"著书之难"之叹,他认为即使如司马光、朱熹这样

第一章 鉴别史料,正其讹误

的大家,著书中的错误亦不能免。周密以《资治通鉴》和《通鉴纲目》两书为例,说:"(《通鉴》)若汉景帝四年内,日食皆误书于秋夏之交,甚至重复书杨彪赐之子于一年之间。至朱文公修《纲目》,亦承其误而不自觉,而《纲目》之误尤甚。唐肃宗朝,直脱二年之事。又自武德八年以后,至天祐之季,甲子并差。盖纪载编摩,条目浩博,势所必至,无足怪者。"(周密:《齐东野语》卷一九《著书之难》)关于明代大旅行家徐弘祖(霞客)有否到过西藏一事,梁启超与其友人丁文江有过一场辩论:梁据《徐弘祖墓志铭》,以为他到过西藏;丁坚持认为没有到过,并请梁看《徐霞客游记》。至此梁才发觉自己错了,于是自我解嘲地说:"然为彼铭墓之挚友,粗心乃更过我,则真可异也。"(《中国历史研究法》,第94页)这种记载的失误,不仅对前代和他人,就是记本朝人和本朝事,甚至记父祖和本人的履历,有时也会发生错误。如唐德宗朝名将李晟到底生有几子,各种碑传的记载颇不一致,收入《金石萃编》卷一〇八的《李晟碑》记作12子,其子《李听碑》记作兄弟16人,新旧《唐书·李晟传》则记作15子,甚至还有10子之说。上述碑传的原始材料来自李晟子孙所提供的行状、墓志和家传,应该说都有很大的权威性。造成这种人数错乱的主要原因,并非因为李晟妻妾太多,嫡出者有意贱视庶出者,而是李晟子女甚多,其中可能有一些早殇者,由于统计方法不同或统计失误所致。

因粗心大意而造成史料舛误者更是多得不胜枚举。有些是修史者本人所造成的舛误,有些是传抄、翻刻者所造成的讹误。以前者论,各种史书,即使是著名史家所撰之书,皆难免有误书、误增、脱落等情况出现;以后者论,造成的讹误就更多。以清武英殿本《二十四史》为例,其中宋金元史所刊,人称其"脱简遗文,指不胜屈","阙文之外,更有复页"(百衲本《二十四史》,张济元序)。其他诸史,类似情况也很多。

造成史事记载失实的原因,可谓五花八门,常有出于一般意料之外者。如孙中山与宋庆龄在日本东京结婚的婚期,有在场目击者说是1915年10月25日,可是查阅历史档案,包括现藏中国历史博物馆孙、宋结婚《誓约书》原件,均为10月26日。一为人证,一为物证,两者皆可称得上是铁证,孰是孰非,实难考证。后来有人只好写信给宋庆龄,才弄清应为10月25日。原因是日本的风俗以双日为吉祥,孙、宋接受律师和田瑞的建议,在《誓约书》中将25日改成26日(参见朱馥生《敝帚集》,香港天马图书有限公司2000年出版,第609页)。要不是当时宋庆龄尚健在,此事将永远成为无头公案。这虽然只是近代史上的一个小插曲,也足以证明史实错乱原因之纷繁。

三、如何正确引用史料和鉴别史料

在中国古代,学问可分为三个大的方面:即义理、考据和辞章。义理是有关儒家经典、哲学思想和伦理道德等方面的学问,类似今天的理论;考据又称考证,它是有关鉴别史籍和史料真伪、优劣,对古文字的训诂、正误,对历史人物、时间、地点、事物和事件的考辨等方面的学问;辞章是有关诗赋、词章、策论、制诰、铭状、表笺等文学方面的学问,也就是文章的表达能力。对于义理和辞章的重要性,古往今来,似乎并无争论,因为古人所有考试,看重的就是义理和辞章。但是对考据的重要性,人们对它的评价就大不一样。以今人的议论看,有人轻视考据,认为这门学问无足轻重,是一种雕虫小技,它研究的是零零星星的东西,大多脱离实际,成不了一门大的学问,只有著述,才能对社会产生重大影响。有人则以为只有考据才是一门真功夫,其他什么体系,什么海派文章,看起来洋洋洒洒,究其目的大多是为迎合某种需要而写,时过境迁,往往不值一钱,这就是为什么有人将历史比作"一个百依百顺的小姑娘",可以任人打扮的原因。惟有考据所取得的成果,才能经得起历史的检验,永远传至后世。

对于上面两种说法,当然都显得有些偏颇。诚然,历史、政治、哲学、文学方面的著述,可以系统地总结历史上的经验和教训,指明社会思想的发展历程,给人以教育和启示,或给人以精神上的享受,具有现实意义。但是,这些著述并非凭空可以求得,它必须以事实为依据,借鉴历史知识乃至古文、典故。这就要求史实正确,用词得当,否则著述内容就会出现

第一章 鉴别史料,正其讹误

偏差。而要使史实正确,用词得当,就离不开考据这门学问,因此任何轻视考据、不承认考据也是一门重要学问的看法都是错误的。另一方面,考据固然重要,但从其所得成果来看,毕竟比较零碎,且缺乏现实意义,如果仅仅为考据而考据,不和著述相结合,甚至轻视著述,也是错误的。故公允地说,从史学研究的角度而言,考据与著述两者谁也离不开谁,如果没有考据而从事著述,必流为无根之谈;舍著述而从事考据,则形同于无的放矢。

当然,若以没有著述的考据与没有考据的著述相比,两者还是有优劣之分:没有著述的考据,虽然用处不大,但可以培养人们实事求是的科学态度和求实精神,故有益而无害;而没有考据的著述,则容易流于空谈,甚至谬论百出,对史学研究无益而有害。李大钊先生曾说:"依我看来,现代史学的研究,及于人生态度的影响很大。第一,史学能陶炼吾人于科学的态度。所谓科学的态度,有二要点:一为尊疑,一为重据。史学家即以此二者为可宝贵的信条。凡遇一种材料,必要怀疑他,批评他,选择他,找他的确实的证据;有了确实的证据,然后对于此等事实方能置信;根据这确有证据的事实所编成的纪录,所说明的理法,才算比较的近于真理,比较的可信。凡学都所以求真,而历史为尤然。这种求真的态度,薰陶渐渍,深入于人的心性,则可造成一种认真的习性,凡事都要脚踏实地去作,不驰于空想,不骛于虚声,而惟以求真的态度作踏实的工夫。以此态度求学,则真理可明;以此态度作事,则功业可就。"[李守常(大钊):《史学要论》,河北教育出版社 2000 年出版,第 55 页]他的话,是对考据这门学问的肯定,也是对空谈者的批评。

这里附带说一下,对于史料,不可因偏见而为用废。所谓偏见,就是在没有将一人一事研究透彻以前,仅根据前人之说或个人好恶,就轻率地下结论,或称其为大善,或斥其为大恶。凡认为大善者,对明明是夸张、美化的史料,仍用之不疑;凡认为大恶者,即便稍有赞许之辞,亦视为伪,断然废弃不用。前者的例子很多,从对尧、舜、禹、周公、孔、孟到后来被拔得很高的一些英雄人物的记载,都多少带有这种弊病。至于后者,更是俯拾即是。如后人对南宋末年权相贾似道的评价,就明显存在这种倾向。周密是宋元之际一位颇有气节的士大夫,也是一位能讲真话的学者,他虽因抵制"公田法"的某些扰民措施而遭到贾似道的打击,但在《癸辛杂识》后集《贾相制外戚抑北司戢学校》条中,对贾似道的政绩还是作了些许肯定。可是清人赵翼在《陔余丛考》卷四一中,"乃疑此为周密尝受似道盼睐所致"。对于这类偏见,陈垣先生很不以为然,他道:"不知此等事,《宋史·贾似道传》并载之,岂修《宋史》者亦党于似道耶!专制之极,使人不敢称其恶,今乃不许称人善,亦岂是非之公耶!"(陈垣:《通鉴胡注表微·治术篇第十一》)陈垣先生的这一批评,对今天仍然怀有历史偏见而用废史料之人,确实是一副很好的清醒剂。

为了鉴别史料的真伪,正确引用史料,应采取多种考证方法,一般可以从以下几方面着手。

(一)搞清史料的确切含义,尊重史料的客观性

每一条史料,都有其一定的含义,只有领会它的确切含义,才能恰如其分地加以引用。如《续资治通鉴长编》卷四谓:"(乾德元年)始令诸州岁所奏户帐,其丁口,男夫二十为丁,六十为老,女口不须通勘。"《文献通考·户口考二》也有类似记载,不过将最后一句"女口不须通勘",说成为"女口不预"。在研究两宋户口问题时,对如何正确理解"女口不须通勘"或"女口不预"这句话就显得非常重要。有人理解为户口中不统计女口,有人理解为也统计女口,只是不必将她们划分成丁、老而已。直至今天,由于学者对这条史料的理解不同,对宋代全国人口数的看法,仍然大相径庭。再如范文澜先生说:"六〇七年,隋炀帝定十科举人,其中有'文才美秀'一科,当即进士科。隋炀帝本人是个文学家,创立进士科,以考试诗赋为主,是不足为奇的。"(范文澜:《中国通史简编》修订本第三编第一册,人民出版社1965年出版,第13页)按隋炀帝立"文才美秀"科以及他"本人是个文学家"这两条史料都没有错,但它们与隋炀帝创立进士科却沾不上边,纯属凭空想像,因为隋代即使有了进士科,也只试策,进士科考

第一章 鉴别史料,正其讹误

诗赋乃是唐高宗朝以后之事。

(二)引用他书所录史料,要核对原文,并尽可能引用第一手史料

阅读与本人研究课题相同或相近的论著时,往往可以从中找到一些对自己有用的史料,或提供一些有价值的史料线索,这实在不失为一条寻找史料的门径。但是史料几经传抄、翻刻、转引,易失其真,在引用时,为防止以讹传讹,一定要核对原文。原文可能有多种出处,如有关西汉前期历史的一条史料,原文可能既存在于《史记》中,又存在于《汉书》中,还存在于南宋徐天麟编撰的《西汉会要》中。因为《汉书》中有关汉武帝元狩元年(公元前122年)以前的内容,多移用《史记》所载,《西汉会要》则取材于《史记》和《汉书》。因此,《史记》是第一手史料,《汉书》是第二手史料,《西汉会要》则为第三手史料。在一般情况下,以引用作为第一手史料的《史记》原文最为可靠。在论著中要引用第一手史料,是史学研究中必须遵循的原则,许多学者在评阅研究生毕业论文时,首先不是看内容而是看引文出处,主要原因也在于此。

(三)要尽可能使用好的版本

古籍版本是一门重要学问,本书将在后面作专门介绍。所谓好的版本,就是时间早、校勘精、注释详的版本和足本。清末张之洞不仅善搞洋务,对古籍的阅读也颇有经验,其云"读书不知要领,劳而无功;知某书宜读而不得精校、精注本,事倍功半"(张之洞:《书目答问·略例》),说的就是这个意思。早些年,笔者在整理《全宋诗·朱熹诗》时,以嘉靖本《朱文公文集》为工作底本,在校勘到卷七《枯梅》诗时,标题下有朱熹自注云:"予家居时,刘平甫□折此枝为赠。"这空阙究竟是什么字?我查阅了明初本、明天顺本、《四库全书》本、清道光本、朝鲜本等都不得要领。后来,查阅了宋本,才知道空阙处乃一"每"字,由此可见宋版书之可贵。再如唐初著名诗人王勃的文集,现在存世的主要有《唐人集》2卷本、《四库

全书》16卷本、《四部丛刊》16卷附录1卷本、《四部备要》9卷本等四种,如果从是否为足本衡量,《四部丛刊》本无疑是最好的本子。当然,好的版本并非十全十美,差的版本也并非一定一无可取,多找几种版本加以核对,不失为鉴别史料的一种好方法。

(四) 要详细占有史料,才能去伪存真

所引史料是否正确,并非一眼可以看出,这里有一个分析、对比的问题,而要做到这一点,只靠少数几条史料是不够的,必须尽可能地详细占有史料,掌握更多的本证(即史书自身的记载)和旁证(即其他史书的记载),才能去粗取精,去伪存真。陈垣先生在谈论自己做学问的经验和体会时说:"一、凡事之传说,不论真伪,必各有原因;二、凡研究讨论一事,如证据未充分时,决不可妄下断语;三、读书遇细微异同之处,亦不可忽略。"(《陈垣史学论著选》,上海人民出版社1981年出版)要做到以上三个方面,就不能孤陋寡闻,否则你怎能通过对比以辨别事之真伪? 怎能作出合乎情理的论断? 怎能发现史料与史料之间有细微异同之处?《新唐书·严武传》载:"房琯以故宰相为巡内刺史,武慢倨不为礼。最厚杜甫,然欲杀甫数矣,李白为'蜀道难者',乃为房与杜危之也。"又《新唐书·杜甫传》载:"(甫)流落剑南……会严武节度剑南东西川,往依焉。……武以世旧,待甫甚善,亲至其家。甫见之,或时不巾,而性褊躁傲诞,尝醉登武床,瞪视曰:'严挺之乃有此儿!'武亦暴猛,外若不为忤,中衔之。一日欲杀甫……左右白其母,奔救得止。"今人多据《新唐书》的这两条史料,来讲述杜、严之间的关系。然《旧唐书·杜甫传》的文字虽较《新唐书·杜甫传》多出近一倍,但云:"甫性褊躁,无器度,恃恩放恣。尝凭醉登武之床,瞪视武曰:'严挺之乃有此儿!'武虽急暴,不以为忤。"并无"欲杀甫"一节。再检视杜甫集中诗,凡为严武所作者达30篇之多,作于其生前者姑且不论,至其死时,犹有《哭其归榇》及《八哀诗》等多篇,感情甚是真挚,"若果有欲杀之怨,不应眷眷如此"(洪迈:《容斋续笔》卷六《严武不杀杜甫》)。再言所谓李白作《蜀道难》诗,"为房与杜危之也"一说,也站

第一章　鉴别史料,正其讹误

不住脚。按《蜀道难》作于安史之乱以前,严、房、杜三人入蜀则在安史之乱以后,李白何来为房、杜担忧?《新唐书》之误,在于缺乏深考,轻信好事者的传说所致。后人之误是囿于《新唐书》所载范围,没有去详细地占有史料,多方位、多角度地进行考辨,故重蹈了古人的错误。一次,笔者在阅读《靖康稗史》时,发觉该书《开封府状》中记高宗生母韦氏在靖康二年(1127年)被金人俘掳北去时的年龄为38岁,比《宋史·后妃传下》和《建炎以来系年要录》中所载韦氏年龄要小了10岁。这是一种偶然的记载失误?还是另有隐情?经过认真、仔细的考辨,终于揭开了宋高宗君臣所以要虚增韦氏年龄的用心,从而较好地解决了南宋前期政治上一系列难以理解的问题:如高宗因何不让钦宗南归?自北方返回的大臣(除秦桧外),因何人人都受到迫害?南宋初年为何要禁私史等(参见《环绕宋高宗生母韦氏年龄的若干问题》一文)。由于笔者在这一次没有忽略史书中一处年龄上的"细微异同之处",寻根溯源,竟然获得了意想不到的研究成果。

总之,要鉴别一条史料的真伪,不能人云亦云,或相信所谓权威人物的说法,"毋信人之言,人实诳汝"。必须尽可能多地占有史料,并且不放过每一个可疑之处,然后进行全面而实事求是的分析、考辨,才能得出正确的结论。

(五) 要全面客观地运用事涉历史人物和历史事件功过好坏的史料

在众多的史料中,有关记载人物善恶、事件好坏的史料由于存在着人为的感情因素,容易"将真迹放大",尤其需要慎重。因而对待这些史料,不能先入为主,以偏概全,或凭个人好恶来加以选择和引用。一定要跳出历史结论的框框,排除某些现实的干扰,以科学的态度来分析和对待一切与之有关的史料。长期以来,在史学研究中我们经常可以看到这样的现象:当论及历史上所谓的暴君、奸臣或其他反面人物时,总是十分相信记载他们错误和罪行的史料,即使明知某些史料是被夸大甚至根本不可能存在,照样引用不误。反之,对记载他们一些优点或做过一些好事的史料,则往往视而不见,或作出截然相反的解释,以为如果相信这些史料,就会有"美化坏人"之嫌。在研究历史上的所谓正面人物时,从明君、清官、民族英雄、抗战将领、起义军领袖,到贤士、名媛等,只要是记载他们优点和功绩的史料,都信以为真,照用不误,有时还人为拔高。反之,凡是记载他们缺点和错误的史料,则不予重视,或者着意加以讳饰。如从当前某些学者对南宋两个历史人物岳飞和贾似道的评价,就可见其一斑。岳飞是南宋著名的抗金将领,也是受人崇敬的民族英雄,但他毕竟是人不是神,也难免存在一些缺点,或犯一些错误,关于这方面的例子,在拙著《南宋史稿》(杭州大学出版社1999年出版)中已有所论及。可是在某些史学著作中,对记载岳飞不足之处的史料,皆视而不见,为了尽量拔高他的英雄形象,一方面贬低韩世忠等人的战功,另一方面将一些民间传说和饰词奉为信史,搜用以尽,如谓:"先臣(按指岳飞)死,洪皓时在敌中,驰蜡书还奏,以为敌所大畏服不敢以名呼者,惟先臣,号之为岳爷爷。将帅闻其死,皆酌酒相贺,曰:'和议自此坚矣!'"(岳珂:《金陀粹编》卷八《行实编年》)对于这样一段有违常识、毫无根据的传闻之辞(很可能是岳珂为夸大其祖父战功而杜撰),有人也照引不误。反之,贾似道因为是南宋末年的权相,他的腐败专制统治对南宋灭亡负有重大责任,于是某些学者在研究中对他尽量加以贬低,将民间传说中凡不利于他的记载,百官中所有抨击他的言论,不管真实情况如何,一律作为信史加以引用。例如贾似道为挽救南宋危亡而推行的公田法,对保障军粮供应、减少和籴和楮币发行确实起到了一定的积极作用,可是因为损害了江南大地主、大官僚的实际利益,因而受到了他们的猛烈攻击,后来的研究者竟然不加分析地将这些攻击言论也拿来作为贾似道祸国殃民的罪证。

实际上,正如古人所云:"金无足赤,人无完人。"《四库》馆臣也说:"然一代之臣,多贤奸并进。无人人皆忠之理,亦无人人皆佞之理。即一人之身,多得失互陈。无言言皆是之事,亦无言言皆非之事。"(《四库全书总目》卷五五《钦定明臣奏议》)历史事实也正是如此,无论哪一个正面

第一章 鉴别史料，正其讹误

人物，他的优点固然很多，功劳确实很大，却不可能十全十美，没有丝毫缺点甚至错误；无论哪一个反面人物，他的错误固然很多，罪行确实严重，但也不能说此人一辈子都不可能做出一些值得肯定的事。因此，对于记载历史人物的每一条史料，无论是肯定他还是否定他，都要坚持实事求是的原则，认真地鉴别和分析，正确地加以引用，有功言功，有过言过，功不掩过，过不掩功。这绝对不是和稀泥，搞折衷，更不是搞翻案，因为惟有如此，才能对他们作出公正而客观的评价。

对于历史事件的记载和评论，同样也是如此。可是，在研究中人们常常因为个人感情所致，或利益相关，将其夸大或贬低，公允者却甚为鲜见。梁启超对此曾作过自我解剖。他说："如吾二十年前所著《戊戌政变记》，后之作清史者记戊戌事，谁不认为可贵之史料？然谓所记悉为信史，吾已不敢自承。何则？感情作用所支配，不免将真迹放大也。"（《中国历史研究法》，第110页）一位毕生从事太平天国革命史研究的学者告诉我："对于历史事件的评价，是通过对大量史料的研究得出来的，我们必须十分认真和十分严肃地对待每一条史料，不能为了某种目的或主观想象，去利用一部分史料，而排斥另一部分史料。"他举例说，在太平天国革命史中，有大量记载太平军纪律严明、关心民瘼、发展生产、勇敢战斗、平等友爱、上下团结的史料，人们可以利用这些史料，将太平军说成是历史上少有的仁义之师，进而推断说：太平天国运动是一场伟大的革命运动，应该充分加以肯定。反之，也有不少记载太平军纪律败坏、烧杀掳掠、破坏生产、内部钩心斗角、不堪一击的史料，人们可以利用这些史料，将太平军说成是一批乌合之众，甚至与土匪、强盗没有两样，进而可以证明：太平天国运动对中国近代社会带来了巨大的负面影响，不值得肯定。由此可见，全面、客观地运用有关历史人物和历史事件功过好坏的史料，在史学研究中确实十分重要。

（六）本证、旁证是鉴别史料的基本方法

所谓本证，就是应用史书自身的有关记载作为证据进行鉴别，以证明

其真伪。如要考证《史记·高祖本纪》《汉书·高祖本纪》所载从高祖反楚入彭城的"五诸侯"之误,可以应用各自该书的《陈平传》及《功臣表》加以证实;如要考证《魏书·薛辨传附谨传》言北魏克蒲坂后,薛谨自河东太守"迁秦州刺史",当为"迁泰州刺史"之误,可从同传所载"谨自郡迁州,威惠兼备,风化大行……于是河汾之地,儒道兴焉",证明谨为刺史时并未离开河东,因而不可能做秦州刺史。又,从《魏书·世祖太武帝纪》中知道,北魏得蒲坂时,秦州尚未纳入其版图,进一步证明此处之"秦州"当为"泰州"之误。这些都是应用本证的例子。所谓旁证,就是应用别的史书所载内容作为证据进行鉴别,以证明其真伪,其使用场合往往多于本证。如《元史·李谦传》载:"谦幼有成人风,始就学,日记数千言,为赋有声,与徐世隆、孟祺、阎复齐名,而谦为首。"为证明上述"徐世隆"实为"徐琰"之误,有人以《秋涧集》和《新元史》二书之《徐世隆传》所载,证明世隆乃谦之前辈,两人非同时代人;以《国朝文类·祭徐承旨文》、《王忠文集·书徐文贞公诗后》所载,证明此处之"徐世隆"应为"徐琰"之误(参见赵树廷等《〈元史·李谦传〉勘误一则》,载《中国史研究》2001 年第 3 期)。清乾隆皇帝自谓:"朕御极以来,从未尝以语言文字罪人,在廷诸臣和进诗册,何止数千万篇,其中字句谬戾亦时有所有,朕皆不加指摘。"(《清代文字狱档·胡中藻案》)可是,据他史记载,仅乾隆在位的前四十余年,就出现了近 70 起文字狱,其中如以博学多才闻名朝野的齐召南,曾深受乾隆的赏识,累官至礼部侍郎,又做过皇子的老师,后因老病乞归乡里。乾隆十五年(1750 年),有族人齐周华上书为吕留良案鸣不平,他因此受到牵连,被"逮诣京师","坐隐匿当流",最后乾隆虽然格外开恩,"夺职放归,还其家产十三四",但受尽折磨的齐召南,返家后即病故(《清史稿·齐召南传》)。仅此一例,就足以戳穿乾隆"未尝以语言文字罪人"的谎言。以上都是应用旁证的例子。

(七)正误与辨伪,贵在反证

为证明某条史料是错误的,最佳、最直截了当的方法是举出一个有力

第一章 鉴别史料,正其讹误

的反证。所谓反证,就是与史料所言的意思刚刚相反的证据。如汉文帝时候有一位学问和道德都很好的大臣叫直不疑,有人出于嫉妒,在文帝面前进谗言,说他"盗嫂",也就是与他的嫂嫂有不正当的男女关系。后来文帝向他问起这件事,直不疑并不多作解释,只回答"我乃无兄"四字,便使真相大白。直不疑在这里使用的就是反证。又如《商君书·徕民篇》有"自魏襄以来"语,有"长平之胜"语。按魏襄死于商鞅后42年,"长平之战"则在商鞅死后78年,商鞅皆不及见,怎能语及此两事?足证《商君书》有后人依托无疑。再如《遁斋闲览》有云:"梁颢八十二岁,雍熙二年状元及第。其谢启云:'白首穷经,少伏胜之八岁。青云得路,多太公之二年。'后终秘书监,卒年九十余。"从此,梁颢八十二岁考取状元的故事,不胫而走,还编成戏剧上演。究其真实性如何,无须多作繁琐考证,据宋朝国史载:"(梁颢)景德元年,以翰林学士知开封府,暴疾卒,年四十二。"(参见《容斋四笔》卷一四《梁状元八十二岁》)既然梁颢的卒年是42岁,就足以证明他82岁考取状元一事为子虚乌有,所谓"谢启"云云,纯系好事者杜撰而已。

(八) 正确采用理证的方法

鉴别史料的正确与否,能找到反证当然不错,它既有很强的说服力,也可以少费笔墨。但是,能找到反证的史料毕竟是极少数,多数非得依靠本证和旁证不可。至于有些史料,虽明知其不可信,却找不出任何有说服力的证据。在这种情况下,不妨采用理证的方法,即以自己的常识和经验为基础,根据情理作出判断,结合运用逻辑推理的方法加以正误。如史书中常常记载一些帝王出生时的"祥瑞",什么"神光照室","紫气充庭","异香经宿不散","赤光上腾如火,闾巷闻有异香","祥光照室,群鼠吐五色气成云"等,依常识判断,这些记载当然皆为无稽之谈,目的不过是为了神化皇权,证明他们都是"受命于天"的真命天子而已。再如对南宋绍兴年间杀害岳飞的元凶大恶到底是谁的问题,史学界颇有争论。一种说是权相秦桧,一种说是宋高宗赵构。主张前者的,主要根据《宋史·秦桧传》的记载,认为是秦桧在岳飞一案中做了手脚,故意捏造罪名,"矫诏"杀死了岳飞,宋高宗多少有些受蒙蔽。主张后者的,主要通过常识和情理推断,认为高宗与岳飞在投降还是坚持抗金等问题上一直存在着尖锐的矛盾,绍兴十一年(1141年)前后,高宗大权并无旁落,大理寺要判处一名枢密副使这样大的官,不经皇帝同意是不可能的,何况他还亲自改变大理寺的判决,将岳飞之子岳云由流放改为弃市,变得更加凶残。秦桧死后,高宗对自己杀害岳飞一事,仍然直言不讳。因此,杀害岳飞的元凶大恶是高宗,秦桧只是一个出谋划策者和主要帮凶。后者虽然使用了理证的方法,但结论显然比《宋史·秦桧传》所载为正确。

不过,理证也有相当难度,一旦不慎,就会失之毫厘,差之千里,故使用时必须慎之又慎。理证又可分为两种,一种是积极的判断和推理,上面所举几例皆然;另一种是消极的判断和推理,就是说如果在史书中找不到某一人物或事件的记载,就表明这个人物或事件在当时和以前并不存在。顾颉刚先生在《古史辨》中多运用这种方法。例如他说:《诗经》中有若干禹,但尧舜不曾一见;《尚书》中(除《尧典》、《皋陶谟》以外)有若干禹,但尧舜也不曾一见,故有关尧舜禹的传说,禹在先,尧舜在后,是无疑义的。按照顾先生的说法,某书不管内容如何,有无必要,非得写出某一著名人物不可,否则这位著名人物在当时就可能不存在。再如"除陌"作为唐代的一项重要财政措施,首见于《唐会要》卷六六所载天宝九载(750年)二月十四日的敕文中,有人便以此推断出这项措施始行于天宝九载。这类消极的推断,又称默证,其可靠性比前者就差了许多。著名学者张荫麟对此也有相当尖锐的批评,他说:"凡欲证明某时代无某某历史观念,贵能指出其时代中有与此历史观念相反之证据。若因某书或今存某时代之书无某史事之称述,遂断定某时代无此观念,此种方法谓之'默证'(Argument from silence)。默证之应用及其适用之限度,西方史家早有定论。吾观顾氏之论证法几尽用默证,而什九皆违反其适用之限度。"(《评近人顾颉刚对于中国古史之讨论》,收入《张荫麟文集》,台北中华丛书委员会1956年排印本)

第一章　鉴别史料，正其讹误

因为世界上总会出现一些特殊的、超过通常想像的人和事，所以积极的判断和推理，有时也会造成失误。唐代以牛僧孺（779年—847年）、李宗闵（？—843年）为首的官僚集团和以李德裕（787年—850年）为首的官僚集团之间的斗争，史称"牛李党争"。牛党多是进士出身，代表庶族地主的利益，李党多以门荫入仕，代表士族地主的利益。在评价牛、李两党的历史地位时，如果按照他们的出身加以判断和推理，必定认为牛党优于李党。事实上，虽然在通过什么途径选择官员的问题上，李党主张废除科举取士，任用官僚子弟，有其局限性，但在对待藩镇的问题上，李党主张摧抑兼并，重振朝纲，与牛党主张姑息妥协，息事宁人的态度大不一样。由于藩镇割据是唐后期最大的祸害，所以李党的历史地位应稍高于牛党，这就使通过理证而得出的结论产生了偏差。

至于默证更是不可轻易使用。马可·波罗确实到过中国，今天基本上已经成为中外学者的共识，可是英国学者弗朗西丝·伍德（吴芳思）在上个世纪五十年代所撰之《马可·波罗到过中国吗？》一书中以为：马可·波罗在其《行纪》中只字没有提到中国的长城，证明他并没有到过中国。可是，元代以前欧洲人并不知道中国有一座万里长城，何况当时的长城已经残破不堪，并不一定会引起人们的注意，为什么在《行纪》中非要写到长城不可？由此可见，滥用默证并不可取。

（九）借助考古发掘来核实史料

某些历史记载是否可靠，还可通过考古发掘加以核实和鉴别。如《尚书·盘庚篇》言"盘庚迁于殷"，《史记·殷本纪》也有类似记载。这些记载是否正确呢？后人通过发掘殷墟遗址，见到那里有商王大墓、宫殿遗址和一些贵族用过的器物，殷墟甲骨文里也有盘庚迁殷的记载，证明《尚书》和《史记》中所记的这条史料为可信。再如在南宋顾文荐的《负暄杂录》和叶寘的《坦斋笔衡》两书中都说南宋有两个官窑：一为修内司窑，一为郊坛下窑。但是，长期以来，史学家对这一记载有怀疑，原因就是总找不到这两处古窑址。到了上个世纪六十年代，人们才在杭州凤凰山麓的南宋郊坛遗址附近,找到郊坛下古官窑,有关部门还在那里建立了一个官窑博物馆。此后,修内司窑一直没有被发现,于是有学者断言:"修内司是官署,不是窑址,南宋官窑只有郊坛下一处。"(参见倪士毅《浙江古代史》,浙江人民出版社1985年出版,第200页)可是,通过考古工作者多年的不懈努力,到1999年,终于在离郊坛下不远处的老虎洞附近,找到了修内司官窑。至此,才完全证明顾、叶两人所记为正确。再如说到上海历史,都以为始于战国时楚之春申君黄歇,故其地称为申,其江称为申江,或黄浦,或歇浦。但近代学者从各方面研究之结果,确知上海在唐以前尚未成为陆地,二千余年前怎会有春申君的古迹?这是通过考古而否定某些历史记载的一个证例。

(十) 应用目录学、版本学、校勘学、训诂学、音韵学、年代学、避讳学等各种知识进行鉴别

史料的错误有多种多样,引用失误的情况也是各不相同,史籍的作伪又是五花八门,因此单凭本书上面提到的一些鉴别手段和注意事项显然远远不够,还必须应用目录学、版本学、校勘学、训诂学、音韵学、年代学、避讳学等各种知识,将它们相互结合起来进行鉴别,才能取得最佳效果。下面,本书拟着重就这些学问中与史料鉴别有关的内容,分章进行论述。至于目录学方面的一些内容,因为已经融入到了本书的相关章节中,所以不再另立专题进行介绍。

第二章 应用版本学知识以正误

在古代,史籍的大量出现和流布,除了要有文字作为记载手段以及丰富的历史、文化内涵以外,还必须具备一定的物质、技术条件:一是作为载体纸的发明,二是印刷术的出现。我国是一个文明古国,是世界上最早发明纸的国家,也是最早发明雕版印刷术和活字印刷术的国家。正由于具备了这些文化的、物质的和技术的条件,遂使我国成为世界上古代典籍最为丰富,流布范围最为广泛的国家。

在浩如烟海的史籍中,不同的史籍有不同的形式和内容,它们之间当然就缺乏可比性。但是,相同的史籍,因传抄、刻印、装订和时代的不同,往往会呈现出一些差异,这样就造成了同一种书的不同版本,并渐渐地形成为一门新的学问,即版本学。

一、雕版印刷术的发明和版本学的产生

(一)雕版印刷术的发明和发展

"雕版"亦写作"雕板",就是在木板上刻字,古人则有"镂板"、"椠板"、"模勒"之称。刻字所用的木板,以选用质地坚实耐磨的枣木或梨木

为佳,所以人称雕版为"付之枣梨"。版材选定后,将其锯成厚度约为2厘米,长度约为60厘米,宽度约为30厘米的长方形版片。版片经过浸泡、晾干、上油、磨平等一系列工序后,就可以在上面刻字。刻字之前,先要"写样",就是在纸上写好需要雕刻的文字,经过校对无误后,将它反贴在版片上,晾干后就可刻字。版片刻完字,锯掉边栏以外多余的木板,刨光后就可上墨印刷。因为刻的是反字,印出来的是正文。但反字比较难刻,所以有些熟练的写字工干脆用反字写样,然后正贴在版片上,这样印出来的就成正文。这两种写样方法究竟哪一种使用得多一些,今天已很难查考。

雕版印刷术发明于何时?迄今为止仍然众说纷纭,归纳起来大致有东汉说、东晋说、六朝说、隋朝说、唐朝说、五代说、北宋说七种(参见张秀民:《中国印刷史》,上海人民出版社1989年出版)。所以会出现如此巨大的分歧,这与雕版印刷术本身的技术构成有关。因为雕版印刷术实际上是印章、信符雕刻技术和石经、石刻文字拓印技术两者相结合的产物,而印章和拓印早在秦汉时期就已经出现,故各种似是而非的记载,往往被人误认为是雕版印刷出现的标志。但是,若从开皇八年(588年)三月,隋文帝为声讨陈后主的"二十恶","仍散写诏书三十万纸,遍谕江外"(《资治通鉴》卷一七六《陈纪十》)的这条记载来看,至迟到隋朝初年,这种技术似乎尚未出现。清代学者朱彝尊甚至否定隋唐之际已有雕版印刷术的存在,他说:"隋世既有雕本矣,唐文皇为何不扩其遗制,广刻诸书,复尽选五品以上子弟入弘文馆钞书,何耶?"(朱彝尊:《经义考》卷二九三)由此可见,某些史籍所谓唐朝初年已有雕版印刷物的记载,其真实性尚值得怀疑。退而言之,即使有佛教徒将其应用于雕版佛像和佛经上,但这种印刷技术也远未在民间得到推广,更没有为政府所采用。

大约从盛唐时候起,雕版印刷才开始在一些地区和部门发展起来,印刷邸报、日历、诗歌等篇幅不大的读物,不过与宋代相比,它尚未完全成熟,主要表现为刻印质量没有保证,装订形式又比较原始,因此并不具备刻印大部头书籍的能力。

第二章　应用版本学知识以正误

先言唐代的刻印质量。唐代流传下来的雕版印刷物甚为罕见,今天人们所熟悉且颇有代表性的藏品有两件:一是在韩国庆州佛国寺释迦塔内发现的《无垢净光大陀罗尼经》,据说刻印于公元704年—751年,基本上属于唐玄宗时期,它是世界上现存最早的雕版印刷物。一是在敦煌发现、后被收藏于伦敦博物院的《金刚经》,它明确记载是唐懿宗咸通九年(868年)所印造。这两份经卷的印刷质量都相当高,于是有人断言唐代的雕版印刷术已臻于成熟,其实则不然。据近人孙毓修《中国雕版源流考》云:"近有江陵杨氏藏《开元杂报》七叶,云是唐人雕本,叶十三行,每行十五字,字大如钱,有边线界栏,而无中缝,犹唐人写本款式,作蝴蝶装。墨影漫漶,不甚可辨。"再如黄巢起义时跟随唐僖宗逃入成都的官员柳玭在《家训序》中说:"中和三年(883年)癸卯夏,銮舆在蜀之三年也。余为中书舍人,旬休,阅书于重城之东南,其书多阴阳杂记、占梦、相宅、九宫五纬之流,又有字书、小学,率雕板印纸,浸染不可尽晓。"(佚名:《爱日斋丛抄》卷一)这些记载足以说明,盛唐时虽已有了雕版印刷物,但质量十分低劣;唐后期刻印的东西尽管不少,可是除了少量精心刻印的佛经以外,多数印刷物字迹模糊不清,同样存在着严重的质量问题。加上唐代书籍的装订形式,也不适宜于雕版印刷,因而,这时的雕版印刷仍以刻印佛经、佛像、历日、邸报、字书、小学、单篇诗赋等文字不多的大众读物为主。那些卷帙繁多的书籍,包括儒家经典、文集、史书等,无论政府或私人仍得用手抄写。

五代时候的雕版印刷业比唐时有所进步,一是前蜀宰相毋昭裔为实现他在贫贱时的诺言,率先将《文选》雕版刊行,以遗学者(《挥麈录·余话》卷二)。二是出现了中国历史上第一部官刻的《九经》。据史书记载:后唐长兴三年(932年)二月,朝廷应宰相冯道等人奏请,同意按石经文字刻《九经》印板。此书历时21年,直到后周广顺三年(953年)六月才雕造完毕(参见《旧五代史·唐明宗纪九》)。这两件雕版印刷物的出现,意义十分重大:前者表明雕版印刷已从过去刊刻文字不多的大众读物,向有一定篇幅的文化典籍发展;后者表明刻书业已越出书坊和僧道、百姓的范围,开始受到政府的重视。

但五代战乱不息,严重阻碍社会经济、文化的发展,刻书业也同样受到影响。南宋目录学家陈振孙(？—约 1261 年)在《直斋书录解题》卷三《九经字样》条中说:"往宰南城出谒,有持故纸鬻于道者,得此书,乃古京本,五代开运丙午(946 年)所刻也,遂为家藏书籍之最古者。"作为一个距唐、五代时间不是很远且专门从事版本目录学研究的南宋学者,居然没有搜集到一部唐代刻本,偶获一部五代刻本,亦成了"家藏书籍之最古者",足以证明唐、五代雕版印刷尚很不发达,史书印刷的数量甚是稀少,当时所撰之书,基本上仍要依赖于手抄传播。

赵宋政权建立之初,天下兵革未定,雕版印刷术的水平尚与五代相仿佛。太宗即位不久,北宋基本上实现了全国的统一,随着社会的安定和文治政策的推行,雕版印刷技术有了进一步提高,书籍的装订形式也有了改进,加上科举制度的推动,对书籍的需要量急剧增加,从而推动了刻书业的迅猛发展。苏轼(1037 年—1101 年)在《李氏山房藏书记》中说:"余犹及见老儒先生,自言其少时,欲求《史记》、《汉书》而不可得,幸而得之,皆手自书,日夜诵读,惟恐不及。近岁市人转相摹刻诸子百家之书,日传万纸,学者之于书,多且易致如此。"(《苏轼文集》卷一一)从苏轼的年龄推算,他幼时见到的那些老儒,他们的少年时代正生活在五代、北宋之交。前述宋真宗参观国子监书库,问祭酒邢昺"书板几何"的故事,也足以表明,北宋的印刷业到太宗朝以后才开始飞速发展起来。

这里附带说一下活字印刷术的发明问题。据署名为南宋人岳珂(1183 年—1234 年)所撰之《九经三传沿革例》中说:有"天福铜板"。天福为五代后晋年号(936 年—944 年),有人以为这是铜活字,是我国有活字印刷之始;有人则以为这是整块铜板,与雕版印刷并无两样。不过从常理推断,以铜板代替木板,虽然有坚固耐印的优点,但当时铜的原料十分缺乏,是否有条件将它用在印刷上,恐怕还是疑问,何况在铜板上雕刻成阳文印刷,其烦难程度要远远大于木板。因此,我们认为,"天福铜板"是铜活字的可能性比较大。又据沈括《梦溪笔谈》卷一八《技艺》条载,北宋庆历中(1041年—1048年),有布衣毕昇发明了一种活字印刷术,"其法用胶泥刻字,薄如钱唇,每字为一印,火烧令坚。先设一铁板,其上以松脂、蜡和纸灰之类冒之。欲印,则以一铁范置铁板上,乃密布字印,满铁范为一板,持就火炀之,药稍熔,则以一平板按其面,则字平如砥。若止印三二本未为简易,若印数十百千本,则极为神速。常作二铁板,一板印刷,一板已自布字,此印者才毕,则第二板已具,更互用之,瞬息可就"。这种活字印刷的技术,尽管在宋朝并未得到推广,但在邻国西夏确实得到了使用,这从前些年在黑城、武威、贺兰山拜寺沟等地出土的用西夏文活字印刷的刊本中可以得到证明。

（二）版本和版本学的萌芽

今天,研究古籍已成为一门十分重要的学问,其主要任务除了古籍整理以外,还有两个方面:一是研究古籍的分类方法,一是研究古籍版本的种类。前者是关于目录学的问题,后者则是关于版本学的问题。

版本和版本学是两个不同的概念。所谓版本,是指同一种书的不同本子。版本目录学家顾廷龙先生以为,商周彝器、秦诏莽量的同文异范,就是"版本的权舆"(顾廷龙:《版本学与图书馆》,载《四川图书馆》1978年第11期)。但是版本是专指书本而言,而实物并不是书,这与人们将同一个故事在流传中出现几种不同情节,说成有几种版本一样,是一种借用的说法,与后人所谓的版本并非同一事。秦火以后,西汉时期的《五经》和诸子百家,或出于各家老儒之口,或出于孔壁,或是残存的简牍,在传授和传抄过程中又受到种种影响,从而产生出各种写本,有人亦称之为"版本"。据《汉书·艺文志》载,汉成帝时,"以书颇散亡","诏光禄大夫刘向校经传、诸子、诗赋;步兵校尉任宏校兵书;太史令尹咸校数术;侍医李柱国校方技"。既然要校勘这些书,说明当时一书已有多种写本。到东汉时候,由于文化的发展和纸的发明,写本更多,其中又以儒家经典的写本为最多。汉灵帝时期所刻的"熹平石经",就是为了统一各种儒家经典的写本而刻成的一个官方定本。有学者据此以为,汉代出现了真正的

"版本"。但是,当时的写本,与今天人们所称之"版本"仍然有所不同。今人所谓之版本,内涵十分丰富,它包括了刊本、写本、印本、拓本、摹本等多种类型的本子,但主要是指雕版印刷的本子而言。加之,如果一个写本就是一种"版本",那么,由两汉到隋唐,"版本"之多更是不胜其数,恐怕在当时是很难入手加以区别和研究。因此,从正规意义上说,唐、五代以后的刊本,才可以称得上是后人所谓之版本。

所谓版本学,就是研究各种版本的形成、特征和差异,鉴别其真伪、优劣和成书时间等方面的学问。版本学起源于何时?各家说法也不一致。如果说汉代的各种写本就是"版本",那么刘向等人为整理书籍,就需要搜集本子,校勘文字,已经出现了版本学方面的学问。如果说版本学的主要研究对象是各种刊本,主要研究内容是各种本子的产地、用纸、墨色、字体、刀法、行款、版式、封面、装订形式、藏章印记和题跋等,那么当以"板本大备"的两宋为始。

据南宋人叶梦得《石林燕语》卷八载:"余襄公靖为秘书丞,尝言《前汉书》本谬甚,诏与王原叔同取秘阁古本参校,遂为《刊误》三十卷。其后刘原父兄弟,《两汉》皆有刊误。余在许昌得宋景文用监本手校《西汉》一部,末题用十三本校,中间有脱两行者。"按余靖(1000年—1064年)、宋祁(谥景文,998年—1061年)皆为北宋仁宗朝大臣,他们一以秘阁古本参校通行本《汉书》,一以国子监本作底本,参校13种其他《汉书》本子。刘敞(字原父,1019年—1068年)兄弟既然都作了两《汉书》的刊误,表明他们也注意到了各种刊本的好坏,都涉及版本学的一些问题。但是,余靖、宋祁和刘敞等人对版本的研究还没有提高到理论的高度,因而距版本学的产生尚有一段距离。

南宋时候,书籍版本越来越多。著名诗人兼目录学家尤袤(1127年—1194年)在他所著《遂初堂书目》中,对经、史两类书目著录了不同版本,如《史记》有川本、严州本,《汉书》有川本、吉州本、湖北本等,开创了著录版本的先河。据岳珂说,他在刻印《九经》时,所搜集到的版本有23种之多(《九经三传沿革例》)。又据陈振孙《直斋书录解题》卷八载:

"《元和姓纂》绝无善本,顷在莆田,以数本参校,仅得七八。后又以蜀本校,互有得失,然粗完整矣。"这里所称之"版本",基本上都指刊本而言。当时不仅出现了"版本"、"善本"等名称,而且越来越重视书籍的校勘、印造和装帧。据宋末元初人周密《癸辛杂识》后集《贾廖刊书》条载:理宗朝权相贾似道的门客廖莹中刻《九经》,"以数十种比校,百余人校正而后成。以抚州草抄纸油烟墨印造,其装褫至以泥金为签"。对版本的讲究,已达到前所未有的程度。这些事实表明,版本学在南宋已进入萌芽阶段。

(三)版本学的形成

到了明代,随着社会经济、文化的发展,科举取士持久、广泛地进行,书肆兴盛,使雕版印刷业更加繁荣。当时,公私藏书都超越前代,特别是私家藏书,成就更大,从而出现了一大批著名藏书家,据叶昌炽在《藏书纪事诗》中的不完全统计,明代藏书家达427人(不包括藩王藏书),绝大部分出现在中后期。其代表人物有:浙江的"天一阁"主人范钦(1505年—1585年)、"天籁阁"主人项元汴(1525年—1590年)、"白华楼"主人茅坤(1512年—1601年)、"玩易楼"主人沈节甫(1533年—1572年)、"二酉山房"主人胡应麟(1551年—1602年)、"澹生堂"主人祁承爜(1562年—1628年),江苏的"小酉馆"主人王世贞(1526年—1590年)、"六编"主人唐顺之(1507年—1560年)、"绛云楼"主人钱谦益(1582年—1664年)、"汲古阁"主人毛晋(1599年—1659年),河北的"志道堂"主人高儒,山东的"万卷楼"主人李开先(1502年—1568年),福建的"世德堂"主人陈第(1541年—1617年)、"红雨楼"主人徐𤊹(1570年—1645年)等人。他们所藏之书,多的如"汲古阁"达八万四千余册,"澹生堂"达十万余卷,"天一阁"达七万余卷,藏书数量都接近或超过了唐朝开元时国家藏书的规模;少的如"二酉山房"有四万二千余卷,"小酉馆"有三万余卷,最少的也在万卷以上。

这些私人藏书家,不仅嗜书如命,而且对版本大都颇有研究,他们长于古籍的鉴别,已将版本分为宋本、元本、旧抄、景(影)宋等多种,对古籍的整理和保管工作也颇为重视,并在很大程度上改变了宋代士大夫藏书"多失于雠校"(《挥麈前录》卷一)的缺点。生活于嘉靖、万历之世的高濂,不仅是著名的戏曲家,也酷爱藏书,他对鉴别版本具有丰富的经验。高濂认为:宋元版本所以珍贵,在于"雕镂不苟,较阅不讹,书写肥细有则,印刷清朗"。但元版与宋版也有差别。他说:宋版书"纸坚刻软,字画如写,格用单边,间多讳字。用墨稀薄,虽著水湿燥,无烟迹,开卷有一种书香,自生异味"。相比较而言,"元刻仿宋单边,字画不分粗细,较宋边条阔,多一线,纸松刻硬,用墨秽浊,中无讳字,开卷了无嗅味"(高濂:《遵生八笺·燕闲清赏笺·论藏书》)。因此,高濂以为,宋版本较元版本为佳。再如吴中著名书画家文徵明(1470年—1559年)的两个儿子——文彭(字寿承)、文嘉(字休承),他们既出身于"藏书世家",又对古籍的鉴别有精湛造诣,人称项元汴所藏之书所以"皆精妙绝伦",是因为"每遇宋刻,即邀文氏之二承鉴别之","虚心咨决"的结果(钱曾:《读书敏求记》卷四著录《文心雕龙》),足见两人对宋刻本了解之深。王世贞也是一位深谙版本学的大家,他对自己所藏、所见之书,凡属比较稀罕的版本,从缮刻、用纸、用墨到书籍的来龙去脉,皆一一加以鉴别和记录,如为宋本《六臣注文选》作题跋云:"此本缮刻极精,纸用澄心堂,墨用奚氏。旧为赵承旨所藏。往见于同年朱太史家,几欲夺之,义不可止。……因题而归之。壬午春日,书于昙阳观大参同斋中。"[叶昌炽:《藏书纪事诗》(附补正)卷三]胡应麟一获古本,便精心校雠,自言:"书之外,一榻一几,一博山一蒲团,一笔一研,一丹铅之缶而……亭午深夜,坐榻隐几,焚香展卷,就笔于研,取丹铅而雠之。"(胡应麟:《少室山房笔丛》卷二附录《二酉山房记》)祁承爜所撰之《澹生堂集》、《澹生堂藏书约》和《藏书纪要》则多有关于版本学方面的知识。

明朝末年对版本学最有研究的当推钱谦益和毛晋两人,他们都活到清初。钱氏人称其"每及一书,能言旧刻若何,新板若何,中间差别几何,验之纤悉不爽"(曹溶:《绛云楼书目·题词》)。毛氏不仅是著名的藏书家,而且也是著名的出版家和版本鉴别家,他的刻书场所就设在汲古阁后面,常年有工匠20名为其雕版。他在刻书中非常注意质量,并将版本学的知识应用于其间。据其友人陈继儒说:"吾友毛子晋负泥古之癖,凡人有未见书,百方购访,如缒海凿山以求宝藏。得即手自钞写,纠讹谬,补遗亡,即蛛丝鼠壤,风雨润湿之所糜败者,一一整顿之,雕版流通,附以小跋,种种当行,非杜裁判断硬加差排于士人者。盖胸中有全书,故本末具有脉络;眼中有真鉴,故真赝不爽秋毫。无论寒肷嗛腹之儒,骇未曾有,虽士大夫藏书家李邯郸、宋宣献复生,无不侈其博而服其鉴也。"[叶昌炽:《藏书纪事诗》(附补正)卷三《毛晋子晋》]以上数例足以说明,版本学在明代已正式形成。

(四) 版本学的发展和鼎盛

清朝虽以满洲贵族君临天下,但早在清兵入关以前,满族统治者就已经十分重视吸收汉文化,开始有组织地对《四书》、《五经》、《资治通鉴》、《性理经义》等儒家经典进行翻译和刻印。清朝建立以后,更以"崇尚经学"相标榜,大量刊印经过皇帝批准的各种经义著作,整理出版自唐宋以来的历朝文献,编纂《渊鉴类函》、《佩文韵府》、《古今图书集成》等大型类书,并在全国范围内搜集各种古籍以充实内府藏书。与此同时,为防止反清活动,加强文化专制主义,采取怀柔与镇压相结合的政策,一方面广泛招诱士人走科举入仕之路,以加强其统治基础;另一方面严厉镇压反清思想,制造形形色色的文字狱,其残酷性和涉及面之广,都远远超越前代。

在康熙、雍正两帝的大力倡导下,加上科举制度的推动,儒学得到全面的复苏和发展。进入乾隆时期,学术文化大为繁荣,其标志就是我国古代最大丛书《四库全书》的编纂及考据学的兴起。当时,公私藏书比明时还要丰富。内府藏书在广泛搜罗古籍善本的基础上,开始进行系统的校勘和整理。文人学士为避免触犯时政,更致力于古籍的整理。这样,便促使考据之风的兴起。为了考据和训诂的需要,必须博览群书,参稽异同,鉴别和校勘各种版本,又推动了版本学的发展,涌现出了一大批精于校勘、版本之学的人才,出版了不少与版本学有关的著作。

冯班(1602年—1671年)、钱曾(1629年—1701年)、何焯(1661年—1722年)是清朝前期三位著名的学者,他们既是藏书家,又精于校勘和版本之学。冯班,常熟(今属江苏)人,一生喜欢读书,经常探讨版本好坏。他著述颇丰,死后大都散佚,从现存的《钝吟杂录》一书中尚可见其对版本学方面的许多真知灼见。例如,冯班特别重视古本,反对在校勘时对它妄加改动,他说:"今人读书自有通病,好以近代议论裁量古人也,以俗本恶书校勘古本也。"(冯班:《钝杂吟录》卷三《正俗》)又说:"古人坟籍散亡略尽,仅有存者多被后人改坏不可据。凡古人文字中所用事,与今所传不同者,古书有之,今人不见耳。"(《钝杂吟录》卷四《读古浅说》)钱曾根据自己长期搜集、收藏和校勘书籍的经验,写成《读书敏求记》一书,对有关宋元精椠和旧抄作出题跋,内容有版本考证、收藏典故、优劣评价等。该书据雕版、字体、纸张、墨色等不同特征以考订成书年代,从初印、重印、原版、翻刻等方面去评定版本的优劣,是一部典型的版本学著作,成为书林中重要参考书。何焯,长洲(江苏苏州)人,"通经史百家之学,藏书数万卷"(《清史稿·文苑传一》),一生好校书,所见宋元版本,皆一一记其异同,并细雠正之。康熙四十一年(1702年),他受直隶巡抚李光地荐,以拔贡入直内廷,在武英殿从事校书工作。何焯生前留下多篇题跋,但并无著作传世,在其殁后,从子何堂搜集他生前点校诸书之语,编成《义门读书记》刊行。此书对《四书》、《诗经》、《左传》、《公羊》、《穀梁》、《史记》、《汉书》、《后汉书》、《三国志》、《五代史》、《韩愈集》、《柳宗元集》、《欧阳修集》、《曾巩集》、《文选》等内廷所藏古籍考订极精,是一部出色的版本学著作。此外,在王士禛(1634年—1711年)的《居易录》、朱彝尊(1629年—1709年)的《曝书亭集》等书中,也不乏关于版本学内容的单篇论述。

于敏中(1714年—1779年)、彭元瑞(1731年—1803年)、黄丕烈(1763年—1825年)、阮元(1764年—1849年)等人,是乾嘉时期版本学家的代表。于敏中,江苏金坛人,状元及第后入直内廷,其文翰深受皇帝器重。乾隆四十年(1775年),于敏中等人奉敕编校收藏于"天禄琳琅"即昭仁殿中的宋、金、元、明版及其他各种善本,分别撰写解题并著明雕版

第二章　应用版本学知识以正误

年月、收藏家题识印记,撰成《天禄琳琅书目》前编10卷,共收宋版书71部,金版书1部,影宋抄书20部,元版书85部,明版书252部(参见庆桂等《国朝宫史续编》卷七九《书籍五》)。彭元瑞,江西南昌人,以进士入仕供奉内廷近40年,曾被乾隆誉为江南才子。嘉庆二年(1797年),彭元瑞等人仿前编体例,编《天禄琳琅书目》后编10卷,共收乾隆亲题宋版书7部,影宋抄本2部,宋版书223部,影宋抄书9部,辽版书一部,影辽抄书1部,金版书1部,元版书116部,明版书289部,明抄本8部(参见《国朝宫史续编》卷八〇《书籍六》)。可以说,"天禄琳琅"既是皇室也是全国最大、最珍贵之善本书库,而《天禄琳琅书目》前后编,即成为当时最完备的版本学著作。黄丕烈号荛圃,江苏苏州人,专事宋元旧刻的搜罗,收藏宋版书达百种,对版本的鉴别和校勘也是行家里手,从他留下来的大量题跋中,就充分证明了这一点。时人称他:"今天下好宋版书,未有如荛圃者也。荛圃非惟好之,实能读之。于其版本之先后,篇第之多寡,音训之异同,字画之增损,及其授受源流、翻摹本末,下至行幅之疏密广狭,装缀之精粗敝好,莫不心营目识,条分缕析。"[《藏书纪事诗》(附补正)卷五《黄丕烈绍甫》]可见黄丕烈也是一位不折不扣的版本学家。阮元,江苏仪征人,历官浙江、江西、河南巡抚,湖广、两广、云贵总督,平生提倡学术,著述众多,又以整理、刊刻古籍为己任,是一位官僚兼学者的人物。他所撰写的《揅经室外集》,称得上是一部极好的版本学著作。此外,像卢文弨(1717年—1796年)、钱大昕(1728年—1804年)、鲍廷博(1728年—1814年)、顾广圻(1770年—1839年)等人,由于长期从事书籍的收藏、校勘或考据,也娴熟于版本之学。

晚清时期,精于版本之学的人同样很多,如当时中国最有名的四大藏书家——江苏常熟"铁琴铜剑楼"主瞿镛(1794年—1846年)、山东聊城"海源阁"主杨以增(1781年—1855年)、浙江吴兴"皕宋楼"主陆心源(1834年—1894年)、浙江杭州"八千卷楼"主丁申(？—1880年)、丁丙(1832年—1899年)兄弟,都精通版本学。特别是瞿氏所编的《铁琴铜剑楼书目》,杨氏子孙所编的《楹书隅录》、《海源阁书目》和陆氏所编的《皕宋楼藏书志》、《皕宋楼藏书续志》，不仅是著名的目录学著作，也是富有实用价值的版本学著作。在陆心源《仪顾堂集》、丁丙《善本书室藏书志》、丁申《武林藏书录》中，也有不少关于版本学方面内容的精辟记载。

二、古籍装订的演变

为不使有用的文字散失，并便于阅读，有必要将附有文字的载体装订成册，以供保管和检索，因此古籍的装订可谓源远流长。据甲骨文字学家董作宾先生考证，早在殷商甲骨文中，已偶尔见到装订甲骨的痕迹（参见《董作宾学术论著·商代龟卜之推测》）。至于简策的装订，或以丝线，或以麻绳，或以韦革加以编联，更是众所周知的事实。将一篇文章，写在若干枚竹简或木牍上，再用两道或三道绳子编为1册，卷捆起来便可放在书架上。另有一种是先将竹简、木牍编联成册，然后在上面写字。帛书也有一定的形式，从马王堆出土的帛书来看，有这样两种：一种是折叠成若干幅的长方形，放置于容器里；一种是直接将帛书卷在直径为两三厘米宽的竹木条上，形成一卷，这可以说是后来卷轴装的雏形。纸的发明特别是在雕版印刷普遍流行以后，书籍的装订形式不断发生变化，最后定型于线装（洋装的出现，是近代之事，不属本书论述范围）。

自魏晋经隋唐至明清，书籍装订形式的变化大致经历了卷轴制度、折叠制度、册叶（页）制度三个阶段，其下又可分七种装订形式。

（一）卷 轴 制 度

首先是卷轴制度，其装订形式是卷轴装。

卷轴装的历史最为悠久，它盛行于魏晋到宋初。其每张用纸高约30厘米，长约40至50厘米不等，纸张多少依文章长短而定。文字写于一面，偶尔也有两面写的，写毕，将它们一张张粘连起来，在粘连处钤印或署名，称"印缝"、"押缝"，目的是一旦书纸脱落后，便于依原样粘复。然后

第二章 应用版本学知识以正误

将纸的一端粘在一根比纸张略长三四厘米的轴上，从左向右卷束，长度通常达到数米至数十米不等，每一卷成一单位，一本书可由若干卷组成，后世所称之"卷"，就是从这里来的。最后一张纸稍硬，或在纸上裱褙绫绢，称为"褾"，用以保护卷子。褾的末端附有两条丝带，用以扎缚卷子（参见图1）。轴的质料有紫檀、象牙、玳瑁、珊瑚等多种，也可以用普通的木棍或竹棒做成。卷轴装一般用于写本，唐后期到宋初雕版而成的佛经，也部分采用这种形式。卷轴装虽便于插架，但装订（实为粘贴）繁琐，用起来更是非常不便，如果要查找、阅读卷子中的某一部分内容，非得将全卷舒展开来不可，既费时又费力。宋代以后，就不再用它来装订书籍，但在字画的装潢中仍被保留了下来。

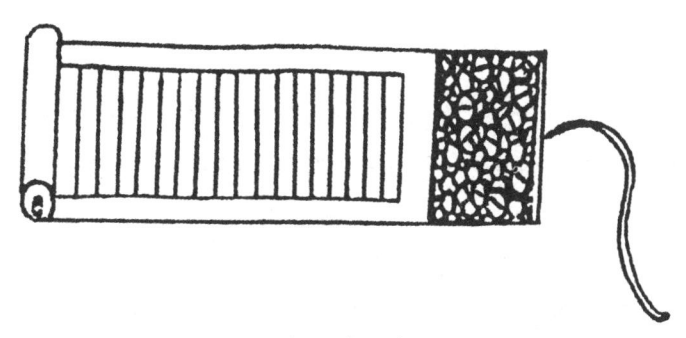

图 1　卷轴装

（二）折叠制度

卷轴制度以后，又出现了折叠制度。其装订形式有经折装、旋风装和龙鳞装三种。经折装出现于隋唐。为了纠正卷轴装的缺点，有人受佛教徒所使用的经折的启发，发明了这种装订形式。它将长长的卷子一正一反地折叠成长方形的折子，再在折子的首尾加上较硬的纸，以作保护，或另做一个书套，将折子放进套内进行保护（参见图2）。

图 2　经折装

经折装因与佛教经折相仿,也称"梵夹装",又因为很像大臣上朝时候的奏折,又称"折子装"。

旋风装是对经折装的改进,它出现于唐代。经折装的优点是翻阅比较方便,但一不小心,容易散落成为一条长长的纸带,影响阅读。于是有人将一张大纸作为书皮,把折子的首尾两页粘贴在书皮上,既保护了封面和封底,读起来也不会散开。因为折子翻阅之快形似旋风,故称旋风装(参见图3)。

图3 旋风装

龙鳞装外形如卷轴装,里面粘贴了大小相同的若干张散叶(页),作双面书写,除首叶全裱于卷底不能翻转外,其余散叶皆自右至左鳞次栉比地粘贴在卷底,每叶仅粘一条纸边,能逐叶翻转。前后两叶之间稍留一些缝隙,这样后一叶便盖住了前一叶的绝大部分,卷起来可以插架。这实际上是折叠和卷轴相结合的一种装订形式。用这种装订形式装订成的书,舒展开来是叶面互有重叠的一大本书,形似龙鳞,故称龙鳞装(参见图4)。龙鳞装既是卷轴装的改进,又有经折装翻阅的便利,它的出现时间与旋风装大致相同。有些版本学家也指龙鳞装为旋风装。

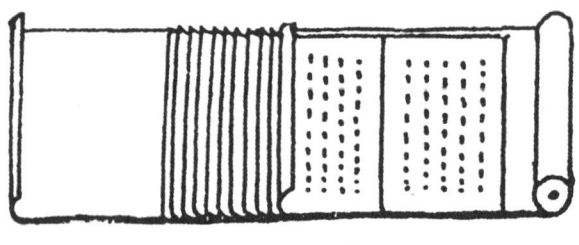

图4 龙鳞装

折叠式装订形式的共同缺点是翻阅一久,散叶容易脱落,又不适宜于雕版印刷物的装订,所以大约从五代到宋初,这种书籍的装订形式逐渐被废止不行。

（三）册叶（页）制度

册叶（页）制度的装订形式有蝴蝶装、包背装和线装三种，其萌芽虽然在唐代，却经历了一个曲折的发展过程。

与折叠式装订形式退出历史舞台的同时，册叶式的装订形式开始流行起来。最早的册叶式是蝴蝶装，省称蝶装。散叶作单面印刷，它的装订方法是将两面一张的散叶依中缝反折，将有字的两面朝里，无字的两面朝外，书口和书口合在一起，待散叶积累到一定数量，在折缝处用糊药粘连，外面用硬纸或布、绫作书衣加以包装。这种装订形式的版心在内，四边空白在外，翻动时若蝴蝶展翅飞翔，故有此名（参见图5）。蝴蝶装的书衣多为硬壳，能够直立插架。书衣封面左边有时贴有狭长的纸条，上写书名、册次和卷次。这种装订的优点是有字的两面在同一版内，看起来一目了然，故今天的地图册仍在仿用。书的边沿若有破损，可以将其剪切整齐而不伤及内容。插架时书背向上，灰尘不易进入书内。缺点是每翻一页，就会见到无字的两面，久之令人生厌。蝴蝶装始于唐末，盛行于两宋，至元代逐渐让位于包背装。

图5　蝴蝶装

包背装的散叶对折方向与蝴蝶装刚刚相反，即将有字的两面朝外，无字的两面朝里，在书脑部分打两三个孔，用纸捻串订牢糊好。再用整张书衣，绕背用糊药粘包起来，露出版心（参见图6）。包背装的书衣是软的，不能直立插架，只能平放。从外形上看，它与蝴蝶装很相似，只是克服了蝴蝶装每翻一页就会见到两面空白的缺点。但包背装在书背处容易破损，用纸捻串连粘糊后，书就不能平整，书脑上下两角也容易卷起，影响外观和阅读。包背装始于南宋，经元代，一直沿用到明代中叶。

图 6　包背装

线装起源于唐后期，在敦煌所出唐人写本中，就有用线缝订的，不过看起来相当粗糙，且无一定式样。宋代也有线装，特别是从北宋后期起，已相当流行。据生活于两宋之交的学者张邦基说："王洙原叔内翰尝云：'作书册粘叶为上，久脱烂，苟不逸去，寻其次第，足可抄录，屡得逸书，以此获全。若缝缋，岁久断绝，即难次序。初得董氏《繁露》数册，错乱颠倒，伏读岁余，寻绎缀次，方稍完复，乃缝缋之弊也。尝与宋宣献谈之，宋悉令家所录者作粘法。'予尝见旧三馆黄本书及白本书皆作粘叶，上下栏界出于纸叶。后在高邮，借孙莘老家书，亦如此法。又见钱穆父所蓄亦如此，多只用白纸作标，硬黄纸作狭签子。盖前辈多用此法。予性喜传书，他日得奇书，不复作缝襵也。"（张邦基：《墨庄漫录》卷四）以上所言之"缝缋"，即用针线串连，就是线装。按王洙（997年—1057年）字原叔，系宋仁宗朝官员。宋宣献即宋绶（991年—1040年），孙莘老即孙觉（1028年—1090年），钱穆父即钱勰（1034年—1097年），三人都是北宋著名学者，与王洙所处时代大致相当。由此可见，至迟到北宋中期，线装与蝴蝶

第二章　应用版本学知识以正误

装已并行于世,只是由于一些文人学士习惯于粘叶,加上当时的线装恐怕也不臻完善,所以仍以粘叶的蝴蝶装为佳,线装难以推广。到了明代中叶,有人改进了线装的方法,据清人记载,这种装订步骤如下:先将印好的书叶,依版心正中对折,让有字的两面朝外,叠积成册,在首页前添置二三张空白页,以保护里面的书叶。再检查卷数、页码次序,不使有误。整齐册叶后,进行草订,即先打3个孔,串纸捻使之固定,但不粘糊。再用两张半页大小的软纸,分置于护页前和书底,作为封面和封底。然后根据书的大小,打4个孔,少量的也有打6个孔,前者称"四眼针装",后者称"六眼针装"。上下两段间距短些,中间几段间距长些。明到清代前期的四眼针装,中间3段的间距大体平均。到清中期,最中间的一段距离缩短,至清末民初,只有上下两个长段的二分之一。最后是穿线,不仅横穿,也要直穿,穿到书脑上下两角为止(参见图7)。线装与包背装的主要不同之处有二:一是前者用线订,后者用纸捻粘糊;二是前者的封面、封底是分开的,露出书脊,后者是一整张书衣,将书脊也包裹在里面。这种线装形式出现以后,我国古籍传统的装订形式遂最终定型。

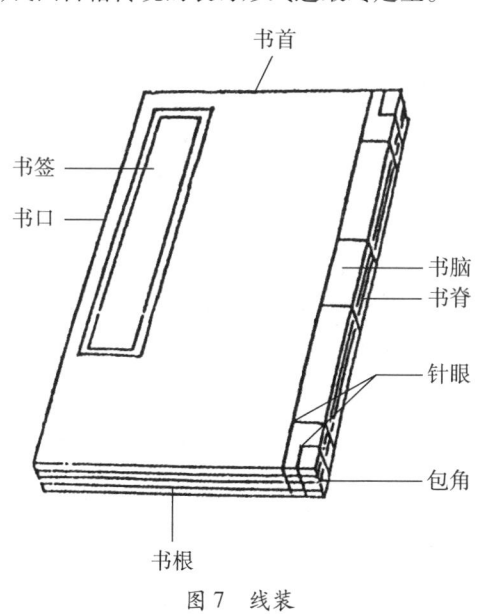

图7　线装

关于宋版书的装订形式,以上所述仅为一般情况,但是尚有一个令人费解的问题,必须提出来:就是笔者所见之宋版书,大多数既非蝴蝶装,也非包背装,而是线装,而且这种线装形式已与明中期以后的线装不相上下。对此有人解释以为系后人改装所致,但是笔者仔细观察了这些古籍的装订情况,发现多数古籍看不出有任何改装过的痕迹。因而,线装宋版书的流行情况究竟如何?其装订形式前后有怎样的变化?某些宋元时期的线装书,是否为后人作伪而成?这些问题,恐怕尚需作进一步研究。

三、古籍的版式、结构和字体

自五代起,书籍出现散叶的装订形式以后,叶面上除了正文以外,还刻有多种印记,从而形成一定式样,人称版式。由散叶装订成的书籍,具有一定的结构。汉字的字体很多,大多可以用来刻写。时代不同、地区不同,版式、结构和字体的风格、式样也或多或少有些变化,这往往成为鉴别版本的重要依据之一。下面参考各家所记,将通常见到的版式(包括其中的名词)、宋元版式的一些特点和线装古籍的版本结构、字体介绍于下(参见图8、9)。

(一)版　　式

(1)版面

散叶上印版所占的地方称"版面",版面以外空白的地方,在上方的称"天头",下方的叫"地脚",左右的都称"边"。

(2)版框和栏(阑)线

版面四周由线条拼连而成的称"版框"。拼成版框的线条称"边栏"或"边阑",也省称作"边"、"栏"、"阑"。版框上方的边栏称"上栏",下方的边栏称"下栏",左右的称"左右栏"。边栏有单、双之不同:印有单线的称"单栏"或"单边",一般用粗线条;印有双线的称"双栏"或"双边",

第二章　应用版本学知识以正误

一般是一粗一细。有时为了美观,还有"卍字栏"、"竹节栏"、"博古栏"、"朱丝栏"等。古籍版框有四周单栏、左右双栏、四周双栏三种形式,一般没有上下双栏而左右单栏的。

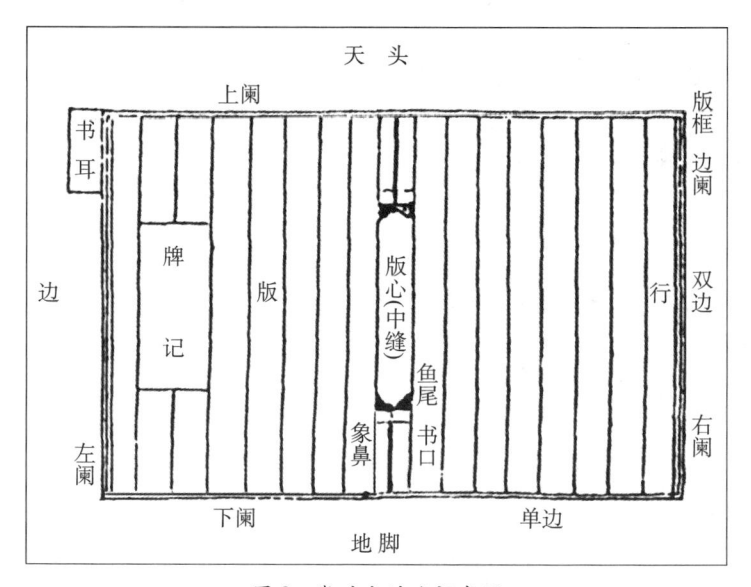

图 8　散叶上的名词术语

（3）界行和行款

版框之内用直线划分成的行称"界行"或"界格"。"行款"指正文的行数和字数,通常以半张散叶(一面)为准。

（4）版心

界行正中的一行因为位于散叶的中心,所以称"版心",也叫"中缝",是对折时的标准。它不刻正文,有时刻有书名、篇名、卷数、页码、本页字数和刻工姓名等。

（5）鱼尾和象鼻

在版心上下方距离上栏或下栏约四分之一行的地方,刻有一个▄的印记,叫做"鱼尾"。刻在上方的称上鱼尾,下方的称下鱼尾。若只刻有一个鱼尾的,称单鱼尾;若同时刻有上下两个鱼尾的,称双鱼尾,也有个别刻有三个甚至四五个鱼尾的。鱼尾有时刻印成各种花样,称花鱼尾。从上鱼尾到上边栏、下鱼尾到下边栏,往往有一条黑线,称做"象鼻"。如果象鼻是一条细黑线,称小黑口或细黑口。象鼻黑线很粗,称大黑口或粗黑口。没有象鼻黑线,称白口,宋版书大多为白口。鱼尾的缺口和象鼻正好在散叶的中心,是对折时的标准。

(6) 书耳和耳题

有的古籍,为了帮助读者阅读方便,在版框外左上角,另刻一个小框,称做"书耳"或"耳子"。书耳中多刻有卷数或简单的篇名,称做"耳题"。

(7) 牌记

在古籍刻本的扉页或书末空白处,有一个长方形框,刊刻若干行字,说明该书的雕版年月、地点、所据版本和刻家,这种文字称做"牌记"。有的还加上几句广告式的宣传文字,这多半属于书坊刻本,如今天收藏于北京图书馆的南宋绍兴二十二年(1152年)临安一书坊所刻《抱朴子内篇》,其牌记为:"旧日东京大相国寺东荣六郎家,见寄居临安府中瓦南街东开印输经史书籍铺。今将京师旧本《抱朴子内篇》校正刊行,的无一字差讹,请四方收书好事君子,幸赐藻鉴。绍兴壬申岁六月旦日。"

图9 宋钱塘王叔边刻《后汉书注》牌记

(二) 结　　构

(1) 书签

书签起书名页的作用,为辽代刻工所首创,就是在封面的左上角,贴一张长方形的纸条,上面印有或题有书名,有时也有册次和题签人的姓名等。

（2）书衣

"书衣"也称做书皮或封皮，就是书的前后封皮，为保护书内有文字部分的叶子而附加装订，大多用较硬的纸张做成。书衣上一般题有书名。

（3）书名页

即书的封面。古籍如果没有书签，则将书名、著者、册数等题在书名页上。在书名页后面，加有一张空白纸，叫做护页或扉页。

（4）书脑

古籍装订的一边，锥眼订线的地方叫书脑。如果书是正面平放，书脑一般在右边。

（5）书脊

古籍装订之处的侧面，成为书的脊背，称作"书脊"或"书背"。

（6）书首

书脊的最上端，叫"书首"或"书头"。

（7）书根

书脊的最下端叫"书根"。有的古籍在书根上写有这部书的书名、卷数和册数。书根上的文字，除极少数是在刻版时一并印行外，极大多数是藏书者为便于阅读翻检或保存而写上去的，可以作为判断该书是否全本及册数多少的依据。

（8）书口

一本书可以翻开的一侧叫"书口"，线装书的书口在左侧，也就是在版心部分的位置。

（9）包角

书的右侧上下两隅，称为书角。比较珍贵的书在装订时常以浅蓝色绫子将书角包起来，以免损伤，称包角。

（10）书套

保护整部书或将一部书分成若干册加以保护的套子，称书套。书套一般用草板纸（俗称马粪纸）为里子，外面粘贴深蓝色的布，做成长方形的活动套子，将书的底部、书口、书面、书脊四周包裹起来，只空出上下两端。书套的一侧有两枚以布条系着的小牙签,可以插进另一侧两布纽中拴牢。

(三) 字　　体

汉字的字体很多,有古文(包括甲骨文、金文和籀文)、隶书、草书、行书和楷书等多种。楷书又称正书、真书,它形成于汉魏之际,进入南北朝以后,成了汉字的主要字体。入唐,楷书更加成熟,并从楷书中产生出三种有代表性的字体,这就是欧体、颜体和柳体。

欧阳询(557年—641年),字信本,潭州临湖(今湖南长沙)人,是初唐著名书法家。他通过对钟繇、二王父子(羲之、献之)楷书的继承和改造,使其真正走向成熟。他的字体刚强遒劲,于平正中见险绝,人称"欧体"。

颜真卿(709年—785年),字清臣,京兆万年(今陕西西安)人。是盛、中唐著名书法家。安史之乱爆发后,他在平原郡(今属山东)联络从兄颜杲卿和附近17郡吏民,奋起抵抗,颇显气节。其书法学虞世南、张旭,笔力遒劲,端庄雄伟,气势开张,字如其人,人称"颜体"。

柳公权(778年—865年),字诚悬,京兆华原(今陕西耀县)人,是中晚唐著名书法家。他初学王羲之,又遍阅前代各种笔法,而得力于欧阳询、颜真卿,并融会贯通,自成一家。他的字骨力遒健,结构劲紧,人称"柳体"。

古文、隶书、草书和行书的笔画弯曲,或粗细变化少有规则,都不适宜于雕版。楷书的特点是形体方正,笔画平直,易刻易认,从唐代开始流行的楷书中的欧体、颜体和柳体,又皆以筋骨擅长,所以当雕版印刷术出现以后,它们就很自然地被用来作为最主要的雕版字体。

北宋早中期,刻书多用欧体,后来逐渐流行颜体和柳体。南宋中后期,柳体渐多,并从柳体和颜体发展成一种字画方板,横轻直重的字体,人称"宋体"。另外,还使用苏东坡体和瘦金体等。入元,流行赵孟頫(1254年—1322年)的字体。赵系南宋宗室,在元朝官至翰林学士承旨,他擅长书法和绘画,其字体圆活,人称"赵体",故元体实为赵体。明中叶以后,刻书受复古之风的影响,字体转学宋体,不过它的四角更加整齐,人称"仿宋体"。此后,仿宋体一直成为雕版印刷的主要字体。

四、版本的时代和地区特征

两宋以来,由于技术条件的进步,制作古籍原材料的不同,以及读书人对版本欣赏角度的变化,每一时代、每一地区所印刷的古籍都表现出了一定的特征,因此有宋版、元版、明版、清版等区别,同一时代,又有地区上的差异。

(一)宋版本(附辽、金版本)

宋版汴京刻本,或称旧京本或京师旧本,指北宋开封府的刻本。主要有(国子)监本、其他官府刻本和书坊刻本。汴京刻本是北宋最有名的版本之一,它吸取了浙江刻本、四川刻本的优点,用纸也极为考究,可惜流传至今者极少,详细情况已难以一窥全豹。但从现在能够见到的和直接与它有继承关系的金朝版本来看,汴京刻本除字体多用欧体,稍后逐渐流行为颜体,以及四周大都为单栏以外,其他版式、墨色、刀法,与南宋浙江刻本区别不大。

宋版浙江刻本,简称浙本,包括杭州(临安府)、绍兴府、庆元府(今浙江宁波)、婺州(今浙江金华)、衢州、严州(今浙江建德)、湖州、平江府(今江苏苏州)等原属两浙路的刻本。杭州刻本更是宋版书中最优良者,在北宋时就已闻名全国。浙本书品宽大,多用白麻纸。版框起初大多为四周单栏,后逐渐演变为左右双栏、上下单栏,四周双栏者较少。版心多是白口,有上鱼尾,双鱼尾较少。在版心中缝下端往往有刻工姓名,有的只有一姓或者名字。字体为欧体,至南宋,柳、颜体渐多,后期则演变成为宋体。

宋版福建刻本,简称闽本或建本,包括福州和建宁府等地的刻本。建宁府所属建阳、建安两县,是南宋刻书业的重要中心,尤其是建阳县西70里的麻沙、崇化两镇,更是书坊的集中地,时人朱熹以为:"建阳板本书籍,上自《六经》,下及训传,行四方者无远不至。"(《朱熹集》卷七八《建宁府建阳县学藏书记》)麻沙等地刻书业的发达,与当地盛产木质疏松的榕树,宜于雕版有关,正因为如此,所以印刷质量不高,讹误较多,被人称为麻沙本。叶梦得《石林燕语》卷八云:"今天下印书,以杭州为上,蜀本次之,福建最下。……蜀与福建多以柔木为之,取其易成而速售,故不能工。福建本几遍天下,正以其易成故也。"麻沙本价格便宜,市场占有率高,流传至今的相对来说也多,今天人们所看到的宋版书,在很大程度上实赖于麻沙本的存在。福建本书品较小,纸张多为细薄黄麻纸,色泽虽较差,但可防虫蛀。早期左右双栏,白口;南宋时出现小黑口,后期逐渐变为四周双栏,粗黑口。双鱼尾,大都刻有耳子。字体多为颜体或柳体。

宋版四川刻本,简称蜀本或川本,包括成都、眉山、广都(今四川双流)等地的刻本。纸张有白麻纸也有用楮皮、布头作原料而制成的纸,版式疏朗悦目。版心大都是白口。左右双栏,没有耳子。版心下端有刻工姓名。字体是颜柳混合体。其中有一种眉山本半页只有8行,每行只有16字,所刻字比一般要大,天头甚宽,称蜀大字本,刻印俱精,更是闻名于世。

宋版书的行款并非十分固定,每半页少的只有6行、8行,多的有十几行,一般以10行为最普遍。每行少的只有8字,多的有25至30字不等,一般以20字为多。宋版书用墨,质料上乘,浓厚如漆,色泽光艳,开卷有一种书香。无论官私或书坊刻本,行款较疏,刀法精致认真,字画横竖撇捺丝毫不苟,虽刻在版上,不失原书手笔神气。故宋版书的宝贵,不仅在于它距今年代久远,流传稀少,还在于它的刻印精良,并非后世许多粗制滥造者可比。但是,应当指出,以上所说宋版书的优点,主要是指汴京本、浙本、蜀本而言,闽本尤其是麻沙本,质量就要差得多。至于刻印舛讹,则哪一种版本都不可避免。进入南宋,书籍越印越多,由于疏于校雠,部分版本质量有所下降,陆游说:"近世士大夫所至喜刻书版,而略不校雠,错本书散满天下,更误学者,不如不刻之愈也。"(陆游:《渭南文集》卷二六《跋历代陵名》)此外,宋版书非常讲究避讳,对此将在本编第四章再作论述。

辽朝的刻印业虽不及宋,但受宋影响,相对而言还是比较发达。主要雕印的是佛经,大多数是卷轴装,间有蝴蝶装和经折装,佛经中没有避讳。唐李翰编撰的《蒙求》,是古代一部著名的儿童读物,内容丰富,四字一句。辽版《蒙求》是迄今所知道的此书最早刻本,作蝴蝶装,白麻纸,仅存七页半。其版式为:半页10行,每行16字,左右双栏,白口。版心刻页数。有避讳,作缺笔。字体近颜柳,笔画较锋利,但美观不及宋本。据说在辽版本中,也有半页10行,每行24字,四周双栏,上下小黑口的版式存在(参见魏隐儒《中国古籍印刷史》第十一章《辽、金、蒙古、西夏的雕版印书》,印刷工业出版社1988年出版)。

金朝的刻印业中心在中都大兴府(今北京)、平阳府(山西临汾)和后来的南京开封府。靖康之变以后,原北宋汴京城内的官私雕版,被金人掠夺一空,运至北方,汴京的刻工也被大批掳掠到北方,故金朝初年所刻印的书籍,部分仍为汴京旧板。即使后来的金版,也得之于原北宋刻工的技术传授,故刻印之精良,与宋版无异。从流传至今的少量金版书来看,字有苏体、柳体、颜体和欧体,字画结构俏瘦有神,横轻直重,折笔有棱角,多简体字,避讳较严格。纸墨、刀法、版式与宋本无大的区别。多左右双栏,上下单栏,行款较密。白口,鱼尾有单有双,部分书口有刻工姓名,纸以白麻纸、黄麻纸为主。平阳府又名平水,以出产白麻纸著名,金太宗天会八年(1130年),金朝在这里设立经籍所,书坊也大多集中于此,刻印的书籍很多,人称平阳本。

(二) 元 版 本

元代刻书业不及南宋之盛,且失去了特色。主要刻印地除原来的杭州、建宁和平阳以外,增加了作为全国政治文化中心的大都。元代初年,版式、字体、墨色、刀法多因袭南宋。自中期起,有较大变化。由左右双栏变为四周双栏,鱼尾单、双不等,建本大多为花鱼尾。书口或为白口,或为黑口,但以黑口为主。赵孟𫖯仕元后,浙本等多数刻本流行赵体,建本仍用颜体或柳体,但比南宋时候的字体要瘦一些。建本仍用黄麻纸,其他地方黄麻纸、白麻纸兼用,少数也用竹纸。由于元朝政府规定,二名不遍讳,而元帝御名文字甚多,所以在书籍中基本上没有对帝王的避讳。元版本简化字更多,也是一个特色。与南宋相比,元版本的行款要密一些,墨色较差,刀法也显得无力,多数元刻本的精美程度较宋版书逊色,这与元代文化的衰落状况是相适应的。

(三) 明 版 本

明代经济文化繁荣,科举制度发达,士大夫喜欢著述和刊刻,使刻书业再次走向兴盛,刻书地也遍布全国各地。前期刻印中心在南京,其所刻的书有南监本、部院本、应天府本等。那里书坊林立,有名可考者多达93家,多于建阳9家,更远远超过北京(参见《中国印刷史》,第341至348页)。永乐迁都以后,北京成了全国刻印业中心,其所刻之书有北监本、经厂本、顺天府本。此外,杭州、苏州、徽州、建阳和各省省会,都是重要的刻印业中心。在各种官刻本中,经厂本最为精美,它的版框宽大,行款疏朗,字大如钱。纸墨都选用上品,雕印优良。由于负责这项工作的是太监,此辈文化水平低下,故校勘不精,舛误较多。各地藩王府所刻的书称藩刻本,刻印、校勘皆精当,版式以四周双栏、花鱼尾为多。相对来说,家刻本由于受经济条件所限,精美、宽广程度不及官刻本和藩府刻本,而较纯粹为牟利而刊刻的坊刻本则要好些。明代刻书字体,前后变化较大。明初多是手写上版的软体字,仍以赵体为主。中叶自正德(1506年—1521年)开始,复古之风兴起,极力摹仿南宋后期浙本所采用的宋体,但字形逐渐变长、变呆板,最终形成为仿宋体。从版式来看,明前期刻本多为黑口,到嘉靖时(1522年—1566年)白口大增,后来仍以白口为多,黑口较少。叶德辉《书林余话》下云:"大抵双线白口多宋版,单线黑口南宋末麻沙本多有之。至元相沿成例。明初承元之旧,故成弘间刻书尚黑口。嘉靖间多从宋本翻雕,故尚白口。今日嘉靖本珍贵不亚宋元,盖以此也。"明中叶以降,书口刻有字数、刻工姓名成为部分版本引人注目的特点。墨色、刀法,以前期刻本为佳,后期较差。此外,木活字和铜活字版开始流行,并出现蓝印、套印和彩印。明前期书籍受有元影响,对帝王之名尚不讲避讳,后期则有变化,据顾炎武《日知录》卷二三《已祧不讳》条云:"崇祯三年礼部奉旨颁行天下,避太祖、成祖庙讳,及孝、武、世、穆、神、光、熹七宗庙讳……今上御名亦须回避。"但时值明季,国家多难,此旨已无暇认真执行。故明刻本中,只偶尔一见有避光、熹、思宗(崇祯)三朝庙讳而已。

(四) 清 版 本

清代前期经济恢复和发展很快,康熙以后,学术繁荣,公私刻书大盛,书坊林立,我国的雕版印刷业进入到了最后的发展阶段。清代版本的版式基本上沿袭明代后期之旧,左右一般为双栏,少数是四周单栏或双栏。白口多,黑口少,大多印有牌记。字体主要为仿宋体,比较美观。道光(1821年—1850年)以后,出现一种字体结构扁而呆板,行款甚密的刻本,阅读起来比较费力。用纸品种繁多,有开化纸(即桃花纸)、棉纸、连史纸、粉连纸、竹连纸、玉版纸、棉连纸、竹纸、毛边纸、毛太纸等。清初尚有少数用棉纸的,以后罕见。由内殿刻印的内府本和武英殿本多用开化纸,民间多用毛边纸、毛太纸和竹纸。内府本和武英殿本写刻一丝不苟,纸墨、装订皆精良,几可与宋版书相匹敌。除雕版外,木、铜、锡、铅活字印刷更多。清代避讳与明代相比,又有加严,不仅要避帝王名讳,对孔子之名,也常缺笔作丘。

五、刻 本 分 类

刻本的种类很多,它既可以按照刻主分类,也可按照所刻地区、刻印先后、刻印情况分类,这对鉴别版本的真伪、优劣,具有一定意义。

（一）按刻主分类

1. 官刻本

历代政府机构所刻印的书，统称为官刻本。五代有国子监刻本，简称监本。如冯道等提议刻印的《九经》和《五经文字》、《九经字样》，都由国子监负责雕版印行。宋代在中央有监本、崇文院（秘书省）本、刑部、大理寺、进奏院、户部度支、编敕所、详定一司敕令所、太史局、印经院本。地方有漕司（转运司）本、提刑司本、安抚司本、茶盐司本、公使库本、府州县学本等。金朝也有国子监本，秘书监本，府州县学本。元灭南宋，将杭州、江南、江西、福建等地的旧雕版如《资治通鉴》等运往大都，国家设立的兴文署既刻印新书，也将旧版重印，故元朝早期的版本，有不少实在也是宋版（参见《中国印刷史》第一章《雕版印刷术的发明与发展》）。此外，还有监本及各行省奉旨刊行的刻本。中国自明代以降，印刷术虽有雕版、活字等多种形式，但直至清末，雕版印刷仍占有很大比例。明代官刻本众多，监本就有南监本（雕印地在南京）和北监本（雕印地在北京）之分。各省府县地方政府和学校都有刻本。由司礼监掌管的内府刻本即经厂本，以印刷精良著称。南京和北京的六部、都察院、大理寺等中央机构也刻印书籍，人称部院本。清代官刻本中最著名者为武英殿本，简称殿本，以数量多，质量好而广为人知。除传统的内府本、监本、府州县学本外，清后期还在各省建立了官方出版机构，称为书局，由它们所刊印的书籍，人称局本。

2. 私刻本

历代私人和书坊（或称经铺、书籍铺）刻印的书，统称私刻本。其中，以刻印自己的、祖先的或师友的著作为主，以传文献、传家学或为光宗耀祖、流芳百世而不以营利为目的之刻本，称家刻本或家塾本。张之洞说："刻书必须……延聘通人，甄择秘籍，详校精雕，其书终古不废，则刻书之人，终古不泯。"（张之洞：《书目答问补正·劝刻书说》）道出了许多人刻书的目的，但要做到所谓"详校精雕"，却未必都能做到。

书坊刻印的书称坊刻本、坊本、书坊本、书棚本，其刻印目的当然是为

第二章　应用版本学知识以正误

了牟利。此外,还有藩王府刻本、书院刻本和寺庙刻本,似乎应归属于私刻本之列。

家刻本在唐、五代起已经存在,如前面提到的前蜀宰相毋昭裔雕版刊行的《文选》,就属于家刻本。坊刻本的历史同样悠久,如后周广顺三年(953年)八月敕:"每年历日,须候本司再造算奏定,方得雕印,本司不得衷私示外。如违,准律科罪。"(《五代会要》卷——《杂录》)这种民间雕印的历日,当系坊刻本无疑。至两宋,随着学术文化的繁荣,私人刻书亦大盛,陆游之子陆子遹在南宋嘉定十三年(1220年)所刻印的《渭南文集》,可以说是一部十分有代表性的家刻本。书坊尤其以开封府、杭州(临安府)、建康府、福州、建宁府、成都府、眉州等地最为集中。今天开封府可考的书坊有大相国寺东荣六郎家与集贤堂两家。杭州的书坊,当以临安府棚北睦亲坊陈宅书籍铺、太庙前尹家书籍铺、张官人诸史子文籍铺最为著名,前述开封荣六郎家书铺也在靖康之变以后迁往临安府继业。建宁府更是书坊林立,书籍产量高,行销全国乃至日本。元代知识分子地位低下,文化知识不受重视,书坊相应衰落。进入明、清两朝,随着商品经济的发展,书坊重新获得生机,数量多,规模大,其所刻书籍已成为大宗商品。

(二) 按刻印先后分类

1. 祖本

一种书最早刻印的版本称祖本。如明嘉靖朝大臣胡宗宪的幕僚郑若曾所撰之《筹海图编》,有明嘉靖本、隆庆本、天启本、康熙本、《四库全书》本等。嘉靖本即为祖本。从天启本起,书坊为增加书的知名度,已将撰者改为胡宗宪,后来各本相互承袭,终于失去了撰者原名。此仅就书名论,若从内容而言,翻刻次数越多,文字越容易出现讹误。故在通常情况下,祖本最好。

2. 原刻本

原刻本是相对于重刻本和翻刻本而言。一种书版雕成后,经过多次印刷,尤其是年代稍久,书版就会损坏或变得漫漶不清,需要根据该书版重刻或翻刻,原来的书版所印之书就是原刻本,它可能是祖本,也可能不是祖本。原刻本接近原稿,一般来说错误较少,比较可贵。

3. 重刻本

依照原刻本文字内容重新雕版印刷的书称重刻本。如果内容有出入,版式有不同,则在序文或凡例中加以说明。

4. 翻刻本

根据原刻本的内容、字体、版式重新雕版印刷的书称翻刻本。无论是重刻本或翻刻本,虽不及原刻本之珍贵,但如果翻刻、重刻者能精加校勘,或补充、纠正原刻本中的阙失讹误,翻刻本和重刻本也有其一定的优点。

5. 初印本和重印本

书版雕成后,第一批印出来的书称初印本。初印本字迹清楚,边框完整,有些还往往印成红色,以示珍重。后来印成的书称重印本。重印本一般不及初印本清楚,尤其是书版经过多次印刷后,因遭磨损使印出来的书模糊不清。

6. 复宋本、复元本、复明本

按照宋、元、明本书的原样(从内容、版式、行款、字体、纸张到用墨)刻印的书称复宋本、复元本、复明本。

7. 仿宋本

宋版书字画认真,字体隽秀美观,为世人所称誉,后人仿照宋版书的字体来刻印的书称仿宋本。

8. 影刻本

完全根据某一本书的文字、版式、行款摹写刻印的书称影刻本。影刻本的逼真程度之高,有时可以乱真。

(三) 按刻印情况分类

1. 丛书本

凡是在丛书中所刻印的书称丛书本。

第二章 应用版本学知识以正误

2. 单刻本

相对于丛书本而言。同一种书,在丛书本以外,尚有一种单独的刻本称单刻本。单刻本与丛书本从内容、版式到字体可以完全相同,也可能有所不同。

3. 节本

凡因原书分量太多,或文字冗长,或内容有不健康和犯忌讳的地方,在重印时删节其中某些章节或片断而印成的书称节本。如当前国内书店里公开出售的《金瓶梅》,多是节本。

4. 抽印本

从一书中抽出一个或几个篇章而单独印成的书称抽印本。

5. 增订本

一种书在重版时,内容较前版有较大增加,称为增订本。凡增订本,都在序言或后记中加以说明,书面上亦标以"增订本"字样。

6. 附刻本

将撰者不同的一部书,附刻在他书之后者,称附刻本。

7. 百衲本

衲多作僧衣代称,它由多种布块拼缀而成。此处借用其意,是指收集同一种书的多部残缺不全或好差不一的书版,选择其中最好的部分,拼凑成一部完整的或质量较好的书版所印成的书。如以前商务印书馆用多部《二十四史》的书版,拼凑后影印成《百衲本二十四史》,即为一例。

8. 残本

缺页少卷,内容残缺不全的书称残本。

9. 配本

一种书的书版残缺,用同一种书的其他书版配补而印成的书称配本。

10. 递修本

经过多次修补而成的书版所印成的书称递修本。有些宋刻书版,经多次递修后,到明代仍有印行,即称宋递修本。

11. 邋遢本

一部书版,经多次印刷,到最后已磨损残缺得十分厉害,用它印出来的书,在许多地方变得模糊不清,人称邋遢本。

12. 大花脸本

宋代书版,历经元明递修,失去了原貌,所印的书墨色深浅不一,文字大小不一,字体也不尽一致,且又模糊不清,人称大花脸本。

(四)按流传情况分类

1. 孤本(海内孤本)

某书的某一版本,在世间仅有一部传世,称孤本或海内孤本。孤本的文物价值很高,学术价值则要根据其是否有相同内容的其他版本存在而定。

2. 珍本

古籍中刻印较早,流传稀少,内容完整,或有较高学术价值,或有较高艺术价值和文物价值的书称珍本。珍本的范围很广,它既包括宋、辽、金、元、明旧刻本和旧抄本,也包括近代以来一些名家的手稿本、批注本、评点本和题跋本。

3. 善本

古籍中刻印较早,流传稀少,校勘精,错误少,有较高科研价值和文物价值的书称善本。善本与珍本有时很难区分,有时却很容易区分。总体来说,善本主要看内在质量,而珍本往往有外加的因素。如近代一些名人的批注本、评点本和题跋本,可以是珍本,但它们的研究价值不一定高,所以并非善本。

4. 旧版

明代以前刻印的书,统称旧版。

5. 焦尾本

不幸遭受火灾而略有损伤的书,称焦尾本。

六、版本的鉴别

(一)版本作伪的原因

版本作伪与伪书不同,伪书是书的作者或内容有假,版本作伪是书的

第二章　应用版本学知识以正误

内容是真的，版本却是假的，如将清代版本充作宋版、元版，将残本充作全本，将重刻本充作祖本等。其作伪目的不外乎名、利两字，作伪者多数出于书贾，少数为附庸风雅的有钱人和虚荣心重的士大夫。版本越早、越好、越稀罕，价值就越高，这是一个常识问题，书贾为了获取暴利，就下功夫在版本上作假，这种弊病在明清本已十分流行。加之当时一些藏书家对古籍尤其是宋元旧版的嗜好，已达到了成癖的程度，他们为此不惜重金加以搜购。如生活于明清之际的毛晋，志不在千金万金置田产，而是挥金如土购古籍。人称其：" 性嗜卷轴。榜示于门曰：' 有以宋椠本至者，门内主人计叶酬钱，每叶出二佰；有以旧抄本至者，每叶出四十；有以时下善本至者，别家出一千，主人出一千二佰。' 于是湖州书舶云集于七星桥毛氏之门矣。"［叶昌炽《藏书纪事诗》（附补正）卷三《毛晋子晋》］再如清代著名藏书家黄丕烈，自言："生平无他嗜好，于书独嗜好成癖，遇宋刻苟力可勉致，无不致之以为快。" 他认为："钱物可得，书不可得。"（黄丕烈：《荛圃藏书题识》卷一〇）他以250两黄金的巨价，购得北宋景祐二年（1035年）监本《汉书》后还说："虽千金宁复多耶！"（黄丕烈：《百宋一廛》）在这种情况下，更鼓励某些书贾为投其所好，趁机对版本精心作伪。此外，也不排除少数藏书家为了炫耀自家所藏古籍之多，版本之好，有意拔高某些古籍的年代、品种和卷数，甚至找出几本破烂书，佯称宋元旧刊，并请帮闲文人来写题识，以制造旧版假象。

（二）版本作伪的手段

版本作伪，至明代已经十分盛行，明人高濂根据自己的所见所闻，对当时人伪造宋版书的种种手法作了揭露，大致可归纳为以下几种。

一是在用纸上作伪。即"将新刻模宋板书，特抄微黄厚实竹纸，或用川中茧纸，或用糊褙方帘棉纸，或用孩儿白鹿纸。筒卷用槌细细敲过，名之曰' 括'，以墨浸去臭味印成"。

二是故作残缺，在内容上作伪。即"或将新刻板中残缺一二要处，或湿霉三五张，破碎重补"。

三是挖改序跋、年号、牌记和著者姓名,以今本充古本。即"或改刻开卷一二序文、年号,或贴过今人注刻名字,留空白另刻小印,将宋人姓氏扣填两头角处"。

四是故作磨损,以新充旧。即"或桩茅损,用砂石磨去一角"。

五是将纸变光、变黄,以充宋刻旧刊。即"或作一二缺痕,以燎火燎去纸毛,仍用草烟薰黄"。

六是伪造蛀迹,看似很久之古书。即"或置蛀米柜中,令虫蚀作透漏蛀空"。

七是改变装订形式。即"或以铁线烧红锥书本子,委曲成眼,一二转折",作成蝴蝶装或包背装式样。

八是设置托手,制造某书为宋版书的舆论。即"或札伙囤,令人先声指为故家某姓所遗。百计罄人,莫可窥测,多混名家"。

此外,尚有这样几种作伪手段也值得注意:一种是版本杂拼,即书贾用同一种书的几种不同版本,杂拼成一部书,使它以完整的原刻本面貌出现。一种是割改目录、卷数,将残书冒充足本。再一种是以丛书零种充单刻本。通过以上这一系列的作伪手段,使伪造的宋版书几乎达到可以乱真的程度,因此高濂告诉购书者,识别古籍甚为不易,"当具真眼辨证"(高濂:《遵生八笺·燕闲清赏笺上·论藏书》)。

(三) 鉴别版本的方法

版本作伪与伪书有很大的区别,清代学者全祖望根据自己多年来的治学经验,提出六种鉴别伪书的方法:即由伪籍出现的时间考知其伪;由伪籍所载内容考知其伪;由伪籍体例不符原书而知其伪;由书中内容的抄袭凑合之迹显然可见而知其伪;由书中遣词用语与所依托的时代不符而知其伪;由书中的思想和学术主张与所依托之人不符而知其伪(参见全祖望《鲒埼亭集外编》卷四三《答史雪汀问〈十六国春秋〉书》)。与伪书相比,版本作伪"神妙莫测"的程度要超过伪书,所以鉴别版本的方法比鉴别伪书要难得多。但是,假的总是假的,只要仔细鉴别,还是会发现它的一些马脚。本书在总结前人经验的基础上,提出识别版本作伪的几种方法。

一是根据牌记来识别。

牌记中往往记载有雕版时间、地点、刻主、刊刻过程和对书的评价等内容,可供参考。如《挥麈录》的牌记云:"此书浙间所刊,止前录四卷,学士大夫恨不得见全书。今得王知府宅真本全帙四录,条章无遗,诚冠世之异书也。敬三复校正,锓木以衍其传,览者幸鉴。龙山书堂谨咨。"《杜韩集韵》的牌记云:"康熙岁次丙戌中秋日开雕,丁亥立夏日告竣。"《重刊新校正唐荆川先生文集》的牌记云:"嘉靖癸丑仲冬,浙江叶宝山堂。""是集因无锡板差讹太多,乃增削校正无差。谨告四方贤名士大夫君子,须认此板。三衢叶宝山堂为真故禀。"它们都清楚地告诉读者该版本形成的基本情况。

二是根据序跋来识别。

写在一部著作的开头,介绍和评述该著作的文字称序,亦作叙。写在一部著作后面,评价该著作的内容或说明写作和出版经过的文字称跋,也称后序。序跋既可由作者本人所撰,也可由作者熟识的人或后世人所撰;既可以有一篇,亦可以同时有数篇。从中可以了解作者情况,写作原由,基本内容,撰成或出版时间、经过等。如《东京梦华录序》云:"仆从先人,宦游南北,崇宁癸未到京师,卜居于州西金梁桥西夹道之南。渐次长立,正当辇毂之下,太平日久,人物繁阜……一旦兵火,靖康丙午之明年,出京南来,避地江左……谈及曩昔,后生往往妄生不然。仆恐浸久,论其风俗者,失于事实,诚为可惜,谨省记编次成集,庶几开卷得睹当时之盛。古人有梦游华胥之国,其乐无涯者,仆今追念,回首怅然,岂非华胥之华觉哉?……绍兴丁卯岁除日幽兰居士孟元老序。"在这篇不足500字的序文中,将作者的身世,写作的内容、目的,书名意思,成书时间介绍得十分清楚。其跋文则更少,仅二百余字,但对重刊该书目的和时间,也作了详细记载。这些序跋所记文字,也有助于辨别该书版本的性质和类别。

三是根据题跋、识语和名家藏书章来识别。

后人特别是藏书家、版本目录学家在获得一部较为珍贵的古籍以后,经常要在书的前后作题跋,写识语,或盖上自己的藏书章。在题跋和识语中,作者往往要记载得书经过,对版本的鉴别和相关内容的介绍等,这便为我们识别该书的真伪、价值和版本情况提供相当可靠的依据。如黄丕烈《元刻本〈元统元年进士题名录〉跋》云:"乾隆六十年乙卯之夏,偶过东城醋坊桥崇善堂书肆,主人出旧书数种示余。……最后以此录乞余品评。余曰:'此题名录也。'主人遂云:'既是题名录,定是无用物,想君亦弃之矣。'余曰:'子如不索重价,我当置之。'主人曰:'我需钱十百四十文,君嫌贵乎?'……遂如数归之……久知钱竹汀先生熟于元代事,且有《元史稿》,必能悉其详。遂携示先生,并乞其跋。既而先生来,欣喜殊甚,谓余曰:'此录于元史大有裨益,勿轻视之,余已详跋之矣。'盖跋语元元本本,殚见洽闻,苟非胸熟元史,何能轻吐一字?余既重其书之有补于元史,且重先生之跋足以表彰是书也,急为重付装池,重加表托……"黄氏本人就是鉴别宋元版本的高手,再经著名考据学家钱大昕的题跋,对该书的价值和版本真伪,当然可以作出定论。藏书章的内容,有的以字号,有的以别号,有的以斋名,有的作谦词,有的则是套话乃至大话,不一而足。

四是根据有否避讳来识别。

如宋版《韵语阳秋》一书,据序文记载,成书于孝宗(赵昚)隆兴元年(1163年),书中不避光宗(敦)、宁宗(廓)嫌名,可知其必然刻于孝宗朝时候。又,无锡市图书馆有一部清光绪二年(1876年)江南书局本《尚书》,书贾将其作伪成宋本,但书中"宁"字缺笔作"𡩋",那是为避道光皇帝旻宁的御名而改,而宋讳中无须避"宁"字。可见这是一部清刻本而非宋本。

五是根据刻工姓名来识别。

宋、元版本,多数刻有刊(刻)工之姓或姓名,如果我们确知某书为某朝某一时间的版本,且从中知道该书的刊工姓名,以他作为参照,那么再看到有同一姓名刊工所刻之书,就可以推断出该书成书的大致时间。目

第二章　应用版本学知识以正误

本学者长泽规矩也是专门研究我国古代版本学的专家,他从日本静嘉堂文库、东洋文库、尊经阁文库等 7 处图书馆所藏 130 种宋版书和 73 种元版书中,搜集到宋代刊工姓名一千五百多个,元代七百五十多个,编成《宋元刊本刻工表初稿》一书。上海古籍出版社 1990 年出版了由王肇文编撰的《古籍宋元刊工姓名索引》一书,收集刊工人数更多。以上两书皆可供鉴别版本年代和真伪作参考。

六是根据行款、字数来识别。

一种史料价值比较高的古籍,常有多种版本,时代不同,版式、结构、字体也不一样,从中可以识别此书的成书年代。清人江标撰有《宋元本行格表》2 卷,与之对照,亦可通过行款的异同作为识别版本的依据之一。

七是根据各家著录来识别。

历史上的藏书家和目录学家,对由他们收藏或经手的古籍,从装订形式、版式、结构、字体、避讳、卷数、纸质,直至雕印时间、获书经过,多有考证并著录。如近代版本目录学家傅增湘先生著录宋本《苕溪渔隐丛话后集》云:"宋刊本,半叶十一行,行二十二字,白口,左右双阑。版心记'渔隐后几',下记刊工姓名,有许中、顾宥、李昌、陈明……宋讳缺笔,'构'字注'太上御名'。当是乾道书成后刊本。字体方严,仿欧体,镌工亦精整,犹是浙杭风气。卷首自序题'丁亥中秋日',考为乾道三年。次目录,次本书。卷四十后列校勘官衔名五行。"此类记载,可作为识别版本的重要参考。

八是根据字体、墨色、刀法、印书用纸及装订形式来识别。

有关宋、辽、金、元以降各代雕版印刷的字体、墨色、刀法、用纸和装订形式等特点,本书前面已作了大致介绍,可以参考上面所载,以帮助识别版本的真伪和成书年代。

以上鉴别古籍版本的方法,虽然都有一定作用,但是也都存在着一定的局限性,因而只有将各种鉴别版本的方法综合起来加以运用,才能取得较好的效果。

第三章 应用校勘学知识以正误

一、什么是校勘和校勘学

　　校勘又称校雠,是指用精密的方法、确凿的证据,通过查勘和核对,以校正古书中由于抄写、翻刻、破损、漫漶、错简等原因而造成的各种讹误和缺漏。除此以外,广义的校雠还包括定书名,编目录,辨真伪,辑佚文等。如果单纯只是为了校正古籍中的错别字和标点,那只能说是一种狭义的"校勘",即普通所谓的"校对"。众所周知,收藏和整理古籍的最终目的是供人阅读和引用,古籍只有内容正确,才有使用价值。因此,对于刚刚到手的古籍,首先必须对它作精心的校勘,以提高其价值。清代学者孙从添说:"书不论钞刻好歹,凡有校过之书,皆为至宝。"(孙从添:《藏书记要·校雠》)叶德辉也说:"书不校勘,不如不读。"(《藏书十约·校勘》)足见校勘的重要性。具备一定的校勘知识,对于识别版本的真伪和好坏,并纠正史料的舛误,具有重要意义。

　　校勘学也称校雠学,它是研究有关校勘问题,即校勘对象、校勘方法、校勘史等方面内容的一门学科。由于目录学是治史所必备的基础知识之一,校勘学是治史所必备的基本技能之一,两者在研究和应用中往往密不可分,所以广义上来说,学者们多将校勘学并入目录学的范畴加以研究和

第三章　应用校勘学知识以正误

论述,因为本章的重点是论述应用校勘学知识以正误,故对目录学部分的内容有意作了省略。

古籍在流传过程中难免会产生种种错误,古谚云:"书三写,鱼成鲁,虚成虎。"(葛洪:《抱朴子》内篇卷四《遐览篇》)这种情况,在先秦就已经存在。到西汉初年,经过秦火以后,我国书籍损失很大,存世之书,或出于口传,或出于壁中,"书缺简脱"、"鲁鱼亥豕"的情况更加严重。为此,朝廷多次下诏搜集天下图书,并命人整理。武帝时,汉兴近一百年,"天下遗文古事,靡不毕集"(《史记·太史公自序》)。成帝河平三年(公元前26年),又命谒者陈农到全国各地去访求遗书,并指定光禄大夫刘向负责校经传、诸子、诗赋;太史令尹咸校数术;侍医李柱国校方技。每一书校雠完毕,由刘向总其成,"条其篇目,撮其指意,录而奏之"(《汉书·艺文志》),是称《别录》。《别录》谓:"校雠者,一人持本,一人读折,若怨家相对,故曰雠也。"(《太平御览》卷六一八《正谬误》)校雠之名,始见于此。《别录》除收录由刘向等人所撰西汉成帝时国家藏书的书目提要以外,还详细记载了有关书籍的校勘情况,如对《尚书》,刘向"以中古文校欧阳、大小夏侯三家经文,《酒诰》脱简一,《召诰》脱简二,率简二十五字者脱亦二十五字,简二十二字者脱亦二十二字,文字异者七百有余,脱字数十"(《四库全书总目》卷一三《书疑》)。说明《别录》是一部目录学兼校勘学的著作,可惜其内容已基本失传。由此可见,校勘学也是一门很古的学问,至少到西汉后期已初具规模。

经汉唐到宋代,记载校勘成果的书籍不断出现。南宋时候,永嘉张淳作《仪礼识误》,"是书乃乾道八年两浙转运判官、直秘阁曾逮刊《仪礼》郑氏注十七卷,陆氏释文一卷,淳为之校定,因举所改字句,汇为一编。其所引据,有周广顺三年及显德六年刊行之监本,有汴京之巾箱本,杭之细字本,严之重刊巾箱本,参以陆氏释文、贾氏疏,核订异同,最为详审"(《四库全书总目》卷二〇《仪礼识误》)。北宋太平兴国年间编纂的《文苑英华》出于众人之手,错误极多,后由周必大负责校勘此书,必大又命彭叔夏主其事。嘉泰时,叔夏考虑到所作校语"散在本文,览者难遍,因荟粹其说,以类而分,各举数端,不复具载",撰《文苑英华辨证》一书。"此书考核精密,大抵分承讹当改,别有依据不可妄改,义可两存不必遽改三例。"(《四库全书总目》卷一八六《文苑英华辨证》)以上两书,从校勘理论到实践,对后世都有重要指导作用。

进入清代,随着考据学的兴起,书籍校勘大盛,校勘学获得进一步发展,校勘成果也更加丰富。如阮元在《礼记注疏校勘记序》中谓:"此《礼记》七十卷本,出于吴中吴泰来家。乾隆间,惠栋用以校汲古阁本,识之云:讹字四千七百有四,脱字一千一百四十有五,阙文二千二百一十有七,文字异者二千六百二十有五,羡文九百七十有一。"一部《礼记》校出的错讹共达 11 662 字,占了全书的 11.78%。这一方面说明古籍传至后世错讹之多确实惊人,另一方面也足以看出清代学者校勘之勤,收获之丰。正如上面所举例子一样,乾嘉学者常常给一些经过自己整理和考证的古籍写校勘记,并总结校勘经验,介绍校勘成果。有关论著有阮元的《十三经注疏校勘记》和卢文弨的《群书拾补》等,同时也散见于王念孙的《读书杂志》、钱大昕的《廿二史考异》、赵翼的《廿二史札记》、王鸣盛的《十七史商榷》、章学诚的《校雠通义》等著作中。

近人陈垣先生以其多年的治史经验,并结合前人有关校勘学的成就,在校勘的实践和校勘学理论方面,都作出了重大贡献。上编介绍过的《元典章》,自元代雕版印行后 600 年间无刻本。清末学者沈家本用当时从日本借回的缮钞本刊刻,人称沈刻本。沈刻本刻写虽精,但错误极多。陈垣当时在北平各高校讲授校勘学,便以此本作为教材举例。1925 年,他在清室善后委员会工作时,在故宫发现一部元刻本《元典章》,于是从 1930 年夏起,用了 9 个月时间,以故宫元刻本及其他四种抄本与沈刻本校勘,得沈刻本谬误一万二千余条,"其间无心之误半,有心之误亦半"。据此撰成《元典章校补》一书。此后,他又将校勘出谬误的十分之一,提炼、概括为 50 例,撰成《元典章校补释例》6 卷,书中说明校勘的原则和方法,并总结出"校勘四法",成为我国校勘学史上第一部具有系统性、总结性的科学著作。作者对该书的自我评价也较高,认为:"可于此得一代语

第三章 应用校勘学知识以正误

言特例,并古籍窜乱通弊,以较彭叔夏之《文苑英华辨证》,尚欲更进一层也。"(陈垣:《校勘学释例·序》,中华书局 1959 年排印本)是书首刊于 1931 年 1 月出版之《蔡元培六十五岁论文集》。后来中华书局在重作排印时,鉴于书中内容不仅限于《元典章》一书的校勘,实为开拓校勘的学科体系之书,遂改名为《校勘学释例》。该书的问世,使校勘学最终成为一门科学,对后来古籍的校勘工作具有重大的指导作用。

二、校勘学的基本任务

(一) 整 理 错 乱

古籍发生错乱的原因很多,在纸张尚未普遍使用以前,书写多用竹简和木牍,以丝或韦(牛皮绳子)将它们穿编起来,成为简牍。简牍经过多次翻阅,其中的丝、韦往往因朽蚀、摩擦而断绝,造成简牍散乱。《史记·孔子世家》谓"孔子晚喜《易》,读《易》韦编三绝",就是指这种情形。为此,人们要将散乱的简牍重新加以穿编成册,这样前后次序就容易发生错乱,文句也随之出现错误,人称错简。《论语·季氏篇》中说:"闻有国有家者,不患寡而患不均,不患贫而患不安。盖均无贫,和无寡,安无倾。"可是,这段文字前面一句的"寡"是指人口多少,"均"是指财产多少,两者的意思并不相对应。对照后面一句,"均"与"贫"相对应,"和"与"寡"相对应,"安"与"倾"相对应,则知前面一句中的"不患寡"后应是"而患不安";"不患贫"后应是"而患不均"。核之董仲舒《春秋繁露·制度篇》在引用孔子这段话时,就作"不患贫而患不均",说明《论语》中的这段话确实有错简。两汉以后,简册退出了历史舞台,开始出现用纸张装订成的书籍,错简的情况虽然没有了,但即使是书籍,由于年深月久,装订处仍有可能遭到损坏,叶面散落的情况时有发生,如果原来在叶面上没有用数字标识其顺序,或装订时粗心搞错了次序,那么在重新装订时,也容易犯类似错简一样的错误。

古籍内容的错乱，还可能发生在传抄过程中。古人撰写时，遇到需要记载一大批人物名字，或胪列同一类性质的事物，如书名、物品名、官名、制度名、地名之类时，为了整齐划一，常常将它们分成两排或三、四排抄写，先写上一排，再依次写下面一排，阅读时也应该按自右至左、自上而下的次序，才能正确理解原意。范晔在《后汉书》卷五二《朱景王杜马刘傅坚马列传》中记东汉云台二十八将的姓名时，就是按照这种方法排列。可是后人在阅读或转录时，并不十分注意这种次序，经常一上一下，按直行阅读，或转录成一行，或加以联书，这样就容易发生错误。考《四库全书》本《后汉书》卷五二、《资治通鉴》卷四四、《通志》卷一〇六、《玉海》卷五七，对云台二十八将的排列次序为：

邓禹、马成、吴汉、王梁、贾复、陈俊、耿弇、杜茂、寇恂、傅俊、岑彭、坚镡、冯异、王霸、朱佑、任光、祭遵、李忠、景丹、万修、盖延、邳彤、铫期、刘植、耿纯、臧宫、马武、刘隆

上述排列使人产生一个疑问：范晔究竟按什么原则来决定二十八将的前后次序？一般而论，总不外乎是功绩和官职的大小。可是马成、王梁、陈俊、杜茂、傅俊等人的功绩和官职都分别要小于他们后面的吴汉、贾复、耿弇、寇恂诸人，这里显然存在着问题。再考南宋徐天麟《东汉会要》卷一七所载，其次序确实根据二十八将功绩和官品的大小，自左至右分为上下两行排列的：

邓禹、吴汉、贾复、耿弇、寇恂、岑彭、冯异、朱佑、祭遵、景丹、盖延、铫期、耿纯、马武、马成、王梁、陈俊、杜茂、傅俊、坚镡、王霸、任光、李忠、万修、邳彤、刘植、臧宫、刘隆

《后汉书》等大多数北宋以后雕版的史书，所以出现这种错误，就是由于在抄写和刊刻时错乱了排列次序的缘故。

另外，古人为抄写一部书，往往要花上数个月甚至整年的时间，其间只要偶尔有一次搞错了书籍的前后页码，也可能出现错乱。

第三章 应用校勘学知识以正误

纠正以上这些古籍中的错乱,是校勘的一项任务。

(二) 删去衍羡

羡是多余的意思,误增的文字称为"衍文"。古籍在抄写和翻刻过程中,由于粗心大意,或思想走神,容易把不相干的文字误抄上去,造成文意错误,或不可解,因而在校勘古籍时必须将这些误增的文字删去。成语有"郢书燕说",谓:"郢人有遗燕相国书者,夜书,火不明,因谓持烛者曰:'举烛!'云而过书'举烛'。举烛非书意也。燕相受书而说之,曰:'举烛者,尚明也;尚明也者,举贤而任之也。'燕相白王,王大悦,国以治,治则治矣,非书意也。"(语见《韩非子》)郢书中被无意写上去的"举烛"两字就是衍文。在古籍中,衍文并不少见。如《管子》卷四谓:"十日不食,无畴类,尽死矣。"按"无畴类"与"尽死矣"同义,疑"尽死"为注文,后人将其误抄入正文而衍。今存《苏舜钦集》,有清康熙徐惇复本、《四库全书》本、嘉庆黄丕烈本、民国陈乃乾本等。在徐本卷一三《杜谊孝子传》中,有"予谓众父严子孝"一句,显然费解,核之《四库全书》等其他各本,原来"众"字为衍,应删。再如浙江书局本《续资治通鉴长编》卷五六景德元年乙未条载:"以后宫刘氏为美人,杨氏为才人。……刘氏始嫁蜀人龚美,美携以入京,既而家贫,欲更嫁之。……得召入,遂有宠。……于是与杨氏俱封,美人因改姓刘,为美人兄云。"这段文字的最后两句言"美人"为"美人兄",其义不通。若从全文理解,并核之《宋史·后妃上·章献明肃刘皇后传》所载,"美人因改姓刘"一句中之"美",系龚美略称,其下一"人"字为衍,当删。

(三) 补上脱漏

所谓脱漏,是指古籍在传写、翻刻中脱落的文字。我们只要打开经过校勘过的古籍,就会发现脱漏在各类古籍错误中所占的比例最高。近人章钰校订《资治通鉴》,共校出脱、误、衍、倒四者,盖在万字以上,其中脱文就有五千二百余字。在汲古阁本《礼记》以及中华书局点校本《二十四史》和《续资治通鉴长编》等书的校勘记中,脱漏部分也占有相当比例。

文字一经脱漏,就读不通,或意思发生错误,因而尽可能地补上脱漏是校勘中的一项重要任务。有关例子很多,如《晏子春秋》卷七载:"子胥忠其君,故天下皆愿得以为天子。"此语在古代可谓悖逆不通,核之《战国策》卷三《秦策》,作:"子胥忠其君,天下皆欲以为臣;孝己爱其亲,天下皆欲以为子。"据此,在"子胥忠其君"后,当补上"天下皆欲以为臣;孝己爱其亲"这一行文字。浙江书局本《续资治通鉴长编》卷一〇,开宝二年八月己卯条载:"诏开封、河南府,自今奴婢非理致死者,实时检视,听速自收葬;死者不用检视,吏辄以扰人者罪之。"核之《文献通考·户口考二》,"死者不用检视"之"死"前,脱一"病"字,否则将不知所云矣。

(四) 改 正 讹 误

古籍在传抄、翻刻过程中,还可能出现别字、错字、倒乙,以及前后两字合成一字,一字拆为两字等各种讹误,校勘中皆须一一加以改正。其中,又以字形相似而造成的讹误占了很大比例。南宋洪迈《容斋四笔》卷二《抄传文书之误》条说:"因记曾纮所书陶渊明《读山海经诗》云:'形夭無千歲,猛志固常在。'疑上下文义若不贯,遂取《山海经》参校,则云:'刑天,兽名也,口中好衔干戚而舞。'乃知是'刑天舞干戚',故与下句相应,五字皆讹。"再如明初有一位大臣,他在每次煎药时,总要放一块锡作为药引,大家觉得很奇怪。后来才知道是他所依据的《本草》中,将"餳"(糖的古字)误写成"錫"字所致。此外,如"一"与"二","正"与"五","五"与"三","已"与"巳","己"与"乙","土"与"士","未"与"末","曰"与"日","戌"与"戊","候"与"侯","科"与"料","陛"与"陞","徒"与"徙","槍"与"搶","正"与"止","間"与"問","冀"与"翼","弊"与"蔽","覬"与"覦","梁"与"粱","潁"与"穎","剌"与"刺","傅"与"傳","賣"与"買","去"与"丢","王"与"玉","思"与"恩","史"与"吏","薄"与"簿","興"与"輿","墮"与"墜","足"与"定","面"与"西","人"与"入","兩"与"雨","圖"与"國","政"与"致","宴"与"晏","细"与"佃","泰"与"秦","赦"与"敕","積"与"積",等字,在古

第三章 应用校勘学知识以正误

籍中最易因字形接近而相互混淆。

文字或句子前后倒置,通称倒乙,这种情况在古籍中也时有发生。如《战国策》卷一七载:"楚君虽欲攻燕,将道何哉?"王念孙《读书杂志·战国策二》以为:"'将道何哉',当作'将何道哉'。道,从也。言楚欲攻燕,兵何从出也。置'道'于'何'字之上,则文不成义矣。"其言信而有据。《淮南子·要略》云:"今大狂者无忧,圣人亦无忧。"陶鸿庆《读诸子札记四》以为:"'狂者'与'圣人'误倒。原文当作:'圣人无忧,狂者亦无忧。'下文云:'圣人无忧,和以德也;狂者无忧,不知祸福也。'即承此言。《说山训》云:'圣人同死生,愚人亦同死生。圣人之同死生,通于分理;愚人之同死生,不知利害所生。'语意与此同。"又,浙江书局本《续资治通鉴长编》卷八,乾德五年二月癸酉条有"其将作监旧兼充作内使"一句,核之《宋会要辑稿》刑法四之一、《文献通考·刑考七》所载,"作内"系"内作"之误乙。明、清两抄本《涑水记闻》卷一有"天地神人之福也"一句,核之《续资治通鉴长编》卷二、《东都事略》卷二六、《历代名臣奏议》卷七〇所载,"神人"系"人神"之误乙。

前后两字合成一字,一字拆为两字的讹误,偶尔也会产生。如《战国策》卷二一《赵太后新用事》中有"左师触詟见太后"一句,《史记》卷四三《赵世家》中有"左师触龙言愿见太后"一句。见太后的究竟是"触詟"还是"触龙"?自唐宋以来人们颇有争论。1974年,考古工作者在长沙马王堆3号汉墓出土了帛书《战国纵横家书》,才证实当为"触龙",《战国策》中的"触詟",系将"龙、言"两字连书为一字而造成的谬误。再如《左传》襄公九年有"闰月戊寅"的记载,杜预作注以为:"以《长历》参校上下,此年不得有闰月戊寅。戊寅是十二月二十日。疑'闰月'当为'门五日'。'五'字上与'门'合为'闰',则后学者自然转日为月。"这又是两字合作一字造成之舛误。《史记·蔡泽传》有"吾持粱刺齿肥"一句,《索隐》以为"刺齿肥"当为"齧"字之误刊。《孟子·公孙丑》云:"必有事焉而勿正心。"《日知录》载倪文节之语,谓当作"必有事焉而勿忘"。以上则是一字舛讹成两字的例子。

由于古籍中出现的谬误,涉及范围很广,所以除了对正文内容必须作认真校勘外,对书名、撰者、目录、卷数、篇名、序跋、页码也要留意,一一进行校勘。

三、搞好校勘工作的基本条件

(一)要尽可能多地收储各种版本

一种古籍往往有多种版本,它们的优劣虽然各不相同,但大致各有长处和短处。为了取长补短,校勘前版本要收储得越多越好,有条件的话还可以从国外图书馆收集。有了多种版本以后,就要从中选择一种错误较少,卷帙最完整,前人已经作过认真校勘的版本作为工作底本(也有将在校勘时便于加工的本子作工作底本),而让其他版本作为参校本。如中华书局在整理《史记》时,就以金陵书局本作为工作底本,以汲古阁本、明嘉靖南京国子监本、明万历北京国子监本、清武英殿本、1934年商务印书馆百衲本作为参校本。在整理《宋史》时,收集了元至正六年杭州路刻印的至正本、明成化十六年的成化本、明嘉靖南京国子监本(南监本)、明万历北京国子监本(北监本)、清武英殿本、清光绪元年浙江书局本以及上海商务印书馆百衲本等多种版本。由于百衲本是用元至正本和明成化本配补影印而成,又与殿本作了对校,纠正了某些错误,是一个较好的本子。故校勘时就以百衲本作为工作底本,而以其他版本作参校本。

(二)要广泛搜集与校勘内容有关的各种著述

有些古籍的版本很少,收储有一定困难;有些古籍的版本虽然不少,但情况五花八门,参校时仍然难以解决问题。因此还要广泛搜集与校勘内容有关的各种著述,这就是所谓"钩稽群籍,以博求旁证"之意。其搜集原则是:该书内容有引用前人著作的,可以用前人著作参校;有为后人所引用的,可以用后人的著作参校;有为同时代的其他著作所收录的,可

第三章 应用校勘学知识以正误

用同时代的其他著作参校。如中华书局在整理《旧唐书》时，除以道光年间扬州岑氏惧盈斋本为工作底本，以明闻人诠刻本、清武英殿本、浙江书局本等为参校本以外，还搜集了《隋书》、《南史》、《北史》、《蛮书》、《唐会要》、《太平御览》、《太平寰宇记》、《册府元龟》、《唐大诏令集》、《新唐书》、《资治通鉴》以及有关文集、方志、碑铭等加以参校，取得了很好的效果。

（三）校勘者本人必须具备的条件

校勘是一门难度很大的学问，校勘工作说说容易，要做好它却很困难。如隋朝颜之推所说："校定书籍，亦何容易？自扬雄、刘向方称此职耳。观天下书未遍，不得妄下雌黄。"（《颜氏家训》卷上）其言确为经验之谈。笔者先后评阅过数十篇研究生的毕业论文，可以说没有一篇不存在校勘上的诸多失误。年轻学子是这样，即便是著名学者，也难免会出现这方面的差错。这里还仅就一般论著的简单校对而言，如果是复杂的校勘，尤其是对古籍的校勘，难度就更大，错误就更容易发生。因此，要做好校勘工作，必须具备以下四方面的条件。

首先，要树立高度的责任感，工作时必须细心认真，集中注意力，做到兢兢业业，一丝不苟。

古人云："校书如扫尘，旋扫旋生。"（周煇：《清波杂志》卷八《板本讹舛》）意为书籍中的错误很难校勘穷尽，若稍一不慎，又会造成新的错误。以中华书局标点本《三国志》为例，1959年是第一版，经6次重印后，1982年出了第二版。据钱玄先生翻检所及，发现第一版中的校点疏误虽有所改正，但第二版不仅没有完全扫清第一版中为数不多的错误，反而出现了27条新增的错误（参见钱玄《校勘学》，江苏古籍出版社1988年出版，第6页）。出版界广泛流传着一句"无错不成书"的口头禅，反映了当今校勘中存在问题的普遍性和严重性，值得引起注意。根据笔者观察，造成这种现象的原因有这样几个方面：一是目前出书使用电脑排版占了多数，使用电子技术的优点固不待言，但是一旦操作失误，发生的差错就远比手抄的要严重,有时候简直达到莫名其妙的程度;二是当今出版社出书量大,校勘任务重,为了赶进度,校勘时就容易发生马虎;三是部分校勘者本身的素质存在着问题。因此,在目前条件下,更要求校勘者必须树立高度的责任感,在工作中努力做到兢兢业业,一丝不苟,以尽可能减少差错。

第二,校勘时要有确凿的证据,不可臆测,也不要凭道听途说。

古今情况不同,语言环境也不同。因此在校勘时,对于古籍中的一些人事记载,在没有确凿证据以前,不要以今人度古人,以今事测古事,自作聪明,或道听途说,轻易加以改动。上个世纪七十年代末,某出版社要重新出版蔡东藩所著之《宋史通俗演义》,一位编辑在审阅原稿时,见到有一句"的卢马常妨主人"的话,他不知道"的卢马"乃古代相传的一种名马,于是便凭主观臆测,以为是"有的驴马"之误刊,擅自将该句改为"有的驴马常妨主人",从而完全失去了撰者原意。又如程大昌《演繁露》卷三载:辽王室常于天寒时设帐于冰上,凿冰取鱼,谓之钩鱼,作为一种盛礼。并特别强调说:"非钓也,钩也。"元刻本《辽史·太祖纪一上》也有辽太祖九年"十月戊申,钩鱼于鸭渌江"的记载。可是,清代某些学者不知钩鱼为何物,便想当然地以为"钩鱼"乃"钓鱼"之误,于是在文渊阁《四库全书》本、武英殿本及南监本等《辽史》中,都将其改作"钓鱼",从而造成新的失误。

第三,要丰富学养,增加对一般历史知识的了解。

具有丰富历史知识的校勘者,能使所校之书得益,进而让读者受益;反之,容易使书受到损害,进而不利于史学研究。《履园丛话》卷一有这样一段文字:"山谷学柳诚悬而直开画兰画竹之法。"有人点校如下:"山谷学柳,诚悬而直,开画兰画竹之法。"此处之"诚悬而直"费解。原来"诚悬"系柳公权字,故当标点为:"山谷学柳诚悬,而直开画兰画竹之法。"这是不了解古人名字而造成的错误。某地出版社出版了一种《古文观止》,书中将古代用陶制或用青铜铸成的炊具"甂",解释成"用玉制成的瓶";将调兵用的信物"虎符"解释成"令箭",对于这样明显的失误,都没有被校勘者发现,这是缺乏古器物常识所致。反之就不会这样。顾炎武是清

第三章　应用校勘学知识以正误

初知识渊博的大家,他在《日知录》卷一八《别字》条下,记载了这样一件事:山东章丘有人刻了一部宋人赵明诚的《金石录》,书末有李清照所作《后序》,作序时间是:"绍兴二年,元黓岁,牡丹朔。"顾炎武指出:"牡丹"实为"壮月"之误。因为《尔雅》卷五《月阳》条以八月为壮月。可是翻刻者不知"壮月"为何义,遂将其改成为字形相近的"牡丹"两字。后来,从别本证实,顾氏之说为不诬。由此可见,对于一个专业的古籍校勘者来说,必须具有丰富的学养,尽可能地做到广见博闻,这样他在工作中才能得心应手,减少失误。有人戏称优秀的校勘者为"万宝全书",道理也正在此。

第四,要识异体字,并了解其意思。

古籍中的异体字很多,如果不知道它们相当于今天的哪个字,又不明白其意思,校勘时就很难发现其错误。所谓异体字,是指音同义同而形体不同的字,它主要包括俗体字、古体字、或体字、帖体字四类。俗体字是指流行于民间的俗字,它是相对于正字而言,多数是指简体字,可谓自古就有,如《周易》中的"無"字,多简写成"无"字,就是一例。唐宋以后,俗体字的运用日趋流行,仅以南宋葛立方《韵语阳秋》的宋刻本为例,其中就有"迁"(遷)、"万"(萬)、"几"(幾)、怜(憐)、夸(誇)、断(斷)、弃(棄)、声(聲)、潜(潛)、礼(禮)、数(數)、尔(爾)、继(繼)、辞(辭)、与(與)、发(髮)等数十个简体字入文。到了元代,俗体字的使用更加大胆,如在《至元新刊全相三分事略》一书中,除将"禮"作"礼","氣"作"气","國"作"国","雲"作"云"以外,还将"诸葛"写作"朱葛","玄德"写作"玄得","周瑜"写作"周余","益州"写作"一州",几近于别字、讹字。当然,俗体字和正字并非绝对不变,随着时代的不同,这个时代的俗体字,到后面的一个时代可能成了正字。古体字是指古籍中常见而今天基本上已为别的字形所代替了的字,如"丌"是"其"的古体字,"覈"是"核"的古体字,"祘"是"算"的古体字,"斤"是"近"的古体字,"禹"是"宇"的古体字,"脩"是"修"的古体字等。或体字是指某个字的另一种写法,如"禩"可写成"祀","婿"可写成"壻","置"可写成"寘","因"可写成"囙","梅"

可写成"楳","實"可写成"寔","哲"可写成"喆","並"可写成"竝","侖"可写成"崘"、"崙"之类。帖体字是指从碑帖或字帖中临摹来的字,因是临摹,其字形与常规写法就会有所不同。

此外,还有一些古字,看起来与今天的简体字完全一样,但实际上意思并不相同,有些字读音也有差别。如古字中的"适"(音括,kuò),是疾速之意;今天"適"的简体字也写成"适",是恰好或舒适之意。如果不懂得两者的区别,排成繁体字时,往往将古字"适"视作今字"適"的简体字而错排或误校。再如"宁"字,今天已成为"寧"的简体字,其意作安宁或宁可解;古字也有"宁"字,读音与字形虽与之相仿,但意思却完全不同,据《尔雅·释宫》云:"門屏之間謂之宁。"《礼记·曲礼》有"天子當宁而立"之说。前些年以繁体字出版的《道咸以来朝野杂记》一书,内有"皇上出至乾清宫門罩之下,居中而立,所謂當宁也"一句,显然将"當宁"擅改为"當寧"了。再如古字中的"云"字,为"说"之意,非"雲"字之简体;"后"字,为"后妃"之意,非"後"字之简体。再如"發"、"髮"两字,意思截然不同,今天都简写成"发";"鍾"、"鐘"两字,意思有异,今天都简写成"钟";"乾"是没有水分或水分很少的意思,"幹"是做事或主干的意思,今天都简化成为"干",且与并非简体字的"干戈"之"干"相同。类似情况甚多,在校勘和电脑繁简字体转换时,皆须十分留意。

四、校勘古籍的几种方法

有关古籍的校勘方法,古人已为我们积累了不少经验,近代藏书家叶德辉将其总结为"死校"与"活校"两法,他说:"今试言其法:曰死校,曰活校。死校者,据此本以校彼本,一行几字,钩乙如其书;一点一画,照录而不改。虽有误字,必存原文。顾千里广圻、黄尧圃丕烈所刻之书是也。活校者,以群书所引,改其误字,补其阙文。又或错举他刻,择善而从。择善而从,版归一式,卢抱经文弨、孙渊如星衍所刻之书是也。斯二者,非国朝校勘家刻书之秘传,实两汉经师解经之家法。郑康成注《周礼》,取故书、杜子春诸本,录其字而不改其文,此死校也。刘向校录中书,多所更定;许慎撰《五经异义》,自为折衷,此活校也。其后隋陆德明撰《经典释文》,胪载异本;岳珂刻《九经》、《三传》,抉择众长,一死校,一活校也。明乎此,不仅获校书之奇功,抑亦得著书之捷径也已。"与此同时,梁启超也提出了类似的校勘方法,并认为:"狭义校勘学经清儒一二百年的努力和经验,已造成许多公认的应用规律。"(梁启超:《中国近三百年学术史》十四《清代学者整理旧学之总成绩(二)》,东方出版社1996年出版)

其后,陈垣先生根据自己校勘沈刻本《元典章》的具体实践,在吸取前人经验的基础上,在《校勘学释例》一书中,提出"校法四例",从而成为今人校勘古籍的最基本方法。兹具体介绍于下。

(一) 对 校 法

所谓对校法,"即以同书之祖本或别本对读,遇不同之处,则注于其旁。刘向《别录》所谓'一人持本,一人读书,若怨家相对者',即此法也"。陈垣先生提出的这种对校法,也就是上文叶德辉所言之"死法"。他分析了这种校勘法的长处和短处,认为:"此法最简便,最稳当,纯属机械法。其主旨在校异同,不校是非,故其短处在不负责任,虽祖本或别本有讹,亦照式录之;而其长处则在不参己见,得此校本,可知祖本或别本之本来面目。"因此,陈垣先生提出:"凡校一书,必须先用对校法,然后再用其他校法。"

对校时若发现文字上有不同,则可作注云:"甲本作'某',乙本作'某某',丙本作'某某某'……未知孰是?"同一种书的版本越多,问题就越能看得清楚,这就是前面所说需要广储版本的目的。在对校时,有可能出现两种情况:一种是如果不对校,仅从文字表面上看,各本皆无误可疑,只有通过对校,才能发现其中的一本或数本有问题。如《元典章》沈刻本谓:"博换到茶货共一百三十斤。"(户八八)元刻本作:"博换到茶货共二百三十斤。"沈刻本谓:"一契约取四十五定。"(户八八六)元刻本作:"一契约取四五十定。"如果不对校,人们不会对两书中茶货重量或契约所取钱值多少的正误发生怀疑。另一种情况是知其有误,然非对校不知其误在何处。如沈刻本谓:"常事五日程,中事十日程,大事十日程。"(吏七九)元刻本作:"常事五日程,中事七日程,大事十日程。"沈刻本谓:"每月五十五日。"(户七二)元刻本作:"每五月十五日。"通过对校,可知沈刻本"中事十日程"为"中事七日程"之误;"每月五十五日"为"每五月十五日"之误。

对校法虽然不能完全解决问题,但是根据第一种情况,它至少可以发现问题;根据第二种情况,它大致能够判断双方的正误。近年有学者提出,对校法在很难看到古籍原本、技术条件又十分落后的过去,校勘时"照式录之"的办法确实很有必要,但在今天,因为已经有了图书馆,到那里去寻找古籍已不再是一件难事,加之有了复印、影印等技术,所以对校时似乎"已没有必要再像前人那样'死校',而可以只把对校本能纠正底本错误之处及与底本意义两可之处记下来,其余底本正确、对校本错误之处就不必一一照式记录。"(黄永年:《古籍整理概论·校勘》,上海书店出版社2001年出版)我们认为,上述看法恐怕尚值得商榷,这不仅因为在当前的条件下,一些罕见的古籍仍然难以从图书馆借到,要想复印或影印更是困难重重,而且在对校时,若发现底本与校本有异,究竟谁错谁对,是很难贸然下结论的,只有"照式录之",也就是保存各本之原来面目,才能使后来读此书的人得参校其异同,择善而从之,避免犯妄改古书的错误。

(二) 本 校 法

所谓本校法,即"以本书前后互证,而抉择其异同,则知其中之谬误。吴缜之《新唐书纠谬》,汪辉祖之《元史本证》,即用此法。此法于未得祖本或别本以前,最宜用之"。陈垣先生说他在校勘《元典章》时,就是以纲目校目录,以目录校书,以书校表,以前句校后句,以前页校后页,以前卷校后卷,以《正集》校《新集》等方法,校出讹误若干条。在没有别本可以依据的情况下,本校法不失为一个好方法,但毕竟同一部古籍中文句相同或相似的场合不会很多,且前后翻动过于繁杂,也容易发生疏漏,所以它只能作为一种辅助性的校勘方法。

(三) 他 校 法

所谓他校法,即"以他书校本书。凡其书有采自前人者,可以前人之书校之,有为后人所引用者,可以后人之书校之,其史料有为同时之书所并载者,可以同时之书校之"。他校法就是叶德辉所言之"活校",前面提到的需要广搜群籍,就是为了他校之用。陈垣先生以为:"此等校法,范围较广,用力较劳,而有时非此不能证明其讹误。"两宋以降,凡为古籍作注或订正某些谬误时,无不同时采用他校法,目前此法仍被广泛应用于古籍的校勘中。中华书局《续资治通鉴长编》点校者在校勘宋仁宗庆历三年(1043年)九月参知政事范仲淹所条陈的十事时,先后与《范文正公集》、《续资治通鉴长编纪事本末》、《太平治迹统类》、《宋文鉴》等书互校,改正错字、脱字、倒乙等舛误达50处之多。据王国维考证,胡三省替《资治通鉴》作注时所用的本子是元至元间刊印的"兴文署"本(参见王国维《观堂集林》卷二一《元刊本资治通鉴音注跋》),为纠正此本错误,他广泛采用其他书籍进行校勘,校出了许多讹误,今人据宋刻本与之对照,发现被胡三省所订正的,十分之八九与原文相符合,足见他校法用力虽费,效果却甚佳。

(四) 理 校 法

所谓理校法,顾名思义就是不依靠别的典籍,而只以自身的经验,或以常理和逻辑作判断,来发现和纠正古籍中存在错误的一种方法。凡是无古本可据,或数本互异,无所适从,或文字内容明显有违背常识者,则须用此法。陈垣先生认为理校法最高妙,也最危险,他说:"此法须通识为之,否则卤莽灭裂,以不误为误,而纠纷愈甚矣。故最高妙者此法,最危险者亦此法。"乾嘉学者钱大昕、赵翼、王念孙、段玉裁等人学术造诣精湛,可谓都是理校法的大师,他们在读古书时,发现问题,以为某当作某,虽无其他旁证,后来往往得到证实。如《老子》三十一章载:"夫兵者,不祥之器,物或恶之,故有道者不处。"对于其中的"佳"字,从西汉的河上公到清代的不少学者,解释不下十余种,如作"善"、作"美好"、作"修饰"等。王念孙采用理校法对本句作了校勘,认为以前的解释都不对,提出"佳"乃"隹"之误,"隹"为"唯"之古字,是用在语首的助动词,无实际意义(参见王念孙《读书杂志余编》卷上)。1974年长沙马王堆帛书《老子》的出土,证明王念孙的考证完全正确。陈垣先生在校勘沈刻本《元典章》时,也大量采用理校法,取得了许多成果。如在该书"户六二"中,有"赤银每两入库价钞一十四两八钱"一句,认为常理只有赤金而无赤银,此处之"赤银"当为"赤金"之误刊。在"刑一四"中,有"江西省行准中书省咨"一句,认为元代只有行省而无省行,此处之"省行"实为"行省"之倒乙。如此等,皆通过理证所得。胡适以为,"用善本对校是校勘学的灵魂,是校勘学的唯一途径"。而理校"不是校勘学的正轨","不过是校勘学的一个支流"(胡适:《校勘学方法论》,载《国学季刊》4卷3期)。此说虽不免有些偏颇,但确实反映了理校之不易,不可轻用。

　　除上述四法外,梁启超还提出了"发现出著书人的原定体例,根据他来刊正全部通有的伪误"这一校勘方法。他认为,对于一两个字或一两句句子的错误,可以使用一般的校勘方法,但是如果出现古籍经人传抄翻刻,造成颠倒紊乱,不能卒读,或经后人妄改,全失其真的情况,就需要采取特殊的校勘方法,这就是"只有把现行本未紊未改的部分精密研究,求得这书的著作义例,然后根据他来裁判全书,不合的便认为伪误"。他说,戴震校勘经文和注文混乱不堪的旧刻本《水经注》,段玉裁等人校勘几经别人增补窜乱、多失其真的《说文解字》,就是采用这一方法。梁启超认为,这虽是一种不得已的办法,但如果研究出的义例不错,那简直是"拨云雾而见青天,再痛快没有了";反之,如果"自作聪明,强古人以就我",就会"把原书闹得越混乱,堕入宋明人奋臆改书的习气"。所以他提醒学者,此法"万不轻易用"。(《中国近三百年学术史》十四《清代学者整理旧学之总成绩(2)》)

第三章 应用校勘学知识以正误

虽然上面我们介绍了校勘古籍的一些方法,但在具体应用时,却必须融会贯通,灵活运用,甚至还需要有一些创造性。正如张舜徽先生在论及校书的方法时所言:"有成规,而不死守成规;有旧法,而不拘泥旧法。便在于好学深思的人,能够辩证地处理问题。"(张舜徽:《中国古代史籍校读法》第二编《分论上——关于校书》)

五、校勘结果的处理和校记常规

(一)校勘结果的处理

古籍经过校勘后,要将其结果写出来,以改正原书的错误,并让读者了解此种错误。其处理结果的形式,一般有四种。

第一种是定本式。即根据校勘的结果,把底本的误字、衍文、脱文、倒置及书名、篇章等舛误,一一予以改正,写成一个定本,并在改正处作校勘符号,于校勘记中说明所改依据。如中华书局点校本《二十四史》、《续资治通鉴长编》和《涑水记闻》、《建炎以来朝野杂记》等笔记小说,皆作定本式处理。其优点是读者可以直截了当了解书中的正确意思,但前提是校勘不能有失误。

第二种是底本式。即校勘后不改动底本,在疑误处或与别本有歧义处作上校勘符号,然后在校勘记中一一指出别本情况。如中华书局点校本《资治通鉴》就作底本式处理。底本式的优点是读者既可了解底本原貌,又便于查考与别本之差异。但是,对于底本中存在的舛误,读书时容易被忽略。

第三种是混合式。即对校勘的结果,有些地方作定本式处理,有些地方作底本式处理。如中华书局点校本《鹤林玉露》、《齐东野语》等笔记小说,就作这种形式的处理。

第四种是札记式。即底本不录全文,只录底本有问题的那句或那段文字,形成札记,然后注明原书页码,再在后面出校勘记。浙江古籍出版社出版之《宋史职官志补正》、《宋史选举志补正》、《宋史食货志补正》等书就作札记式处理。其优点是可以减少底本篇幅，易于出版，缺点是内容割裂，不便使用。

（二）校记常规

古籍整理的内容，包括辑佚、补正、注释、校勘等许多方面，而校勘是其中最基本、最重要的一项工作。校勘记不是正文，它必须写得简洁明了，文字不能冗长繁杂，疑则存疑。现将常规写法介绍于下。

（1）异文常规："某字（或某某字——以下同），原作某，据某本改"；"某本某字作某"；"某字，某本作某，疑是"；"某字，某本作某，未知孰是"。

（2）脱文常规："某字上（或下），某本有某字"；"某字上（或下）之某，原本无，据某本补"；"此处疑有脱文"；"此处夺×字"。

（3）衍文常规："某字下（或上）原有某字，据某本删"；"某本无某字，疑衍"；"某字下（或上）×字，疑为衍文"。

（4）倒文常规："某本某某作某某"；"某某原作某某，据某本乙正"；"某本某某二字互乙"；"此处某某二字疑倒"。

（5）文句前后倒置常规："某句原在某句下，据某本改"；"某本某句在某句下"。

（6）文意不清常规：有本可据者——"此句某本作某某"；"此句据某本改"；无本可据者——"此句文意不清，疑有误（或衍、脱、倒等）"。

（三）校记出处

写好的校记置于何处，各种点校本往往因排版格式、字体繁简的不同而有所不同，大致说来有以下几种方法。

第一种是将校记直接记于须校勘的文字后面，用小字或双行小字排列，或将校记用括号括起来，以与正文相区别（人称夹注）。此法多用于直排繁体字，上海古籍出版社出版之点校本《宋朝事实类苑》即为一例。

第二种是在须校勘的文字后面编上校记序号，然后将校记依次记于卷末或篇末(人称尾注)。此法在简体字横排和繁体字直排中皆有采用。不过,将校记记于卷末的较多,记于篇末的则较少,中华书局出版之点校本《栾城集》、笺注本《淮海集》可作代表。

第三种是先在须校勘的文字后面编上校记序号,然后将校记依次记于本页之最左边。此法多用于繁体字直排,如中华书局出版之点校本《李觏集》、《胡宏集》等可作代表。

第四种是先在须校勘的文字后面编上校记序号,然后将校记依次记于本页之最下端(人称脚注)。此法多用于简体字横排,如华艺出版社出版之编校本《宗泽全集》即为一例。

第四章　应用训诂学、年代学知识以正误

古今的字义和词义常有差异,读古人书,特别对于从事古代史研究者来说,既要认得繁体字,也要懂得古字、古词的意义和用法,这不仅有利于我们正确理解史料的确切含义,以正确地加以利用,而且容易发现古籍中的错误。基于此,我们应该掌握一定的训诂学方面的知识。

一、训诂学和它在鉴别史料中的作用

(一) 什么是训诂学

训诂学是关于解释古书中字和词义的学问。用通俗的话来解释字和词义的叫"训",如《尔雅·释水》:"大波为澜,小波为沦。"用当代的话来解释古代的字和词义,或用通行的话来解释方言的叫"诂"。如古人谓之"权舆",今人谓之开始;古人谓之"厥",今人谓之"其";古人谓之"猱",今人谓之"猴"之类。还有一些词,古今皆有,但意思并不完全一样,须通过训诂加以区别和解释。如"猖獗"一词,今天与"猖狂"为同义词,但在

第四章　应用训诂学、年代学知识以正误

古代却有两种意思：一种与今同，如"北夷猖獗，尝犯边烽"(《隋书·文四子传》)，"四川制置使胡元质不备蕃部，致其猖獗"(《宋史·孝宗三》)之类；另一种意思则与"失败"、"倾覆"为同义词，如刘备在隆中对诸葛亮说："孤不度德量力，欲信大义于天下，而智术浅短，遂用猖獗。"(《三国志·诸葛亮传》)金将张柔为蒙古所败，其父母被扣作人质，柔叹曰："吾受国厚恩，不意猖獗如此。"(《元名臣事略》卷六《万户张忠武王》)再如今人所熟悉的"故事"一词，在古代也有多种意思，庄青翟等给汉武帝上疏曰："臣请令史官择吉日，具礼仪上，御史奏舆地图，他皆如前故事。"(《汉书·三王世家》)北宋钱易《南部新书》卷二谓："韦肇初及第，偶于慈恩塔下题名，后进慕效之，遂成故事。"上述的"故事"，就不是今人所谓讲故事的"故事"，而有"制度"、"成法"和"规定"、"习俗"的意思。

训诂学知识的范围十分广泛，它不仅涉及对一般词义上的理解，而且还包括对古代制度、器物、历法、礼仪、地理、音韵乃至史实的一系列知识的理解，如果不懂得这些知识，在史料鉴别中很可能会产生以正为误或以误为正的错误。

（二）应用声韵通借以正误

声韵通假(借)是训诂学中不可或缺的一个部分。我国古代尤其是在先秦两汉的古籍中，常有用字形不同而声音相同或相近的字来代替本字的情况，这就叫声韵通假。如早晚的"早"，借"蚤"代："项伯许诺，谓沛公曰：'旦日不可不蚤自来谢项王。'"(《史记·项羽本纪》)功劳的"功"，借"公"代："薄伐玁狁，以奏肤公。"(《诗经·小雅·六月》)仿效的"仿"，借"放"代："后世争为奢侈，转转益甚，臣下亦相放效。"(《汉书·贡禹传》)果断的"果"，借"敢"代："近侍局使完颜四和，有谋敢断。"(《金史·武仙传》)革除的"革"，借"勒"代："逆瑾矫诏，例勒除名若干年。"(邵宝：《容春堂续集》卷一六《陈侯墓志铭》)等等。而不懂声韵通假，就难免会错误理解古籍中的意思。仅举一例：西汉初年伏胜所撰之《尚书大传》中有一条关于"越裳"不远万里向周王贡献白雉之事，其谓："周公居摄六年,制礼作乐,天下和平。越裳以三象重译而献白雉,曰:'道路悠远,山川阻深,音使不通,故重译而朝。'"汉唐以后人乃以"越裳"为国名或部落名,至有称其为"越裳国"或"越裳氏"者。实际上,"越裳"即"越尝",整句意思是越人或越族曾经给周王贡献过白雉。考《说文·巾部》载:"常,下裙也。从巾,尚声。(裳)常或从衣。"说明在小篆里"常"与"裳"本为同一字,而"常"与"尝"为通借字,如《史记·高祖本纪》谓:"高祖为亭长时,常告归之田。"《汉书·高帝纪》中"常"正作"尝"。后人疏于对古字字义和对通借字的了解,遂造成这一失误。

(三) 应用音韵学知识以正误

音韵学属于广义训诂学的范围,又称声韵学,它是研究古今汉语语音的沿革,辨析字音中声、韵、调三种要素,特别是研究古音(唐宋以前之语音)的结构、清浊、字母、韵调、反切,以及它们与现代音相比较的学问。古籍特别是两汉以前的古籍,有些篇章每一句话尾字的声韵往往是相同的,如果发现有不同,我们就要怀疑其文字是否出现了错舛。如《管子·白心篇》载:"满盛之国,不可以仕任;满盛之家,不可以嫁子;骄倨傲暴之人,不可与交。"清代学者王念孙利用古代文字的声韵结构,指出这句中的"任"字系衍文,"交"字系"友"字之误。其根据是:从韵例来看,仕、子、友同属古韵"之"字为韵,而"任"属古韵侵部,作"任"则失韵。原因是"任"与"仕"形体相近,"任"当为"仕"之误而衍;"交"属古韵宵部,作"交"则失韵,"交"字当为"友"字形似而讹(参见《读书杂志·管子七》)。今人在长沙马王堆汉墓帛书《老子》中,看到了这句话,证明王念孙所说的完全正确。再如《老子》第二十一章载:"自古及今,其名不去,以阅众甫。"按古、去、甫三字韵同,"古"字在"及"字后才合韵。考之马王堆《老子》甲、乙本,皆作"自今及古",可见上句"古"、"今"两字应倒乙为正。至于古诗词,因为有一套押韵、平仄、对偶的规律,校勘时,更要具备一些音韵学的知识。音韵学比较难懂,对古韵更不易掌握,北宋丁度等人的《集韵》、清人毛奇龄的《古今通韵》、顾炎武的《音论》与《唐韵正》及《古音表》和今人张世禄的《中国音韵学史》(商务印书馆1938年出版,1998年影印本)是有关古音韵学方面较有价值的参考书。

二、年代学和它在鉴别史料中的作用

(一) 年代学知识概述

年代学也是历史学的一门辅助学科,它有广义和狭义之分:从广义来说,这是一门研究历史年代测定的原理和方法,考察历史人物、历史事件和历史文献时序和年代的学科。其知识范围包括历史学、考古学、天文学、气象学、地质学等多方面的内容。近年来学术界开展的夏、商、周三代断代工程的研究,就用到广义年代学的知识。《诗经·小雅·节南山》载:"十月之交,朔日辛卯,日有食之,亦孔之丑。"根据中外历法对照和现代天文学测定,公元前776年夏历十月辛卯朔(阳历为八月二十九日),中国北部确有日食,证明这条史料为可信,这也是应用广义年代学知识以鉴别史料的一个例子。从狭义来说,它是研究古代各个时期的纪年方法,断定历史人物、历史事件和有关事物年代的学科,知识偏重于历史学。狭义年代学对正确地运用史料和鉴别史料最为直接而有用。

所谓狭义年代学的知识,包括了古历法的大致沿革情况,一年四时(季)十二个月二十四节气的划分和各种相关名称,纪年纪月纪日的方法、夏历与公历的换算等。

先秦历法有多种,夏代以正月为岁首,商代以十二月为岁首,周代以十一月为岁首。秦代行用颛顼历,以夏历十月为岁首,以立春为一年节气的计算起点,采用19年7闰为闰周的办法。从汉武帝太初元年(公元前104年)起,行用太初历,以冬至所在之月为十一月,以正月为岁首,仍以19年7闰为闰周,但是将闰月定在不包含"中气"的这个月份,克服了以往闰月设置的随意性,为历代所沿用。以后又有北凉赵歊的元始历,祖冲之的大明历、隋代刘焯的皇历,唐代僧一行的大衍历,元代郭守敬的授时历等,使历法越趋精密,但太初历仍是这些历法的基础。古籍中的史事,特别是编年体史书,一般总是以时间先后为序进行记载,以年系时,以时系月,以月系日,以日系事。二十四节气是我国古代天文学家的一大创造。它经过一个十分漫长的发展过程,一直到战国时期才逐渐形成完备的二十四节气系统:即根据太阳在黄道上的位置,将全年分为24个段落,其名称依次为冬至、小寒、大寒、立春、雨水、惊蛰、春分、清明、谷雨、立夏、小满、芒种、夏至、小暑、大暑、立秋、处暑、白露、秋分、寒露、霜降、立冬、小雪、大雪。此中奇数称为"中气",偶数称为"节气",统称"二十四节气"。其中,"中气"必定在固定月份出现,"节气"则可在本月或上一个月出现,这就是闰月为什么要设在"中气"的道理。中国古代的纪年,从汉武帝建元元年(公元前140年)起,才以年号纪年,在此以前,皆以帝王在位年数纪年,如周宣王元年、鲁桓公十年、秦始皇三十二年、汉高祖元年之类,但也有以10天干、12地支相配合来纪年的,如甲子年、乙丑年、丙寅年之类,因为这样的排列每经过60年要出现一个新循环,在推算时为避免发生误差,所以用它们纪年的前提是有朝代甚至帝王在位的时间作为时段标识。古人还将每季的三个月,分别称为孟月、仲月和季月。纪月一般采用正月、二月、三月、四月、五月、六月……十二月这样的顺序,少数也有用天干、地支配合纪月,可见于《史记·历书》。也有以地支纪月的,以正月为寅,二月为卯,三月为辰,四月为巳,五月为午,六月为未,七月为申,八月为酉,九月为戌,十月为亥,十一月为子,十二月为丑,这多见于汉代著作。纪日大都以天干、地支相匹合来表示,也有以初一日、初二日、初三日……初十日、十一日、十二日、十三日……二十日、二十一日、二十三日……这样的顺序表示。初一日称朔,十五日称望,月末的这天称晦。夏历与公历大约相差一、二个月,如果要知道历史上以夏历记载的某个人物的生卒年或某事件发生的时间,相当于公历哪年哪月哪日,就需要进行换算,陈垣先生所撰《二十史朔闰表》,是最好的换算工具书,可作为校勘史书年月日错误的依据。

第四章　应用训诂学、年代学知识以正误

（二）应用年代学知识以正误

利用年代学知识来鉴别史料的正确与否，并纠正其错误，主要表现在以下四个方面。

一是可以纠正史事在时间上的错误。《魏书·孝静纪》载："（兴和四年）夏四月丙寅，遣兼散骑常侍李绘使于萧衍。"若要考证李绘出使萧衍的时间是否正确，首先要知道兴和四年（542年）四月朔是干支的哪一日，以此再作推断。查《二十史朔闰表》，知四月为丙申朔，由此推算可知，当月并无丙寅，其后五月朔才是丙寅，因此该条记事应该系于五月初一日为是。再如《资治通鉴》卷九九永和十年二月乙丑条载："桓温统步骑四万，发江陵水军，自襄阳入均口，至南乡。"查《二十史朔闰表》，永和十年（354年）二月为己卯朔，无乙丑。据《晋书·穆帝纪》载："（永和十年）二月己丑，太尉、征西将军桓温帅师伐关中。"足见《资治通鉴》中的这条记事，应系于二月己丑为是，"乙丑"、"己丑"，实因形似而误。

二是可以纠正对历史人物生卒年推算的错误。如民族英雄岳飞惨遭杀害的时间是在绍兴十一年（1141年）十二月癸巳（二十九日），如果仅以卒年表示，认为他卒于1141年，这是以往大部分史书所作的记载。可是，如果以《二十史朔闰表》换算，绍兴十一年十二月癸巳，为公历1142年1月27日，故岳飞的卒年应是1142年而不是1141年。南宋另一位著名爱国将领韩世忠的卒年，《宋史》卷三六四有传，是在绍兴二十一年（1151年）八月。按《建炎以来系年要录》卷一六二绍兴二十一年八月壬申条载："是日，世忠薨于私第，年六十三。"据此上推63年，一般以为其生年应是宋哲宗元祐四年，与公历相对应，作1089年，现今出版的《宋人传记资料索引》和有关辞书，凡涉及韩世忠的生年，皆作如此记载。但是，据《三朝北盟会编》卷二〇四和《建炎以来系年要录》卷一三八记载，韩世忠的生日在十二月二十三日，若以夏历和公历换算，当在次年一月二十六日，亦即生于公元1090年。

三是可以考证历史人物的生卒年。有不少古人的生卒年，在其墓志铭或传记中,往往以干支来记载,若利用年代学的知识就可以推算出此人的具体生卒年。如明代著名农学理论家马一龙的卒年,文献虽无直接记载,但在他的文集《游艺集》中,有门生鲁同亨于万历三十二年(1604年)十月所撰之序文,内谓:"(马一龙)归卧玉华山中……居十年即世。又三十二年,岁壬寅,有司始采诸生之请,祀先生学宫。"文中明确说到马一龙去世32年后,始将其神主祀于学宫,时间在壬寅年。现以明神宗万历三十二年为标识,从《中国历史纪年表》查得,在此以前之壬寅年为万历三十年,由此上溯32年,即明穆宗隆庆四年(1570年),是年当为马一龙之卒年无疑。

四是可以纠正与时间有关的其他错误。中华书局点校本《元史·仁宗纪三》载:延祐五年二月,"王子诸王答失蛮部乏食,敕甘肃行省给粮赈之"。该书对此条记事作校勘记说:"王子"与"诸王"重复,疑"王子"两字为衍文。实际上,"王子"、"诸王"并非重复,"王子"应为"壬子"之误刊。因为正史中之本纪皆按年、月、日这种编年体的形式编撰,故"五年二月"后,当为某日,即壬子。根据干支排列顺序,壬子的前一日为辛亥,后一日为癸丑,再后为甲寅、乙卯。核之原文,壬子条前正有辛亥条的记事。壬子条后一日无记载,再后一日恰有甲寅条的记事。这样不仅校正了《元史》的错误,也纠正了后人在校勘中的失误。

第五章　应用避讳学知识以正误

一、避讳和避讳学

在中国古代的日常生活中,有种种忌讳,其中最普遍也是最重要的一种忌讳,就是对尊者、长者、贤者的名字不能直接说出或写出。人们将这种忌讳称作避讳。研究避讳的产生、规律,并利用它来鉴别史料、从事校勘的学问,称作避讳学。

今人虽然已很少讲究避讳,但它在史书中却到处可见,如唐末党项族首领拓跋思恭有一弟名拓跋思敬,在北宋欧阳修所修的《新五代史·前蜀世家》中,为避宋太祖赵匡胤祖父赵敬之名,改"拓跋思敬"为"拓跋思恭",于是兄弟两人竟成同名。再如西晋末年有一个人,《华阳国志》卷八称他为任叡,《晋书·罗尚传》却作任锐,而《晋书·李特传》又作任明。事实上,任叡乃是本名,"锐"、"明"两字皆避晋元帝司马睿之名而改。由此可见,由于避讳,往往造成史实的错淆,给史学研究带来了许多困难。但是,如果我们掌握了避讳的规律,将它作为一门学问来进行研究,就可以化腐朽为神奇,在对史料乃至史书的鉴别中取得意想不到的成果。

唐宋以来人们对避讳已陆续有所论述,近人陈垣先生著《史讳举例》一书,充分利用南宋洪迈、王楙、王观国、周密及清人顾炎武、钱大昕、赵翼、王鸣盛等人的记载和研究成果,对史书中的避讳作了全面的历史性的总结,使避讳从零星的知识变成为了一门系统性的学问。本章则在《史讳举例》的基础上,主要通过对我国古代避讳的产生和发展,以及常用的几种避讳方法的论述,着重就应用避讳学知识以鉴别史料的方法作一介绍。

二、避讳的产生和变化

(一)先秦避讳及其规定

人们从上古文献中,常常可以看到禹、启、太康、仲康、契、汤、太甲、盘庚、武丁等夏、商两代国王之名,如《尚书》就有《大禹谟》、《汤誓》、《太甲》、《盘庚》等篇。另据近人王国维等人考释,商从《史记·殷本纪》所载成汤至帝辛的30个王的名字,在殷墟甲骨文中,绝大部分都有记载却不作避讳(参见王国维《观堂集林》卷九《殷卜辞中所见先公先王考、续考》)。又,《诗经·大雅·公刘》是当时周人赞美先祖公刘由邰迁豳的诗篇,诗中竟有6处直呼公刘之名而不讳。由此可知,夏、商以前尚无避讳,东汉学者班固对此深有感触地说:"太古之时所不讳者何?尚质也。"(班固:《白虎通义》卷下)南宋末年学者周密也说:"盖殷以前,尚质不讳名。"(周密:《齐东野语》卷四《避讳》)

到了西周,避讳开始出现。据《左传》桓公六年条云:"周人以讳事神,名,终将讳之。"又,《礼记·檀弓下》云:"卒哭而讳,生事毕而鬼事始已。"从这两条记载中可以看出,讳名在西周已经出现,但那是一种事神、事鬼的行为,一个人活着时,他的名不必避讳,要到死后,才"卒哭而讳"。卒,为终止的意思,古代孝子从父母始死到殡,哭不绝声;殡后居庐中,念及父母即哭,都称"无时之哭"。百日祭后,改"无时之哭"为朝夕一哭,名为卒哭,又称"有时之哭"。卒哭后,就意味着奉事活人的礼结束,奉事鬼神的礼开始。《礼记·曲礼上》还说:"入境而问禁,入国而问俗,入门而

第五章 应用避讳学知识以正误

问讳。"说明周人已将避死者之名与国家的禁令、民间的风俗相提并论,并为一般士民所遵循。

先秦避讳,除"生者不相避名"(郑玄语)和"卒哭而讳"两条以外,尚有下面的一些规定。

一是"讳名不讳姓"(《孟子·尽心下》)。这是因为姓是大家共同所有的,可谓避不胜避,所以就不必讳,而名是个人所独有的,比较容易避,故必须避。

二是"礼不讳嫌名;二名不偏讳"(《礼记·曲礼上》)。所谓嫌名,是指与所讳名同音或近音的字,如禹与雨、丘与区之类,遇到这种字,就不必避。汉族人的名有单名和双名之别,如周文王名昌,周武王名发,父子两人都是单名;周幽王名宫涅,周平王名宜臼,父子两人都是双名。按照先秦的避讳规定,不仅嫌名不必避,就是双名中只有一字相同,也不必避。如孔子的母亲名徵在,所以他在对弟子说话时,言"徵"不言"在",言"在"不言"徵"。

三是"逮事父母,则讳王父母;不逮事父母,则不讳王父母"(《礼记·曲礼上》)。"逮事父母"是指年幼时感受到父母对自己的教育和培养,包括从父母口中知道早年已经去世的王父母(即祖父母)之名,这样就要为王父母避讳;如果幼年丧父母,因为"不闻往教",也就是没有从父母口中听到王父母之名,所以就不必避他们的名。

四是"君所无私讳"(《礼记·曲礼上》)。私讳是指士大夫及其父祖的名讳,也称家讳。对他们的避讳只能行于家庭内部,不能在君主面前和官方文书中出现。推而广之,也不能要求他人包括属僚避讳。至于别人由于对某人或其父祖的尊重,避他的私讳,这只能看成是一种自愿的行为。

五是"诗书不讳,临文不讳"(《礼记·曲礼上》)。即作诗和写文章不必避讳,写成文字不必避讳。但也有人解释为写在《诗经》和《尚书》中的文字不必避讳。《诗经·周颂·噫嘻》有"克昌厥后"、"骏发而私"等诗句,就不避周文王父子之名。又,周厉王名胡,在相传其孙幽王所作的

《诗经·小雅·正月》中,多处出现"胡"字。孔子为鲁国人,鲁庄公名同,但在他所作的《春秋》中,几次写有"同盟"两字。孔子的父亲名叔梁纥,在《春秋》中也有"臧孙纥"之名。在读这些书的时候,也不作避讳。

六是"庙中不讳"(《礼记·曲礼上》)。庙是先秦人安放历代祖宗神主(牌位)的地方。周天子的庙称太庙,卿大夫和士的庙称家庙。当其子孙入庙对祖宗神主进行祭祀时,要以卑避尊,"有事于高祖,则不讳曾祖以下"。意思是说:在一次庙祭中,不能有两个死者同时享受讳名的待遇。如果是祭祀高祖,那么曾祖以下的名就不避;如果祭祀曾祖,父、祖之名就不避。这里的"庙中不讳",就是为了突出对被祭祀者的尊重,以示"尊无二也"(杜佑:《通典·礼六十四》)。

七是"已祧不讳"。"祧",即为远祖之庙,引申为迁出的神主。据《礼记·王制》载,天子有七庙:一为太祖之庙,另为三昭、三穆之庙。太祖之庙居中,供奉太祖神主,以下六代之庙依次为昭穆,父昭在左或北,子穆在右或南。太祖之神主永远供奉于太庙,被称为不祧之主。其他六庙,到新一代神主入庙时,便将其六世祖的神主迁入远祖之庙(即祧庙),以继续保持三昭三穆的格局。此时,宰夫(礼官)一面摇动带木柄的铃,一面说:"舍故而讳新。"意思是说:新死天子之名开始避讳,已迁往祧庙的神主之名不再避讳,这就是"已祧不讳"的意思。

八是"妇讳不出门","大功、小功不讳"(《礼记·曲礼上》)。妇女因其名不传于外,所以对她们的避讳只行于家庭内部而不行于家庭之外,这就是所谓"妇讳不出门"之意。古人丧服和守丧时间,依据血缘关系的近和远,分为斩衰、齐衰、大功、小功和缌麻五个轻重不同的等级。大功相当于堂兄弟辈的服属,小功相当于伯叔祖父母和外祖父母辈的服属,对于这些辈分的亲属及更疏远者之名皆不必避讳。

从上述各种规定来看,西周至先秦的避讳尚不是很严格。特别需要指出的是,这时候的讳名是指避死者之名;活着的人,即使是天子,他们的名都不必讳避。

第五章 应用避讳学知识以正误

（二）秦汉以降避讳的逐渐严格化

公元前221年，秦王嬴政统一六国，建立起封建专制主义的中央集权的国家。他为了确立自己至高无上的皇权和威严，颁布了一系列命令，如更改名号，由王改称为皇帝；皇帝自称朕；皇帝的命称制，令称诏，印称玺；取消皇帝的谥号，按世系排列，第一代称始皇帝，后面以二世、三世、四世……相称。与此同时，还不准臣下说出或写出秦始皇之名，这样便使避讳发生了根本性的变化，即由过去只避死者之名，到后来也须避生者之名。所以，在《史记》的年表中，凡是"正月"，都被写成为"端月"；秦人还称"端正法度"为"端直法度"。皆为避"政"字之讳。

秦汉以降，随着封建专制主义统治的加强，从皇帝、贵族、官员到一般士大夫，他们为了提高自己的尊严，也为了维护孔孟的等级名分和推行所谓"孝道"，对避讳越来越重视，也越来越严格，两宋时候，更是发展到不近人情的地步。其变化主要表现在以下几个方面。

第一，二名偏讳。二名偏讳是避讳发展的必然趋势，而这种趋势又因西汉末年王莽奏请实行单名而加快了速度。西汉时候的人，既有单名，也有双名，如卫青是单名，霍去病是双名；司马迁是单名，司马相如是双名。皇帝也有单名和双名，如汉高祖刘邦是单名，汉昭帝刘弗陵是双名。不过，此时单名已大大多于双名，对他们来说，当然不存在偏讳与否的问题。王莽擅权后，"奏令中国不得有二名"（《汉书·匈奴传》），于是单名成俗者约二三百年，对于这种现象，我们不难从《后汉书》和《三国志》的人物列传中得到佐证。东晋以后，双名虽渐渐多了起来，但偏讳已成为一种习俗，很难改变。

第二，避嫌名。这种情况，在秦汉已有萌芽，到唐宋以后就更加普遍。如《史通》的作者刘知幾（661年—721年），字子玄，与唐玄宗李隆基（685年—762年）是同时代人，后来他为避玄宗嫌名，就以字行，改名刘子玄。宋代更是大大地增加了必须避讳之嫌名，人们从南宋《绍熙重修文书令》中可以看出，自宋太祖赵匡胤到宋光宗赵惇为止共12位帝王的嫌名中，宋真宗赵恒的嫌名最少,只有4个,而宋高宗赵构的嫌名最多,竟有55个。更有甚者,不仅要避嫌名,有时还要避属相,如元仁宗属鸡,故延祐年间(1314年—1320年)大都城内禁止百姓倒提鸡,"犯者有罪"(杨瑀:《山居新话》卷三)。

第三,追改古书。古书是前人写的,它不可能避今人之讳。后人在传抄和翻刻时,往往一一加以追改,以符合今讳,这样便扰乱了史实。如《新唐书》卷一○六《杜正伦传附从子求仁传》言求仁与徐敬业举兵反对武则天,"为兴复府左长史"。这里的"兴复府",核之《旧唐书》卷六七《李勣传附孙敬业传》所载,实为"匡复府"之误,是欧阳修等人为避宋太祖赵匡胤的偏讳而有意改字的结果。再如宋英宗名曙,他在嘉祐八年(1063年)四月即位后,改签署枢密院事为签书枢密院事。于是史官在修国史时,只要涉及此官名,无论发生在何时,都一律改"署"为"书",如《宋史》本传记石熙载于太平兴国四年(979年)除"签书枢密院事",其史料来源就是追改后的《宋三朝国史》。

第四,私讳盛行。两汉以降,士大夫盛行私讳,这方面的例子,在《齐东野语》卷四《避讳》条中,多得不胜枚举。如西汉淮南王刘安,"避父讳长,故《淮南》书,凡言长悉曰修"。诗人杜甫父名闲,"故杜诗无闲字"。北宋刘温叟,"父名乐,终身不听丝竹"。另一北宋人徐绩,"父名石,平生不用石器,遇石不践,遇桥则令人负之而过"。有些人甚至要僚属避他的家讳,如后唐天成年间(926年—930年),卢文纪为工部尚书,郎中于邺多次想参见他,皆因其名与文纪父名"嗣业"同音而遭到拒绝,"邺忧畏太过,一夕,雉经而死"。有人还为避家讳而辞官,如《后汉书》作者范晔,"为太子詹事,以父名泰,固辞"。北宋吕希纯,"以父名公著,而辞著作郎"。由于除官犯讳经常发生,所以北宋仁宗嘉祐六年(1061年)五月下诏规定:"凡府号、官称犯父祖名而非嫌名及二名者,不以官品高下,并听回避。"(李焘:《续资治通鉴长编》卷一九三)更有甚者,有些官员还要强迫别人避自己的名,如北宋徐申,自讳其名,知常州日,有一县宰报告说:"已三状申府,未施行。"徐申听后勃然大怒,斥责道:"君为县宰,岂不知

第五章　应用避讳学知识以正误

长吏名,乃作意相侮!"可是这位县宰偏偏不服,他大声说:"今此事申府不报,便当申监司,否则申户部,申台,申省,申来申去,直待身死即休。"说得徐申无言以对。陆游《老学庵笔记》卷五载宋朝官员田登避名事,更可发一噱,其云:"田登作郡,自讳其名,触者必怒,吏卒多被榜笞。于是举州皆谓灯为火。上元放灯,许人入州治游观。吏人遂书榜揭于市曰:'本州依例放火三日。'"(按此条记事亦见于两宋之交人蔡絛的《铁围山丛谈》卷四)这就是"只许州官放火,不许百姓点灯"这一成语的由来。

第五,避讳改姓。历史上,避讳改姓的例子虽然不多,但也决非个别。据郑樵《通志·氏族略》载:席氏原姓籍,秦末为避楚霸王项籍之名而改姓席。盛氏原姓奭,为避西汉元帝刘奭之名而改盛。严氏原姓庄,为避东汉明帝刘庄之名而改严。帅氏原姓师,为避晋景帝司马师之名而改帅。后晋高祖姓石名敬瑭,乃拆敬氏为文氏、苟氏两姓,至后汉而复姓敬;入宋,为避赵匡胤祖父赵敬之名,"复改姓文或姓苟"(王楙:《野客丛书》卷九《古人避讳》)。靖康之乱以后,宋徽宗第九子赵构在商丘称帝,消息传到四川,那里的勾姓大族倒了霉,他们为了不使自己及其子弟在今后科举、入仕等方面发生不利,纷纷仓促改姓,有的仍其字而改其音为句(读ju),有的加金作钩,有的加纟作纺,有的加草字头作苟,有的增字为句龙……(《挥麈前录》卷三)原来是同姓,经此一改都成了异姓。

第六,在科举考试中实行避讳。与先秦的"诗书不讳,临文不讳"相反,汉唐以后,写成的文字也必须实行避讳。科举考试中要避讳的文字最多,有庙讳(已故帝王之名)、国讳(当今帝后、外戚之名)、孔丘和孟轲等"圣人"之讳、宰相之讳、主考官之讳、家讳等,合起来不能入文的往往有数百字之多。举人在试卷中稍一疏忽,或考官对试卷小涉疑似,轻则被降甲第,重则遭到黜落,这便给举人答题带来极大的不便。南宋人洪迈有言:"本朝尚文之习大盛,故礼官讨论,每欲其多,庙讳遂有五十字者。举场试卷,小涉疑似,士人辄不敢用,一或犯之,往往暗行黜落。方州科举尤甚,此风殆不可革。"(洪迈:《容斋三笔》卷一一《帝王讳名》)此外,举人家讳有触及科举内容者,也不能应试。如中唐著名诗人李贺,因其父名晋肃,犯了进士之"进"的嫌名,终身不能参加进士科的考试。在科举考试中,如遇试题有家讳,举人就要递上纸状,说自己"即患心痛,请出试院将息"(钱易:《南部新书》丙卷),从而被迫退出考场。

第七,避讳的法律化。两汉以来,对于哪些字必须避,犯了讳作如何处罚,都以法律的形式,明确加以规定。汉宣帝元康二年(公元前64年)下诏曰:"闻古天子之名,难知而易讳也。今百姓多上书触讳以犯罪者,朕甚怜之,其更讳询,诸触讳在令前者赦之。"(《汉书·宣帝纪八》)汉宣帝原名病已,后改名询,这道诏书表面上是对百姓过去有犯讳者的恩赦,但从另一个侧面反映了汉代吏民因犯讳而动辄得罪的严酷事实。唐宋以后,朝廷还常常不定期地发布《文书令》、《文书式》或《礼部韵略》,公告须要避讳的文字,以便吏民和参加科举考试的士子遵行,法律对犯讳者惩罚的条款也更加具体。如在《唐律疏议》和《宋刑统》中都有这样的记载:"诸上书若奏事误犯宗庙讳者,杖八十,口误及余文书误犯者,笞五十。即为名字触犯者,徒三年。若嫌名及二名偏犯者不坐。"又清朝法律规定:凡犯讳者,"举人罚停会试三科,进士罚停殿试三科,生员罚停乡试三科。虽经缺笔,仍各罚停一科"(黄本骥:《避讳录》卷一《本朝敬避字样》)。

(三) 常用的几种避讳方法

如何进行避讳,封建社会的士大夫可谓煞费苦心,每个朝代和不同时期里,不仅避讳宽严有别,就是方法也不尽相同,现将历史上常用的几种避讳方法归纳于下。

一、改字。改字是最常用的避讳方法。如《史记·秦始皇本纪》载:"(秦始皇)二十三年,秦王复召王翦击荆。"战国时期无荆国之名,对此,唐代学者张守节作《正义》解释道:"秦号楚为荆者,以庄襄王(按始皇父)名子楚,讳之,故言荆。"《汉书》中,凡"邦"皆改为"国",乃避汉高祖刘邦之讳。汉光武帝名秀,东汉时将举秀才科改名为举茂才。康熙帝名玄烨,于是清代书中的"玄"皆改为"元",如追改唐贞观名相房玄龄为房元龄、

第五章 应用避讳学知识以正误

追改"玄黄"为"元黄"之类。乾隆帝名弘曆,将"曆"改为"歷"。等等。

当然,改字也不能随心所欲地乱改,其原则是既不可同音,且尽可能要同义,如"荆"和"楚"、"国"和"邦"、"茂"和"秀"、"显"和"明"之类;两者的意思都相同或接近。另外,在少数场合也有以形状相似之字代之者,如《北史·王思政传》改思政子秉为"康";《北史·薛安都传》改沮渠秉为"沮渠康",并以"康"字代"秉",即取诸字形相似。

二、空字。用空字方法作避讳,又有多种形式:一种是将所避的字写成空围,以行代替。另一种是以"某"字代替所避之字,如汉文帝之长子名启(汉景帝),《史记·文帝纪》谓:"有司固请曰……子某最长,敦厚慈仁,请建以为太子。"此处的"某",即代替"启"字,与空字相当。又一种是以"讳"字代替所避之字,如《宋书·文帝纪》有"(立)第三皇子讳为武陵王"的话。这里的"讳"字,即代替宋孝武帝刘骏之骏,亦形同空字。又,《陈书》为初唐姚察、姚思廉父子所撰。姚察曾做过陈朝的吏部尚书,他在书中凡涉及陈高祖陈霸先的名字时,皆代以"讳"字。如《陈书·高祖纪下》云:"皇帝臣讳,敢用玄牡昭告于皇皇后帝。"不过,在后来所刊印的《二十四史》中,凡以空围、"某"、"讳"等字代者,多已回改成本字。

三、缺字。凡名物中有字犯讳者,可干脆将该字省去以行避讳。如在隋朝,因隋文帝之父名忠,故凡官名郎中者,皆去中称郎。今人所称之观音(菩萨),唐以前称观世音(菩萨),至唐高宗时,为避唐太宗李世民之讳,才省去"世"字,作观音(菩萨),或改称观自在(菩萨)。唐初大臣裴世矩,新、旧《唐书》本传并作"裴矩";唐初名将李世勣,新、旧《唐书》本传并作"李勣",其原因皆类此。唐末,杨行密割据淮南时,时人避其父讳怤,又因怤、夫同音,故亦讳夫,便将金紫光禄大夫、御史大夫、银青光禄大夫等官名后面之"夫"字并省去以避讳,称金紫光禄大、御史大、银青光禄大等(参见洪迈《容斋三笔》卷一〇《鄂州兴唐寺钟》)。如果后人不懂避讳,见到这些官名,往往以为是史书脱字所致。

四、缺笔。以缺笔进行避讳,也较为普遍。在唐代,常将李世民之"世"字,缺笔作"丗"。在宋代,凡遇胤字,为避宋太祖赵匡胤之名,除少数改"裔"字外，多数缺笔作乱。如《资治通鉴》卷176云："（陈后主）太子乱，性聪敏，好文学。"《旧唐书·令狐德棻传附顾乱传》云："顾乱者，苏州吴人也。"其中的"乱"字都是为追改"胤"字而造成的缺笔。《四部丛刊》本《朱文公文集》卷一《晨起对雨》诗中，有"守道无物欲，安时且盘相"一句，核之宋本，"盘相"为"盘桓"之误，原来宋本避钦宗赵桓之名，将"桓"缺笔作"桓"，后世翻刻，不解其意，遂误作"相"字。又，宋代为避圣祖玄朗讳，多缺笔作"玄"。在清代，遇孔丘的丘字，多缺笔作丘。

五、以字、号和住地代名。封建社会的文人，除姓名以外，还有字和号等称呼，如欧阳修字永叔，号醉翁，晚年又号六一居士；王安石字介甫，号半山；陆游字务观，号放翁。等等。在当时和后人的言谈及文字中，为了表示对他们的尊重，一般都避免直呼其名，而改称他们的字和号。不称字、号而以住地代名的情况也不在少数。如南宋永嘉学派的主要代表人物叶适，中年定居永嘉城（今浙江温州）南郊水心村，于是人称其为叶水心；明代著名哲学家王守仁，尝筑室故乡阳明洞中，人称其为王阳明；清代著名思想家王夫之，晚年定居衡阳（今属湖南）石船山，人称其为王船山。等等。

六、以官职（阶）、封号、谥号代名。以官职（阶）代名作避讳方式，多用于避家讳的场合，除在日常生活中普遍使用外，也经常出现在行状和墓志中。如死者生前曾官至尚书、侍郎、御史等官职之人，常称其为"尚书公"、"侍郎公"、"御史公"等；如死者生前的官阶为承务郎、迪功郎、将仕郎等之人，常称其为"承务"、"迪功"、"将仕"之类。唐宪宗朝名相裴度，封晋国公，后人多称他为"裴晋公"（李肇：《唐国史补》卷中《晋公祭王义》）。北宋司马光、王安石两人，分别被封为温国公和荆国公，后人多称他们为"司马温公"和"王荆公"，这是以封号代名的例子。以谥号代名的情况，也并不少见，如范仲淹谥文正，后人常称他为"范文正公"；朱熹谥文，后人常称他为"朱文公"；明于谦谥肃愍，其文集取名《于肃愍公集》。等等。

七、改名称。凡遇事、物之名犯庙讳或国讳时，则改其名而称之。如西汉吕后名雉,《史记·封禅书》将"雉"改称为"野鸡";《邺中记》载:后赵时,都城邺(今河北临漳西南)中人为国君石虎讳,"呼白虎幡为天鹿幡";东晋郑太后名阿春,"凡名春悉改之",于是改"寿春"为"寿阳"、"宜春"为"宜阳"、"富春"为"富阳"(《通典·州郡十一》寿春条注);《本草》有"薯蓣",为避唐代宗李豫之名,改为"薯药";吴越国钱王名镠,改石榴为金樱;杨行密割据江东,"呼蜜为蜂糖"(赵彦卫:《云麓漫钞》卷九);宋仁宗名祯,当时开封城内的"蒸饼"改称为"炊饼";乾隆帝名弘历,清代将南宋熊克所撰之《中兴小历》追改为《中兴小纪》、将历法志改为"时宪志"。等等。

八、其他。一种是为避当今皇帝之名,以"与今上御名同"代替,如王禹偁《小畜集》卷三〇《鞠君墓碣铭》有"公讳与今上御名同"之语,即为一例。另一种是分别写出所避文字之偏旁,如宋神宗名顼,有写成"从王从页"以代替"顼"字者;宋徽宗名佶,有写成"从人从吉"以代替"佶"字者;明熹宗名由校,有写成"从木加交"以代替"校"字者。再如南朝时,有刘姓三兄弟,其父名昭,他们"一生不为照字,惟依《尔雅》火旁作召耳"(颜之推:《颜氏家训》卷二《风操篇第六》)。皆为其类。如果诵读诗书遇讳,则多作变声相避,如元代士人遇孔丘名时,"皆读作区,至如诗以丘为韵者,皆读作休"(孔齐:《至正直记》卷三《丘字圣讳》)。此外,尚有覆黄、改变字体、写成古字等避讳方法,不能遍举。

(四)避讳的复杂性

史书中所出现的避讳,虽有一定的规律可寻,但由于历朝历代每个时期的避讳宽严不一,方法有异;既有避讳不尽,又有后人追改、回改;既有追改不尽,也有回改不尽;既有一时的避讳,也有相沿成俗的。加之史书编撰者不仅避庙讳和国讳,有时也避私讳等各种原因,情况非常复杂,从而给史书记载带来了极大的混乱。

1. 历朝历代避讳宽严不一

先秦避讳,只避死者,不避生者,且有"二名不偏讳"等一系列规定。

自秦汉以降,避讳虽逐渐严密,但部分经学之士,仍坚守临文不讳的古训,在诗文中不时有触讳的情形出现。东晋、南北朝避讳虽严,但父子、父祖多同名而不讳者甚多,如王羲之有子玄之、凝之、徽之、操之、献之等多人,献之嗣子又名静之;刘宋王弘子僧达,孙僧亮、僧衍,从子僧谦、僧绰、僧虔,从孙僧祐。以上祖孙三代同名,皆不以为嫌。唐初,尚遵行"二名不偏讳"的规定,但自高宗朝以后,凡是庙讳,无论单名双名,皆得避讳。两宋是避讳最严而繁的时期。即使祧庙正讳,也不许臣庶命名。已废旧讳二字,也不许并用(参见《宋史·礼十一》)。据南宋孝宗朝颁布的《淳熙重修文书》规定,当时庙讳有317字,加上旧讳及濮王、秀王诸讳应避者21字,合计有338字不能入文,若加上各种私讳,简直可以说是动辄犯讳。这对吏民上书言事和著述,特别是对士子参加科举考试,带来了极大不便。故当时人对此啧有烦言,如南宋学者周密说:"善乎胡康侯之论曰:'后世不明《春秋》之义,有以讳易人姓者,易人名者。愚者迷礼以为孝,谄者献佞以为忠。忌讳繁,名实乱,而《春秋》之法不行矣。'"(周密:《齐东野语》卷四《避讳》)另一学者吕祖谦也说:"今世之士,不务行孔子、周公之行,而讳亲之名则务胜于曾参、周公、孔子,亦见其惑也。"(吕祖谦:《古文关键》卷上《辩讳》)相对而言,元代是封建社会中避讳最为宽松的时期,究其原因,一是与蒙古贵族不习汉文,不懂避讳有关。二是元帝名皆译音,不像辽、金及以后之清代诸帝兼有汉名,因而也就无从避讳。明代避讳虽较元时加严,但远不及唐宋之世。按《大明律》有犯讳惩罚的条款,但犯偏讳者不坐。当时诸帝名皆有二字,所以很少有须避讳者。明季人沈德符也说:"避讳一事,本朝最轻。如太祖御讳下一字,当时即不避;宣宗、英宗庙讳下一字,与宪宗旧名新名下一字,士民至今用之。"(沈德符:《万历野获编》补遗二)不过,到明万历以后,避讳之法转严,如明太祖朱元璋之璋字也得避讳。崇祯帝朱由检,由字常缺末笔,检字多作较字之类。清初,避讳尚宽,情况稍似有元,但到康熙以后,随着统治者汉化程度的加深,他们为强化帝王权威,避讳再次加严,并往往成为制造文字狱的一个借口。迨至道光以后,封建专制主义日趋没落,避讳开

第五章 应用避讳学知识以正误

始走向宽松。进入民国以后,终于逐渐退出历史舞台。

不仅历代避讳宽严不一,就是一代中各朝也有差异。除了上面提到明清两代避讳前后宽严有不同外,唐时也有类似情况。唐太宗李世民即位之初,曾下诏"二名不偏讳","今其官号人名,及公私文籍,有世及民二字不连续者,并不须避"(《唐会要》卷二三《讳》)。但到唐高宗李治即位后,"用古礼卒哭乃讳之文",下令须偏讳世、民二字(施宿等:《嘉泰会稽志》卷八《寺院》)。于是改民部为户部,治民为治人,寺庙额名多有改易,大臣中以世为名者并省,如前述裴世矩、李世勣改名为裴矩、李勣之类。显庆五年(660年)正月,唐高宗又下诏:"嫌名不讳。比见抄写古典,至于朕名,或缺其点画,或随便改换……诚非立书之本。自今以后,缮写旧典文字,并宜使成,不须随义改易。"(《唐会要》卷二三《讳》)可是后来对"治"字仍须避讳,至有改官名治书侍御史为持书侍御史者。

2. 避讳不尽

因坚守临文不讳、二名不偏讳的古训,或须避之字太多而偶失于点检,或多人参加编撰、整理,互相缺乏照应等原因,在同一部史书中,常会出现避讳不尽的情况。仅以《史记》一书看,避讳不尽的现象就十分普遍。秦制有彻侯,汉武帝名彻,故《史记》改彻侯为通侯,但在该书其他地方却出现多处彻字,如云:"日至为期,圣人彻焉。""命曰柱彻,卜病不死。"(《史记·龟策列传》)等。其他尚有"邦内甸服"(《周本纪》)等七十余条,犯高祖讳;"盈钜桥之粟"(《殷本纪》)等二十余条,犯惠帝讳;"以立恒常"(《秦始皇本纪》)等十余条,犯文帝讳;"不愤不启"(《孔子世家》)等数条犯景帝讳。唐李贤注《后汉书》纪、传,为避唐高宗讳,改治书侍御史为持书侍御史(参见《后汉书·来歙传》),可是在《后汉书·百官三》中,仍作治书侍御史。玄宗朝吴兢《贞观政要》卷六有"投珠于渊",犯唐高祖讳。宋避仁宗嫌名征,但在李心传《建炎以来系年要录》卷二六中,仍有"先取五之一,以为上番之额,以给征役"的记载。在徐梦莘《三朝北盟会编》中,不避宋高宗赵构之名和嫌名的例子也很多,如"毁坏祖宗基构,谁不欲食其肉者"(卷四一);"伤财害民之事,构怨连祸之人"

（卷七八）；"作室构筑，第遵成法"（卷一六六）；"计构雅穆，以白矾书"（卷二三三）。等等。当然，以上所举避讳不尽的例子，并不排除原来作缺笔避讳，经后人回改的结果，但避讳不尽的现象是肯定存在的。

3. 后人追改和回改，追改和回改不尽

为避今讳而追改前史的情况，在古籍中时有发生。如《史记·吴王濞传》有"岁时承问茂材"一语，按西汉只有秀材，茂材乃东汉时为避汉光武帝刘秀讳改，司马迁决不可能事先就知道有这种变化。《史记》此处的茂材，显系东汉人追改的结果。《魏书·萧衍传》载："衍将萧昞寇淮阳。"而《梁书·萧景传》有吴平侯萧景其人。实际上，萧景即萧昞，因唐初人撰《梁书》时，为避唐高祖李渊父李昞之讳，而追改为景。《册府元龟·帝王部·名讳门》载："唐穆宗讳（同于真宗），初名宥，元和七年，立为皇太子，始更之。十五年即位，改尝岳为镇岳，尝州为镇州，定州尝阳县为曲阳县，尝王房子孙为泒王房。"按《册府元龟》撰于北宋真宗朝，真宗名恒，"同于真宗"者，讳恒也，故当时改恒为常，如改恒山为常山之类。今本《册府元龟》刻于明末，为避明光宗讳常洛，又改常为尝。是书欲记唐人因避讳改地名，乃先追改宋讳，又追改明讳，而后避唐讳。对此，陈垣先生颇有感叹地说："甚矣，古书之难读也！"（按《四库全书》文渊阁本"尝"仍作"常"）宋时为避太宗旧讳，追改太祖朝宰相沈义伦之名，于是《宋史》本传将他改为"沈伦"，但由于追改不尽，在《宋史·五行志》中仍称他为"沈义伦"，稍一疏忽，便会误作两人。古籍所讳之字，由于时过境迁，为后人回改的情况也屡见不鲜。在《后汉书》本纪和列传中，原来凡是民字皆被李贤追改为"人"，今本经后人回改，大多数人字已重作民字，但仍有少数不作回改，如《逸人传》虽已回改为《逸民传》，但在《吴祐传》、《袁绍传》等其他各传中，"逸民"仍作"逸人"。于是便出现了"初平中卒，子真在逸人传"（《法雄传》）、"霸少立志节……已见逸人传"（《列女传》）这类不着边际的记载。"安上理人"一语，在《张纯传》、《荀淑附子爽传》中已回改为"安上治民"，但在《郎𫖮传》中依旧不改。宋人为避赵匡胤之祖敬讳，追改《通典》卷一六五中的"大不敬"为"大不恭"，可是在前一卷中，

第五章 应用避讳学知识以正误

"大不敬"三字仍依旧。前面提到的地名寿阳、宜阳,在今本《晋书·地理志》中,皆被后人回改作寿春、宜春,但富阳却不作回改。

既然史书中的避讳如此复杂混乱,那么人们在引用史料时,就一定要将可能出现的各种避讳因素充分考虑在内,这样才不致造成对史料理解的错误。

三、避讳学知识的应用

避讳给史书造成了大的灾难,但是如果我们掌握了它的规律,就可以用来鉴别史料,断定成书年代,辨别伪撰伪作以及文物的真伪。

(一)鉴别成书年代

秦汉以降,避讳日趋严格,并且形成法律条文,官方史书固然不用说,就是私人所撰之书,也多遵行惟谨,以免获罪。因此,后人可以从该书有否避讳,以及讳字到哪一个帝王之名为止,来断定其成书年代。如现在珍藏于上海图书馆的《韵语阳秋》一书,为南宋学者葛立方(？—1164年)所撰,该书从版式到字体、纸张和装订形式,都与南宋刻本相符,序文作于孝宗隆兴元年(1163年),书中避讳至慎(孝宗嫌名)字,对敦(光宗嫌名)、廓(宁宗嫌名)皆不避讳,可知该书当刊刻于孝宗朝。清人钱大昕也常以避讳来断定史书年代,他对吴县黄丕烈收藏之《太宗实录》残本,作鉴定曰:"仅十二卷,有脱叶。每卷末有书写人及初对覆对姓名,书法精妙,纸墨亦古。于宋讳皆阙笔,即慎、敦、廓、筠(按理宗嫌名)诸字亦然。予决为南宋馆阁抄本,以避讳验之,当在理宗朝也。"又,对《大金集礼》作鉴定曰:"不知纂辑年月,要必成于大定之世,故于雍字称御名,而不及明昌以后事。独补阙文一叶,有明昌、承安、泰和及世宗庙号,盖后人取他书搀入,非《集礼》元文也。"(钱大昕:《潜研堂全集》卷二八)2002年夏天,笔者在美国旧金山见到一部台湾学者所收藏之古籍《新定三礼图》20卷,分装成12册,墨色、刀法、纸张俱极佳,版式也符合南宋刻本的特点。每卷卷首盖有清初著名藏书家季沧苇（振宜）藏书章印，书末有清末驻日本外交官、古籍收藏家杨守敬的识语。据杨氏鉴定，该书为南宋孝宗淳熙二年（1175年）刻本。经笔者仔细阅读，发现全书多用缺笔避讳，如"桓"、"慎"、"㮕"之类，避讳至南宋第三位皇帝光宗赵惇嫌名止。乍一看，似乎出现了破绽，既然言该书刻于孝宗朝，为何要避光宗嫌名？后经查证，知道光宗于乾道七年（1171年）被立为太子，而按宋朝讳例，太子之名也须避讳，故"惇"字缺笔作"惇"，不仅不是破绽，反而更能证明其确为南宋淳熙刻本。

（二）鉴别伪撰伪作

《文选》卷二九《杂诗》载西汉李陵诗三首，内有"独有盈觞酒，与子结绸缪"一句。南宋洪迈以为此诗为后人所拟，理由是："盈字正惠帝讳，汉法触讳有罪，不应陵敢用之。"（洪迈：《容斋随笔》卷一四《李陵诗》）隋代王通（584年—618年）本蜀郡司户书佐，后弃官归隐，以讲学著书为业。史言其仿《论语》撰成《中说》一书，又名《文中子》。按隋文帝父名忠，隋代兼避嫌名中。但该书书名有中，对隋讳勇、广等也都不作避讳，故后人怀疑此书非王通所撰。书中又有"徵也直而遂，大雅深而弘"一语。徵者魏徵，大雅者温大雅是也。按温大雅本名彦弘，后因"高宗太子弘为武后所鸩，追尊为孝敬皇帝，庙曰义宗，列于太庙，故讳其名"，"则大雅之名，后人追改之也"（洪迈：《容斋四笔》卷一一《温大雅兄弟名字》）。既然如此，死于隋唐之交的王通，因何预知唐高宗朝时事而改彦弘为大雅呢？又，玄宗开元七年（719年），下诏不再避弘字（《旧唐书·玄宗纪上》），《中说》于此处却又见弘字。故陈垣先生以为："即此一句，已足证明《中说》伪撰之时代，实在中唐以后。"（《史讳举例》）

（三）鉴别史料讹误

《资治通鉴》卷七据《史记·楚世家》谓："（秦始皇）二十四年，王翦、蒙武虏楚王负刍,以其地置楚郡。"胡三省于此条下作注云:"按秦三十六郡无楚郡,此盖灭楚之时暂置耳,后分为九江、鄣、会稽三郡。"秦始皇父名子楚,故当时称楚为荆,怎么又以父讳作郡名?足见此处所谓楚郡,应为三郡之误刊。若非因楚字犯讳,楚郡早成定论矣。《晋书·后妃传》载:"成恭杜皇后讳陵阳……改宣城陵阳县为广阳县。"魏晋时避讳已经很严格,此处后讳二字只避一字,是否合于当时规定,令人生疑。考《宋书·州郡志一》载:"广阳令,汉旧县曰陵阳……晋成帝杜皇后讳陵,咸康四年更名。"证明杜皇后之讳为陵,《晋书》衍一阳字,由犯讳而知。《北齐书·神武纪上》载齐高祖高欢之父名树。《北史·齐纪上》及《魏书·高湖传》则作树生。两说不同,似无法作定论。然据《北齐书·杜弼传》载:"相府法曹辛子炎谘事,云须取署,子炎读署为树。高祖大怒曰:'小人都不知避人家讳!'杖之于前。弼进曰:'礼,二名不偏讳,孔子言徵不言在,言在不言徵。子炎之罪,理或可恕。'"可知高欢父名当为树生,否则杜弼之言就完全落空。此由避讳知前书脱一生字。《宋史·光宗纪》载:"绍熙二年二月,金遣完颜亶来告哀。"按金熙宗名亶,金使臣不应与其先帝同名。考《金史·交聘表》,其名实为亯,亶、亯形似而讹。

(四) 鉴别史书有否后人增补改动

魏收撰《魏书》,凡提到广阳王渊名,无论本纪、列传,皆依实记载。可是在该书卷一四《神元平文诸帝子孙》、卷一八《太武五王传》中,俱作广阳王深。改"深"为"渊"乃避唐讳所至,魏齐间人不当有此举。原来《魏书》阙失甚多,卷一四、一八也属阙失之列,这两卷乃后人取《北史》补入,《北史》乃唐初人所修,故有是讳。杜佑《通典》撰于唐德宗贞元年间(785年—805年),而卷一七八《州郡典八》书恒州为镇州,且云:"元和十五年改为镇州。"卷一六五《刑典三》十恶条载:"六曰大不恭。"注云:"犯庙讳,改为恭。"按唐诸帝无名恒、敬,宋真宗名恒,宋太祖之祖名敬,这两处的避讳和增加文字,显然都是宋人所为。

（五）鉴别文物制作年代及真伪

文物制作的年代,关系到文物的真伪和价值,向为收藏者所重视。如何鉴别年代及真伪,方法固然很多,但是如果文物上留有相应的文字,则根据其所避讳之字或是否犯讳,就足以成为鉴别该件文物制作年代和真伪的重要依据。岳珂《桯史》卷一三《冰清古琴》条载:嘉定三年(1210年)某日,岳珂在李奉宁家作客,客甚多。此时有士人携一古琴至李家出售。琴名"冰清",制作十分典雅,在坐之人都认为这是一把古琴。"腹有铭,称晋陵子题,铭曰:'卓哉斯器,乐惟至正。音清韵高,月苦风劲。……'又书'大历三年(按768年)三月三日,上底蜀郡雷氏斫'。凤沼内书'贞元十一年(按795年)七月八日再修'"①座客中以"博古知音"著称的叶知几,看后更是赞叹不绝。一客又记起北宋人王辟之《渑水燕谈录》一书中有关冰清琴的记载,铭文岁月与之皆吻合。在叶知几的劝说下,李奉宁决定以百万钱收买。鬻者不肯,认为:"直未及半,渠可售?"此时岳珂起,他认为此琴非唐物,理由是:"元字上一字,在本朝为昭陵(按指宋仁宗)讳,沼中书贞从卜从贝是矣,而贝字阙其旁点,为字不成,盖今文书令也。唐何自知之? 贞元前天圣二百年,雷氏乃预知避讳,必无此理……且沼深不可措笔,修琴时必剖而两,因题其上。字固可识,又何疑焉。"于是,满座叹服,一把声称唐杜牧(号晋陵子)题铭、制作于442年前的古琴,通过岳珂对凤沼内所刻"贞"字不当避而作缺笔避讳的鉴定,证明其实系赝品,最后乃以原价的十分之一成交。

---

① 按:"贞元"原作"贞元",但据文意,应缺笔作"贞元",故改。

第六章　史料的检索和利用

要掌握史料，不外乎通过两种途径：一种是有意识地、有针对性地去寻找，如要研究中国古代经济史的史料，首先要从比较集中地记载有古代经济史资料的史书中去寻找；若要研究中国古代官制史的史料，就要从比较集中地记载有古代官制史资料的史书中去寻找。另一种是在日常的学习和研究中泛观博览，以求得对有关史书性质和内容的大致了解，并适当作些札记或卡片，到需要时再有的放矢地去寻找。

因为绝大部分史料都包含在史书之中，所以寻找史料首先必须寻找史书。寻找史书和史料的方法很多，有人工的，也有借助于电子技术的；有通过一字一句阅读寻找的，也有应用索引等工具书的。特别是在电子计算机应用技术突飞猛进的今天，即使是庞大的《四库全书》，也可以存贮到几张小小的电子光盘之中，为人们阅读、检索、复制所需史书和史料提供了极大的便利。但是，这里有必要指出，无论是电子光盘还是索引之类，它们都不能从根本上解决史料的检索问题。殊不知，有些史料可以通过检索得到，有些史料还得通过老老实实、一字一句地读书，全面了解人物的履历、事件的前因后果、制度的沿革，乃至历史和自然条件的变迁等情况不可。以研究唐代的两税法为例，我们将"两税法"三字打入贮存了新旧《唐书》、《唐会要》等史书的计算机以后，固然可从中检索到不少相关史料,但是虽无"两税法"三字却与两税法直接有关的史料,如两税法实行的历史背景、失败原因、对当时社会的影响等内容,就不可能仅凭检索轻易获取。至于一般的索引之类,更不能完全代替读书寻找。对此,潘树广先生曾经举过这样一个例子,他说:日本京都大学东洋史研究会编的《中国随笔索引》(1954年版),搜集了唐代至清末民初的随笔杂著近百种,并将书中所有关键词一一录出,颇为有用。但是,有人如果要从中查找明末织工起义领袖葛成的资料线索时,只查到两个出处:一是《墨余录》卷二;一是《坚瓠八集》卷四。尽管该书明明收录有明人朱国桢《涌幢小品》一书中的条目,可是对该书卷九所记葛成的重要事迹却漏收了。原来《涌幢小品》卷九的标题是"王葛",即将明万历年间反税监斗争的领袖王朝佐和葛成的事迹合在一起记载,略称他们为"王葛"之故。类似情况,若出现在光盘中就更加难以检索到。还有一种情况是同名同姓人的史料,在检索中也容易混淆难分。至于遗漏关键词和条目,或卷数、页码发生舛误,更是在所难免。故潘先生不无感慨地说:"尽信索引,不如无索引。"(潘树广:《古籍索引概论》,书目文献出版社1984年出版)

一、认真阅读史书,掌握寻找史料的方法

(一)阅读史书是寻找史料的基础

既然史料基本上包含在史书之中,那么,认真地、系统地阅读与本专业和本研究方向有关的史书,便成为寻找史料的基础,因为它不仅能帮助研究者有机地、全面地找到所需史料,而且能同时做到对史料的正确理解和融会贯通,便于科学地加以利用。但是,同样是阅读史书,也有一个方法问题,除了上面我们已经指出的要注意史书的真伪和版本好坏以外,梁启超先生的读史经验,值得大家借鉴。他提出阅读史书有两种方法:一种是鸟瞰式;一种是解剖式。所谓鸟瞰式,"这种方法在知大概。令读者于全部书或全盘事能得一个明了简单的概念,好像乘飞机飞空腾跃,在半

第六章 史料的检索和利用

天中俯视一切,看物摄影,都极其清楚不过"。所谓解剖式,"这种方法在知底细,令读者于一章书或一件事能得一个彻始彻终的了解。好像用显微镜细察苍蝇,把苍蝇的五脏六腑看得丝丝见骨"(《中国历史研究法·补编》,第163页)。为寻找史料而读史书,同样离不开这样两种方法。前者可略知史书的内容,以确定自己所需史料是否有可能存在于该书之中,属于浏览性质;后者是发现该书或书的某一部分内容存在着自己所需要的史料时所使用的阅读方法,通过阅读,将蕴藏于史书中对自己有用的史料寻找或提炼出来,然后仔细加以载录,并且记下该书作者、书名、卷数、页码、版本或出版时间。如果忽略了后面一步,万一以后再要寻找原书进行核对时,会找不到原书而增添很大的麻烦。

在解剖式的阅读过程中,要集中精力,心无旁骛,形成"注意"中心,一旦所需史料进入自己的视野,便要立即成为"注意"的焦点,也就是引起条件反射,从而紧紧抓住这条史料不放。对此,梁启超又有十分生动的论述,他说:"初学读书的人,看见许多书,要想都记得,都能作材料,实在很不容易。某先辈云:'不会读书,书面是平的;会读书,字句都浮起来了。'如何才能使书中字浮凸起来?惟一的方法,就是训练注意。"(《中国历史研究法·补编》,第171页)打一个比喻,好似一个人进入百花园去采摘牡丹花一样,尽管他看到无数鲜艳夺目的花朵,惟有牡丹花才能引起他的注意。另外,梁启超还提出,在史书阅读中要采取由此及彼的联系方法和有"无孔不入"的钻研精神。他从阿拉伯人所著《中国印度见闻录》一书中,获得公元877年至公元878年黄巢起义军在广州杀伊斯兰教徒、犹太教徒、基督教徒、拜火教徒12万人的记载,由此发掘出了反映唐后期广州对外贸易非常繁荣的这样一条史料。于是他说:"吾侪苟能循此途径以致力研究,则因一项史迹之发见,可以引起无数史迹之发见,此类已经遗佚之史迹,虽大半皆可遇而不可求;但吾侪总须随处留心,无孔不入,每有所遇,断不放过。"(《中国历史研究法》,第84页)

对于阅读史书的方法,陈垣先生与梁启超有着极为相似的看法。1961年,他在《与毕业同学谈谈我的一些读书经验》(载《中国青年》1961

年第 16 期)一文中说:"有两点经验,对研究和教书或者有些帮助:一、从目录学入手,可以知道各书的大概情况,这就是涉猎,其中有大批的书可以不求甚解。二、要专门读通一些书,这就是专精,也就是深入细致,'要求甚解'。"在这里,陈垣先生说的是对史书内容的涉猎与专精,实际上就是梁启超所谓的鸟瞰式与解剖式的具体运用。

(二) 介绍寻找史料的几种方法

寻找史料,有针对性地查阅目标明确、资料集中的史书是最主要的,但对于含蓄、零碎、稍有差异,以及看似没有关系,实际上却存在着内在联系的史料,往往容易从人们的眼皮底下溜走。为此必须采取其他一些寻找史料的方法,归纳起来大约有以下几种。

一是从对比中寻找史料。例如东汉后期逐渐形成的门阀制度,在魏晋时期进入到了鼎盛时期,到唐代开始衰落,至宋代最后退出了历史舞台。对于这一结论,史书上不会有明确的记载。但是,如果我们通过对魏晋、南北朝、唐、五代、两宋这几个时期宰执大臣的门第,由选举入仕的家庭出身等相关史料,加以对比分析,从"旧时王谢堂前燕,飞入寻常百姓家"等唐人吟唱中作深入探讨和研究,就不难得出这个结论。再如研究唐安史之乱以后中国经济和文化重心开始南移的历史过程时,涉及北宋时候经济和文化重心究竟在北方还是南方的问题。这方面的史料虽然不是很少,但是比较零乱。如果我们以农业产量、户口数、和籴数、官僚队伍的地域构成、取士数、学校和书院分布、印刷业的发展等内容作为基准,分北宋前期、后期、南宋中期三个时段进行对比,就不难找到许多与之有关的史料,从而确定两宋三百余年间,南北经济和文化重心的变化情况。

二是从联系中寻找史料。例如在秦王嬴政称帝后的 12 年间,他绝大部分时间都在外地巡行,若研究其巡行目的,史书记载并不多,但如果与当时心有不甘的原六国旧贵族残余势力的一系列复辟活动联系起来进行研究,就不难找到有关秦始皇为何要到处巡行的史料。这里顺便说一下,有人对秦始皇陵前地下埋有如此庞大的兵马俑,深感不解,实际上如果与

第六章　史料的检索和利用

他生前叱咤风云,夺人城池,亡人社稷,杀人盈野的历史事实联系起来进行考察,对他长眠地下以后,迫切需要有一支同样威武雄壮的兵马俑来保卫他的心情,也就变得不难理解。再如研究郑和为什么要七次下西洋时,仅仅从"成祖疑惠帝亡海外,欲纵迹之,且欲耀兵异域,示中国富强"(《明史·郑和传》)等个别史料作出结论,是远远不够的,还需要与当时中国商品经济的发展,海外贸易的兴盛,造船和航海技术的提高,封建统治者对奢侈品需求的增加,军事力量的强大等原因联系起来进行考察,充分运用有关史料,才能全面地回答这个问题。

三是通过集腋成裘的方法获取史料。梁启超说:"大抵史料之为物,往往有单举一事,觉其无足重轻;及汇集同类之若干事比而视之,则一时代之状况可以跳活表现。"他以自己研究中印文化交流史为例说:"考论中国留学印度之人物,据常人所习知者,则前有法显,后有玄奘,三数辈而已。吾细检诸传记,陆续搜集,乃竟得百零五人,其姓名失考者尚八十二人,合计百八十有七人。"(《中国历史研究法》,第78—79页)其结果是,不仅大大地增加了梁启超研究中印文化交流史的史料,也使他对留学印度僧人的作用有了新的认识。在一般正史和会要中,虽然缺乏像户口数、垦田数、田赋和商税、物价、取士数、自然灾害次数等全国性的统计数字,但我们可以从方志、文集、笔记等各种史籍中逐一寻找,加以汇总取得。如即将出版的由龚延明等先生编撰的《历代登科总录》,收录的历代进士人数达十余万人,其中唐宋的上万名进士之名,极大部分就是依靠这种集腋成裘的方法从各部史书中觅得。

四是从研究内容相同或相似的论著中,寻找史料。由于条件的限制,一个人所能看到的史书,所能接触到的史料毕竟有限,因而通过参考他人的有关论著,看他们在研究这一课题时,利用了哪些史书,引用过哪些史料,以作为自己寻找史书和史料的参考。然后以它们为向导,去查阅原著,按照自己的需要对史书进行发掘,根据自己的理解对史料加以利用。

五是从国外史书中寻找史料。同样一件史事,中国史书有记载,外国史书也可能有记载,由于立场和目的的不同,内容多少会有差异。有些史事,中国史书可能没有记载,外国史书却有记载,其史料价值就更大。前面提到的阿拉伯人所著《中国印度见闻录》一书,关于对黄巢起义军在广州杀回教徒及犹太、波斯人等12万的记载,就是生动一例。中国自元代以后,与世界各国的交往日益密切,外国史书中涉及中国的内容更多,成为研究中国历史的重要史料来源,对此,本书在前面已经作过介绍。

二、充分利用工具书检索史书寻找史料

我们强调读书在史料检索中的重要性,不等于否定和排斥对工具书的利用。因受条件所限,要让研究者都能通读本专业的所有史书并不现实,尤其宋元以后,史书大量增加,一个人穷毕生精力也不可能将它们读完。可是,那些没有被读过的书,是否存在着自己所需要的史料,实在让人放心不下。为此,适当利用工具书如辞典、索引之类,全面进行一番检索,也不失为是一种寻找史书和史料的好方式。当然,这类工具书尚存在一些缺点,以人名为例,一是收录不够完整,这在前面已经说过;二是容易将不同的两个人视为同一人予以收录。如北宋后期至南宋初年有两个官员叫吴玠,一是政和四年(1114年)任高阳关路总管的文臣吴玠,另一个是南宋初年四川地区的著名抗金将领吴玠。南宋初年还有两个张俊:一是有"中兴四将"之称的张俊,另一个是游寇张俊。只要我们了解这一类工具书的局限性,适当进行补救,大可不必因噎废食。

我国编纂古籍索引的历史相当悠久,最早的一部索引类著作,恐怕要推明代张士佩的《洪武正韵玉键》一书。尔后,又出现了《两汉书姓名韵》、《本草万方针线》、《历代纪年韵览》、《史姓韵编》、《历代地理志韵编今释》、《皇清经解敬修堂编目》、《皇清经解检目》、《说文通鉴》等书,都是明清时期编纂而成的,富有学术价值,对后世影响较大。从上个世纪二十年代起,我国古籍索引的编纂进入到了一个新的发展阶段。当时,在万国鼎、胡适、何炳松、叶圣陶等学者的倡导下,学术界掀起了一股编纂索引(引得)的热潮。其中成绩最大的当推哈佛燕京学社引得编纂处,它从

第六章 史料的检索和利用

1931年2月至1950年3月,共编纂引得63种,所选古籍遍及经、史、子、集四部,为后来的学术研究提供了很大的便利。中华人民共和国成立后,特别是"文化大革命"以后,我国学术界对古籍索引在学术研究中的作用有了进一步的认识,编纂工作更加受到重视,先后编纂了《元人文集篇目分类索引》、《古籍版本题记索引》、《古籍宋元刊工姓名索引》、《二十四史纪传人名索引》、《古今图书集成索引》、《永乐大典索引》等近两百种古籍索引。1991年12月,还成立了中国索引学会,积极组织和协调编纂各类索引。与此同时,在日本、美国及我国台湾和香港地区,古籍索引的编纂也取得了重大成绩,其中,日本学者佐伯富、山根幸夫、梅原郁、矢岛玄亮及中国台湾学者王德毅、黄福銮、庄为斯、诸家骏、庄芳荣等在这方面的贡献尤其值得称道。

多媒体应用技术的兴起,为古籍索引的编纂提供了更为便捷、实用的技术手段,即便像《四库全书》这样的大型类书,经过数字化技术处理以后,无论书名、篇名、人名、地名乃至每一个词语,都能很快地进行检索,为史学研究者提供了更大的便利。现在,应用电子技术制作的古籍光盘索引,正以前所未有的速度得到开发和利用,不要多久,几乎每一部古籍都将有它自己的索引。

不过,从当前来说,应用工具书进行检索仍有其必要性,一是因为它不必依赖于电脑,不受一定技术条件的限制;二是从某些方面来说,它比应用多媒体更为方便。例如,我们要查找某些有关联的语汇(例如翰林、翰林院、翰林司、翰林医学、翰林学士、翰林学士院、翰林院权直、翰林侍读学士、翰林学士知制诰等),用电脑检索只能一个个地去寻找,若用工具书则可同时找到一大串。1999年10月北京图书馆出版社出版的刘荣主编的《中国社会科学工具书检索大典》,可谓是一部检索工具书的工具书。该书收录了社会科学方面的工具书达一万八千余种,是我国当前收书最多的一本工具书综合大典。全书分政治、军事、经济、文化、历史、地理等15大类,137小类,收止时间为1997年6月,内容包括字典、词典、图谱、年表、历表、书目、索引、年鉴、手册、类书等工具书,颇便从事社会科学工作者检索之用。

对于研究中国古代史的人来说,所需工具书主要可以分为两大类:一类是专门寻找史书及其版本的工具书,一般指书目著作而言;一类是专门寻找某一历史人物(包括其履历)、历史事件、制度名物、古籍篇章、历史地名和词汇的工具书,主要指各类辞典、索引及光盘而言。下面将对与史料检索有关的工具书,分别作些介绍。

中国古代书目著作很多,除了已经失传的西汉年间刘向的《别录》和刘歆的《七略》以外,在正史中,有《汉书·艺文志》、《隋书·经籍志》、《旧唐书·经籍志》、《新唐书·艺文志》、《宋史·艺文志》、《明史·艺文志》等6种。自西汉中后期以来,公私书目的编撰一直没有间断,可是唐以前的书目著作,除收入正史者外,已基本上不传于世,或只存辑本。南朝梁阮孝绪所撰《七录》,其目录部分因收入《广弘明集》而被完整地保存了下来,但具体书目,也已散佚。两宋以降,官修和私撰的书目著作更多,并有多部传至后世,主要有:北宋王尧臣等编撰的《崇文总目》(有《四库全书》本、《粤雅堂丛书》本、《知不足斋丛书》本等)、南宋晁公武编撰的《郡斋读书志》(有《四库全书》本、《宛委别藏》本、《四部丛刊》本等)、陈振孙编撰的《直斋书录解题》(有《四库全书》本、《武英殿聚珍版》本、《丛书集成初编》本等)、尤袤编撰的《遂初堂书目》(有《四库全书》本、《海山仙馆丛书》本、《丛书集成》本等)、清永瑢及纪昀等编撰的《四库全书总目》(有中华书局1965年影印本)、于敏中及彭瑞元等编撰的《天禄琳琅书目》(有《四库全书》本、《摛藻堂四库全书荟要》本)、黄虞稷编撰的《千顷堂书目》(有《四库全书》本、《适园丛书》本)、孙星衍编撰的《孙氏祠堂书目》(有《木犀轩丛书》本、《丛书集成初编》本)、近人范希曾补编的《书目答问补正》(中华书局1963年出版)、邵懿辰撰及邵章续录的《增订四库简明目录标注》(中华书局上海编辑所1959年出版)、杜信孚纂辑的《明代版刻综录》(江苏广陵古籍刻印社1983年出版)等。这些书目著作,对于寻找古籍都可作工具书用,但其所载书目仅限于旧刻本,有些所录书目今天已经失传,使用时应当注意。现将中国古代史书目著作和与研究工作有关的各种辞典、索引等工具书择要作一介绍。

（一）书目工具书（包括数字化工具书）

1.《四库全书总目》200 卷　一名《四库全书总目提要》。清永瑢、纪昀等编纂。书成于乾隆五十四年（1789 年），是我国最大的一部丛书——《四库全书》的总目录，全书著录收入《四库全书》的图书 3 461 种，79 309 卷；著录存目 6 793 种，93 551 卷①。收入《四库全书》的每一部书籍（包括存目）都作有提要，内容包括版本源流、著者事迹、内容概况、文字异同、价值大小等，对古籍的参考和使用都带来很大便利。全书将收入《四库全书》的古籍和存目，按经、史、子、集分为四大类，每一大类又分若干小类，其中一些比较复杂的小类再细分子目。每一大类、小类的前面有小序，子目的后面有案语，扼要说明这一类著作的源流以及分类理由。每一类书目的后面，再附以"存目"。为便于查找，中华书局在影印出版时，还附以《四库撤毁书提要》和由清人阮元等人编撰的《四库未收书提要》两部。又编制了四角号码书名及著者姓名索引，附于书末，以供查找。不懂四角号码使用方法者，可先按书名或人名第一个字的笔画，查出相应的四角号码，再进行检索。有中华书局 1965 年影印本。

附一：《四库提要辨证》24 卷　余嘉锡撰。是书系统地考辨了《四库全书总目》的错谬和违失，并对多部古籍从内容、版本到撰者生平，都作了翔实的考证，并与《四库全书总目》一样，以经、史、子、集四部顺序编排。全书共 490 篇，其中史部 107 篇、子部 217 篇，这是本书的重点，经部和集部较少。作者撰写此书，前后经历了约 50 年时间，参阅了大量文献资料，实为其"一生精力所萃"，对于研究和了解《四库全书》所收的有关史书，从作者、版本和内容错失，都有重要参考价值。中华书局 1980 年出版。

---

①　《四库全书总目》所载书目（包括存目）总数与卷数，与《四库全书》实收总数有不同，此处所载书目总数和卷数，根据中华书局 1965 年出版之《四库全书总目·出版说明》所提供的数字。

附二：《四库全书存目丛书》 季羡林总编。是书由全国五十多所大学和海外一百多位文史专家参加编纂，历时四年，投入资金6 000万元，从全国及国外116所图书馆及少数私人藏书中收集4 508种存目图书，占《四库全书》全部存目图书的66.3%（不过有些收入的是足本，因此实际种数可能没有这么多）。其中收入宋刻本15种，宋写本1种，元刻本21种，明刻本2 152种，明抄本127种，清刻本1 634种。此书也以四部分类法编排，有目录、索引，但无提要。自1994年到1997年由齐鲁书社出版。

2. 《增订四库简明目录标注》20卷，附录3 清邵懿辰撰，近人邵章续录。邵懿辰撰是书，刊行于宣统三年（1911年）。其孙邵章曾仿《标注》例作续录，并补《标注》及附录所未及者。此后，邵懿辰曾孙邵友诚出增订本时，除对原稿详加校正外，还对其父生前所增订的内容也悉加收录。是书依《四库全书》目录之旧，先列书名、卷数及作者。下面以小字列该书之各种版本，并简述其存阙优劣。后面是"附录"，列诸家对一些版本的批注。最后面是邵章所增之"续录"，专著清咸丰以后续出各本，并补原书及"附录"之未及者。凡《四库全书》入存目或未收之书名、卷数、作者、版本等，则在"续录"中以小字标出。书后有三个附录：一是"善本书跋及其他"，二为"《四库全书》未传本书目"，三为"东国书目"。最后是四角号码索引。是书除没有提要外，所录书名之多，版本情况之详，皆胜于《四库全书总目》，对检索古籍尤其是版本有极大利用价值。上海古籍出版社1959年出版。

3. 《续修四库全书总目》（待编） 中国科学院图书馆整理。《续修四库全书》是继《四库全书》以后，对于中国古典文献的又一次全国范围的整理和汇集。其搜集范围包括：《四库全书》失收（遗弃、禁毁）而确有学术价值者；《四库全书》入存目而确有学术价值者；《四库全书》已收而版本残劣，有善本足可替代者；《四库全书》未及收入的乾嘉以来至辛亥革命时著述之重要者；《四库全书》未收的戏曲、小说，取其有重要文学价值者；新从域外访回之汉籍而合于选录条件者；新出土的简帛类古籍而卷帙成编者。总共收书5 213种，比《四库全书》增加51%。其版本来源于国家图书馆、上海图书馆等82家藏书单位。每种入选书籍,均选取最佳版本影印,其中的大量宋元刻本、名家稿本,为四库馆臣所未见。所收各书之前,说明所据底本、刊刻年代、版框、原有规格及底本现今所藏单位。《续修四库全书》沿袭《四库全书》体例,按照经、史、子、集四部分类,用绿、红、蓝、赭四色装饰封面。分经部260册,史部670册,子部370册,集部500册。合计1 800册,最后为各部书名著者索引。该书已于2002年由上海古籍出版社、北京中国线装书局联合编纂出版。《续修四库全书总目索引》已由上海古籍出版社于2003年出版。今后将为入选各书撰写提要,并将各书提要及各部类小序总汇成《续修四库全书总目》一书,另册出版发行。

1931年7月至1945年7月由我国历史、文学、目录、方志、敦煌等各个方面学者71人共同撰写成《续修四库全书总目》提要初稿。该书收入20世纪30年代以前的各类书籍32 960种,包括《四库全书》已收,和经窜改、删削或版本不全的古籍;《四库全书》遗漏的古籍;乾隆以后的著作和辑佚的重要古籍;禁毁书和佛道藏中的重要书籍;敦煌遗书;外国人用汉文写成的书籍的提要。其收书籍范围,主要包括北京各大图书馆和科研单位、私人藏书家、日本和法德等国的藏书。有关初稿经中国科学院图书馆整理后,已于1993年由中华书局出版了经部的上下两册。显然,这部《续修四库全书总目》,与上述将要出版的《续修四库全书总目》是两部书,使用时不可混淆。

4.《中国基本古籍库》 《中国基本古籍库》是中国文化要籍数字化的空前巨献,列为国家重点电子出版物,它分为4个子库、20个大类和100个细目,共收录上自先秦下迄民国的历代名著和各学科基本文献1万种,其内容总量相当于3部《四库全书》,每种均提供1个通行版本的数码全文和1—2个珍贵版本的原版影像。总计收书约17万余卷,版本12 500多个,全文约17亿字,影像约1千万页。《中国基本古籍库》拥有完备的检索系统和功能平台、灵活的纠错机制,可通过多条路径、采用多种方法进行快速量全文通检,可轻松实现古籍浏览、校勘、标注、分类、编辑、下载、打印等的全电子化作业,并可随时进行软件升级和数据更新以确保在持续改进中日臻完善。《中国基本古籍库》由北京爱如生数字化技术研究中心开发制作,黄山书社出版发行。

5.《中国丛书综录》 上海图书馆编。是书为当前我国最大的一部丛书类书目著作,它从全国41家主要图书馆所藏的2 797种丛书中,收子目共七万多条,其中一书为两种以上丛书所收者,均经比勘同异,分别作一种或数种处理,共得38 891种。是当前最大、最便于研究者使用的古籍丛书目录。全书分三册:第一册为《总目分类目录》,分"汇编"和"类编"两部分,分别介绍是书收录的丛书。"汇编"分杂纂、辑佚、郡邑、氏族、独撰五类。"类编"分经、史、子、集四类。又有《丛书书名索引》,可以检索所有丛书名和各丛书所收书目。后附《全国主要图书馆收藏情况表》,便于寻找该书。第二册是根据《总目分类目录》所收丛书中七万多条子目编成的《子目分类目录》,以子目为单位,按经、史、子、集四部编排,部下又析为类、属。第三册为《子目书名索引》和《子目著者索引》,以供检索第二册《子目分类目录》之用。使用时,要先检索第三册,若知道书名,想了解该书的卷数、著者和收入哪部丛书(或版本情况),就可通过书名索引,查到该书在第二册"子目"中的页码,即可查得;若知道著者姓名,要了解他撰有哪些著作,可以通过著者索引,查到著者所著书名及其在第二册"子目"中的页码,便能查得此书卷数和所收之丛书(或版本情况)。然后再查第一册,从中查到该丛书的收藏单位。该书由中华书局上海编辑所1959年至1962年出版,以后有重印。上海古籍出版社1982年至1986年有缩印本出版。另有阳海清编撰,蒋孝达校订的《中国丛书综录补正》(江苏广陵古籍刻印社1984年出版)、欧海青编撰的《中国丛书广录》(湖北人民出版社1999年出版)、施廷镛编撰的《中国丛书综录续编》(北京图书馆出版社2003年出版)三书,皆可补正《中国丛书综录》之不足。

6.《中国古籍善本书目》 中国古籍善本书目编辑委员会编。是书包括全国各省、市、县公共图书馆、博物馆、文管会、文献馆、高等院校、中国科学院及所属各研究所等收藏的古籍善本。大体依《四库全书》分类排比,并于经史子集四部之后增一丛部,以搜集汇刻群书。各书著录,先书名,次卷数,次编著注释者,次版本,次批校题跋者。以著者时代先后为序排列。凡是《四库全书》底本,皆作注明。书后附藏书单位代号表和藏书单位检索表。对于了解和寻找古籍善本,是最好的一部工具书。上海古籍出版社1989年至1998年出版。

7.《文渊阁四库全书电子版》 台湾商务印书馆1983年出版的文渊阁《四库全书》影印本,虽然为人们查阅《四库全书》带来了方便,但也存在着体积大,书价高,保存难,检索不便的缺点。电子版《四库全书》,不仅阅读方便,小大由之,而且具有强大的检索功能,其中包括全文检索,分类检索,书名检索和著者检索。除了可以迅速查到所需的字、词、书名、篇目和著者资料外,还可以将检索所得资料加以复制和编排。上海人民出版社、香港迪志文化出版有限公司1999年出版。

8.《中国地方志联合目录》 中国科学院北京天文台主编。1935年,朱士嘉先生撰《中国地方志综录》,为中国第一部全国性地方志联合目录,搜集自北宋熙宁年间至1933年的5 832种方志目录。1958年,该书出增订本,收志数量增加到7 413种,并附台湾稀见方志80种。1985年,北京天文台又在此基础上,广泛收录我国190个公共、科研、大专院校图书馆以及博物馆、方志馆、档案馆等所藏地方志书,重加增补修订,成《中国地方志联合目录》,共收录除山水寺庙志外的各类方志8 264种。是书按1977年我国行政区划次序编排,包括通志、府志、州志、厅志、县志、乡土志、里镇志、卫所志、关志、岛屿志等,止于1949年。书名前的年号为纂修(增修)年或记事所止年。书前有藏书单位简称表,书后附"四角号码书名索引"、"笔画与四角号码索引对照"。中华书局1985年出版。

9.《美国国会图书馆藏中国方志目录》 朱士嘉编。是书为1942年美国国会图书馆出版《国会图书馆中国方志目录》的影印本,共收地方志2 939种。时间上从宋代至于民国,多数修于清代。按当时行政区划排列,著录书名、卷数、纂修人、版本、册数及按语等。书后附"笔画地名索引"。中华书局1989年出版。

10.《中国基本古籍库全文电子信息版》 北京大学中国基本古籍库光盘工作委员会监制,北京爱如生文化交流有限公司制作。本光盘收集中国基本古籍1万余种,其内容总量约相当于《四库全书》所收书的三倍,堪称规模空前、精华毕集的中国历代典籍总汇。分哲科、史地、艺文、综合4个子库,20个大类,近百个细目,全文约20亿字。研究者既可根据所需之词目或篇章,作全文检索或分书检索,若有需要还可联机进行打印;也可对已检索到之词目、篇章重作编排、标点、加工后,再行打印。本光盘信息量大,使用方便。从2001年起,已陆续出版。

11.《静嘉堂文库汉籍分类目录》 日本静嘉堂文库编。是书收录日本昭和三年(1928年)十二月末静嘉堂文库所收藏的全部汉籍书目。其主体为陆心源皕宋楼之六百余种宋元刊本和抄本,以及部分守先阁和十万卷楼藏书。大体按照《四库全书总目》分类,详细记载书名、著者、版本或抄本的性质、卷数和册数等。日本静嘉堂文库1929年出版。

12.《京都大学人文科学研究所汉籍目录》 京都大学人文科学研究所编。是书共分上下两册,上册先以经、史、子、集为序,分载各书书目、卷数及著者,继载各类丛书所收书目;下册以笔画为序,分别开列汉籍目录通检和著者通检。日本同朋舍1980年出版。

13.《敦煌遗书总目索引》 商务印书馆编辑。是书分总目和索引两部分。总目部分按遗书收藏地不同而分为四种目录:一为北京图书馆藏敦煌遗书8 000卷;二为被斯坦因劫走的7 000卷;三为被伯希和劫走的2 500卷;四为散落在外的3 000卷左右。索引部分按书目名检索编号。商务印书馆1962年出版。

14.《中国随笔杂著索引》 日本佐伯富编。日本东洋史研究会1960年出版。

15.《古今类书纂要索引》 日本佐伯富编。日本中文出版社1972年出版。

16.《现存宋人别集版本目录》 四川大学古籍所(沈治宏)编。是书注重实用,只收现存宋人别集及其现存版本。凡个人诗文词集都属收录之列,共收 741 家。全书按生年先后编排,生年不详者排在最后,并注明在国内外的藏书单位。书后附"国内藏书单位及简称"、"主要引用书目及简称"、"著者四角号码索引"。巴蜀书社 1990 年出版。

17.《现存宋人著述总录》 刘琳、沈治宏等编著。是书收录现存宋人著述共 4 855 种,并著录其现存主要版本。按经、史、子、集四部排列。书后有以四角号码编排的书名索引和著者索引。巴蜀书社 1995 年出版。

18.《明代史籍汇考》 马来西亚法兰克编纂。这是一部明代史籍的综合性解题,重要文献几乎网罗无遗,并分别附有简单解释,对珍本还列出所在图书馆,是检索明代史籍最方便的工具书。马来西亚出版社 1968 年出版。

19.《清人别集总目》 李灵年、杨忠主编。是书收录作者一万七千五百余人所撰之别集 40 000 部,分上中下三册出版。作者以清人为主,兼及由明入清和由清入民国者。以海内外公藏书目为主,兼及私人收藏。全书按姓氏笔画编排,以人系书,所著录的别集皆注明版本和出处。凡知见所及的作者,均附编小传,并于后面注明史料来源。正文前有《别集作者姓氏目录》,书后附索引三种:《别集书名索引》、《别集序跋题咏辑抄编选刊行者名号索引》、《别集人名书名首字繁简对照索引》。安徽教育出版社 2000 年出版。

(二)各种辞典和索引

近百年来,特别是在最近的半个多世纪里,为了推动史学研究的发展,中外不少学者通过自己孜孜不倦的辛勤劳动和无私奉献,先后编纂了许多查找历史人物、历史事件、制度名物、古籍篇章、历史地名和词汇的工具书,有辞典、索引(早期称引得,index)等。现择要介绍于下。

第一,综合性内容的辞典

1.《中国历史大辞典》 郑天挺、谭其骧主编。是书编纂经过两个阶段：先是依据历史朝代分别编为9卷：先秦史、秦汉史、魏晋南北朝史、隋唐五代史、宋史、辽夏金元史、明史、清史（上）、清史（下）。同时辅以5个专门领域的专卷：民族史、历史地理、思想史、史学史、科技史，两者合计共14个分卷。各卷分设主编和编辑委员，依据统一的体例，分别进行编纂。各分卷从1984年至1994年陆续由上海古籍出版社出版。稍后，再由中国历史大辞典编纂委员会组织人力，将上述14个分卷汇编成上、下两卷出版。是书所收词目，上自远古时代，下迄1911年辛亥革命，共计67 154条。内容包括年号、历史人物（大多注明生卒年）、历史事件、职官、选举、食货、地理、礼仪、民族、科技、兵、刑、艺文、考古、学术、思想、文学、工艺等。词目按姓氏笔画、笔顺为序进行排列。书后附《中国历代世系表》、《中国历史纪年表》、《中国历史大事年表》、《中国历代户籍、人口、垦田总数表》、《中国历代度量衡演变表》，以及中国历史地图24幅，最后是《词目首字四角号码索引》，颇便治中国古代史者对一些重要史实的查考。但该书限于体例，不注明资料出处，这是一个不足之处。上海辞书出版社2000年出版。

2.《辞源》(修订本)　广东、广西、湖南、河南《辞源》修订组和北京商务印书馆编辑部合编。是书以旧《辞源》正续编为基础进行修订。旧《辞源》于1915年出版正编，1931年出版续编，1939年出版正续编合订本。这次修订从1976年开始。合计共收单字12 890个，词语84 134条，内容包括地名、人名、物品名、制度、史籍、事件等。收词止于1840年。解释体例是以字系词，先注音，后释义，再注明出处，包括书名、篇目和卷数，便于读者查考。全书共分4册，均使用繁体字，以部首顺序编排。书末有四角号码索引，另附"难字表"和"繁简字对照表"。每册前面有本册的"部首目录"、"难检字表"，后面有"四角号码检字"索引。商务印书馆1984年修订出版。

3. [增修]《辞源》　台北商务印书馆编审委员会编纂。是书是对旧《辞源》正、续编的增修，共收单字11 491个，词语128 074条，较原书增加30%。单字按部首排列，分为214部。每个单字先注反切、直音及韵目，次为注释,并证引例句。隶属于单字的各词条亦加解释。皆注明资料出处,包括著者、书名、篇名等。台北商务印书馆 1984 年出版。

4.《辞海》(增订本)　夏征农主编。是书刊行于 1936 年,是一部兼有字典和古今中外、百科性质的综合性辞书,其编排方法是以部首为序,以字带词,而词又是以字数、笔画为序。以后经多次修订,1962 年初出版了由陈望道任主编的《辞海·试行本》,1965 年出版了《辞海·未定稿》。此后,又相继出版了 1979 年版、1989 年版和 1999 年版三个版本。前二个版本的《辞海》,皆称修订本,为三卷本。1999 年版称增订本,由夏征农任主编,增加彩图本,为四卷本,并继续出版三卷的普及本。在这期间,还出版了中国古代史、考古、地理、政治、军事等分册。增订本《辞海》共收单字(包括繁体字和异体字) 19 485 个,其中 17 674 列为字头,字头下列词目 122 835 条。其涉及中国古代史部分的内容,包括成语、典故、人物、著作、历史事件、古今地名、团体组织、政治、经济、文化、军事、物产和科技名词术语、字、词等,均一一作出解释。书的前面有"汉语拼音索引"、"四角号码索引"、"词目外文索引"。书后有"中国历史纪年表"、"中华人民共和国行政区划简表"、"计量单位表"等 13 个附录。不足之处是对有关词目几乎都不注明出处。上海辞书出版社 1999 年出版。

第二,历史人物辞典、索引

1.《历代名人生卒年表》(附索引)　梁廷灿编。是书共收历代名人四千余人,以各人的生年为先后,列为姓名、字或号、籍贯、生卒年、岁数等栏。书前有四角号码索引和笔画索引。书后有历代帝王、闺秀、高僧生卒年表。商务印书馆 1933 年出版。

2.《历代人物年里碑传综表》(附索引)　原名《历代名人年里碑传总表》。姜亮夫编。是书根据前人著作和大量碑传材料,记载了春秋末期至 1919 年以前的人物约一万二千余人。所有人物都按其生年顺序排列,记载生卒年代和故里。书后附人名笔画索引。"备考"栏内还记载了人物传记的出处,可供进一步查阅原始资料。商务印书馆 1937 年出版。

3.《中国历代人名大辞典》　张㧑之、沈起炜、刘德重主编。是书以

《二十四史》和《清史稿》中的纪传人名为基本依据，同时参阅群籍，广搜博采，共收录自先秦至清末的历史人物五万四千五百余人。内容包括生卒年、姓名异文、朝代籍贯、字号别名、亲属关系、科举仕履、主要事迹、思想学说、封赠谥号、主要著作等，于释文之后标注资料来源，除正史中人名已有《二十五史纪传人名索引》可查外，其他出处则尽量标出书名、篇名或卷数，颇便查阅。书前有按姓氏笔画为序的"目录"，书后附有"商周（共和以前）世系表"、"历代纪年表"、"四角号码人名索引"。上海古籍出版社1999年出版。

4.《二十四史纪传人名索引》 张忱石、吴树平编。是书是对上个世纪五十年代以来陆续由中华书局出版的点校本《二十四史》中有纪传的人物索引。使用四角号码检索，人名下注明史书的册数、卷数、页数，颇便检索。但该书对《二十四史》中没有列传和本纪的人物不收。书后虽有笔画索引，但编排仍以四角号码为序，故对不懂四角号码者检索有所不便。中华书局1980年出版。

5. 有关正史人名索引 《史记人名索引》（钟华、吴树平编，中华书局1977年出版）、《汉书人名索引》（魏连科编，中华书局1979年出版）、《后汉书人名索引》（李裕民编，中华书局1979年出版）、《三国志人名索引》（高秀芳、杨济安编，中华书局1980年出版）、《晋书人名索引》（张忱石编，中华书局1977年出版）、《隋书人名索引》（邓经元编，中华书局1979年出版）、《南朝五史人名索引》（张忱石编，中华书局1985年出版）、《北朝四史人名索引》（陈仲安等编，中华书局1988年出版）、《新旧唐书人名索引》（张万起编，上海古籍出版社1986年出版）、《新旧五代史人名索引》（张万起编，上海古籍出版社1980年出版）、《宋史人名索引》（俞如云编，上海古籍出版社1992年出版）、《辽史人名索引》（曾贻芳、崔文印编，中华书局1982年出版）、《金史人名索引》（崔文印编，中华书局1980年出版）、《元史人名索引》（姚景安编，中华书局1982年出版）、《明史人名索引》（李裕民编，中华书局1985年出版）。附：《清史稿纪表传人名索引》（何英芳编，中华书局1996年出版）等。

6.《国语人名索引》(《国语》附)　上海师范大学古籍整理组编。上海古籍出版社1978年出版。

7.《战国策人名索引》(《战国策》附)　上海师范大学古籍整理组编。上海古籍出版社1978年出版。

8.《唐五代人物传记资料综合索引》　傅璇琮、张忱石、许逸民编撰。是书收录唐五代人物近30 000人,用书83种,所用书及其版本,有"唐五代人物传记资料综合索引用书表"加以注明。用四角号码作成"字号索引"和"姓名索引"两表,书末又附以"笔画与四角号码对照表",颇便检索。中华书局1982年出版。

9.《唐会要人名索引》　张忱石编。是书收录《唐会要》中隋唐五代人名及唐人世系的古人人名。以姓名或常用称谓为主目,其他称谓如字、异名、爵名、谥号等,用圆括号附注于后,并列为参见条目。同姓名者分别立目,人名下所列的数字为此人在《唐会要》中所见卷、页数。以四角号码检字法编排,书末附"笔画检字与四角号码对照表"。中华书局1991年出版。

10.《唐五代五十二种笔记小说人名索引》　方积六、吴冬秀编撰。是书收录唐五代52种笔记小说中唐五代人名,及由隋入唐、由五代入宋的人名。以姓名或常用称谓作主目,其他称谓如字、号、绰号、小名、封号、谥号、简称等皆附于后。所引各书后面的数字,分别表示册数、卷数和页数。书前有"唐五代五十二种笔记人名索引用书表",书末附录"笔画与四角号码对照表"。中华书局1992年出版。

11.《宋人传记资料索引》　昌彼得、王德毅、程元敏、侯俊德等编,王德毅增订。宋代人物传记资料有多种索引,如燕京大学引得编纂处所编之《四十七种宋代传记综合引得》、日本东洋文库所编之《宋人传记索引》等。是书集众家之所长,收录宋代人物22 000人。共分6分册,第6分册为宋人别名字号封谥索引。其资料来源,包括宋人文集347种,元人文集20种,总集12种,史传典籍90种,宋元地方志28种,金石文8种,总计505种。此外,还有单行的年谱、事状、言行录、别录,以及期刊中传记性质的论文,尚不计算在内。在第 1 分册首列"引用书目",包括卷数、作者与版本;次列"宋人传记数据索引之总索引";在各分册前,又列该册之人名索引,末册书后附录"字号索引"。索引皆按姓氏笔画多少为序编排,在每一人物下,皆尽可能地记其生卒年、字号、籍贯、亲属、履历、封赠和著作等,并详细地罗列该人物的传记资料。是书收录人物之广,资料之丰富,检索之便利,是各种宋人传记资料中之最佳者,对宋史研究极为有用。中华书局 1988 年据台北鼎文书局 1977 年增订本影印出版。

附:《宋人传记资料索引补编》 李国玲编。体例一依《宋人传记资料索引》。采用典籍一千余种,新增人物一万四千人,补录材料者六千余人,可补前书之不足。四川大学出版社 1994 年出版。

12.《续资治通鉴长编人名索引》 日本梅原郁编。是书以清光绪七年(1881年)浙江书局本《续资治通鉴长编》为底本,收录书中所有宋代人物,列出该人物出现在书中之卷数、页码和上下分页。凡出现几次,就列出几次。全书以姓氏笔画多少为序进行编排,书末列"检字表"。日本同朋舍 1978 年出版。

13.《宋会要辑稿人名索引》 王德毅编。是书以台北新文丰出版公司 1976 年影印出版之《宋会要辑稿》为底本,收录书中所有宋代人物(帝王除外),包含并世的辽、金等国。凡人物出现在书中,即列出他在书中之页码和分页面,凡出现几次,就列出几次。全书以姓氏笔画为序编排,书前有"姓氏笔画目录",书末附"校勘记",颇便利用。但是,目前我国大陆学者所使用之《宋会要辑稿》,皆为 1957 年中华书局之影印本,其页码比本索引所用之新文丰本要多出 14 个页码。换言之,新文丰本之第 1 页码即中华书局本之第 15 页码,使用者对此要特加留意。台北新文丰出版公司 1978 年出版。

14.《建炎以来系年要录人名索引》 日本梅原郁编。是书以商务印书馆国学基本丛书《建炎以来系年要录》为底本,收录书中所有宋代人物,列出该人物出现在书中之卷数、页码。正文和小注中的人物,则分别以大小写 A、B 加以区别。凡出现几次,就列出几次。全书以姓氏笔画多少为序进行编排,书末列"检字表"。对于检索该书中的人名,极为有用。日本同朋舍1983年出版。

15.《宋元方志传记索引》 朱士嘉编。是书收录了33种宋元方志人物传记,共3 949人。除人物外,与传主有关的职官、选举、杂叙、拾遗等方面也一并收录。书后附有相应的检索索引。上海古籍出版社1963年初版,1986年新1版。

16.《宋登科记考》 龚延明、祖慧编。本书是记载两宋118榜登科进士、明经、特奏名及制科、武举、词科等名录的编年史。全书逐年考证两宋时期登科士人的姓名、字号、里籍、生卒年、登科年、生平事迹、官职升迁及交游等史实,累计人数达五万余人。是书名为考据之作,实为人们检索两宋登科者和他们的仕履概况提供了便利。江苏教育出版社2009年出版。

17.《辽金元人传记索引》 日本梅原郁、衣川强编。日本京都大学人文科学研究所1972年出版。

18.《元人传记资料索引》 王德毅、李荣等编。是书共5册,引用典籍达八百余种,共收录了一万七千余人的传记资料,凡有事迹可述的人物,皆写成小传,记述他们的生卒年、字号、籍贯、履历及著述等。书前有引用书目。最后一册为"元人别名字号封谥索引",将12 000人的字、号等编为专题索引。台湾中华出版社1990年出版。

19.《八十九种明代传记综合引得》 田继宗编。燕京大学引得编纂处1935年出版,中华书局1959年校订重版。

20.《明人传记资料索引》 台湾"中央图书馆"编。是书根据明清人的文集、史传、笔记、年谱、别传等典籍中有关明人的传记资料,写成小传。先列文集(包括篇名、书名、卷页数),后列史传。每传先列人物的生卒年,次列其字号、籍贯、履历及著作。书前有"笔画检字"和"引用书目",书后附有"字号索引笔画检字"表。中华书局1987年据台湾1965年本影印出版。

21.《明实录类纂人物传记卷》(附索引) 李国祥、杨昶主编。是书按《明实录》编年目志时间顺序,条录明代人物传记资料共 2 350 人,其中许多人物资料为《明史》和其他史书所未见。所列人物,先列姓名作为条目,再表明与此人传记相关的时间,其后条录原文,注明出处。书后附有按人物姓氏笔画编排的"人名索引"。武汉出版社 1990 年出版。

22.《明人室名别称字号索引》 杨廷福、杨同甫编。是书收录有明一代人物,凡政治、经济、军事、医药、文学、美术、音乐、戏剧、收藏各方面有著作或一技之长者二万三千余人,其字号、室名、别称共五万余条,编列为索引。全书分甲乙两编,甲编只列字号、别号、室名或别称,指出其姓名;乙编较详尽地记载姓名、籍贯、字、号、室名、笔名、别称及出处。两编皆分别以四角号码进行检索。上海古籍出版社 2002 年出版。

23.《大诰人名索引》 日本东京明代史研究会编。1969 年出版。

24.《清代传记丛刊索引》 周骏富编。是书为《清代传记丛刊》之一部分,分为姓名、谥号等索引,皆以笔画为序,共收录人名 46 955 个,字号 59 404 个,谥号 2 016 个。前面编有"索引字头检字"。台湾明文书局 1986 年出版。

25.《古今图书集成各部列传综合索引》 杨家骆主编。台北鼎文书局 1988 年出版。

26.《三十三种清代传记综合引得》 杜联喆、房兆楹编。燕京大学引得编纂处 1932 年出版,中华书局 1959 年重版。

27.《清人室名别称字号索引》 杨廷福、杨同甫编。是书共收清代人物三万六千余人。正文分甲乙两编,甲编列姓名、字号、别号、室名或别称;乙编较详细地具载姓名、籍贯、字号、室名、笔名或别称。凡遇字号、室名、别称等,欲知其为谁何,先查甲编即得;再查乙编,就可检得其人籍贯、异名和字及若干别名、室名等。甲乙编均以笔画为序,按目查阅。书前有"笔画检字表"和"四角号码检字表",可供检索。书后有附录二:"异名表"、"参征书籍举略"。上海古籍出版社 1988 年出版。

28.《清代碑传文通检》 陈乃乾编。是书收录清代有关文集、碑传 1 025 种,分列碑传主人的姓名、字号、籍贯、生卒年代和碑传文的作者及所载书名、卷数,依碑传主姓氏笔画排列。凡明朝人死在崇祯十七年(1644年)以后及近人生在清宣统三年(1911年)以前的人,一律收入。一人两名或更改姓名的,在附录中作"异名考";一人数传,而所载生卒年异的,作生卒年考。中华书局1959年出版。

29.《室名别号索引》(增订本) 陈乃乾、丁宁等编。中华书局1982年出版。

30.《明清进士题名碑录索引》 朱保炯、谢沛霖编。是书收录明清两朝进士共51 624人,每一进士为一条目,按姓氏的四角号码排列,籍贯、甲第名次分注于姓名之下。索引前列有"四角号码检字法"、"姓氏笔画检字"、"姓氏拼音检字"。索引后附录按科第年份、名次排列的"历科进士题名录"。上海古籍出版社1980年出版。

31.《释氏疑年录》 陈垣编。是书根据七百余种佛教典籍、僧传、语录,参考诸家文集、方志和金石碑拓等材料编成。计收晋至清僧人有年可考者2 800人,书末有僧人法名通检,是查考历代僧人事迹,包括名号、籍贯、生卒年月等的重要工具书。中华书局1964年出版。

32.《上海图书馆馆藏家谱提要》(附索引) 上海图书馆编纂。该馆所藏家谱达11 700种,近10万册。是书不仅是一部馆藏家谱书目,而且是一部家谱提要专著,著录项目包括姓氏、书名、编纂者、出版年代、始祖等项目,对家谱中的名人题跋和名人事迹等内容皆逐一作了提要。书后附有人名、地名、堂号等索引。上海古籍出版社2000年出版。

33.《四十年出土墓志》(附索引) 荣丽华编集。是书收集自1949年至1989年40年间各地出土的历代墓志。全书按志主的卒年排列,未详者按著年排列,再未详者置于相关墓志之后。每方墓志依次按盖称、首题、卒葬年月、志石尺寸、志文字数、撰书人、出土情况、资料来源排列,书后附志主和撰书人综合索引。中华书局1993年出版。

第三,年谱类辞典、索引

1.《中国历代年谱总录》 杨殿珣编撰。是书收录中国历代年谱3 015种,谱主1 829人,附录参考书或文章277条,书末附谱主姓名、别名索引。书目文献出版社 1980 年出版。

2.《中国历代人物年谱考录》 谢巍编撰。是书以收录 1983 年之前全国各主要图书馆及文物保管单位所庋藏的中国历代人物年谱为主,兼收海外及私人所藏年谱,计 6 259 种,谱主 4 010 人。全书分正编和附编两部分。正编以年代和时间先后为序,记载了自先秦至近现代人物的年谱共 7 卷;附编包括"合编年谱"、"合刊年谱"、"通谱"、"齿谱"、"疑年录及人物生卒年表"、"学术年表"、"大事年表"等 7 卷。书末附以"谱主姓名索引",以字画多少为序。还有"年谱收藏单位简称表"。中华书局 1992 年出版。

第四,历史词语、典章制度辞典和索引

1.《史记辞典》 仓修良主编。是书收词范围以中华书局标点本《史记》正文为据,凡该书正文中出现的人名、地名、民族、职官、著作、典制、历史事件,以及天文、历算、音乐等专门术语,难懂的字和词、成语、典故、动植物、矿产等,均予收录,作出解释,共一万六千八百余条。在每条释文后,以方括号注明该词目或字、词在中华书局标点本《史记》中的页码。以笔画为序进行编纂,书前有"索引检字"和"词目索引",以供检索。山东教育出版社 1991 年出版。

2.《汉书辞典》 仓修良主编。是书收词范围以中华书局标点本《汉书》正文为据,凡该书正文中出现的人名、地名、民族、职官、著作、典制、历史事件,以及天文、历算、音乐、医药等专门术语,难懂的字和词、成语、典故、动植物、矿产等,均予收录,作出解释,共二万三千八百余条。体例一如《史记辞典》。山东教育出版社 1996 年出版。

3.《三国志辞典》 张舜徽主编。是书收词范围以中华书局标点本《三国志》为据,正文和裴注一概收录。内容包括人名、地名、民族、职官、著作、典制、历史事件,以及天文、历算、音乐、医药等专门术语,难懂的字和词、成语、典故、动植物、矿产等,并作出解释。体例一如《史记辞典》。山东教育出版社 1992 年出版。

4.《后汉书语汇集成》 日本藤田至善编。日本京都大学人文科学

第六章 史料的检索和利用

研究所 1960 年—1962 年出版。

5.《资治通鉴大辞典》 施丁主编。是书收词目六万余条,分各卷概要、司马光评论、历代贤哲评论、名物典制、民族、人物、官制、地理、典籍、词语、通学资料、地图等 12 类。书后附有相应的检索索引。吉林人民出版社 1993 年出版。

6.《东京梦华录·梦粱录等语汇索引》 日本梅原郁编。日本京都大学人文科学研究所 1979 年出版。

7.《续资治通鉴长编语汇索引》 日本梅原郁编。是书收入《长编》中的语汇 14 万条,内容包括天文、五行、律历、地理、河渠、礼乐、仪卫、舆服、选举、职官、食货、兵制、刑法、艺文、少数民族、姓氏、谥法、宫殿、掌故、训诂、俗语等事项。每一语汇按日语发音以 50 音图编排,书后有"检字表",可按汉字笔画检索。日本同朋舍 1989 年出版。

8.《宋史》诸志索引 日本佐伯富对《宋史》诸志索引之编撰,用力甚勤,成果亦非常突出,迄今已至少有 5 种《宋史》志的索引问世。诸志皆以《图书集成本》为工作底本,校以百衲本。语汇按五十音图次序编排。书前有"年代表",书后有"检字表",可用笔画检索。这 5 部索引是:

《宋史职官志索引》 日本同朋舍 1963 年初版,1974 年第二版。

《宋史兵志索引》 日本同朋舍 1976 年出版。

《宋史刑法志索引》 台湾学生书局 1977 年出版。

《宋史河渠志索引》 日本省心书局 1979 年出版。

《宋史选举志索引》 日本同朋舍 1982 年出版。

9.《庆元条法事类语汇辑览》 日本梅原郁编。是书以《庆元条法事类》静嘉堂文库本为底本,从中选出 4 400 个语汇,按五十音图次序编排。书后有"检字表",可用笔画检索。日本同朋舍 1990 年出版。

10.《元典章索引稿》(正、续、三、四编) 日本佐伯富等编。日本京都大学人文科学研究所 1954 年至 1961 年出版。

11.《金史语汇集成》 日本小野川秀美编。日本京都大学人文科学研究所 1960 年至 1962 年出版。

12.《十通索引》 王云五编。是书供检索《十通》中的制度名物、篇章条目之用。由两种检索方法组成,一种为四角号码索引,便于特索;另一种为分类索引,便于类推。商务印书馆1937年出版。浙江古籍出版社1988年重版。

13.《事物异名录索引》 日本佐伯富编。日本朋友书店1995年出版。

14.《食货志十五种综合引得》 燕京大学引得编纂处1938年出版,中华书局1960年重版。

15.《廿三种正史及清史中少数民族史料汇编及引得》 芮逸夫等编。台北历史语言研究所1976年出版。

16.《永乐大典索引》 栾贵明编。作家出版社1997年出版。

17.《中国历代奏议大典》 丁守和等编。是书为我国第一部有关奏议的工具书,上起先秦,下迄清末,共选编奏议五千余篇。每篇由原文、注释和评述三部分组成。书后附有相应的检索索引。哈尔滨出版社1994年出版。

18.《中国方志大辞典》 《中国方志大辞典》编辑委员会编。是书收词2 970条,分为方志词语、方志书名、方志人物、修史机构、其他、附录6类。书后附有相应的检索索引。浙江人民出版社1988年出版。

第五,古代职官辞典

1.《中国古代职官大辞典》 张政烺主编。是书词目来源以二十四史为主,并参考有关典籍、政书、碑铭和私家杂著等。内容包括中国古代中央、地方、农民政权及周边各族的职官和官署名称。词目按首字笔画数和笔形顺序排列,可按字画检索。河南人民出版社1990年出版。

2.《中国官制大辞典》 俞鹿年编。是书所收词目,上起原始社会末期,下迄1949年以前。内容分释文与图表两部分。释文部分收词目一万三千五百余条,将官制分为9门,以机构和官吏名称为纲,详细诠释历代各种国家机构、官吏的设置情况和沿革变迁。黑龙江人民出版社1990年出版。

3.《宋代官制辞典》 龚延明编著。是书为一部多功能而富有创意的官制辞典,共收官司、官吏条目 11 000 条,职官术语与典故六百余条。凡宋代前后所设置过的官职名称,尽可能予以收录。全书分"序论"、"正文"、"附录"及"索引"四部分。正文又分职官条目与职官术语两大类。职官条目依职官制度自上至下、自中央至地方的内在联系排列。每一职官条目的排列顺序为:官司或官吏名、职源与沿革、职掌、官品、编制、简称与别名。另附有 59 幅职官表格。释文一律注明出处,书后附有条目首字的笔画索引。是书对于研究繁难复杂的两宋官制有重要功用。中华书局 1997 年出版。

4.《明史职官志索引稿》 日本京都大学人文科学研究所编。1972 年印行。

第六,历史地名辞典、索引

1.《中国古今地名大辞典》 近人臧励龢等编。是书编成于 1931 年,共收录自先秦至近代经史、地志、群籍中所载地名,包括省、道、路、府、州、郡、军、监、市镇、城寨、关隘、山脉、河流、溪水、湖泊等近五万条。先指明其方位,有些还指出其所置年代和沿革、别名、存废情况,最后说明该地在民国初年所属的政区范围或名称。是书因长期没有修订,在古今地名对照时,所言"今地",多已废旧、变迁,使用时要特别加以注意。地名类辞典虽不能为读者提供史料出处,但对了解史料中的古地名在今天为何处,不失其检索价值。全书按地名笔画多少为序进行编排,首列检字表,书后附各县异名表、四角号码索引。商务印书馆 1982 年重版。

2.《中国历史地名辞典》 复旦大学历史地理研究所(中国历史地名辞典)编委会编。是书收录我国历史地名约 21 000 条,按笔画编排。包括历代各种史籍的地志及诗文中的重要政区、山川岛屿、城镇堡寨、关津驿站、道路桥梁、工程建筑、宫观苑囿、寺庙陵墓、居住与矿冶遗址等。释文中的今地一般以 1980 年的行政区划为准。江西教育出版社 1986 年出版。

3.《中国历史地名大辞典》 魏嵩山主编。是书所收地名,上自远古,下迄中华人民共和国成立,共计九万余条,分列六万余目。凡历史文献所涉及的县以上政区,唐代方镇、明代卫所以及重要的山川岛屿、城镇堡寨、关津桥梁、道路驿站、乡村墟集、街市坊巷、宫苑园囿、亭榭台阁、寺观陵墓、水利工程和矿冶遗迹等,均有收录。释文中今地以1990年行政区划为准,依目叙明历代县级以上政区治所和其他历史地名所在方位及其简要沿革、兴废和改制年代。首列"首字笔画检索表",后附"音序索引"及"中国历史纪年表"。广东教育出版社1995年出版。

4.《史记地名索引》 嵇超等编。中华书局1990年出版。

5.《汉书地名索引》 陈家麟、王仁康编。中华书局1990年出版。

6.《后汉书地名索引》 王天良编。中华书局1988年出版。

7.《三国志地名索引》 王天良编。中华书局1980年出版。

8.《水经注引得》 燕大引得编纂处1934年出版,台北成文出版社1966年影印出版。

9.《元和郡县图志地名索引》 贺次君编。中华书局1983年出版。

10.《太平寰宇记索引》 王恢编。台北文海出版社1976年出版。

11.《元丰九域志索引》 日本嶋居一康编。日本京都中文出版社1976年出版。

12.《读史方舆纪要索引》 日本青山定雄编。日本东京东方文化学院1933年出版。

第七,纪年表、年代换算表

1.《中国历史纪年表》 方诗铭编。上海辞书出版社1980年出版。

2.《新编中国三千年历日检索表》 徐锡祺编。是书上起盘庚迁殷,下迄公元2050年,检索年代长达3 300年。表中列有中国(并列政权)、日本、朝鲜、越南纪年,可互查农历、西历、回历月日。又附有国内少数民族政权纪年和各国使用公历日期表。人民教育出版社1991年出版。

3.《二十史朔闰表》 陈垣编。是书以中历为主,自汉高祖元年(公元前206年)至公元2000年,列出闰月和每月朔日的干支,与公历对照,辅以回历岁首的日期。书前有以笔画多少为序排列的"年号通检"。古籍出版社 1956 年据 1925 年版影印出版,中华书局 1962 年新 1 版。

第八,论著目录索引

1.《中国古代史论文资料索引》 复旦大学历史系资料室编。是书收编 1949 年 10 月至 1979 年 9 月间国内报刊发表的有关论文资料,共三万余篇。按内容分为"总论"和"分论"两大部分。"总论"分为史学概论、史学史、政治史、社会史、经济史、法律史、军事史、民族史、地方史、中外关系史、文化史、教学问题与学术动态 12 个类目。"分论"按朝代排列,从原始社会到清代共 16 个专题。每一条目均分为篇名、作者、报刊名及日期 4 项。上海人民出版社 1985 年出版。

2.《魏晋南北朝史书目论文索引》 武汉大学图书馆编。是书收录 1919 年至 1981 年出版的中国人论著和外国人论著的中文译本。内容包括上起东汉末年,下迄隋朝统一中国这一历史时期的学术专著目录及论文篇目。1982 年编。

3.《隋唐五代史论著目录》 中国社会科学院历史研究所魏晋隋唐史研究室编。是书收录中国、日本自 1900 年至 1981 年所发表的有关隋唐五代史论文和著作目录。江苏古籍出版社 1985 年出版。

4.《辽史研究论文专著索引》 辽宁社会科学院历史研究所编。1982 年编。

5.《宋辽金元书籍论文目录通检》 陈庆浩编。是书收录了自 1900 年至 1975 年国内外有关宋辽金元史论著目录。法兰西学院汉学研究所 1978 年出版。

6.《宋辽夏金史研究论著索引》 原杭州大学古籍研究所、宋史研究室编。是书收录 20 世纪以来公开发表和出版的有关宋辽夏金史研究的论著目录,分上、下两编。上编收录 1900 年至 1949 年 9 月底止全国出版的论著篇目和 1949 年 10 月至 1982 年 12 月止中国大陆出版的论著篇目。下编收录 1949 年 10 月至 1981 年 12 月止我国台湾省和香港地区出版的论著篇目。上、下两编各分宋辽夏金总论、宋代、辽夏金三部分,每编先列论文,后列著作。1985 年编。

7.《二十世纪宋史研究论著目录》 方建新编。是书收录1900年至2000年间中国内地、台湾、香港地区公开出版、发行的宋史研究论文与著作近30 000条。分甲乙两编。甲编收录1900年至1949年底止在全国范围内所出版的论著目录及1949年以后至2000年底止在中国内地出版的论著目录;乙编收录1949年10月起至2000年底止在台湾和香港地区出版的论著目录。两编皆先列论文后列著作。论著按照内容分类排列。其中论文分概论、政治、经济、法律、社会、军事、文化等20类,每类下又分若干子目。在同一类目中,按论著发表时间先后排列。论文部分,每一条目先列篇名,次列著译者姓名,再列所刊登的报刊名称及卷数、时间。著作部分,先列书名,次列著译者姓名、出版单位、出版时间。北京图书馆出版社2006年出版。

8.《二十世纪辽金史论著目录》 刘浦江编。是书尽可能完整地著录了20世纪辽金史领域的所有中外文论著,时间下限迄于2000年底,但其上限并不限于1900年,对20世纪以前的研究成果,也一并收录。共计著录辽金史论著9 216条,其中辽史部分4 721条,金史部分4 495条。全书分为上下两编,上编为辽史,下编为金史。每编又分列专著、总论、史料与文献、政治、经济、制度、民族、社会、辽宋(金)关系、民族关系与对外关系、人物、文化、宗教、契丹(女真)语言文字、科学技术、历史地理、墓葬碑刻、文物考古等子目,子目下又有细目。每编皆中文论著在前,外文论著在后,但外文论著的子目与中文论著的子目有所不同。著录项目包括序号、篇名、作者、出版单位和时间4栏。书后附作者索引。上海辞书出版社2003年出版。

9.《中国近八十年明史论著目录》 中国社会科学院历史研究所明史研究室编。是书收录1900年至1978年间我国和近30年间在台湾、香港地区及我国学者在国外用中文刊发的有关明代历史的论文和著作,约1万条,其中论文约9 400条,著作约600部。书后附有相应索引。江苏人民出版社1981年出版。

10.《清史论文索引》 中国社会科学院历史研究所清史研究室、中国人民大学清史研究所合编。是书收录了上个世纪初至1981年间中国报刊、论文集上发表的有关清史论文、书评、通讯报导、史料等篇目约2万条,并附1949年以来台湾、香港地区所发表的有关论文。书后有相应的检索索引。中华书局1984年出版。

工具书的索引一般来说有三种:一是四角号码索引,二是笔画索引,三是拼音索引。这三种索引在使用时各有利弊。四角号码最为便捷,但是要学会它的使用方法却比较难,学会后也容易忘记。拼音最为简单,但不是每一种工具书都有拼音检索。相对而言,使用笔画索引虽然比较麻烦,却最易学,也最稳妥,日本的汉籍索引除多以五十音图排列外,基本上都使用笔画索引,就是这个原因。不过,在使用笔画索引时,大多要以繁体字的笔画数为准,否则就找不到有关古籍,这点必须引起注意。

三、如何引用史料

在引用史料时必须遵循几个基本原则:一是要有的放矢,正确、周到地说明所述内容;二是引文要精炼,重点要突出,既要说明问题,又要减少引文所占篇幅;三是要注明出处,必要时还得注明所引古籍的版本。广大史学工作者经过长期的史学实践,已形成了有关这方面内容的具体做法和共识,并成为各出版社编辑部门处理论著中引文的原则。

(一) 史料引用规范

史料引用,可以有选择地采取以下三种形式。

第一种,如果所引史料的文字不多,或虽然文字较多,但不完整引用,不能正确地、完整地表达需要说明的问题,或会引起误会,就要完整地、一字不漏地加以引用。

今以郭沫若主编的《中国史稿》等史籍为例,加以说明。

例一:"……司马迁的父亲司马谈,当时正任太史令,由于留在洛阳,没有赶上参加(封禅),发愤而得病,临死前还拉着司马迁的手哭泣说:

'今天子接千岁之统,封泰山,而余不得从行,是命也夫,命也夫!'可见这件事在当时封建统治阶级中引起何等强烈的反映。"(第二册,人民出版社1979年出版,第187页)

例二:"……文帝时,晁错曾经对自耕农民的艰苦境况作了这样的描述:

> 今农夫五口之家,其服役者不下二人,其能耕者不过百亩,百亩之收不过百石。春耕夏耘,秋获冬藏,伐薪樵,治官府,给徭役。春不得避风尘,夏不得避暑热,秋不得避阴雨,冬不得避寒冻,四时之间亡日休息。又私自送往迎来,吊死问疾,养孤长幼在其中。勤苦如此。尚复被水旱之灾,急政暴赋,赋敛不时,朝令而暮改。当具有者半贾而卖,亡者取倍称之息,于是有卖田宅鬻子孙以偿责者矣。(《汉书·食货志四》)

破产的自耕农民,有的成为豪强地主的佃农或雇佣,有的背井离乡,四处流亡,有的被迫沦为奴隶。"(第二册,第206页至207页)

按:以上两例所引史料的文字,在书中很难省节,只有全部照录,才能正确、完整地表达需要说明的问题。不过,同样是完整地引用某一条、某一段史料,有的直接引用于所述内容之后(如例一),有的则另起一行引用(如例二)。对于前者,多出现于引文较短的场合;对于后者,多出现于引文较长的场合。如果以后者的形式引用,则引文第1行须空出4个字的位置,从第2行起,皆分别空出2个字的位置。紧接其后的文字,如果内容与引文有直接关系,则作顶格排列;如果意思有转换,则作换行排列。

第二种,选择某一条、某一段史料中最能说明问题的一句或几句话加以引用,而省去大部分可有可无的内容和虚词、连接词之类。若引用两句以上,有时撰者可用自己的话,作前后连接,以补充引文之不足。

例一:"哀牢夷特产的木棉布,在东汉时已以'洁白不受垢污'著名。"(第二册,第340页)

第六章　史料的检索和利用

上面这句引文是从《后汉书·南蛮西南夷传》中这样一条史料中摘取："有梧桐木,华绩以为布,幅广五尺,洁白不受垢污。"

例二:"如赵国的卓氏,是冶铁致富的大奴隶主,秦灭赵后被迁于蜀。夫妻两人推着小车到了临邛,'即铁山鼓铸','富至僮千人,田池射猎之乐,拟于人君'。"(第二册,第136页)
上面这几句引文是从《史记·货殖列传》中这样一段史料中摘取:

> 蜀卓氏之先,赵人也,用铁冶富。秦破赵,迁卓氏。卓氏见虏略,独夫妻推辇行,诣迁处。诸迁虏少有余财,争与吏求近处葭萌。唯卓氏曰:'此地狭薄,吾闻汶山之下,沃野下有蹲鸱,至死不饥,民工于市易贾。'乃求远迁。致之临邛,大喜,即铁山鼓铸,运筹策,倾滇蜀之民。富至僮千人,田池射猎之乐,拟于人君。

例三:"汉高祖时,他(指曹参)担任齐相,召集当地的长老、儒生,征求'所以安集百姓'的意见。'诸儒以百数,言人人殊',曹参大为失望。"(第二册,第167页)
上面这几句引文是从《史记·曹相国世家》中这样一段史料中摘取:

> 孝惠帝元年,除诸侯相国法,更以参为齐丞相。参之相齐,齐七十城,天下初定,悼惠王富于春秋,参尽召长老、诸生,问所以安集百姓,如齐故俗。诸儒以百数,言人人殊,参未知所定。

按:以上三例对史料的引用皆系摘引,言简意赅,引文不冗长,其中也有以撰者自己的话对引文加以连接或对有关内容作一概述,以使文字流畅,意思完整。

第三种,在大段引用某一史料时,对其中与主题无关或关系不大的内容,作适当删节,这样可以保持所引史料的主要内容,避免引文过分冗长,以节省篇幅。

例一:"五代末期的后周世宗柴荣,却是一个例外。他主张限制佛教的发展。显德二年(955年)五月,柴荣下令:'应有敕额寺院一切仍旧,其无敕额者并仰停废……今后并不得创造寺院兰若。'对于出家为僧的条件,也作了严格的规定。"(第五册,人民出版社1983年出版,第593页)

例二:"佃农没有任何政治权利,对地主有相当严格的隶属关系。北宋政府为了保证地主对佃农的剥削,在法律上对此作出了明确的规定。哲宗元祐五年(1090年)曾规定:'佃客犯主,加凡人一等。主犯之,杖以下勿论,徒以上减凡人一等。……因殴致死者,不刺面,配邻州。'可见佃农的社会地位是低于'凡人'一等的。"(第五册,第79页)

按:上面第一条引文出自《旧五代史·周本纪》,其中删去了"所有功德佛像及僧尼并腾并于合留寺院内安置"等一百余字。

第二条引文出自《续资治通鉴长编》卷四四五,其中删去了"谋杀盗诈及有所规求避免而犯者不减"一句。

(二) 注 释 规 范

史料引用必须注明出处,这有三个方面的原因:一是对他人劳动成果的尊重,即使是对古人,同样不能例外。二是表明自己所持论点或结论的根据,也就是使别人相信你所述理由。例如,《新元史》虽然比《元史》增加了很多中外史料,人们对它却并不看重,主要原因就在于它没有注明出处,人们在阅读《新元史》时,就不免要产生怀疑,究竟这些内容为著者道听途说所得,抑或确有所据?即使确有所据,其可靠性又为如何?这样便大大地降低了该书的学术价值,这是一个很深刻的教训。三是便于读者进行查阅和核对,并成为评判论著质量的一个标准。有些引文,比较罕见,注明出处后,可便于他人参考利用。引文是否来自原著,是否为第一手资料,对引文的理解是否正确,引文字句是否有舛误,等等,都需要核对出处才能知道。这样,著者对注释所持态度和认真与否,在一定程度上也就反映了论著质量的好坏。

至于注释中是否需要注明版本,这要根据具体情况而定。对于所载

第六章 史料的检索和利用

内容完全相同的版本,或十分常见的古籍,如《二十四史》、《十通》、《资治通鉴》之类,一般可以不加注明;若该条引文为某种版本所特有,它本所无,或与别本在文字上有出入,则必须注明版本,以免引起读者误会。不过,目前许多出版社越来越倾向于不管何种情况,都要注明版本。如果不是古籍原版,还要注明出版时间。

注释内容若首次出现,则须依次注明编撰者、书名、篇名、版本和页码。若再次出现,可省去编撰者、版本和出版时间。对线装书的页码则一般不予注明。

下面对注释位置和注释形式分别举例加以说明。

1. 注释位置——正文中如果没有直接说明所引史料的出处,则须对史料出处作出注释,注释位置一般有三种:

第一种是夹注。就是将出处直接注释在所引史料之后,如以下一段文章就用了夹注:"汉高祖时,曹参担任齐相,召集当地的长老、儒生,征求所以安集百姓的意见。'诸儒以百数,言人人殊'(司马迁:《史记·曹相国世家》),曹参大为失望。"

夹注的优点是读者可以直接了解该史料的出处,不必再到后面去一一寻找,缺点是容易割裂正文内容,使人读起来感觉不通顺。为此,夹注要尽可能注得简明一些,往往可以省去卷数、版本和出版时间。如上面的那条夹注,若改成其他注释,就要注成:"司马迁:《史记》卷五四《曹相国世家》,中华书局1959年点校本。"夹句在著作中使用得比较多,在刊物中一般不能使用。

第二种页末注(脚注)。即将注释集中写在论著的每页页末。方法是先在正文所引史料后面依次记下注释序号:①、②、③、④、⑤、⑥……,然后在页末依照序号先后写上所引史料的注释。

第三种篇末注或卷末注(尾注)。即将注释集中写在每篇或每卷(包括每个章节)后面,办法同页末注。但是页末注须逐页重新编号。篇末注则全文(或以篇、章、卷为单位)连续编号。

2. 注释形式——注释要写得规范化,原则是详而不繁,有利于读者

443

方便地从有关史籍中找到所引史料。以下分别对引用各种不同体裁的史书、专著、论文集、期刊等引文的注释形式作些规范举例。

纪传体

班固：《汉书》卷七八《萧望之传》，中华书局 1962 年点校本。

脱脱等：《宋史》卷一一《仁宗三》（或《宋史》卷一一《仁宗纪三》），上海古籍出版社、上海书店 1986 年武英殿本影印本。

脱脱等：《宋史》卷一八四《食货下六》（或《宋史》卷一八四《食货志下六》），中华书局 1977 年点校本。

张廷玉等：《明史》卷一〇五《功臣世表一》，中华书局 1974 年点校本。

编年体

《左传·哀公八年》，上海人民出版社 1977 年标点集校本。

袁宏：《后汉纪》卷二五，中平二年二月丁卯条，江苏广陵古籍刻印社 1987 年影印本。

李心传：《建炎以来系年要录》卷一三五，绍兴十年五月甲戌条，中华书局 1988 年《国学丛书》重印本。

纪事本末体

陈邦瞻：《宋史纪事本末》卷八三《北伐更盟》，中华书局 1977 年标点本。

李有棠：《辽史纪事本末》卷一七《刘汉之立》，中华书局 1983 年点校本。

政书体

杜佑：《通典》卷八《食货典八》，浙江古籍出版社 2000 年影印本。

马端临：《文献通考》卷六五《职官考十九》，台北商务印书馆 1983 年影印本。

会要体

《唐会要》卷五八《左右司郎中》，中华书局 1955 年影印本。

《宋会要辑稿·选举》三之五或《宋会要辑稿》选举三之五，中华书局 1957 年影印本。

第六章 史料的检索和利用

文集

欧阳修：《欧阳文忠公全集·奏议集》卷一六《论监牧札子》，《四部丛刊》本。

元好问：《遗山先生文集》卷二八《临淄县令完颜公神道碑》，明弘治十一年刊本。

陈洪绶：《陈洪绶集》卷一〇《词·长相思》，浙江古籍出版社1994年点校本。

笔记

郑处诲：《明皇杂录》卷下，中华书局1994年点校本。

沈括：《梦溪笔谈》卷一二《官政二》，文物出版社1975年元大德刊本影印本。

陆游：《老学庵笔记》卷六，中华书局1979年点校本。

王明清：《挥麈录·前录》卷三《三世探花郎》，上海书店出版社2001年标点本。

其他

《尚书·甘誓》，浙江古籍出版社1998年影印世界书局缩印清代阮刻《十三经注疏》本。

《国语》卷九《晋语三》（或《国语·晋语三》），辽宁教育出版社1997年点校本。

《左传·成公三年》郑玄注（或《左传》成公三年郑玄注），上海人民出版社1977年标点集校本。

《贞观政要》卷三《择官》，上海古籍出版社1978年点校本。

黎靖德编：《朱子语类》卷一一五《训门人三》，中华书局1986年点校本。

李心传：《建炎以来朝野杂记》甲集卷一二《选人改官额》，中华书局2000年点校本。

确庵、耐庵编：《靖康稗史之三·开封府状》，中华书局1988年笺证本。

专著

杨宽：《战国史》，上海人民出版社 1980 年出版，第 123 页。

梁启超：《中国历史研究法》第五章《史料之搜集与鉴别》，东方出版社 1996 年出版。或《中国历史研究法》，东方出版社 1996 年出版，第 123 页。

论文集

邓广铭：《唐宋庄园制度质疑》，见《邓广铭学术论著自选集》，首都师范大学出版社 1994 年出版。

王静如：《西夏国名考》，见白滨主编《西夏史论文集》，宁夏人民出版社 1984 年出版，第 123 页。

期刊

王素：《高昌火祆教论稿》，载《历史研究》1986 年第 3 期。

季平：《论司马光》，载《西南师范学院学报》1981 年第 2、3 期。

报刊

杨国勇：《论司马光民族观的进步性和局限性》，载《光明日报》1984 年 1 月 11 日，第 3 版。

李一氓：《谈〈中国古籍善本书目〉的出版》，载《人民日报》1986 年 9 月 15 日，第 4 版。

对于以上各条注释中的所谓影印本，若从《四库全书》本影印，尚需注明是文渊阁或其他阁本。卷数的写法，如果说某书有多少卷，就得采用阿拉伯数字，如 100 卷、215 卷之类。如果说在某书的第几卷，就要用大写，如卷三八、卷一八〇、卷二二五之类，但当前也有人用阿拉伯数字来表示，写成卷 38、卷 125 之类。

近些年来，随着国际间学术文化交流的日益频繁，不少专著和期刊对参考文献的著录方法，逐渐与国际接轨，向自然科学的著录方法靠拢。其著录项目的顺序依次为：序号（按正文中出现的先后次序）；作者（译者）；文献题名、文献类型（标识方法为：专著［M］，论文集［C］，报纸文章［N］，期刊文章［J］，学位论文［D］，报告［R］，标准［S］，专利［P］，专著、论文集中析出的文献[A],其他未说明的文献[Z]);出版地(城市名);出版社;出版年或刊期(卷号);起止页码。以下为示例。

司马迁.史记:卷六[M].上海:中华书局点校本,1959.P.80.

司马光.资治通鉴:卷七〇[M].上海:上海古籍出版社影印本,1991.P.467.

罗愿.尔雅翼:卷一三[M].台北:商务印书馆影印《四库全书》义渊阁本,1983.PP.222-366.

李心传.建炎以来朝野杂记:乙集卷一三[Z].北京:中华书局点校本,2000.P.724.

论语·卫灵公篇[Z].长春:长春市古籍书店影印本,1983.P.128.

岳珂.愧郯集:卷七[Z].丛书集成初编本,PP.139-140.

杨国勇.论司马光民族观的进步性和局限性[N].光明日报,1984-01-11(3).

李学勤.《中国古代文明研究十讲》自序[N].中华读书报,2003-8-20(10).

周伟洲.十六国官制研究[J].北京:文史,2002,(1):PP.51-77.

王素.高昌火袄教论稿[J].北京:历史研究,1986,(3):PP.66-75.

张伟.黄震与东发学派[D].北京:人民出版社,2003.P.326.

陈植锷.北宋文化史述论[D].北京:社会科学出版社,1992.P.128.

阎守诚.阎宗临史学文集[C].太原:山西古籍出版社,1998.P.42.

启功.说八股[A].陈垣教授诞生百一十周年纪念文集[C].广州:暨南大学出版社,1994.PP.242-287.

邓广铭.唐宋庄园制度质疑[A].邓广铭学术论著自选集[C].北京:首都师范大学出版社,1994.PP.32-63.

钱锺书.毛诗正义六十则[A].钱锺书.管锥编[M].北京:中华书局,1986.PP.78-90.

浙江文物管理委员会.吴兴钱山漾遗址第一、第二次发掘报告(R).北京:考古学报,(3):PP.66-88.

以上只是注释,如果对文章内有关特定内容的必要解释或说明,则放在正文中引用的该页页末处,以①②③……表示。所引页码数,也可直接放入正文的引文后,用(P.22)或(PP.22-23)表示。

附　录

一、历代帝王世系名讳表

朝代	世次	帝号	名讳	代字举例	在位时间
秦朝	一	始皇（嬴姓）	政		公元前221年—公元前210年
		父庄襄王	子楚	楚为荆	
	二	二世	胡亥		公元前209年—公元前207年
西汉	一	高祖（刘氏）	邦	国	公元前206年—公元前195年
	二	惠帝	盈	满	公元前194年—公元前188年
		高后	雉	野鸡	公元前187年—公元前180年
	二	文帝	恒	常	公元前179年—公元前157年
	三	景帝	启	开	公元前156年—公元前141年
	四	武帝	彻	通	公元前140年—公元前87年
	五	昭帝	弗陵	不	公元前86年—公元前74年
	七	宣帝	询	谋	公元前73年—公元前49年
	八	元帝	奭	盛	公元前48年—公元前33年
	九	成帝	骜	俊	公元前32年—公元前7年
	十	哀帝	欣	喜	公元前6年—公元前1年
	十	平帝	衎	乐	公元元年—公元5年
	十一	孺子	婴		公元6年—公元8年

(续表)

朝代	世次	帝号	名讳	代字举例	在位时间
新	一	（王姓）	莽		公元9年—公元23年
东汉	一	光武帝	秀	茂	公元25年—公元57年
	二	明帝	庄	严	公元58年—公元75年
	三	章帝	炟	著	公元76年—公元88年
	四	和帝	肇	始	公元89年—公元105年
	五	殇帝	隆	盛	公元106年
	五	安帝	祜	福	公元107年—公元125年
	六	顺帝	保	守	公元126年—公元144年
	七	冲帝	炳	明	公元145年
	七	质帝	缵	继	公元146年
	六	桓帝	志	意	公元147年—公元167年
	七	灵帝	宏	大	公元168年—公元188年
	八	少帝	辩		公元189年
	八	献帝	协	合	公元189年—公元220年
三国	魏一	武帝（曹氏）	操		
	二	文帝	丕		公元221年—公元226年
	三	明帝	叡		公元227年—公元239年
	四	齐王	芳	华	公元240年—公元253年
	四	高贵乡公	髦		公元254年—公元259年
	三	元帝	奂		公元260年—公元265年
	蜀一	先主（刘氏）	备		公元221年—公元222年
	二	后主	禅		公元223年—公元263年
	吴一	大帝（孙氏）	权		公元222年—公元252年
	二	会稽王	亮		公元252年—公元257年
	二	景帝	休	海	公元258年—公元263年
	三	末帝	皓		公元264年—公元280年

附 录

(续表)

朝代	世次	帝 号	名 讳	代字举例	在位时间
西晋	一	宣帝(司马氏)	懿	益、壹	
	二	景帝	师	都	
	二	文帝	昭	邵	
	三	武帝	炎		公元265年—公元290年
	四	惠帝	衷		公元290年—公元306年
	四	怀帝	炽		公元307年—公元312年
	五	愍帝	邺	康	公元313年—公元316年
东晋	五	元帝	睿		公元317年—公元322年
	六	明帝	绍		公元323年—公元325年
	七	成帝	衍		公元326年—公元342年
	七	康帝	岳	岱	公元343年—公元344年
	八	穆帝	聃		公元345年—公元361年
	八	哀帝	丕		公元362年—公元365年
	八	废帝	奕		公元366年—公元370年
	六	简文帝	昱	云	公元371年—公元372年
	七	孝武帝	曜		公元373年—公元396年
	八	安帝	德宗		公元397年—公元418年
	八	恭帝	德文		公元419年
南朝	宋一	武帝(刘氏)	裕		公元420年—公元422年
	二	少帝	义符		公元423年
	二	文帝	义隆		公元424年—公元453年
	三	孝武帝	骏		公元454年—公元464年
	四	前废帝	子业		公元465年
	三	明帝	彧		公元465年—公元472年
	四	后废帝	昱		公元473年—公元476年
	四	顺帝	准		公元477年—公元478年
	南齐一	高帝(萧氏)	道成	道为景	公元479年—公元482年

(续表)

朝代	世次	帝号	名讳	代字举例	在位时间
南朝	二	武帝	赜		公元483年—公元493年
	四	郁林王	昭业		公元494年
	四	海陵王	昭文		公元494年
	二	明帝	鸾		公元494年—公元498年
	三	东昏侯	宝卷		公元499年—公元500年
	三	和帝	宝融		公元501年—公元502年
	梁一	武帝(萧氏)	衍		公元503年—公元549年
	二	简文帝	纲		公元550年—公元551年
	二	元帝	绎		公元552年—公元554年
	三	敬帝	方智		公元555年—公元556年
	陈一	武帝(陈氏)	霸先		公元557年—公元559年
	二	文帝	蒨		公元560年—公元566年
	三	废帝	伯宗		公元567年—公元568年
	二	宣帝	顼		公元569年—公元582年
	二	后主	叔宝		公元583年—公元589年
北朝	北魏一	道武帝(拓跋氏)	珪	封	公元386年—公元408年
	二	明元帝	嗣		公元409年—公元423年
	三	太武帝	焘		公元424年—公元451年
	五	文成帝	濬		公元452年—公元465年
	六	献文帝	弘	恒	公元466年—公元470年
	七	孝文帝(改姓元)	宏		公元471年—公元499年
	八	宣武帝	恪		公元500年—公元515年
	九	孝明帝	诩	羽	公元516年—公元528年
	八	孝庄帝	子攸		公元528年—公元529年
	八	节闵帝	恭		公元531年
	八	安定王	朗		公元532年

附 录

(续表)

朝代	世次	帝 号	名 讳	代字举例	在位时间
	九	孝武帝	修		公元532年—公元534年
	西魏	文帝	宝炬		公元535年—公元551年
	东魏	孝静帝	善见		公元534年—公元550年
	北齐一	神武帝(高氏)	欢	欣	
	二	文襄帝	澄		
	二	文宣帝	洋		公元550年—公元559年
北	三	废帝	殷	赵	公元560年
	二	孝昭帝	演		公元560年
朝	二	武成帝	湛		公元561年—公元564年
	三	后主	纬		公元565年—公元576年
	四	幼主	恒		公元577年
	北周一	文帝(宇文氏)	泰		
	二	孝闵帝	觉		公元557年
	二	明帝	毓		公元557年—公元560年
	二	武帝	邕		公元561年—公元578年
	三	宣帝	赟		公元579年
	四	静帝	阐		公元580年—公元581年
	一	文帝(杨氏)	坚		公元581年—公元604年
隋		文帝之父	忠	内	
	二	炀帝	广	大	公元605年—公元617年
朝	四	恭帝	侑		公元618年
	四	越王	侗		公元618年
	一	高祖(李氏)	渊	泉、深	公元618年—公元626年
唐		高祖之祖	虎	兽、武	
		高祖之父	昞	景	
朝	二	太宗	世民	世为代、系;民为人、氏	公元627年—公元649年

453

(续表)

朝代	世次	帝号	名讳	代字举例	在位时间
唐朝	三	高宗	治	持、理、化	公元650年—公元683年
	四	中宗	显	昭	公元684年、公元705年—公元709年
	四	睿宗	旦	明	公元684年、公元710年—公元712年
	三	武则天	曌		公元684年—公元704年
	五	玄宗	隆基	隆为阇	公元713年—公元755年
	六	肃宗	亨		公元756年—公元762年
	七	代宗	豫	蔡	公元763年—公元779年
	八	德宗	适	处	公元780年—公元804年
	九	顺宗	诵	竟	公元805年
	十	宪宗	纯	睦	公元806年—公元820年
	十一	穆宗	恒	镇	公元821年—公元824年
	十二	敬宗	湛	休	公元825—公元826年
	十二	文宗	昂		公元827年—公元840年
	十二	武宗	炎		公元841年—公元846年
	十一	宣宗	忱		公元847年—公元859年
	十二	懿宗	漼		公元860年—公元873年
	十三	僖宗	儇		公元874年—公元888年
	十三	昭宗	晔		公元889年—公元904年
	十四	哀帝	柷		公元905年—公元907年
五代十国	后梁一	太祖(朱氏)	温(唐赐全忠)		公元907年—公元912年
	二	末帝	友贞		公元913年—公元923年
	后唐一	庄宗(唐赐李氏)	存勖		公元923年—公元925年
	一	明宗	亶(初名嗣源)		公元926年—公元933年
	二	闵帝	从厚		公元934年
	三	末帝	从珂		公元934年—公元936年

附　录

(续表)

朝代	世次	帝号	名讳	代字举例	在位时间
五代十国	后晋一	高祖(石氏)	敬瑭	敬为景；瑭为陶	公元936年—公元942年
	二	出帝	重贵		公元943年—公元946年
	后汉一	高祖(刘氏)	暠(本名知远)		公元947年—公元948年
	二	隐帝	承祐		公元949年—公元950年
	后周一	太祖(郭氏)	威	成	公元951年—公元954年
	二	世宗(柴氏)	荣	筠	公元955年—公元959年
	三	恭帝	宗训	训为拱	公元960年—公元961年
	吴一	(杨氏)	行密	蜜为糖	公元902年—公元905年
	二		渥		公元906年—公元908年
	二	高祖	隆演		公元909年—公元920年
	二	睿帝	溥		公元921年—公元937年
	南唐一	烈祖(李氏)	昪,曾名徐知诰		公元937年—公元942年
	二	元宗	璟	景	公元943年—公元960年
	三	后主	煜		公元961年—公元975年
	前蜀一	高祖(王氏)	建		公元907年—公元918年
	二	后主	衍		公元919年—公元925年
	后蜀一	高祖(孟氏)	知祥		公元934年
	二	后主	昶		公元935年—公元965年
	吴越一	吴越王(钱氏)	镠		公元907年—公元931年
	二	吴越王	元瓘		公元932年—公元941年
	三	吴越王	弘佐	佐为上	公元942年—公元946年
	三	吴越王	弘倧		公元947年
	三	吴越王	弘俶		公元948—公元978年
	南汉一	高祖(刘氏)	龑		公元917年—公元941年

(续表)

朝代	世次	帝号	名讳	代字举例	在位时间
五代十国	二	中宗	晟		公元943年—公元957年
	三		鋹		公元958年—公元971年
	楚一	（马氏）	殷		公元927年—公元929年
	二		希声		公元930年—公元931年
	三		希范		公元932年—公元946年
	二		希广		公元947年—公元949年
	二		希萼		公元950年—公元951年
	闽一	（王氏）	审知		公元909年—公元925年
	二		延翰		公元926年
	二		延钧		公元927年—公元935年
	三		昶		公元936年—公元938年
	二		曦		公元939年—公元942年
	二		延政		公元943年—公元950年
	北汉一	（刘氏）	旻		公元952年—公元954年
	二		钧		公元955年—公元967年
	三		继元		公元968年—公元979年
北宋	一	太祖（赵氏）	匡胤	匡为正、辅、规、纠；胤为裔，或作缺笔	公元960年—公元976年
		始祖	玄朗	玄为元、真；朗为明	
		太祖之祖	敬	恭、严	
		太祖之父	弘殷	弘为洪；殷为商	
	一	太宗	炅（初名匡义、光义）	义为毅、宜	公元976年—公元997年
	二	真宗	恒	常、镇	公元998年—公元1022年

附 录

(续表)

朝代	世次	帝号	名讳	代字举例	在位时间
北宋	三	仁宗	祯	正、真、祥	公元1023年—公元1063年
	四	英宗	曙	晓、旭	公元1064年—公元1067年
	五	神宗	顼	玉	公元1068年—公元1085年
	六	哲宗	煦		公元1086年—公元1100年
	六	徽宗	佶		公元1101年—公元1125年
	七	钦宗	桓	亘、威或作缺笔	公元1126年—公元1127年
南宋	七	高宗	构	干,或作缺笔	公元1127年—公元1162年
	八	孝宗	眘	谨	公元1163年—公元1189年
	九	光宗	惇	崇、孝	公元1190年—公元1194年
	十	宁宗	扩		公元1195年—公元1224年
	十一	理宗	昀	瑞	公元1225年—公元1264年
	十二	度宗	禥		公元1265年—公元1274年
	十三	恭帝	㬎		公元1275年—公元1276年
辽朝	一	太祖(耶律氏)	亿	意	公元916年—公元927年
	二	太宗	德光	光为广	公元928年—公元947年
	三	世宗	阮		公元947年—公元951年
	三	穆宗	璟		公元951年—公元968年
	四	景宗	贤		公元969年—公元982年
	五	圣宗	隆绪		公元983年—公元1030年
	六	兴宗	宗真		公元1031年—公元1054年
	七	道宗	洪基		公元1055年—公元1100年
	九	天祚帝	延禧		公元1101年—公元1125年
金朝	一	太祖(完颜氏)	旻		公元1115年—公元1122年
	一	太宗	晟		公元1123年—公元1134年
	二	熙宗	亶		公元1135年—公元1148年
	三	海陵王	亮		公元1149年—公元1160年
	三	世宗	雍	唐	公元1161年—公元1189年

(续表)

朝代	世次	帝　号	名　讳	代字举例	在位时间
金朝	五	章宗	璟	炜、观	公元1190年—公元1208年
	四	卫绍王	永济		公元1209年—公元1213年
	五	宣宗	珣	管	公元1213年—公元1223年
	六	哀宗	守绪		公元1224年—公元1234年
西夏	一	景宗（废除唐宋赐姓李氏和赵氏，改姓嵬名）	元昊		公元1032年—公元1048年
	二	毅宗（复姓赵氏）	谅祚		公元1049年—公元1067年
	三	惠宗	秉常		公元1068年—公元1086年
	四	崇宗	乾顺		公元1087年—公元1139年
	五	仁宗	仁孝		公元1140年—公元1193年
	六	桓宗	纯祐		公元1194年—公元1205年
	七	襄宗	安全		公元1206年—公元1210年
	七	神宗	遵顼		公元1211年—公元1222年
	八	献宗	德旺		公元1223年—公元1225年
	九	末主	睍		公元1226年—公元1227年
（蒙）元朝	一	太祖（孛儿只斤氏）	铁木真	元帝后皆不讳名	公元1206年—公元1227年
	二	监国	拖雷		公元1228年
	二	太宗	窝阔台		公元1229年—公元1241年
	二	乃马真后	一译脱列哥那后		公元1242年—公元1245年
	三	定宗	贵由		公元1246年—公元1250年
	三	宪宗	蒙哥		公元1251年—公元1259年
	三	世祖	忽必烈		公元1260年—公元1294年
	五	成宗	铁穆耳		公元1295年—公元1307年
	六	武宗	海山		公元1308年—公元1311年
	六	仁宗	爱育黎拔力八达		公元1312年—公元1320年

附 录

(续表)

朝代	世次	帝 号	名 讳	代字举例	在位时间
(蒙)元朝	七	英宗	硕德八剌		公元1321年—公元1323年
	六	泰定帝	也孙铁木耳		公元1324年—公元1328年
	七	天顺帝	阿剌吉八		公元1328年
	七	文宗	图帖睦耳		公元1328年—公元1331年
	七	明宗	和世瑓		公元1328年
	八	宁宗	懿璘质班		公元1332年
	八	顺帝	妥懽帖睦尔		公元1333年—公元1368年
明朝	一	太祖(洪武)(朱氏)	元璋		公元1368年—公元1398年
	三	惠帝(建文)	允炆		公元1399年—公元1402年
	二	成祖(永乐)	棣		公元1403年—公元1424年
	三	仁宗(洪熙)	高炽		公元1425年
	四	宣宗(宣德)	瞻基		公元1426年—公元1435年
	五	英宗(正统)	祁镇		公元1436年—公元1449年
	五	代宗(景泰)	祁钰		公元1450年—公元1456年
	五	英宗(天顺)	祁镇		公元1457年—公元1464年
	六	宪宗(成化)	见深		公元1465年—公元1487年
	七	孝宗(弘治)	祐樘		公元1488年—公元1505年
	八	武宗(正德)	厚照		公元1506年—公元1521年
	八	世宗(嘉靖)	厚熜		公元1522年—公元1566年
	九	穆宗(隆庆)	载垕		公元1567年—公元1572年
	十	神宗(万历)	翊钧	钧为禹	公元1573年—公元1619年
	十一	光宗(泰昌)	常洛		公元1620年
	十二	熹宗(天启)	由校	校为较	公元1621年—公元1627年
	十二	思宗(崇祯)	由检	检为简	公元1628年—公元1644年

(续表)

朝代	世次	帝号	名讳	代字举例	在位时间
（后金）清朝	一	太祖（爱新觉罗氏）	努尔哈赤		公元1616年—公元1626年
	二	太宗	皇太极		公元1627年—公元1643年
	三	世祖（顺治）	福临		公元1644年—公元1661年
	四	圣祖（康熙）	玄烨	玄为元、煜，或作缺笔	公元1662年—公元1722年
	五	世宗（雍正）	胤禛	胤为允；禛为正、祯	公元1723年—公元1735年
	六	高宗（乾隆）	弘历	弘为宏；历为歷、纪	公元1736年—公元1795年
	七	仁宗（嘉庆）	颙琰	琰为琬、俭	公元1796年—公元1820年
	八	宣宗（道光）	旻宁	宁为甯	公元1821年—公元1850年
	九	文宗（咸丰）	奕詝		公元1851年—公元1861年
	十	穆宗（同治）	载淳		公元1862年—公元1874年
	十	德宗（光绪）	载湉		公元1875年—公元1908年
	十一	末帝（宣统）	溥仪		公元1909年—公元1911年

附 录

二、书 名 索 引

一画

一斋集 219

二画

二十世纪辽金史论著目录 438
二十世纪宋史研究论著目录 438
二十史朔闰表 388,389,436
二十四史纪传人名索引 415,426
二妙集 162
二程集 132
丁卯集 97
丁晋公谈录 143
十一朝东华录 232
十七史商榷 248,366
十六国春秋 72,360
十国春秋 88
十通索引 434
七修类稿 220
卜辞通纂 24
八十九种明代传记综合引得 429
入唐求法巡礼行记 90
入蜀记 269
九华集 140
九灵山房集 184

九国志 85,87
九章算术 59

三画

三十三种清代传记综合引得 430
三十年来的中国考古学 48,158
三才图会 285
三千未释甲骨文集解 25
三代吉金文存 27,28
三礼 36,37
三国志 67~69,85,88,157,336,
　　373,395,432
三国志人名索引 426
三国志地名索引 436
三国志辞典 432
三鱼堂文集 242
三垣笔记 224
三朝北盟会编 108,115,160~
　　162,389,403
三朝辽事实录 201
三朝野记 192,202
于忠肃集 210
于湖集 139
大元大一统志残本 259
大明一统志 193,259

461

大明律　198,402

大金吊伐录　120,160

大金诏令释注　160

大金国志　159,160,166,292

大金集礼　160,405

大复集　213

大诰　30,198

大诰人名索引　430

大唐西域记　90

大唐传载　100

大唐创业起居注　89

大唐新语　100

大通县上孙寨汉简　63

大理行记　271

大清一统志　259,293

大清律例　237

大隐楼集　215

大越史记全书　189

大德昌国州图志　266

大德南海志　267

万历野获编　222,402

上契丹事　156

上海图书馆馆藏家谱提要　431

小山类稿　213

小屯南地甲骨　24

小仓山房诗文集　244

小畜集　128,401

小腆纪年附考　203

小腆纪传　203

巾箱说　247

山东通志　261

山西通志　254,261

山志　247

山谷全集　133

山房随笔　152

山居新语　186

山海经　32,252,253,370

山堂考索　275,282,284

山堂肆考　285

山樵暇语　220

广东通志初稿　262

广东新语　247,298

广弘明集　93,416

广西通志　262

广成集　99

广阳杂记　247

广志绎　193,220

广陵集　132

广博物志　285

己吾集　218

子史精华　287

马王堆汉简　62

马可·波罗行纪　188

乡言解颐　249

四画

王子安集　93

王文正笔录　143

附 录

王文成全书 212

王文肃公文集 218

王文简公遗文集 245

王右丞集 94

王司马集 96

王忠文公集 209

王端节公遗集 216

王端毅奏议 210

井蛙杂记 248

开天传信记 101

开元天宝遗事 101

开元昇平源 101

开庆四明续志 265

天工开物 205

天下同文集 185

天下郡国利病书 193,260

天圣令 124

天盛年改旧定新律令 164

天聪朝臣工奏议 235

元人传记资料索引 429

元丰九域志 258

元丰九域志索引 436

元丰类稿 131

元氏长庆集 97

元史 110,158,171~174,390,442

元史人名索引 426

元(玄)英集 98

元名臣事略 159,174,385

元典章 172,173,195,292,366,367,377,378,380

元典章索引稿 433

元和郡县志 254,257

元和郡县图志地名索引 436

元朝征缅录 186

元朝秘史 170,172

无何集 241

无锡志 264

韦苏州集 95

云台编 98

五杂俎 222

五峰集 137

五代会要 85,87,292,355

云阳集 185

云间志 263

云间据目抄 223

云南通志 254,262

云峰胡先生文集 181

云溪友议 101

云溪居士集 135

云麓漫钞 7,149,401

廿二史札记 104,110,159,248,366

廿二史考异 248,366

廿三种正史及清史中少数民族史料汇编及引得 434

艺文类聚 72,274,276,278,286,

298

五岳游草　220

五峰集　137

不下带编　247

太仓稊米集　137

太平广记　82,91,108,276

太平治迹统类　114,379

太平宝训政事纪年　116

太平经　59

太平御览　72,84,105,108,273,276,278,286,292,365,373

太平寰宇记　257,373

太平寰宇记索引　436

太岳集　214

太宗实录　112,230,405

历代人物年里碑传综表　425

历代名人生卒年表　425

历代名臣奏议　14,123,371

历代制度详说　280

历代钟鼎彝器款识法帖　27

止斋文集　139

止堂集　140

少室山房类稿　215

少室山房笔丛　222,297,334

日下旧闻考　237

日知录　224,306,353,371,375

日闻录　186

日损斋笔记　186

中州集　160

中兴小纪　114,116,401

中兴两朝圣政　116,117

中兴两朝编年纲目　117

中吴纪闻　270

中国历史大辞典　423

中国历史地名大辞典　435

中国历史地名辞典　435

中国历史纪年表　390,424,436

中国历代人名大辞典　425

中国历代人物年谱考录　432

中国历代年谱总录　431

中国历代奏议大典　434

中国方志大辞典　434

中国古今地名大辞典　435

中国古代史论文资料索引　437

中国古代社会研究　26

中国古代职官大辞典　434

中国古籍善本书目　420

中国丛书综录　1,228,420

中国印度见闻录　91,411,414

中国考古学论丛　48

中国地方志联合目录　421

中国近八十年明史论著目录　438

中国青铜时代　28

中国青铜器时代　28

中国官制大辞典　434

中国基本古籍库全文电子信息版

附 录

422

中国随笔杂著索引　422

中庵集　180

中朝故事　101

水心文集　140

水东日记　219

水经注　32,46,68,73,380

水经注引得　436

见只编　224

见闻纪训　223

见闻录　222

见素文集　212

午亭文编　242

升庵集　213

长兴集　132

长江集　97

长安志　263

长春真人西游记　177

长恨歌传　101

仇池笔记　145

从征实录　204

从野堂存稿　216

今言　221

分甘余话　247

公孙龙子　40

公是集　131

风俗通义　51,58

丹阳集　135

丹铅余录　221

丹渊集　130

文山集　142

文心雕龙　74,334

文庄集　128

文安集　182

文苑英华　91,108,276,365

文昌杂录　146

文忠集（王结）　182

文忠集（周必大）　107,138

文忠集（范景文）　217

文物考古工作十年　48

文物考古工作三十年　48,158

文定集　138

文选注　68,76

文恭集　128

文海　164,165

文渊阁四库全书电子版　421

文献徵存录　236

文献通考　289~293

文溪存稿　142

文毅集　210

方山文录　213

方洲集　211

方简肃文集　212

方舆胜览　258

为政忠告　175

心史　143,170

465

巴西文集　180

双崖文集　210

双湖文集　180

双槐岁钞　219

双溪杂记　219

双溪类稿　139

双溪醉隐集　179

五画

玉泉子　101

玉壶清话　144

玉海　275,283,368

玉堂丛语　221

玉堂荟记　223

玉笥集（邓雅）　185

玉笥集（张宪）　185

玉楮集　141

玉照新志　148

玉镜新谭　222

刊误　99,332

击壤集　130

正思斋文集　183

正谊堂文集　243

甘肃通志　262

世本辑本　31

世界征服者史　172,187

世说新语　68,73

世载堂杂忆　251

古夫于亭杂录　247

古今合璧事类备要　282

古今图书集成　275,287,335

古今图书集成各部列传综合索引　430

古今类书纂要索引　422

古今源流至论　275,283

古史　47

古史考　46

古灵集　130,156

古穰文集　210

节孝集　131

本草纲目　205

本堂集　142

可书　146

可斋杂稿　141

左史谏草　141

左传　9,20～22,31,33,34,36,44,52,336,371,392,445

左忠贞公文集　218

左宗棠全集　246

石门集　184

石田集　182

石民四十集　219

石初集　183

石林奏议　135

石林燕语　147,332,350

石洞集　215

附　录

石峰堡纪略　234

石渠余纪　250

石湖诗集　138

龙川文集　140

龙川别志　145

龙川略志　145

龙洲集　140

龙龛手鉴　155

平江纪事　186

平宋录　174

平苗匪纪略　234

平定三逆方略　232

平定台湾纪略　234

平定回疆剿擒逆裔方略　233

平定两金川方略　233

平定罗刹方略　233

平定金川方略　233

平定准噶尔方略　233

平定海寇纪略　232

平定教匪纪略　234

平桥稿　211

东山存稿　185

东方旅行记　188

东西洋考　222

东华录　231,232

东江家藏集　211

东观汉记　55

东观奏记　90

东观集　128

东牟集　136

东轩笔录　145

东里全集　209

东坡全集　132

东坡志林　145

东京梦华录·梦粱录等语汇索引　433

东京梦华录　269

东南纪闻　151

东洲初稿　213

东都事略　108,113,114,165,371

东莱集　139

东皋子集　93

东斋记事　143

东维子集　183

东塘集　139

东槎纪略　250

东塾集　246

东腮集　136

北山小集　135

北山集　136

北史　67,71,72,79,85,373,407

北行日录　162

北齐书　67,71,72,83

北巡私记　175

北使还论北边事札子五道　156

北梦琐言　101

北堂书钞　274~277,286

北朝四史人名索引　426

北游录　246

北辕录　162

卢纶集　95

卢昇之集　93

卢忠肃公文集　218

旧五代史　84,85,87,155,165,275

旧闻证误　105,149,301

旧唐书　83,84,110,165,373,396

归田录　143

归田类稿　181

归田琐记　250

归潜志　161,166

甲申杂记　145

甲秀园集　219

甲骨文与殷商史　26

甲骨文合集　15,24,25

甲骨文合集释文　25

甲骨文字典　25

甲骨文字集释　25

甲骨文字释林　25

甲骨文编　25

甲骨金文与古史新探　28

甲骨学商史论丛初集　26

甲骨学商史篇　26

申文定公集　215

申斋集　181

申端愍公文集　218

史记　4,5,15,22,31,36,44,51~54,56,68,71,72,291,309,317,325,330,332,336,371,372,395,403,404,432,443

史记人名索引　426

史记地名索引　436

史记辞典　432

史忠正公集　218

史通　79,80,89,252,395

史集　172,187

四十年出土墓志　431

四川通志　254,262

四友斋丛说　221

四民月令　51,59,73,176

四库全书存目丛书　43,46,47,126,134,138,155,157,161,173,184,186,198~201,205,207,209,210,213,215,219~224,242,243,261,262,285,286,418

四库全书总目　1,71,107,114,127,159,194,229,274,290,299,301,320,365,366,416~418,422

四库提要辨证　105,160,417

四明文献集　142

四明尊尧集　134

附 录

四朝闻见录　151

仙溪志　266

仪礼　9,31,36,62,365

白氏长庆集　96

白孔六帖　278,286

白书斋类集　219

白虎通义　51,57,392

白莲集　99

乐全集　129

乐府诗集　75

乐圃余稿　132

乐静集　133

册府元龟　84,105,108,166,273,276,279,285,292,373,404

包孝肃奏议　129

冯少墟集　216

兰州纪略　234

半轩集　209

汉书　15,45,52~56,66,68,69,305,309,317,330,332,336,359,398,432

汉书人名索引　426

汉书地名索引　436

汉书辞典　432

汉纪　55,56

汉官六种　58

汉滨集　137

宁澹斋全集　219

礼记　9,36,37,43,73,366,369

礼部集　182

记纂渊海　281

永乐大典残存本　284

永乐大典索引　415,434

永宪录　248

永嘉八面锋　281

司空表圣文集　98

辽东行部志　160

辽史　154,157~159,165,374

辽史人名索引　426

辽史汇编　157

辽史拾遗　157

辽史研究论文专著索引　437

辽金元人传记索引　429

皮子文薮　98

弘明集　76

圣武记　235

圣武亲征录　174

对山集　212

驭倭录　201

氾胜之书　59,73

六画

圭斋集　182

圭塘小稿　182

考古图　27

考古质疑　105,151

考古编 105,150
老子 6,38,42,380,386
老学庵笔记 149,397
扪虱新话 147
扬子法言 57
扬州画舫录 249
芝庭先生集 244
权文公集 95
吏学指南 175
西山日记 222
西山文集 141
西台集 133
西园闻见录 199
西陂类稿 242
西使记 178
西征随笔 247
西河文集 241
西垣奏草 211
西夏文物 167
西夏文物研究 167
西夏书 166
西夏书事 166
西夏纪事本末 166
西夏陵墓出土残碑粹编 167
西陲要略 249
西陲总统事略 250
西域图志 237
西域闻见录 249

西湖老人繁胜录 271
西湖梦寻 224
西湖游览志 271
西湖游览志余 271
西游录 178
西塘集耆旧续闻 149
西溪丛语 147
有学集 240
存砚楼文集 243
存复斋集 183
存雅堂遗稿 143
列子 39
成都文类 139
夷白斋稿 184
夷坚志 148
至元嘉禾志 265
至正四明续志 266
至正昆山郡志 264
至正金陵新志 263
至正集 182
至顺镇江志 264
贞观政要 78,80,89,403
贞素斋集 184
师山文集 184
师友谈记 146
吐鲁番文书 93
曲江集 94
曲阜孔府档案史料选编 239

附　录

曲洧旧闻　146
同文汇考　238
吕氏杂记　146
吕氏春秋　42,43,73
吕颐浩集　135
吕衡州集　96
因话录　100
朱子语类　122,123,303
朱熹集　139,350
竹书纪年　7,21,31,32,46
竹叶亭杂记　250
竹洲集　138
竹涧奏议　212
竹涧集　212
竹隐畸士集　135
传家集　131
延祐四明志　266
伤寒杂病论　60
华阳国志　267,391
华阳集（王珪）　131
华阳集（张纲）　136
华阳集（顾况）　95
伊本·白图泰游记　189
伊洛渊源录　104,121
伊滨集　182
后山谈丛　145
后山集　133
后乐集　140

后汉书　52,55,56,336,368,395,
　　　　396,403,404
后汉纪　55
后汉书人名索引　426
后汉书地名索引　436
后汉书语汇集成　432
后村集　141
全元文　177
全辽文　157
全芳备祖　283
全宋文　126
全宋词　127
全宋诗　127
全唐文　91,112
全唐诗　92
杂著　175
会昌一品集　97
名山藏　199
名公书判清明集　125
名臣碑传琬琰集　121,193,235
名贤氏族言行类稿　282
壮悔堂文集　241
庄子　21,38,39
庄简集　136
庄靖集　162
刘宾客文集　96
刘宾客嘉话录　100
刘清惠集　212

471

刘随州集 94

刘蕺山集 217

庆元条法事类 124,433

庆元条法事类语汇辑览 433

庆陵 158

齐东野语 105,151,302,303,313,381,392,396,402

齐民要术 6,59,73

齐乘 263

次山集 95

次柳氏旧闻 101

关中奏议 212

州县提纲 118

过庭录 147

江文通集 76

江西通志 261

江南通志 260,261

江陵凤凰山汉简 62

江湖长翁文集 139

池北偶谈 247

汝南遗事 161

汤显祖集 215

安阳集 129

安序堂文钞 242

安南行记 178

安雅堂集 183

安禄山事迹 89

安徽通志 263

祁忠惠公遗集 218

许白云先生文集 181

论语 9,41,367,406

论衡 51,58

农书 51,176

农政全书 205

农桑衣食撮要 176

农桑辑要 176

尽言集 133

异域志 187

孙子 39

孙公谈圃 146

孙可之集 98,217

孙白谷集 217

孙膑兵法 39,44

阴山杂录 155

羽庭集 185

观堂集林 26,28,379,392

纪文达公遗集 244

纪效新书 206

七画

寿昌乘 267

戒庵老人漫笔 221

贡文靖云林集 182

攻媿集 139,162

折狱龟鉴 125

抑庵集 210

附　录

投辖录　148
却扫编　147
芦浦笔记　150,306
苏氏演义　99
苏学士集　129
苏魏公文集　131
杜工部集　95,298
杜阳杂编　100
李九我文集　215
李义山诗文集　97
李元宾文编　96
李太仆恬致堂集　219
李太白集　94
李文公集　96
李文忠公全集　246
李北海集　94
李林甫外传　101
李清照全集　136
李朝实录　208,238
李遐叔文集　95
杨太真外传　101
杨文公谈苑　143
杨文弱先生集　219
杨文敏集　210
杨忠介公文集　213
杨忠烈公文集　216
杨忠愍集　214
甫田集　212

甫里集　98
吾学编　198,199
两周金文辞大系图录考释　27
两溪文集　210
酉阳杂俎　100
医间集　211
医闾漫记　220
还山遗稿　179
邺中记　72,401
岑嘉川集　95
吴下谚联　249
吴子　39
吴中旧事　186
吴风录　220
吴文正集　181
吴文恪公文集　218
吴地记　268
吴兴备志　272
吴郡志　263
吴郡图经续记　263
吴船录　149,269
吴越备史　88
吴越春秋　45,252,267
困学纪闻　22,81,151
困学斋杂录　186
听雨丛谈　251
利玛窦中国札记　208
作邑自箴　118

佛国记　74

佛祖通载　177

佛祖统纪校注　123

近光集　184

龟山集　134

龟巢集　183

岛夷志略　179

况太守集　210

冷庐杂识　251

冷斋夜话　146

闲居丛稿　182

闲居录　138,186

沙哈鲁遣使中国记　208

沧溟集　214

汴京遗迹志　271

沈下贤集　97

沈归愚全集　243

沈佺期集　94

沈隐侯集　76

怀星堂集　212

怀陵流寇始终录　202

怀麓堂集　211

宋人传记资料索引　389,427,428

宋人传记资料索引补编　428

宋大诏令集　118

宋之问集　93

宋元方志传记索引　429

宋元宪集　128

宋文鉴　139,379

宋书　67,69~72

宋史　109~111,113~115,122,154,155,158,159,165,290,291,302,316,372,389,396,404,433

宋史人名索引　426

宋史刑法志索引　433

宋史全文　117

宋史兵志索引　433

宋史河渠志索引　433

宋史选举志索引　433

宋史职官志索引　433

宋史翼　109,111

宋代官制辞典　435

宋代蜀文辑存　126

宋辽金元书籍论文目录通检　437

宋辽夏金史研究论著索引　437

宋刑统　124,398

宋会要辑稿　111,112,155,156,256,275,291,299,371,428,444

宋会要辑稿人名索引　428

宋名臣言行录　122

宋季三朝政要　117

宋学士全集　209

宋登科记考　429

宋朝事实　117

宋朝事实类苑　118,310,382

附　录

宋景文集　129

启祯两朝剥复录　201

初月楼闻见录　250

初学记　274,276,278,286

初学集　240

识小录　224

灵宪残篇　60

张子全书　131

张文贞集　242

张文襄公全集　246

张司业集　96

张庄僖文集　213

张苍水全集　218

张参议耀卿纪行　178

张燕公集　94

陆士龙集　75

陆士衡集　75

陆游集　138,149

陈书　67,70,71,83,399

陈忠裕公全集　240

陈拾遗集　94

陈洪绶集　240,445

邵氏闻见后录　148

邵氏闻见录　146

鸡肋集　133

鸡肋编　146

纯白斋类稿　183

纶扉奏草　218

八画

玩斋集　184

环谷集　184

武夷新集　128

武林旧事　270

武备志　207

武经总要　125

武威汉代医简　62

武溪集　129,156

青山集　132

青阳集　184

青琐高议　145

青莱续史　224

青铜时代　28

青溪集　244

青溪漫稿　211

青箱杂记　145

青霞集　213

现存宋人别集版本目录　127,423

现存宋人著述总录　423

抱朴子　72,365

拙轩集　162

苑洛集　213

范太史集　132

范文正公文集　128

范成大笔记六种　149,269,270

范忠宣公集　131

茅鹿门先生文集　214

苕溪集　136

林文忠公政书　245

林居漫录　223

枢垣记略　250

板桥杂记　247

松乡文集　181

松石斋集　218

松泉文集　244

松雪斋文集　181

松隐文集　137

松窗杂录　100

松窗梦语　221

松漠纪闻　162

杼山集　94

事文类聚　281

事林广记　281

事物异名录　288

事物异名录索引　434

事物纪原　280

事物原会　288

事类赋　279

枣林杂俎　224

瓯北集　244

欧阳文忠公集　129

欧阳行周集　97

欧阳恭简公集　213

欧虞部集　218

房中风俗　156

房中境界　156

贤博编　221

尚书　9,20,29,30,79,298,324,
　325,362,365,392,393

尚书故实　99

盱江集　130

国史纪闻　199

国老谈苑　144

国初事迹　198

国初群雄事略　175

国宝新编　220

国语　20,22,35,36,44,427

国语人名索引　427

国朝文类　185

国朝先正事略　235

国朝贤媛类徵　236

国朝耆献类徵初编　236

国榷　196,199

昌谷集(李贺)　97

昌谷集(曹彦约)　140

明人传记资料索引　429

明人室名别称字号索引　430

明大政纂要　200

明太祖文集　209

明氏实录　186

明书　196

明史　52,110,194～197,202,

207,208,228,430

明史人名索引　426

明史纪事本末　196

明史职官志索引稿　435

明文海　218

明代史籍汇考　423

明臣奏议　198

明会典　194,195,197,292

明会要　196,197

明名臣琬琰录　193,200

明秀集　162

明季北略　203

明季南略　203

明季遗闻　202

明实录　191,192,194～196,198,
　207,260,430

明实录类纂人物传记卷　429

明皇杂录　101,445

明通鉴　197

明清史料　207,238

明清进士题名碑录索引　431

明清档案　238

明清档案存真选辑　239

明朝典汇　197

明遗民录　204

明儒学案　207,228,310

典故纪闻　221

忠介烬余集　217

忠正德文集　120,136

忠肃集　132,210

忠惠集　135

忠愍集　134,311

忠穆集　135

鸣沙石室遗书　92

罗布泊汉简　61

罗圭峰文集　211

罗昭谏集　98

岭外代答　179,270

图书编　285

钓矶文集　98

牧庵集　180

乖崖集　128

使辽录　157

侨吴集　183

佩韦斋文集　143

佩韦斋辑闻　151

佩文韵府　273,286,335

佩玉斋类稿　185

徂徕集　129

金太史集　217

金文著录简目　28

金文最　161

金文编　28

金石萃编　14,126,313

金史　155,159～161,165

金史人名索引　426

金史语汇集成　433

金华子　101

金华黄先生文集　182

金佗稡编、续编　121

金陵琐事　223

受祺堂文集　242

瓮牖闲评　148

周子全书　130

周书　30,67,71,72,83

周礼　9,36,37,73,376

周易　9,35,375

周忠愍奏疏　217

周髀算经　51,59

备忘集　214

饴山堂集　243

京口耆旧传　121

京都大学人文科学研究所汉籍目录　422

庙学典礼　173

庚巳编　220

庚申外史　175

郑板桥集　244

郑忠肃奏议遗集　138

净德集　131

河东集　128,301

河南志　267

河南通志　261

河南集　129

河朔访古记　271

泊宅编　146

泌园集　214

泾林续记　223

泾皋藏稿　215

治世余闻　220

性善堂稿　140

学余堂文集　241

学林　105,147

学斋占毕　150

宝庆四明志　265

宝庆会稽续志　266

宗玄集　95

宗忠简集　134

宗泊集　218

定宇集　181

定思小纪　224

定斋集　140

空同集　212

宛丘集　133

宛陵集　129

郎潜纪闻　251

诗经　34,73,324,336,393

诚斋集　138

诚意伯文集　209

建炎以来系年要录　108,114～116,162,301,319,389,403,428

建炎以来系年要录人名索引　428

附 录

建炎以来朝野杂记 108,115,381

建炎复辟记 120

建炎笔录 120

建炎维扬遗录 119

建康集 135

居延汉简 61

居易录 247,336

孟子 41,306

孟东野集 95

孟浩然集 94

孤树裒谈 221

陕西通志 262

陔余丛考 248,316

姑溪居士集 133

始丰稿 209

参天台五台山记 126

练兵实纪 206

经世大典残篇 174

经济文集 184

经济类编 284

九画

契丹风俗 156

契丹国志 154~157,160,292

契丹官仪 156

春明退朝录 144

春明梦余录 204

春秋 9,21,22,33,34,52,79,394,402

春秋繁露 51,56

春渚纪闻 146

春融堂集 244

珍席放谈 146

封氏闻见记 99

政书 241

赵忠毅公集 215

挥麈录 81,148,301,361

荆川集 214

荆川稗编 284

草木子 187

茶余客话 248

荀子 41

胡文忠公遗集 246

胡维霖集 219

南史 67,71,72,79,85,373

南汉书 88

南台备要 173

南齐书 67,70,71,312

南阳集(赵湘) 128

南阳集(韩维) 130

南村辍耕录 186

南轩集 139

南园漫录 220

南宋馆阁录续录 119

南明史料 203

南唐书 87,88

南唐近事　102
南部新书　102,385,398
南涧甲乙稿　138
南越笔记　248
南朝五史人名索引　426
南渡大略　119
南疆逸史　200
相山集　137
柏斋集　212
柳河东集　96
柳弧　251
柳南随笔　247
咸平集　128
咸淳玉峰续志　264
咸淳临安志　265
咸淳毗陵志　264
咸淳遗事　121
研北杂志　186
研堂见闻杂记　223
战国策（《战国纵横家书》附）　36
战国策人名索引　427
临川集　13,131
临汀志　267
临清纪略　234
星槎胜览　179,223
畏斋集　185
昭明太子集　76
昭忠录　122

毗陵集（南宋）　136
毗陵集（唐）　95
贵耳集　151
贵州通志　262
思适斋集　245
思复堂文集　242
郧溪集　131
幽闲鼓吹　100
香祖笔记　247
香溪集　137
秋涧集　178,179,322
秋崖集　142
重修宣和博古图　27
重编琼台会稿　210
复初斋全集　245
复社纪事　224
复斋日记　219
俨山集　212
俨山外集　220
顺宗实录　90
保越录　187
皇王大纪　47
皇甫司勋集　213
皇甫持正集　96
皇宋十朝纲要　108,116
皇明大政记　198,200
皇明诏令　197
皇明经世文编　204

附 录

皇明经世实用编 205

皇朝编年纲目备要 116

侯鲭录 145

俟庵集 182

待制集 182

弇山堂别集 194,221,299

弇州山人四部续稿 215

弇州山人四部稿 215

弇州史料 199

逃虚子集 209

食货志十五种综合引得 434

胜朝彤史拾遗记 247

勉斋集 140

独学庐诗文集 245

独醒杂志 147

亭林文集 241

亲征(平定)朔漠方略 233

帝王世纪 46,47

闻见杂录 144

闻见近录 145

闻过斋集 185

养一斋文集 245

姜氏秘史 220

养吉斋丛录 250

养吾斋集 181

养蒙集 180

美国国会图书馆藏中国方志目录 421

类编长安志 263

洪北江遗集 245

洗冤录 125

洛阳伽蓝记 268

洛阳缙绅旧闻记 102

宣和乙巳奉使行程录 161

室名别号索引 431

宪台通纪 173

客座赘语 222

神农本草经 59

神宗皇帝即位使辽语录 156

神器谱 206

祠部集 130

说苑 44,51,57

说学斋稿 184

逊志斋集 209

眉山唐先生文集 134

姚少监诗集 96

盈川集 93

癸巳存稿 250

癸巳类稿 250

癸辛杂识 151,316,333

骆丞集 93

毗陵集 136

十画

珩璜新论 145

盐铁论 56,57

袁中郎集　216

袁氏世范　149

都官集　130

都城纪胜　271

攈古录金文　27

耻堂存稿　142

晋书　12,67,69,72,407

晋书人名索引　426

真腊风土记　178

桂苑丛谈　101

桂隐文集　181

桂苑笔耕集　98

桂海虞衡志　149,269

桐江集　180

格致镜原　288

贾氏谈录　102

酌中志　222

夏小正　43

夏忠靖公集　210

夏商周考古学论文集　48

原李耳载　224

党项与西夏历史资料汇编　166

钱氏私志　144

钱仲文集　95

钱塘遗事　151

钱塘集　132

铁云藏龟　23

铁围山丛谈　147,397

铁庵集　141

乘轺录　156

积斋集　183

秘书监志　174

笔记　127,143

倭患考原　201

倪文贞集　217

倦游杂录　144

徐文长集　214

徐光启集　216

徐孝穆集　76

殷周青铜器通论　28

殷周金文集成　15,28

殷墟文字乙编　24

殷墟文字甲编　24

殷墟书契后编　24

殷墟书契前编　24

殷墟书契菁华　24

殷墟书契续编　24

留青日札　222

凌忠介集　217

栾城集　132,156,383

高力士外传　101

高子遗书　216

高阳集　216

高丽史　157,163,189

高峰文集　135

高常侍集　94

附　录

高僧传　68,74

郭店楚墓竹简　42

病逸漫记　219

唐大诏令集　87,160,373

唐五代人物传记资料综合索引　427

唐五代五十二种笔记小说人名索引　427

唐太宗集　93

唐风集　98

唐六典　86,125,195,292

唐会要　86,87,292,324,373,403,409,427,444

唐会要人名索引　427

唐国史补　100,400

唐类函　286

唐语林　102

唐律疏议　86,164,398

唐摭言　101

资治通鉴　14,46,68,85,87,89,90,105,108,170,313,328,335,354,368,369,373,379,381,389,400,406,443

资治通鉴大辞典　433

资暇集　100,306

阅世编　223

阅微草堂笔记　248

兼明书　101

朔方备乘　237

剡录　266

剡源戴先生文集　180

浙江通志　254,261

涑水记闻　144,298,300,301,371,381

海屯行纪　189

海国四说　250

海录碎事　280

海峰先生文集　244

海陵集　137

浮邱集　216

浮溪集　136

流沙坠简　61

涧泉日记　149

浣花集　98

浪迹丛谈　250

浪语集　139

涌幢小品　222,410

家世旧闻　149

家仪　144

家藏集　211

宾退录　150

容台集　216

容春堂集　212

容斋随笔　105,107,148,301,406

诸臣奏议　123

诸葛亮集　75,298

483

诸蕃志 179,270

读书杂志 249,275,366,492

读史方舆纪要 193,260

读史方舆纪要索引 436

被我们称为鞑靼的蒙古人的历史 188

陵川集 22,179

陵阳集 143

陶山集 132

陶文简公集 218

陶庐杂录 249

陶学士集 209

陶庵梦忆 224

陶渊明集 76

通志 289~293,368

通志堂集 243

通典 79,82,286,289~291,293,298,404,407,444

通制条格 173

通鉴外纪 46

能改斋漫录 148

绥寇纪略 202

继世纪闻 220

十一画

堵文忠公集 218

教坊记 100

职官分纪 280

黄氏日钞(黄震全集) 142

黄华集 162

黄忠端公集 217

黄宗羲全集 240

黄帝素问 43

黄御史集 98

菽园杂记 219

菊谱 149

萍洲可谈 270

营造法式 125

乾道四明图经 265

乾道临安志 264

梦溪笔谈 145,301,330,445

梦粱录 265,270

梧溪集 185

桯史 150,408

梅妃传 101

梅溪集 137

梅谱 149

救荒活命类要 176

曹子建集 75

曹操集 75

龚自珍全集 245

雪坡文集 142

雪楼集 180

雪履斋笔记 186

野记 220

野客丛书 105,149,397

附　录

鄂多立克东游录　189

睎发集　142

啸亭杂录　250

崔鸣吾纪事　223

银雀山汉墓竹简　40,44,62

盘洲集　137

船山遗书　241

斜川集　135

象山集　139

逸周书　30

鄮峰真隐漫录　137

庶斋老学丛谈　186

庸闲斋笔记　251

庸庵全集　246

庸庵集　185

鹿洲初集　243

商子　40

商文毅公集　210

商周考古　48

断肠诗集　134

敝帚轩剩语　222

敝帚稿略　141

清人别集总目　423

清人室名别称字号索引　430

清入关前史料选辑　239

清史论文索引　438

清史稿　231,426

清史稿纪表传人名索引　426

清代传记丛刊索引　430

清代档案史料丛编　239

清代碑传文通检　430

清会典　230,293

清閟阁全集　184

清河集　181

清波杂志　149,373

清实录　225,227,230

清秘述闻　249

清秘述闻续　249

清秘述闻再续　249

清容居士集　181

清朝开国方略　235

清朝文献通考　289,293

清朝续文献通考　293

清朝通志　289,293

清朝通典　289,292,293

清献集（杜范）　141

清献集（赵抃）　130

鸿庆居士集　137

鸿猷录　201

渑水燕谈录　144,408

淮南子　43,51,56

淮海集　133,383

渊雅堂集　245

渊鉴类函　286,335

渊颖集　183

渔洋文略　242

485

淳祐玉峰志 264

淳祐临安志 265

淳熙三山志 266

淳熙严州图经 265

淡然轩集 215

梁元帝集 76

梁书 67,70,71,83,404

梁溪集 136

梁溪漫志 81,105,106,150,302

惜抱轩全集 245

尉缭子 40,44

隋书 72,82,83,165,373

隋书人名索引 426

隋唐五代史论著目录 437

隋唐嘉话 99

随手杂录 145

随隐漫录 151

隆平集 105,108,113,165

隐秀轩集 216

隐居通议 12,151

续文献通考 289,292,293

续夷坚志 161

续修四库全书总目（待编） 418

续资治通鉴长编 105~108,113~117,156,275,312,316,369~371,379,381,396,428,442,494

续资治通鉴长编人名索引 428

续资治通鉴长编纪事本末 108,115,379

续资治通鉴长编语汇索引 433

续通志 289,292,293

续通典 289,291,292

续编两朝纲目备要 108,117

骑省集 128

骖鸾录 149,269

缀遗斋彝器款识考释 27

巢林笔谈 247

十二画

絜斋集 140

琴川志 264

琅嬛文集 240

越绝书 252,267

越缦堂读书记 251

越缦堂读史札记 251

揽辔录 149,269

彭城集 131

敬乡录 122

敬业堂集 243

落落斋遗集 217

韩非子 40,41,369

韩昌黎集 96

韩诗外传 43

朝野佥载 100

朝野类要 282

焚椒录 155

附 录

椒丘文集 211

斐然集 137

紫山大全集 179

紫微集 137

景迂生集 134

景定严州续志 265

景定建康志 263

畴人传 236

遗山集 162

赐余堂集 215

黑城出土汉文遗书叙录 167

黑鞑事略 177

嵇中散集 75

傅与砺诗文集 184

粤剑编 222

番汉合时掌中珠 165

释氏疑年录 431

舜水文集 218

鲁斋遗书 179

鲁斋集 142

觚不觚录 221

蛮书 268,373

敦煌石室遗书 92

敦煌汉简 61

敦煌变文集 92

敦煌资料 92

敦煌遗书总目索引 422

善俗要义 175

道乡集 134

道古堂文集 244

道园学古录 182

道援堂集 242

遂昌杂录 152

曾文忠公全集 246

湛渊遗稿 180

湛渊静语 185

湛然居士集 163

湖山类稿 143

湖广通志 261

湖海集 242

湘山野录 144

游城南记 268

游宦纪闻 150

温飞卿集笺注 97

温恭毅公集 215

滋溪文稿 81,183

愧郯录 150

富弼行程录 156

寒松堂集 241

寓林集 218

寓圃杂记 219

寓简 148

谠论集 133

禅月集 98

谢宣城集 76

巽斋文集 142

登州集　209

编珠　277

十三画

摘文堂集　134

勤有堂随录　185

勤斋集　180

蒙古源流　175

蒙泉类博稿　211

蒙斋集　141

蒙鞑备录　177

献徵录　200

楝亭集　243

槐厅载笔　249

榆巢杂识　249

楼山堂集　217

赖古堂集　241

揅经室集　245

碑传集　235

虞德园先生集　218

鉴戒录　101

睡虎地秦墓竹简　42,60

睡庵稿　219

跨鳌集　133

路史　47

蛾术编　248

罪惟录　202

辞海　229,425

辞源　424

锦绣万花谷　281

槑庵集　181

稗史集传　186

筹海图编　206,355

筠轩集　183

简斋集　136

鼠璞　150

鲍参军集　76

鲍溶诗集　97

靖康要录　119

靖康朝野佥言　119

靖康缃素杂记　146

靖康稗史　120,160,319

新五代史　84,85,87,155

新中国考古五十年　48,158

新中国的考古发现和研究　48,158

新中国的考古收获　48,158

新书　51,56

新旧五代史人名索引　426

新旧唐书人名索引　426

新安志　266

新论　51,57

新序　44,51,57

新语　51,56

新唐书　83,84,108,110,318,319,373,396

附 录

新编中国三千年历日检索表　436

新编事文类要启札青钱　284

雍录　263

慈湖遗书　140

满文老档　207

滇略　193,271

滏水集　162

福建通志　261

群书会元截江网　282

叠山集　142

剿平三省邪匪方略　234

剿平粤匪方略　234

十四画

静轩集　180

静思集　185

静修集　180

静嘉堂文库汉籍分类目录　422

碧山学士集　218

碧云集　99

碧里杂存　223

碧梧玩芳集　142

墙东类稿　181

嘉定赤城志　266

嘉定屠城纪略　224

嘉定镇江志　264

嘉祐杂志　144

嘉祐集　130

嘉泰会稽志　266,403

嘉泰吴兴志　265

熙宁使虏图抄　156

蔡中郎集（《独断》附）　58,298

蔡忠惠集　130

榕村集　242

霁山先生集　143

睽车志　149

舆地广记　258

舆地纪胜　258

管子　40,44,73,297,369

鄱阳集　133

鲒埼亭集　244

疑耀　223

潩南遗老集　162

漫塘文集　140

演山集　133

演繁露　150,374

漷水志　265

谭襄敏公遗集　214

谭襄敏奏议　214

熊襄愍公集　216

十五画

榖山笔麈　221

增订四库简明目录标注　416,

418,492

蕉轩随录 251

蕉廊脞录 251

横塘集 135

樊川文集 97

樊榭山房全集 244

震川文集 213

震泽长语 219

震泽纪闻 219

震泽集 211

墨子 38,44

墨庄漫录 148,342

墨客挥犀 144

稽古堂文集 241

篁墩文集 211,273

颜氏家训 74,373,401

颜鲁公集 94

遵岩集 214

潜夫论 51,58

潜研堂集 245

潜确居类书 286

潘司空奏疏 214

澄怀园文存 243

漪水集 133

鹤山全集 141

鹤林玉露 151,381

鹤林集 141

履园丛话 249,374

畿辅通志 260

十六画

澹园集 215

懒真子 147

避暑录话 147

燕石集 183

燕翼诒谋录 150

薛文清集 210

翰苑集 95

翰苑新书 283

默记 147

镜山庵集 218

穆天子传 32

儒林公议 143

麈史 145

潞公集 129

十七画

戴东原集 244

藏密斋集 217

霜红龛集 240

魏文帝集 75

魏书 67,68,70~72,407

魏叔子集 241

魏郑公集 93

魏晋南北朝史书目论文索引 437

魏源全集 246

襄陵集　135

襄毅文集　211

蹇斋琐缀录　219

十八画

藤阴杂记　249

覆瓿集　209

十九画

曝书亭集　242,336

簪曝杂记　248

瀛涯胜览　179,223

二十画以上

灌园集　133

灞溪阜堂稿　213

爝火录　203

瞿轩集　141

麟台故事　147

麟原文集　185

三、主要参考书目

1. （清）永瑢等：《四库全书总目》，中华书局 1964 年影印出版。
2. （清）赵翼：《廿二史札记》，中华书局 1984 年点校出版。
3. （清）王念孙：《读书杂志》，中华书局 1991 年影印金陵书局本并断句出版。
4. （清）叶德辉：《书林清话》，北京燕山出版社 1999 年点校出版。
5. （清）邵懿辰撰、邵章续录：《增订四库简明目录标注》，上海古籍出版社 1959 年出版。
6. 梁启超：《中国历史研究法》及《补编》，东方出版社 1996 年据商务印书馆本编校出版。
7. 陈垣：《校勘学释例》，中华书局 1959 年出版。
8. 陈垣：《史讳举例》，中华书局 1962 年出版。
9. 陈垣：《二十史朔闰表》，中华书局 1962 年出版。
10. 姚名达：《中国目录学史》，上海古籍出版社 2002 年出版。
11. 余嘉锡：《四库提要辨证》，中华书局 1980 年出版。
12. 张舜徽：《中国古代史籍校读法》，上海古籍出版社 1962 年出版。
13. 谢国桢：《史料学概论》，福建人民出版社 1985 年出版。
14. 钱玄：《校勘学》，江苏古籍出版社 1988 年出版。
15. 张秀民：《中国印刷史》，上海人民出版社 1989 年出版。
16. 王尔敏：《史学方法》，台湾台中广益书局 1977 年出版。
17. 陈高华、陈智超等：《中国古代史史料学》，北京出版社 1983 年出版。
18. 上海图书馆编：《中国丛书综录》，上海古籍出版社 1982 年至 1984 年出版。
19. 戴南海：《版本学概论》，巴蜀书社 1989 年出版。
20. 杨燕起、高国抗主编：《中国历史文献学》，书目文献出版社 1989 年出版。
21. 冯浩菲：《中国训诂学》，山东大学出版社 1995 年出版。
22. 刘荣主编：《中国社会科学工具书检索大典》，北京图书馆出版社 1999 年出版。

后　　记

　　回忆我以往的学术经历,是不幸的,也是幸运的。1962年夏天,我以四年中各门功课全优的成绩,从杭州大学历史系毕业了。如果按照以前的标准,无论留校执教或攻读研究生都应该不成问题,但此时各个大学的历史系和有关研究单位都停止招收研究生,高校的助教乃至讲师纷纷下放到中学当教师,因此我毕业后的出路也就可想而知。为了克服由于政策失误和天灾人祸所造成的国民经济的巨大困难,国家开始执行"调整、巩固、充实、提高"的八字方针。于是,大批工厂被关闭,大批工程被下马,大批工人被精简,大批干部和教师被下放。随着大学办学规模的压缩,大学生也大批被退学。1958年我考入大学时,全年级二个班,共有82位同学,到毕业前一年,二个班合并成一个班,只存下37位同学。那些被迫提前退学的同学,不是被作为"白旗"拔掉,就是下放当了农民,我能顺利读到毕业,还算是幸运的。

　　既然到处都在精简人,历史系毕业生的分配也就乱了套。全班除5位同学分配到中学任教,6位同学去解放军部队工作以外,其余全部进入财贸干校,他们在那里经过半年培训以后,大都被分配到商店和信用社做营业员。我们班上惟一的一位女同学,就在绍兴城关镇的一家肉店卖肉,一把十余斤重的银光闪闪的肉刀,操起来确实也是够她受的。不过对困难时期的大学毕业生来说,做"肉店倌"还算是一个挺不错的职业,因为它的"油水"毕竟要比别的行业多一些。

我被分配到中学时候的母校绍兴市稽山中学任教。第一学年教一半历史、一半政治;从第二学年起,全部改教政治课。当时正是大力宣传"千万不要忘记阶级斗争"的年代,政治课不是讲毛主席的《老三篇》(即《为人民服务》、《纪念白求恩》、《愚公移山》),就是讲"阶级斗争的理论"。从此,我与以前所学的中国古代史彻底"决裂",避之惟恐不及,因为讲"封、资、修"会遭到批判,容易犯"政治错误"。"文化大革命"后期,为了照顾家庭,几经要求,终于调到杭州一所中学任教,教的还是政治课,不过内容变为"评法批儒"、评《水浒》。在教书期间,我几乎又要有四分之一的时间用在带领学生上山下乡、学工学农、抢收抢种这些无休止的劳动上。这样一晃就过去了十几年,虽然我并非一无所获,但是大部分青春年华却白白地浪费掉了。

粉碎"四人帮"后,迎来了科学的春天,大学和研究生先后恢复了招生。1978年10月,我在当了整整16年的中学教师以后,以接近40岁的年龄,因一次极其偶然的机会,考入了杭州大学历史系,有幸成为著名宋史专家陈乐素、徐规教授的研究生,终于实现了我梦寐以求的继续深造的愿望。可是,与他人相比,我从事史学研究的时间实在来得太晚,以前所学到的专业知识本来就很少,现在又变得十分生疏。因此就产生了一种紧迫感,深感时不我待,只有以加倍的努力,或许尚能弥补自己先天的不足。幸亏有名师的指导,加上抚养子女、料理家务的生活重担,全部由慈母王云霞、贤妻向幼琴两人承担(以后也一直如此),使我得以全身心地投入到学习和研究中去。在三年研究生学习期间,我几乎足不出户地徜徉在史学研究的海洋中,如饥似渴地吸收着史学的营养,在努力学习专业课和外语的同时,用了不到两年的时间,就读完了《续资治通鉴长编》、《建炎以来系年要录》、《三朝北盟会编》以及《宋史》的部分内容,同时还涉猎了众多的宋人文集和笔记,做了上千张的卡片。这样终于使我在专业知识方面打下了比较扎实的基础,具备了从事史学研究的基本条件。

研究生毕业后,我被留在母校任教。通过多年来自己在教学和科研

后　记

方面的实践,我深刻地体会到若要搞好史学研究,必须以史料为中心,坚持实事求是的原则,不能哗众取宠,也不能人云亦云;不能以偏概全,也不能忽略细节问题;不能为迎合某种政治需要,写一些违心之作;也不能以个人的好恶来肆意褒贬人物或影射时政。应该牢牢地把握好当时的历史背景,以与古人对话的心态,从最基本的史实出发,让最基本的史实说话,这样才能得出令人信服并经得起时间考验的研究成果,也才能真正起到教育人和为社会服务的作用。

历史是一门求真求实的学科,为了做到这一点,勤奋当然是首要的。特别对于一个从事中国古代史研究的人来说,他所面对的是如此纷繁的史事,如此曲折的历史进程,如此浩瀚的典籍,如果不尽可能地去熟悉它们,不深入地钻研下去,反复探求,怎能获得丰富而确凿的史料?怎能正确地阐述历史?怎能发现问题和解决问题?

有鉴于此,我深深地体会到史料对史学研究的重要性,同时也认识到只有花大力气,才能掌握史料和运用史料。由此我想起了上个世纪五六十年代发生在史学界的一场大批判,被批判的对象是以傅斯年先生为代表的、曾经成为我国史学主流的所谓"史料学派"。批判者说,革命的理论才是统率一切的,主张"史学便是史料学",是资产阶级的反动学术观点,必须彻底摒弃。他们从根本上排斥对史料的运用,甚至荒谬地宣称:在史学论著中引用史料,是一种"剽窃"行为。那场声势浩大的批判运动,给我国史学造成的损害非常巨大:它不仅伤害了一批老的史学家,使他们在以后的史学研究中少有作为,步履维艰,蹉跎岁月;也将某些年轻的史学工作者引入歧途,使他们错误地以为史学就是搞批判,研究历史可以不要史料,也拒绝基本功的训练。这恐怕就是为什么后来的史学家很难在学术上达到和超过老一辈学者那样的境界,获得前辈学者那样出色成果的一个重要原因。

上个世纪八十年代中期以后,中国史学界开始反省近半个世纪以来在史学领域里的这个失误,于是有人提出了"回到傅斯年"的口号,这是"百花齐放,百家争鸣"的结果,也是史学界的一个大进步。当然,对"回到傅斯年"的口号要有正确的理解，要防止从一个极端走向另一个极端。"回到傅斯年"也不是一句空洞的口号，而是需要年轻的史学工作者刻苦、勤奋，以"板凳要坐十年冷"的精神，去掌握史料，去扎扎实实地从事史学基本功的训练。外面的世界虽然很精彩，但要想在史学园地里真正取得成绩，只有辛勤耕耘，不受诱惑，并作出一定的牺牲不可。

今天，呈现在读者面前的这部书，是我近二十年来从事中国古代史史料学教学和研究的一个总结，希望能对有志于史学研究的年轻学子作些刍荛之助。囿于本人学识所限，闻见不广，而中国古代史史料学所要论及的内容实在太多，涉及的知识面非常广泛，加之考古资料和新整理的版本不断出现，书中无论对史书的介绍（包括版本），还是在史料的鉴别和利用等方面，一定存在着诸多不足之处，万望读者不吝批评指正。

本书在撰写过程中，一直得到徐规先生的亲切关怀和鼓励，在今夏气温高达摄氏40度的炎热日子里，83岁高龄的他还执意为我仔细地审阅了部分书稿，提出了许多宝贵的意见，并两次写信加以勉励。他老人家的拳拳之心，使我十分感动，更是深受教益。学长李裕民教授和学弟楼毅生副教授在百忙之中对整部书稿作了评阅，提出了许多中肯的意见和建议，并提供了一些很有价值的补充材料。博士研究生何兆泉、郑瑾、周扬波、周方高、邢舒绪等同学，他们或为我寻找资料，或为我核对书稿，或帮我制作表格，付出了辛勤的劳动。在此谨一并致以由衷的谢意。

本书曾经参考和借鉴了史学界众多学者的研究成果，主要书目已附在书后。历史系系领导对本书的出版给予了宝贵的支持，浙江大学侨福建设基金和浙江省省级社会科学学术著作出版基金提供了出版资助。上海古籍出版社责任编辑李志茗先生为本书的出版更是付出了辛勤的劳动。对上述学者和为本书出版提供了种种可贵帮助的同志，笔者谨向他们表示深切的敬意和感谢。

浙江大学历史系中国古代史研究所　何忠礼
2003年9月于杭州凤起苑寓所

后 记

特别记：

本书在 2012 年修订重版的过程中，获得上海名媛出版社董在编辑精心的审定的大力推助和指导，使本书在不仅在内容上编纂中的一些不明显的问题而又是理论的大力支持。对他及其所承担的工作任风和敬重的直接的来说，甚为感佩，在此谨表谢意。

2022 年，上海名媛出版社就重印本书，我便得此机会，在不住太大改动的情况下，对错漏又作了一些补正。中间获得上海名媛出版社二编室客编辑周组姐大力协助，确定为非稿做了不少资料，在此谨表感谢。

作者
2023 年 3 月 15 日